“十二五”普通高等院校文化产业管理系列规划教材 | 丛书总主编：胡惠林

# 文化产业学

## （第2版）

胡惠林◎著

清华大学出版社
北京

## 内 容 简 介

本书以文化产品为核心建构文化产业学理论体系，并运用马克思主义历史唯物主义理论与方法，来研究文化产业的基本运动规律和当代中国文化产业运动发展及其基本内容和发展特点，分为上、下两编，共十二章。本书是作者长期从事文化产业实践、研究、教学的经验和成果积累，不但内容充实全面，而且体例规范、结构严谨、叙述清晰。

本书可作为普通高等院校文化产业管理专业和其他相关专业的教材，也可作为政府文化管理部门、文化企事业单位从业人员的继续教育和培训用书。



**图书在版编目（CIP）数据**

文化产业学/胡惠林著．—2版．—北京：清华大学出版社，2015 (2025.4 重印)
“十二五”普通高等院校文化产业管理系列规划教材
ISBN 978-7-302-41325-7

I. ①文… II. ①胡… III. ①文化产业-高等学校-教材 IV. ①G114

中国版本图书馆 CIP 数据核字（2015）第 195427 号

责任编辑：杜春杰
封面设计：刘 超
版式设计：刘艳庆
责任校对：王 颖
责任印制：刘海龙

出版发行：清华大学出版社
网 址：https://www.tup.com.cn, https://www.wqxuetang.com
地 址：北京清华大学学研大厦 A 座　　邮 编：100084
社 总 机：010-83470000　　邮 购：010-62786544
投稿与读者服务：010-62776969，c-service@tup.tsinghua.edu.cn
质量反馈：010-62772015，zhiliang@tup.tsinghua.edu.cn
课件下载：https://www.tup.com.cn, 010-62788951-223
印 装 者：三河市龙大印装有限公司
经 销：全国新华书店
开 本：185mm×230mm　　印 张：25.75　　字 数：512 千字
版 次：2006 年 8 月第 1 版　2015 年 10 月第 2 版　　印 次：2025 年 4 月第 7 次印刷
定 价：69.80 元

---

产品编号：055204-03

# 总　序

## 文化产业管理：一门新兴的综合性大文科
## ——历史与建构

1993年5月，经中华人民共和国教育委员会批准，中国内地第一个文化管理专业——文化艺术事业管理——在上海交通大学创立，同年9月，新生正式入学报到，开始了中国内地高等教育史上文化管理专门人才培养的新篇章。我作为负责这一专业筹建和创立并主持该专业学科建设的责任人，有幸参与了它的全过程，经历和见证了它整整20年的发展史。这是我最感有意义的事。

新中国成立以后，我国高等教育培养了一大批文化艺术领域里的各类专门人才，有不少成为享有国际声誉的艺术家，但却始终没有培养过一名文化艺术经营管理人才。20世纪80年代初关于艺术表演团体改革的讨论，第一次遭遇到了“懂艺术、善经营、会管理”的文化艺术管理专门人才缺乏的障碍。1992年党的十四大提出了社会主义市场经济体制改革的目标，第一次把培养能够满足和适应市场经济体制下文化艺术经营管理需求的高级专门人才提到了中国高等教育的面前。在经历了20世纪80年代高等教育新学科建设高潮之后，中国高等教育又迎来了一次新的学科建设的高潮。如果说80年代的文科学科建设高潮还主要是立足于恢复，那么，这新一轮文科学科建设高潮则全部集中于新文科创建。文化艺术事业管理专业就是这样的新学科、新专业。

在欧美高等教育体系中，大陆法系的这一类专业都命名为“文化管理”专业，如德国、法国、加拿大等；英美法系则称之为“艺术管理”专业，如美国、英国、澳大利亚等。中国内地从中国文化制度体制的实际出发，把这一专业定为“文化艺术事业管理”专业。当时，我在负责这一专业的学科建设的课程体系设计时，主要参考了这两大法系一些代表性大学的专业课程设置，结合中国的情况形成了延续至今的上海交通大学文化产业管理专业课程体系的主干课程与核心框架。它们是：文化经济学、文化政策学、文化行政学、文化投资学、文化市场营销学、国际文化贸易、文化管理学和文化产业学。这一课程体系与核心框架成为后来创办这一专业的主要参照。为了鲜明地界定人才培养目标和办学方向，上海交通大学文化艺术事业管理专业定位为“文化经济方向”即文化产业。因为，无论是国家政策还是社会认识，把一个新的文科专业直接命名为“文化产业管理”，时机和条件在当时都还不成熟。但这一定位一直是上海交通大学文化艺术事业管理专业始终不渝的办学目标和办学方向。即便在1999年的国家本科专业目录的调整中，把“文化艺术事业管理”“体育管理”“卫生管理”“教育管理”统一合并为“公共事业管理”专业，上海交大这一办学方向都始终没有改变过。

在一无师资，二无教材的条件下，上海交通大学的领导们以对党的事业无限忠诚和科学家对国家战略需求的高瞻远瞩，领风气之先，在学校经费普遍不足的困难条件下，利用百年校庆出百本教材的机会，把文化艺术事业管理专业的教材建设列入其中，开始了学科建设的卓越起步。我国文化产业管理专业学科建设就此开始了教材建设的规范性进程。《文化经济学》这本教材作为我国文化产业管理专业的第一本教材，就是诞生于上海交大的“百年校庆”。1999年，国家“985”工程一期项目启动后，上海交通大学又把文化管理专业系列教材建设列为创新项目予以重点支持。2003年由我担任主编的“21世纪文化管理系列教材”由上海文艺出版社出版，共7种：《文化经济学》《文化政策学》《文化市场营销学》《文化行政学》《文化投资学》《文化市场学》《文化产业学》。我国第一个文化产业管理专业核心课程教材框架初步形成。

在差不多有10年的时间里，除了上海交通大学，国内很少有大学办这个专业。但是，作为一个有着百年历史的高等学府，它的领风气之先的努力首先得到了国家文化部的高度关注与评价。1999年12月，为迎接我国文化建设新的国家需求的到来，文化部与上海交通大学决定依托上海交通大学文化艺术事业管理专业共同创建“国家文化产业创新与发展研究基地”，时任文化部副部长李源潮和上海交通大学校长谢绳武共同担任基地主任，开创了“部校合作”的新模式。上海交大文化产业管理专业学科建设由此进入了新的发展阶段。

2002年，党的十六大提出要“积极发展文化事业和文化产业”，第一次以党的政治决议形式开启了我国文化建设与发展新时期。由中国加入世界贸易组织而激发的关于文化产业的理论与政策研究，直接导致了关于在中国大学创办文化产业管理专业的时代命题的提出。2003年12月，由上海交通大学倡议与北京大学、清华大学、山东大学、云南大学、华中师范大学、山西财经大学等7所高校联合发起的“全国高校文化产业研究与学科建设联席会议”在上海交通大学召开，包括复旦大学、北京师范大学、南京航空航天大学、南京艺术学院、深圳大学、中南大学、中央财经大学等15所高校的专家学者参加了联席会议。会议达成了重要共识，以15所大学文化产业研究机构的名义联合向教育部建议：创建文化

产业管理专业，该建议得到了教育部的高度重视和回应。2004年，教育部正式在本科专业目录外设立文化产业管理专业。山东大学、中国海洋大学、云南大学和中国传媒大学获批成立文化产业管理专业。此后，北京大学、清华大学先后轮流主办了联席会议，参加的院校越来越多。不仅原来的被改名为公共事业管理专业的许多院校依然在办文化管理，而且全国有不少艺术院校在艺术学下面开办有艺术管理专业。全国高校形成了“文化管理”“艺术管理”“文化产业管理”三路大军。为了更好地推进这一新兴学科建设，推进学科建设的科学化，2005年经筹备，在教育部高教司的支持下，“全国高校文化管理类学科建设联席会议”在青岛中国海洋大学召开。全国有56所院校的院系领导和专家出席了会议，山东艺术学院、云南艺术学院、天津艺术学院、鲁迅艺术学院、北京舞蹈学院等开设有艺术管理专业的艺术院校都参加了会议。会议通过了关于文化管理类学科核心课程教材体系建设，在上海交通大学课程教材框架的基础上，增加了《文化学概论》《世界文化产业概要》《文化艺术管理概论》三本，由云南大学出版社出版，我担任编委会主任。

“联席会议”机制的建立不仅增进了不同高校文化管理类专业学科建设的交流和联系，而且进一步扩大了文化产业管理专业学科的影响和建设，尤其是随着文化产业理论与政策研究的不断深入，以及文化产业发展在国家发展战略中的作用日显重要，文化产业管理专业在经历了20年的探索之后，于2013年被国务院学位委员会正式作为科学的学科建设纳入到整个高等学校本科专业目录，成为国家新学科和新人才培养体系的重要战略组成。根据2013年12月在安徽师范大学召开的“第10届全国高校文化产业专业学科建设联席会议”的不完全统计，截至2013年中国内地已有100多所大学开设有文化产业管理专业。与此同时，内地的文化产业学科建设也引起了台湾高校同行的广泛关注和高度认可。随着两岸和平发展的不断深入，两岸在文化创意产业领域里的合作不断深化，两岸高校文化产业管理专业的学术交流、学生培养和学科建设合作机制也应运而生，创立了“两岸高校文化产业本科专业学科建设联席会议”。它标志着一个新兴的综合性大文科在中国崛起。

文化产业管理专业是一个年轻的学科，唯其年轻，因而充满着创造性朝气。作为这种朝气的体现，一方面是关于它的学术研究，另一方面就是关于它的教材建设。中国传媒大学、山东大学、北京大学、中国海洋大学、台湾教育大学都出版了有关文化产业管理专业的系列教材，全国艺术院校还联合出版了艺术管理专业的系列教材。虽然，大家的着立点不一样，但是都体现出一个共同的认知：一个科学的学科建设的标志有两个：科学的课程体系和科学的教材体系。二者相辅相成，缺一不可，而这两项均服务于科学的人才培养需求。正因为如此，许多大学在课程体系建设上都做了许多探索。为了能够体现和反映这种探索，在清华大学出版社组织的这套教材中我们就把这种探索的成果吸收进来了。

因此，清华大学出版社组织出版的这套“十二五普通高等院校文化产业管理系列规划教材”（共16种）是迄今为止我国文化产业管理专业学科建设和教材建设的最重要的成果。

文化产业是现代科学、现代工业文明发展与现代精神文明发展相结合的产物，它是人类社会理论掌握世界体系和表现世界体系的一种新的文明手段和方法。新兴的多学科综合性特质，使得关于文化产业管理研究和在此基础上形成的文化产业管理学科，既具有应用理论的特点，同时又具有基础学科的性质。我们不能把文化产业研究仅仅理解为一种应用性研究。文化产业理论研究应该在学理的层面和意义上，探讨人类社会在工业文明与后工业文明时代人类社会的生存方式、发展方式、认知方式和表达方式。法兰克福学派深刻地揭示和批判了“文化工业”，解释了为什么“文化工业——文化产业”仍然在全世界获得飞速的发展，深刻地改变着世界面貌，改变着人们对世界的了解和思维及其与世界的关系。文化产业作为一个概念的出现，集中反映和表现了文化产业这样一种人类社会现象的普遍存在，由于它和传统的文化形态生命运动和存在方式的巨大区别，这才使人们创造出这样一个概念来表达人们对这一类对象的认识。因此，它是一种新的文化表达理论形态，一种新的社会发展和运动理论及一种经济理论形态，是这些理论形态综合成的一个独立的新的学科理论形态，一种深刻的人类社会进程。

概念是对对象特征的本质概括。同时概念本身又是一个具有无限丰富性的有机生命整体。虽然人们还没有一个普遍认同的统一的文化产业定义，联合国教科文组织关于文化产业的定义至今也没有统一全世界的看法。但是，正如哲学界至今都还没有给出一个公认的“哲学”定义并不妨碍“哲学”学科建设一样，我们完全可以在不断地探索“什么是文化产业”的过程中，建立起作为科学的文化产业管理学科。这应该成为我们建立科学的文化产业学的学科认知基础。

文化产业管理的学科归属，在中国学术界迄今为止尚未有一个统一的认识，虽然，在学科目录中把它归为管理学门类下的一级学科工商管理，但是，在现阶段中国文化产业管理体制中和学科认知上，所涉及的领域和范围，远远超出了工商管理的学科范畴。在权威的国家哲学社会科学基金课题指南里，有关文化产业管理的研究课题被分别归在马克思主义、科学社会主义、哲学、经济学、应用经济学、文学、新闻传播、国际政治等学科门类内，同时在“全国艺术科学规划指南”里，又被划归在“艺术学”下的“文化管理”类。这种情况，一方面反映出中国的文化产业无论在理论上还是在实践上，都还没有展开其全部的丰富性，另一方面也反映出，无论是“哲学”“经济学”“应用经济学”，还是“新闻传播学”“艺术学”，都容纳不下完整意义上的“文化产业管理”。作为一门新兴交叉学科，文化产业管理专业还很年轻，年轻到不知道究竟把它放在什么

位置上，归属到哪一个学科。在讨论文化产业管理专业学科归属的时候，我曾经提出一个建议：把“文化管理”设置为一级学科，下设“艺术管理”“公共文化管理”“文化产业管理”三个二级学科，以对应于“公共管理”“工商管理”等一级学科，同时也可以克服该专业学位管理上同时跨越“艺术学”和“管理学”的交叉与不便。当然，这还需要一个过程。因此，建立文化产业管理专业的必要性就在于在原来的学科体系内，还没有任何一门学科从整体上涵盖文化产业的对象范围。在国际上也是这个情况。国际上的情况要更复杂一些，还涉及不同国家的与学科划分有关的行业分类标准和体系。这就为我们提供了一个能够充分发挥自己的想象力进行科学建构的广阔空间。

文化产业管理学科的课程体系和教材体系是一个开放性系统，单一的学科研究方法无法满足它的学科建设需要。文化产业不是一个单纯的文化现象，也不同于一般的经济产业，它是一个跨学科的研究领域，涉及文学、艺术学、政治学、经济学、传播学、管理学、法学、国际关系等学科领域。不同的学术倾向、不同的思维习惯、不同的研究方法、不同的切入角度，可以产生许多完全不同的结论和构成许多个性鲜明的学术理论体系。尤其是当中国的文化产业发育尚未成熟，在它的矛盾的丰富性还没有充分展开的时候，任何在此基础上形成的研究成果，都是在科学的意义上建立科学的文化产业管理学所不可缺少的。没有充分的富于个性的文化产业理论研究和争鸣，就不可能有真正科学意义上的文化产业管理学科建设。因此，这就特别需要在文化产业理论研究的方法上的创新。可以从实证出发，通过个案研究建立文化产业理论系统，也可以从纯粹抽象的思辨出发，推演出逻辑结构严谨的文化产业学术体系。总之，现有的各种成熟的学术研究方法和手段，都应当成为文化产业理论研究的方法论。

从这个意义上说，这套系列教材提供了一个实验性的对象，它为未来形成一套具有普遍权威性的文化产业管理专业的经典教材，提供了一种包容性选择的参照。它体现了清华大学出版社在支持新学科教材建设上的大气和远见卓识。我受清华大学出版社的委托担任该系列教材的总主编，负责丛书选题设计和专家推荐，得到了同行专家的大力支持，深感责任重大。我希望能够听到和看到同行专家和使用这套教材的老师和同学们的批评，以为今后不断修改提高和完善的工作方向。科学的文化产业管理专业的学科建设是一个崇高的目标，需要很多人的共同参与，我愿与我的高校同行们共同工作，为实现这一目标而努力！

胡惠林

2014 年 3 月 5 日于上海交通大学

# 目　　录

## 下 编

# 导论

# 作为科学的文化产业学的理论建构

## 学习目标

通过本章学习，学生应了解和掌握以下内容:

1. 中国文化产业学术研究发生的背景;
2. 文化产业概念的学理品格与学科基础;
3. 文化产业学的研究对象与学科属性;
4. 文化产业学的理论系统架构与研究方法。

## 导言

中国文化产业及其理论与政策建设，是在文化体制改革不断深化和提出社会主义市场经济改革目标的条件下被提出来的。改革开放，不仅带来了中国政治、经济的巨大变动，而且也带来了中国文化形态和文化建设的巨大变动。中国文化建设开始由过去单一的福利性的“文化事业”，向市场型的“文化产业”和公共性的“文化事业”共同发展，用文化产业来推动文化事业发展的方向转变。文化产业在整个国家文化建设中的地位与作用，也随着文化市场的全面扩容与开放和知识经济价值的被发现，而凸现成为当今中国文化建设的两大主题之一。由此而提出来的关于文化产业高级专门人才的培养与文化产业学科建设，也随之成为中国高等院校建设与发展的重要内容之一。作为科学的文化产业学的理论建构，正是在这样的学术背景下成为我们重要的思考对象的。

## 第一节　中国文化产业研究兴起的背景

### 一、20 世纪 80 年代后中国文化建设的形态性变化

中国文化产业理论与政策问题是在中国文化体制改革不断深化和社会主义市场经济体制的改革目标提出后，才逐渐在当代中国文化建设与文化发展的进程中凸现出来，并进入学术研究视野的。

新中国成立以后，随着经济领域里计划经济体制的全面建立，中国因循苏联的社会主义模式，也随之建立了与之相适应的国有和国办文化的文化体制。虽然一定的以市场形态存在的文化生产和文化消费活动依然存在，文化商品流通领域实际上也客观存在着，以经济核算为单位的新华书店发行所和电影发行公司客观上起着文化商品流通中介的作用，但是，由于在文化领域基本取消了其他非公成分的市场主体的存在，所有关于文化商品的生产、消费和流通也都纳入了计划经济的统一模式之中，即国家生产什么，社会就消费什么和流通什么。文化生产并不是根据市场需要和消费需要，而主要是根据政治任务的需要来安排，市场主体和消费主体并没有自主的文化选择权。客观上存在着的文化市场，由于被纳入了一种静止的计划状态，无法在文化资源配置中发挥基础性作用。由于一切都是按计划进行的，因而也就不存在市场竞争。统购统销的供给型、福利型文化管理模式，使国家成为文化商品生产唯一的投资方、唯一的受益方和唯一的风险承担方。政府承担了文化商品生产和文化市场所有的成本与风险。一切关于文化的生产、流通和消费，都是在文化事业的政策范围内被社会认知和运作。政府及其文化行政部门成为国家办文化的唯一主体。尽管我国政府在 20 世纪 50 年代的有关文件中，也曾经正确地使用过诸如“电影工业”这样的科学概念，然而，中国的文化建设却一直为“意识形态领域里的阶级斗争”所困扰，而没有获得其生长与发展应有的形态和合法性身份。

20 世纪 80 年代后，中国全面推进的改革开放，不仅带来了国家政治和经济结构的巨大变动，而且也带来了中国文化形态的巨大变动。例如，音乐茶座和营业性舞厅在中国南方城市的兴起，使得文化娱乐业在中国重现；演员“走穴”使少数文艺人先富起来，推动了院团体制的改革；图书零售业的放开，使得国有新华书店一统天下的局面不复存在；文化搭台经济唱戏，国家不再包揽中国文化建设的一切事务。文化发展的理性回归，一方面使得中国文化建设陷入了前所未有的困顿和迷乱——中国文化向何处去；另一方面又使得中国文化建设获得了前所未有的活力和新的生长形态。文化娱乐业不仅丰富了

人民群众的文化生活，满足了人们精神消费的需求，而且还改善了一方的投资环境，为地方经济发展提供了新的就业机会。税源丰富和税种的增加，使得人们第一次看到了文化巨大的经济能量。音像业的异军突起不仅给中国带来了全新的文化消费方式和文化消费理念，而且还给中国经济结构的调整和重组提供了新的题材。电视业所创造的巨大利润给电影业带来了巨大冲击。文化产品形态的变化，标志着市场主体的变化和文化消费形态的变化，而由所有这些变化所孕育的是整个中国文化建设的形态性变化。思想文化的传播形态和传播机制，受众的接受方式和接受理念已经再也不是政府的“统购统销”完全单一的福利性的文化事业了。自主选择、市场导向、消费需求和利润目标成为市场主体的动力机制，文化市场在文化资源配置中发挥基础性作用，已经成为中国文化建设与发展的全新的运动形态和存在方式。用文化产业的发展来推动文化事业的发展，日益成为中国社会主义文化建设的重要动力。社会力量的参与与介入和政府办文化格局的转变使得当代中国的文化生产力与生产关系发生了重大的形态转型。随着社会主义市场经济改革目标和价值原则在文化生产、消费与流通领域的全面推进，以及文化市场的不断扩容和开放，文化产业这一全新的文化建设、文化发展与文化存在形态，逐渐被人们认识和发现，并进而成为当代中国文化建设的两大主题之一。2000 年 10 月，中共中央十五届五中全会通过的《中共中央关于“十五”规划的建议》第一次明确使用了“文化产业”的概念，提出要“推动有关文化产业的发展”；2001 年 3 月，这一建议被正式写入九届全国人民代表大会四次会议通过的《国民经济和社会发展第十个五年规划纲要》，从而使得文化产业作为中国当代文化建设的重要形态，获得了合法性身份。

然而，文化产业形态在中国的迅速发育，并未同时有效地带动关于文化产业的理论研究和政策研究，相反，当大众文化在 20 世纪 90 年代全面进入中国大众的主导文化生活时，中国的学界却惊呼“文学被边缘化”了。文化研究的贵族心态，迅速地使中国关于文化产业的理论研究和政策制定与实际拉开了距离。理论与政策研究的长期缺席，使之严重滞后于中国文化产业发展的实际。文化产业在迅速扩容、延伸并对国民经济、社会发展和人们的精神生活带来巨大影响的同时，也迫切希望得到关于它的理论指导，而国家关于文化产业政策的科学制定更需要文化产业的理论成果的学术支持。尤其是在中国文化建设步入 21 世纪，文化产业在中国经济结构的战略性调整中正在扮演着越来越重要的角色的时候，文化产业形态丰富性的成熟展开使得对它的理论研究和理论建设重要性的认识进入了一个新阶段。

## 二、“冷战”后国际文化关系的变动与世界文化力量格局的重组

“冷战”结束后，全球力量对比的格局发生了根本性的变化，这种变化并不仅仅表

现为一种社会制度随着苏联和东欧的解体在国际地缘政治上消失，而且也标志着一种曾经占主流地位的文化制度和文化意识形态在国际地缘文化上的瓦解。这就使得原本均衡的国际文化关系和世界文化力量格局瞬间发生了巨大的变动和转移。

苏联和东欧社会主义阵营的解体，使得西方世界尤其是美国一夜之间失去了对手。瞬间的突变导致了瞬间的政策无能。这种无能及其所导致的历史重心的位移，都可能改变历史可行的方向和原创的动力源。对象存在性的丧失，意味着为对象而存在的对象战略变得毫无疑义。长久以来，“冷战”赖以建立的意识形态之争变得不重要了，为这一主题服务的整个国家文化机器的资源配置和制度安排必须寻找新的战略出路和新的战略对象，服务于新的战略需要，并以此来构筑新的战略优势。以“冷战”为主题而形成的世界文化秩序应当在新的国际文化关系格局的巨大变动中实现重建。在福山宣告“历史终结”后，亨廷顿站在“防卫中的美国国家安全利益”的立场上提出“文明冲突”的理论，揭示了这种重建的历史趋势，并勾勒了未来世界的文化图景和理论模型。世界文化的未来走向是否如亨廷顿所描绘的那样进入“文明冲突”的时代并不重要，但美国政府确实调整了它的全球文化战略“大棋局”和政策趋向。在乌拉圭回合谈判中，美国坚持要把文化产品列入服务贸易自由化范畴；在对华经贸合作和中国入世谈判中，美国不断实施知识产权战略，强行要求其视听产品进入中国市场，抬高中国入世门槛。这就使处在新的世界文化秩序重建中的中国文化面临着重新认识和判断文化与意识形态在新的国际文化关系中的地位和作用的问题。

国际文化关系的变动，使得“冷战”时期建立起来的关于意识形态斗争的理论发生了革命性的变化，以前一直未加充分注意的领域——文化产品及其市场成为新的世界文化秩序重建的关键性因素，但是，20 世纪 80 年代，无论是政府部门，还是舆论界、知识界，对于文化及其产品的社会功能定位并未发生根本的变化，尤其是在理论和实践都已经在这一领域尝试着“文化市场”和“文化商品”的时候，率先出来反对“文化市场”和“文化商品”的并不是出于政策考虑的政府部门，而是知识界。对象的陌生性，导致了理论上的迷茫和政策选择与政策决策上的犹豫不决，“大众文化”被作为与“精英文化”相对立的概念在否定性的意义上被提了出来。20 世纪 90 年代初，所谓“纯文学”与“俗文学”之争，实质上反映了中国的学术界，尤其是文艺理论界对国际文化关系变动所带来的世界文化秩序重建需求这一全球趋势的隔膜，以及所谓“大众文化”及其产品运动在这一世界性文化秩序重建进程中所扮演的角色与分量的整体性认识和判断的缺乏。而这也是导致“文明冲突论”出现后，中国学术界缺乏原创准备与之对话的重要原因。

因此，当人类社会已经走完 20 世纪最后一段历程，当大众文化与文化产业运动在世界文化秩序重建中日益发挥着重要作用，国际文化关系格局正沿着文化产业这条中轴线

充分展开的时候，如何科学地认识、分析和判断文化、文化产业及其系统运动所构成的力量在世界文化秩序重建中的权重，自然就成为当代中国在处理国际文化关系时迫切需要解决的重大课题。建立科学的文化产业理论和政策系统，给予当代中国文化产业发展中所遭遇到诸多问题、困难和阻力以科学的回答，进而在世界文化秩序重建过程中拥有与之对话的全新的文化形态和文化模式，不再只是文化产业理论和政策的科学建构问题，而且具有国家文化战略需求的意义。也许正是基于这种意义，中国政府在分析世界各种思潮相互激荡及其对中国的影响，以及中国应采取的态度时，明确地将其放到了“关系到把什么样的中国带进21世纪”这样前所未有的高度。

## 三、经济全球化给中国文化产业发展带来的全面挑战和历史要求

经济全球化作为当今世界发展的一个趋势，不仅深刻影响着世界各国的经济政策和经济运动，而且还深刻影响着世界各国的文化政策、文化运动和文化产业发展的走向，影响着国际文化秩序的变动和文化力量格局的重组。由于经济全球化带来了资本的自由流动和信息传播的自由交流，全球性资源的再分配拉动和刺激了规模空前的文化商品的全球流动和文化形态的对撞，传统意义上的文化传承在全球化的语境下正逐渐失去固定的空间，国家和民族文化边界正在被消解，国家文化主权受到严重威胁和挑战，这就使得全球化最终将不仅是经济战略问题，也是文化战略问题，更是文化产业发展战略问题。

由于全球化过程的经济实质和文化实质是在西方发达资本主义国家集团主导下进行的，因此，以美国为代表的西方强势文化利用其资本、技术和市场优势对弱势文化进行渗透、控制和强行“市场准入”，最终经济全球化带来文化产业全球化。中国入世的承诺与文化市场的开放，使得尚不成熟的中国文化市场和弱势的文化产业一下子暴露在世界文化市场和强势文化产业面前。落后是要挨打的。在经济全球化已经成为一种世界趋势的情势下，飞速发展的信息技术，正在从根本上改变人类社会生产力的构成和创造财富的手段。信息握有能力的高下，正越来越成为衡量现代国家社会发展水平的重要尺度。由技术力量推动的经济全球化正面临根本性转折，正在改变世界的政治结构、经济结构和文化结构。试图逆转技术变革所带来的全球化是不可能的，文化也随着技术变革而飞速地变化着。全球化已经成为一种文化形态，一种语境。在这样一个不可逆转的过程中，把文化产业中由技术变革带来的比较优势充分发挥出来，以快制慢，不仅是商业原则，而且也是文化原则和文化产业原则。问题是我们怎样才能抓住由技术变革驱动的全球化所带来的巨大机遇。文化无论从精神层面还是从产业形态的层面，都将最集中地反映出一个国家和一个民族对这一机遇的把握、反应和控制能力及其所能达到的深度和广度。

倘若不能在一个较高的层面上，即与现代高新技术发展同步的层面上推进文化及其产业的发展，那么想在真正的意义上全面发展自己的现代文化是很困难的。因此，在经济全球化的背景下，要从根本上达到维护中国国家文化安全的目的，全面迎接经济全球化和加入世界贸易组织给中国文化产业带来的挑战，而又不对当代中国国家文化生存与发展造成伤害，就必须进行文化政策方面的战略性调整，在继续推进国家文化事业全面发展的同时，推进和实施国家文化产业战略，大力发展文化产业，积极参与世界文化市场竞争，用文化发展的现代方式推动文化的现代发展，这也是当代中国文化发展的历史要求。

中国是在许多方面都还没有准备好的情况下加入世界贸易组织的，是在许多方面都还没有建立起对于经济全球化的完整认识的情况下迎接来自全球化的挑战的。实践准备的不足使得中国的文化产业无论在产业形态、产业结构，还是在产业制度、产业政策等方面，都还没有充分地展开其矛盾性和无限的丰富性。对于如何科学地把握和界定文化产业的内涵与范围，分析和把握现代文化产业运动的特点和文化产业组织运动与结构运动的特殊规律，揭示文化产业运动在整个现代经济和社会发展中的地位与作用，制定可持续发展的文化产业战略，完善文化产业政策，建立健康有序的文化市场体系，全面推进国家文化产业制度建设，有必要进行认真的研究并给出符合现代文化产业发展实际的答案。这既是中国文化产业研究的历史使命，也是文化产业研究在当代中国兴起的原因，即国家文化发展的战略需求。

## 第二节　文化产业概念的学理品格与学科基础

文化产业作为一个概念是法兰克福学派在批判“文化工业”中提出的，并且由此而形成了关于“通俗文化”和“大众文化”的学术研究系统，这是共性。在此基础上形成的丰富的研究成果，不仅形成了各种学派和理论体系，拓展了人们对于文化产业认识的丰富性和科学性，而且也使文化产业这一概念本身获得了作为一门科学研究所必需的核心概念的身份。

文化产业是对一种现代社会现象的抽象，既是对一种有别于传统的经典意义上的文化现象的描述，也是对一种新的以文化的意义生产和符号生产、流通、消费与服务经济生产关系的描述。这种生产关系不仅反映了物质生产资料的占有关系和分配关系，而且也反映了精神生产资料的占有关系和分配关系，以及这种关系背后所蕴含的政治力量和公民权利关系。因而，它是现代社会文化关系构成的深刻反映，构成了现代语境特指的认知系统，揭示了文化与产业之间、文化产业和社会存在的结构之间的现代同构关系。

文化产业在深刻表现与传统文化存在形态的差别的同时，也表现了它与传统经济系统显著的差别，具有身份存在的个别性，不论是在什么样的情况下使用“文化产业”（Cultural Industry）这个概念，大家都知道它所指称的对象。虽然在涉及具体的文化产业领域、讨论具体的文化产业问题时，会涉及“内容产业”“传媒产业”“版权产业”“创意产业”等概念，但是，我们都可以从语义学上发现它们之间的渊源关系。有些概念只是国家在发展本国文化产业时提出来的文化产业政策概念，如“内容产业”和“创意产业”就属于这一类，而“传媒产业”和“版权产业”等即便在西方学术界也是在讨论“文化工业”和“大众文化”时派生出来的概念，并因此而构成了一个具体的研究对象系统，而且可以属于不同的学科领域，如传播学与文化产业在产业相关性的逻辑上存在着一种属种关系，也就是说，文化产业这个概念涵盖了“传媒产业”“版权产业”等概念。

“内容产业”是 20 世纪 90 年代在以计算机技术为代表的数字化发展的背景下产生的新概念，也称信息内容产业、数字内容产业，1995 年由西方七国信息会议正式提出，1996 年欧盟《信息社会 2000 计划》进一步明确其内涵，包括制造、开发、包装和销售信息产品及其服务的行业，具体指媒体印刷品（书报、杂志）、电子出版物（数据库、电子音像、光盘、游戏软件）和音像传播（影视、录像、广播）。作为“产业”，内容产业的特点在一些跨国传媒公司如新闻集团、贝塔斯曼、维亚康姆等身上体现得最集中，它们大举收购各种类型的内容资源，并尝试以网站、掌上电脑、有线电视及报纸等各种方式来系统包装和分配资源，使自己成为“最大的内容集成商”。由于内容产业是一个以内容为核心、以艺术字化为主要表现形态的新型产业群，具有基础性和高成长性等特征，因此，世界上一些发达国家及韩国等都由政府出面规划相关的产业发展战略，内容产业已经成为政府调节经济结构的杠杆之一，不仅成为当代社会发展中的主流产业，也成为衡量一个国家信息文化水平及综合国力的重要标志。所以，内容产业是相对于文化产业的技术问题而言的。所谓传媒过剩与内容不足，表达的就是“内容”对于文化产业存在的重要性。因此，作为一个科学概念，文化产业的学理品格和逻辑基础，是建筑在以机器复制为典型特征的文化产品的生产和大众文化消费的基础上的。“创意产业”是相对于文化产业的机器复制特征而言的，具有原始创作对于发展文化产业的重要性的关怀。从这个意义上说，“内容产业”和“创意产业”关心的是同一个问题。后者更关注原始创作对于文化产业的重要性，而前者则并不一定特别强调原创，关注的重点是内容和形式的关系，即传媒手段和信息量的关系。由于“创意产业”所涉及的领域与范围已经溢出了文化产业“机器复制”这一典型特征的要求，放大了对于原始创作的理解，因此，可以说这是一个与文化产业相平行的概念。尽管它们在某些方面有交叉，但是，创意产业更多地属于艺术学范畴，而文化产业则更主要属于文化学范畴。

文化产业是现代科学、现代工业文明发展与现代精神文明发展相结合的产物，是一种人类社会理论中掌握世界体系和表现世界体系的新的文明手段和方法。新兴的多学科综合性质使文化产业研究和在此基础上形成的文化产业学，既具有应用理论的特点，又具有基础学科的性质。我们不能把文化产业研究仅仅理解为一种应用性研究。文化产业理论研究应该在学理的层面和意义上探讨人类社会在工业文明与后工业文明时代的生存方式、发展方式、认知方式和表达方式。法兰克福学派深刻地揭示和批判了“文化工业”，为什么“文化工业”仍然在全世界飞速发展，并且时刻改变着世界的面貌和人们对世界的了解与思维及其与世界的关系。“文化产业”作为一个概念出现，集中反映和表现了“文化产业”这样一种人类社会现象的普遍存在，由于它和传统的文化形态生命运动和存在方式存在巨大区别，这才使人们创造出这样一个概念来表达对这一类对象的认识。因此，它是一种新的文化表达理论形态，一种新的社会发展与运动理论和一种经济理论形态，是这些理论形态综合成的一个独立的新的文化理论形态。

概念是对对象特征的本质概括，其本身也是一个具有无限丰富性的有机生命整体。虽然对于文化产业人们还没有一个普遍认同的统一定义，联合国教科文组织至今也没有统一全世界的看法，但是，正如科学界至今都没有给出关于“什么是美”的定义却并不妨碍“美学”作为科学的存在一样，我们完全可以在不断探索“什么是文化产业”的过程中建立起作为科学的文化产业学。这应该成为我们建立科学的文化产业学的学科认知基础。

中国文化产业理论创新体系建设，应该是现代科学、现代工业文明发展、现代信息产业发展和现代文化发展相结合的产物，具有综合创新品格。文化产业在中国的重新兴起及其理论形态的创新，是人类掌握世界体系的一种新的文明手段和工具在当代中国的回归与应用，是一种全新的文化理论形态。文化产业是现代新型的高科技与高文化联姻的现代知识产业，其产生和发展本身需要多学科成果的技术支持系统和文化支持系统，这就决定了作为科学研究对象的文化产业学研究具有多学科综合、应用研究的特点。

文化产业理论的产生与发展，既是文化形态本身裂变发展到现代的结果，同时也是人们对复杂的文化经济活动认识和创造能力发展的产物，与人们对文化的把握的哲学转变密切相关，与人们对文化的意识形态理解的丰富性和更富创造理性密切相关，从而使关于文化产业学研究更具有文化哲学意味和新意识形态意味。

文化产业问题不仅是理论问题，而且也是政策问题。中国在相当长的时间里不提“文化产业”，不只是意识形态理论的历史片面性，同时也是整个国家文化政策的历史局限性。文化产业问题在中国的提出，实质上是一种关于国家建设与发展的新的政策形态的提出。肯定文化产业存在的现实性、合法性与合理性，是对社会文化经济形态、文化经

济行为合法性和合理性的确认。这就使文化产业学研究拥有了政策学的品格。要研究文化产业理论，思考中国文化产业学的理论建构与创新，就不能没有关于文化产业政策的思考和研究。这种思考和研究不是对现存的文化产业政策的阐释，而是对应当有的文化产业政策的科学探讨和政策理论的奠定。

## 第三节 文化产业学的学科属性、研究对象及本质

要奠定一门学科的合法性地位，必须首先弄清楚它的研究对象。对象边界的不容否定性是学术研究的真实性前提。一门学科缺乏公认的研究对象，也就丧失了其存在的基础。文化产业学的研究对象是在文化产业理论研究的学术发展过程中逐步形成和明确起来的。

### 一、文化产业学的学科属性与研究对象

文化产业学的学科归属，在中国学术界经历了一个逐步明确的过程。在传统的学科体系里，文化产业学是一个全新的学科建设领域，长久以来都没有一个关于它的学术归属的明确定位。在权威的《国家哲学社会科学基金课题指南》里，有关“文化产业”的研究课题被分别归在“马克思主义”“科学社会主义”“哲学”“经济学”“应用经济学”“文学”“新闻传播”等学科门类内，同时在《全国艺术科学规划指南》里，又被划归在“艺术学”下的“文化管理”类。艺术学属于文学门类里的一级学科，“文化管理”属于二级学科，“文化产业”置于其下，则被视作三级学科，显然与国家社科指南又不一致。虽然直至 2012 年在国务院新的全国本科专业目录中“文化产业管理”专业才被正式纳入“管理学”门类，归属于“工商管理”一级学科下的二级学科，但是，文化产业学作为一个完整的、科学的学科体系建设依然有待于进一步完善。这种情况，一方面反映出中国的文化产业无论在理论上还是在实践上，都还没有展开其全部的矛盾的丰富性；另一方面也反映出无论是“哲学”“经济学”“应用经济学”还是“新闻传播学”“艺术学”，都容纳不下完整意义上的“文化产业学”。作为一门新兴交叉学科，“文化产业学”还很年轻，年轻到不知道究竟把它放在什么位置上，归属到哪一个学科内。即便是为了满足国家战略需求不得不给予“文化产业管理”专业以一个合法性身份，但是，“文化产业管理”专业在学科建设的实践中依附于“工商管理”一级学科之下，依然与文化产业本身所具有的“经济的”和“意识形态”这一双重属性存在着矛盾与冲突。

在整个“工商管理”一级学科之下，也许只有“文化产业管理”才具有这样的特殊身份，这样一种特殊性不利于学科的科学建设、管理和评估。因此，有必要建立“文化产业学”，从整体上研究文化产业。对于文化产业学，国际上的情况要更复杂一些，还涉及不同国家的与学科划分有关的行业分类标准和体系。从中国的实际出发，在管理学门类中设置“文化管理”一级学科，使之与“公共管理”和“工商管理”这两个一级学科相并列，然后在其下分设三个二级学科——公共文化管理、文化产业管理、艺术管理，把文化产业管理人才纳入到整个文化管理人才培养体系之中，同时又与国际上“大陆法系”和“英美法系”的国家所设置的“文化管理”和“艺术管理”专业相呼应，从而形成一个具有中国特色的文化管理人才培养体系。“文化产业学”就是要整合原有不同学科设计的文化产业诸领域，全面系统地研究文化产业运动和发展规律问题，并把它作为建构中国文化产业管理专业学科建设的核心。

划分学科分类的一个重要标准是它的研究对象。不同的研究对象，决定了不同学科的学科性质。那么，文化产业学的研究对象究竟是什么，是我们首先必须要弄清楚的。只有把这个问题弄清楚了，才能对文化产业学的学科归属和作为一门学科的存在性有一个科学性与合理性的共识。

文化产业学的学科属性与文化学的学科属性的定位一样，具有很大的不确定性。就表面现象来看，它既可以属于诸多的人文社会科学学科类，又可以不属于任何一个学科类。文化产业作为产业存在具有一般经济运动的某些特点，但是一般经济学理论，包括应用经济学理论却无法解释这种产业的“文化”属性；文化产业中的许多行业、特别是那些核心产业，都以传媒产业的形态存在，但是，传媒产业只是整个文化产业中的一个重要组成部分，而不是它的全部。现代传播学理论只能解释部分文化产业运动的部分现象，演出业、版权业、艺术产业和娱乐业等，都需要有符合它们自身运动规律和特征的理论揭示。当然，一般的艺术学理论也同样只能包括而不能代替文化产业学理论研究和学科的建立，而对于国际文化贸易，无论是实践还是理论都离不开国际文化关系和一般意义上的国际贸易理论。这恰恰揭示了文化产业学能够作为一门独立的新型学科的交叉性的特点，从这个意义上说，文化产业学是一个新兴的、交叉的和综合的大文科。

文化产业理论所研究的问题可以在诸多的学科里找到其方向，但却没有一个现存的学科能够涵盖文化产业理论研究的全部领域和全部问题，而也恰恰是因为这一点才确立了“文化产业学”作为一门新兴的独立学科的全部价值。“文化产业学”按照通常的说法可以定义为：研究文化产业运动与发展规律的科学，是把文化产业作为独立存在的科学对象来研究。文化产业涉及广泛的文化商品和文化服务领域，各国对文化产业的界定与范畴划分也还没有一致的意见。因此，文化产业学所研究的不是某个具体类型的文化

产业，如传媒产业、出版产业和电影产业等，而是文化产业整个系统的运动规律，是关于具体文化产业运动的抽象与概括，在此基础上形成的理论成果要能够用来解释具体存在的文化产业种类的生命存在状态和基本发展规律。正如前面所讲的“文化产业”是一个具有特定意义的整体性概念，是一个属概念，是对于具体文化产业种类的抽象。文化是所有这些产业种类的共同特征。在这里，有些艺术门类被确定为一种文化的存在如电影，因为电影是最为典型的以机器复制为特征的艺术，或者说它本身就产生于机器复制。

任何科学的理论研究都必须明确自己的研究对象，在对对象研究的基础上建立起自己的理论系统和科学体系。文化产业理论研究的对象可以有许多不同的理解和界定，在对于文化产业的定义达成共识的情况下，我们把文化产业理论研究的主要对象确定在目前我国学术界尚无争论的领域，即通常意义上的宣传文化系统所属的文化产业领域，主要包括文化艺术、新闻出版、广播电影电视及其相关领域，是关于这个领域的整体性研究，而不是个别性研究。个别性研究是具体学科门类研究的任务，如新闻传播学研究、电影学研究等。文化产业理论研究是研究文化产业运动的一般规律和一般特征的，因此，它必须把具体领域的文化产业带有的共性的东西抽象出来进行研究，并且从中找到文化产业运动与发展的基本内容和基本关系。

## 二、文化产业与文化产业学的本质

文化产业学与文化产业最本质的区别，是研究文化产业学的本质之前首先要弄清楚的问题。一般来说，文化产业学是关于文化产业运动规律的科学，而文化产业则是人们关于文化的某种存在方式与生命形态的概括和归纳，是人们对社会文化现象的认识符号。文化产业学作为一种科学的理论研究系统，就是要通过和借助一定的研究方法来揭示文化产业存在的必然性及其形成的历史合理性和存在方式的特殊性，从而揭开文化产业不是作为一种文化现象的认识符号而是作为一种文化现象的生态系统的本来面目。

一般认为，文化产业是从“文化工业”这一概念演变而来的。法兰克福学派在发明“文化工业”这一名词的时候，只是为了描述和揭示与艺术创造相对立的、以大规模机械复制为主要手段的文化艺术产品的生产方式，用以解释这种方式对于艺术创作的破坏，并不存在概念界定上的问题。然而，当“文化工业”演变为“文化产业”之后，问题就复杂了，因为要把一个个别性的概念发展成一个一般性的概念。个别的事物具有较强的感性特征，所以容易识别和达成共识，而一般性的概念是在抽取了个别性的感性特征之后，所以人们对它的理解和解释往往受限于所处的具体环境。对于意义的理解与把握的分歧也就由此而产生了。文化产业就是属于这一类。在现实生活中，人们能够感知到的是具体的“文化产业”形态，如电影、报刊、出版、唱片、广播电视、娱乐、演出、网络游戏、艺术品及其附属产业。在其附属产业中，又可以分成服务业和设备制造业两大类。虽然在我国国家统计局关于文化及相关产业分类的指标体系中，有关文化产品生产的设备制造业也被纳入了文化产业范畴，但实际上它并不构成文化产业的“核心”部分，即我们通常意义上所说的“内容”，因为无论是生产还是消费都是为“内容”的，所以即便设备制造业也是为了更好地表现内容、表达内容和传播内容，它仍只是一种工具和手段形态。从这个意义上说，美国以“版权”、日韩以“内容”、英国以“创意”来界定有关文化产业的统计标准，确实抓住了文化产业的本质方面。文化产业一定不能被描述、分析与理解为“设定好的文化产业”，而应是“本身真实的文化产业”。前者我们可以称之为“想象的文化产业”，后者可以称之为“真实的文化产业”。“本身真实的文化产业”就是以内容的创作、生产和传播为存在方式和生产力形态，以满足人们的精神文化消费需求并形成知识产权为目的的一切社会文化关系的总和。这是一种具有产业集群性质，具有很高的成长性和繁殖性，其产业形态并不因新的产业形态的出现而发生本质转移的文化存在。

文化产业因人类的精神交换、交往和表达的需求而被创造出来。历史创造了文化产业，文化产业也成为构造历史的一种巨大力量。在文化产业形成的过程中，原有的人类历史的发展轨迹发生了历史性的转向——文化产业改变人的生活，进而形成了人类社会演进与发展的一种生态与环境机制。没有文化产业，不仅无法实现一切精神内容的文化生产，而且不能传播文化，更不用说表达文化和塑造文化了。在这个过程中，人与自然、人与社会、人与人、人与文化、人与政治和人与经济等的文化关系都发生了不以人的意志为转移的重建，人类社会也因此被解构、建构与重构。因此，不要把文化产业仅仅视为某种文化形态和产业形态，而应将其视为一切社会文化关系在时间进程中不断地实现空间形态变换性链接，正是这种不断地变换性链接建构了文化产业与社会的政治、经济和文化关系，与人的、社会的和自然的关系，以及与时间和空间关系，并且以这种关系的当代性形态揭示了文化产业的本质属性及其构成。因此，从这个意义上说，文化产业是人与社会一切文化关系的总和。

文化产业是最深刻的社会文化生产力和文化生产关系的总和，最集中地反映了人与社会和国家的一切文化关系。文化产业就其表象的社会存在方式而言，是一切文化商品的生产和服务活动的总和。然而，由于所有文化产品的商品生产和服务都是一定社会制度安排的结果，所以并不是所有人都可以不受制度限制和约束随心所欲地从事任何文化商品的生产和服务活动。这是由所有文化行为和文化活动的属性及其结果决定的。人类社会之所以会产生在物质活动之外的精神活动，其中一个最重要也是最初始的动机就是

要认识自然和人与自然的关系。当人要把这种认识借助于某种工具或符号表达和记录下来让所有人知道，并且用它来处理人和自然的关系的时候，文化就诞生了。文化是随着人们有意识地生产符号性的文化产品的行为的出现而出现的。符号性文化产品形态的出现标志着人类社会开始进入“文化认同时期”。这种认同是以共同的文化符号系统的出现为标志的。正是这种共同的文化符号系统塑造和建构了人们共同的生活方式。在这里，共同的文化符号系统具有初始价值的意义，这就是人类社会的“固有价值”。虽然在具体的价值意义上不同的人群之间会存在差别，但是，只要是人类就一定有它的共同价值。而之所以不同人群之间的价值存在差异性，是因为人类活动的空间有差异性。不同空间的差异性决定了人在认识自然和界定自然关系系统上的差异性，它完全符合中国文化中的“天人合一”的原理。既相一，又不相一，这就是“天人合一”的辩证法。

既然文化的符号生产和意义生产是与人对自然的认识、解释和掌握相联系的，那么关于文化符号的意义生产就具有了一种解释力，而这种解释力的内容具有规范行为方式和引导塑造精神意志的作用，从而使得这种生产的结果对人的生物学存在和社会学存在具有控制性。因此，从这个意义上说，所谓文化的生产，实际上就是关于控制的生产，在对自然的解释中实现人对自然关系的解释，进而实现对人的、人与人的、人与社会的解释。人在自己的文化生产中被解释，在解释中被控制、规范和约定俗成。由于人在本质上具有与自然沟通的权威性，因此，谁掌握了这种解释力的生产，谁就掌握了与自然沟通的权威性。掌握文化生产就是掌握文化的话语权，就是掌握了统治人的力量和力量系统。因此，对文化生产的有效控制，就成为人类社会演变和进化的一种动力机制。这种机制的生成具有“物竞天择”的遗传性，是人的动物性属性的社会学反映。所有的文化制度与文化产业制度都是依此来建构并以制度的方式来阐释社会的文化生产关系和文化生产力关系的。正是在这个意义上，文化产业成为最深刻的社会文化生产力和文化生产关系的总和。

是否存在一个公理系统，是一门学科能否获得独立的生命形态的重要标志和基本要素之一。文化产业学的公理系统表现在四个方面：一是人类有着共同的文明需求，即认识世界和掌握世界，并且在这个过程中认识和掌握自己，并实现人类的文明发展；二是人类有着共同的基本文化价值，尊重文化多样性，维护未成年人的基本文化权利；三是要实现这些根本文化价值，必须有一套合适的文化产业制度；四是有责任的自由。从这样一个思考前提出发，文化产业学就不只要研究和阐述发展文化产业的意义了，而是要解释与揭示文化产业的本质，回答以下问题：文化产业构成的核心要素是什么？文化产业是怎样形成的？为什么会出现文化产业？它的出现究竟有哪些必然性？它是怎样运动的？它有哪些运动规律？在人类历史文明的进程中，文化产业与社会的政治、经济、文化及其他方面究竟是怎样的一种关系？这种关系又是怎样互相影响的？人在其中处在什么样的位置上？文化产业与人的关系是什么？等等。近年来，我们有大量关于为什么要发展文化产业的阐释性文章，但是，有关文化产业原理性研究的成果则不多见。对于国外有关这方面的研究成果的著述，除了中国人民大学出版社2007年翻译出版的《文化创意产业译丛》中有一本《文化产业》之外，其他就很少见了。而这本《文化产业》也不是一本原理性的著作，尽管它已经在这方面进行了认真的探索，但是更多的还是基于发达工业国家发展文化产业的经验性分析，还构不成严格意义上的“文化产业学”。

每一种文化产业在它“抵达”现代的时刻都带有漫长的政治、经济、社会、阶级甚至种族与性别的历史，并承载着过往一切的文化关系记忆，从而使我们今日对它的解读才有可能获得辩证的历史观与整体观。如果没有历史形态，那么任一种文化产业都没有了特性，它的当代发展也是不可能的。没有了往日的生命历程，就没有“今日”文化产业的特性。因此，通过对历史的回溯，我们就可以理解文化产业，并且在这一过程中更好地把握文化产业的现状，建构起对于文化产业的知识系统与认识系统。这样一个有关人的、社会的、文化的文化产业学必定有一个普遍的基础被交织在日常生活之中，并且将根深深地扎入大众意识的土壤之中，这个普遍的基础就是人的、社会的文化权利关系构成。文化产业学实际上就是一个向人们阐述人们的社会文化关系的学科。

### （一）文化产业学特别地突出文化产业的文化特性

每一种文化产业都具有其自身的特性，唯其因有自身的特性而与其他文化产业相区别，这种文化产业才有存在的理由。不同的文化产业形态，不只是在生命存在方式和成长路径上存在差异，就是同一种文化产业在不同时间与空间也会遭遇完全不同的命运。利用比较法来凸现不同文化产业间的差异性和相似性，是为了增强对文化产业每一种“这一个”的认识，以便更科学地把握对象世界的真实性。每一种文化产业都是独一无二的，都具有与众不同的特性，其特性在某种程度上是自身历史的产物，是文化产业发展与运动的结果。不断地寻求新的生命形式，实现生命存在方式与运动形态的历史超越，始终是文化产业发展的不竭动力。由于文化产业再现了微观、中观与宏观的政治和经济的相互影响，因此，文化产业不仅深刻地蕴含着政治和经济的关系，而且还蕴含着这种关系对于文化产业系统构造的深刻影响，制约着文化产业运行的动力形态与社会形态。

文化产业学使个人、社会与政府都不仅能够知道与理解他们与文化产业的关系及其与这种关系的特性，而且也能知道与理解其他个人、社会和政府与文化产业的关系及其特性，因此，我们所从事的文化产业学必定是一门有关人的、社会的与政府的文化产业相互关系的科学。这样一个有关人的、社会的和国家的文化产业必定有一个普遍性的基

础被交织在日常生活的网络中，文化产业学实质上就是向人们阐述关于人与社会一切文化关系的学科。文化产业的本质是人与社会一切文化关系的综合。在这一切社会文化关系中，包括人与社会的政治关系，人与社会的经济关系，人与社会的文化关系，以及人与社会的社会关系。政治是人与社会一切权力关系的总和；经济是人与社会一切财富关系的总和；文化是人与社会一切精神关系的总和；社会是人与人的一切生存关系的总和。当这种社会文化关系涉及人的文化权利的时候，它便和政治学密切相关，当这种关系涉及人的财富关系的时候，它便和经济学相关了，而当这种关系涉及人与人的精神交往关系的时候，它便和文化学相关了。

### （二）文化产业学是认识、描述和揭示文化产业的生态特性和生命体征的科学

文化产业是一个历史过程，依赖这一过程，社会与文化形态的再生，事物发展记录的构成，以及时空变化得以持续地相互适应，而特定历史条件下的文化活动与权力关系也赖以不断地彼此对应，文化产业学的意义在于其对文化的生命形态进行人与一切社会文化关系构建的贡献，尤其是对文化产业发展进行文化决策人的贡献。

文化产业学的主要目的，是要把握与揭示不同文化产业共同的生命过程及其在这个过程中所体现出来的价值，包括对各种文化尺度（社会、历史、制度）与技术尺度的概括，并阐释各种文化尺度与技术尺度下各种文化产业互相依存的相关性。

文化产业学研究的目的，就是揭示新文化世界，感知人与文化的社会关系、经济关系、政治关系和文化关系，而不是去探究文化企业和文化产品是怎样运作的，尽管在文化产业学的研究中毫无疑问地会涉及文化企业和文化产品问题，但对于文化产业学来说，不是最主要的研究问题和研究对象。

文化产业是以区域特性和时代特性来界定的。文化产业的区域特性和时代特性，并不表现在载体的形式上，而是表现在内容上。不同的载体可以为不同区域特性和时代特性的文化产业相容，而不同区域特性与时代特性的文化产业在内容上则可能完全是非兼容的，甚至是冲突的。中国文化产业学的特性，就在于文化产业生命运动的中国特性是在其文化环境、文化条件、文化土壤的历史进程中形成的。

文化产业是经济形态从低级阶段演进到高级阶段后出现的一种新型产业经济类型，是从农业经济、工业经济到信息经济转变的重要产物。文化产业是一种包括心理、行为、理念、精神和知识等不断技术化和高度化的产业类型，是一种“人性技术化”或“精神技术化”的产物。

### （三）文化产业学是重建人、自然与社会精神关系和秩序的科学

文化产业是一种制度形态。文化产业的制度安排，尤其是关于文化产业的市场准入

和文化产品审查制度，与一定国家和地区的政治制度密切相关，是它的政治制度的一种文化表现形态。首先，制度安排决定产业发展。文化产业发展经历了由非制度形态到制度形态发展的过程。文化体制改革的一个重要目的，就是要建立现代文化建设需要的文化产业制度，从而克服文化产品和文化服务提供不足的战略性短缺，满足人们多样化的文化消费需求。在中国，从计划经济制度下的文化事业发展实现向“积极发展文化事业与文化产业”的战略性转变，本质上就是对中国的社会主义文化建设制度的创造性重建，使文化产业成为社会主义文化建设的一个重要组成部分，由原来的一条腿走路发展成两条腿走路。其次，制度安排改变了文化市场主体结构的单一性。计划经济条件下存在的文化市场形态具有扁平性和静止性。计划经济时代并不是没有文化产业的存在形态，而是由于计划经济的主导把文化产业的市场属性消融到计划配置中而不是市场。如果说在过去相当长的一段时间里，与文化产业相关的文化内容还主要是国家意识形态的重要组成部分，那么现在已经发生了根本性的变化。文化产业已经从过去单纯的政治和伦理功能中衍生出经济与产业功能，从过去单纯的文化交流功能衍生出文化发展战略功能。

对于文化产业是什么的问题，这是文化产业学首先要研究的主要内容和对象范畴。但是，作为一个对象范畴的主体性成立，是相对于它的客体而言的。文化产业最初是法兰克福学派在把它当作和艺术创作相对立的概念的情况下提出来的，“工业化生产”和“机械复制”是它的本质特征。而在中国，则是把它作为和“文化事业”相对应的文化发展形式提出来的。这就决定了我们对于文化产业属性或者说性质的研究至少包括两个向度：一是历时性的，即关于文化批判的向度；二是共时性的，即关于社会文化形态的向度。前者是关于文化和艺术的生产方式问题，后者涉及文化制度安排与重建。

法兰克福学派对文化工业的批判是从文化产品（主要是艺术品）的生产方式开始的。文化产品与文化生产方式构成了文化产业研究两个最核心的概念范畴。创作与复制构成了文化产品两种最基本的生产方式。它们与社会发展的艺术民主进程和实现密切相关，在这个问题上的不同态度揭示了在艺术民主问题上的科学认识与理解。联合国关于文化产业的定义基本上体现了法兰克福学派的两个定义要件——文化产品与工业化生产。联合国的文化产品定义范围显然要比法兰克福学派的定义更符合现代文化产业发展的实际，在生产方式的表述上也更加中兴和宽泛，并且是一种基于文化的表述：“工业化”“标准化”。因此，联合国关于文化产业的定义可以成为我们认识和研究文化产业的一个重要出发点。但是，联合国的定义只是描述了文化产品生产与现代工业文明社会的关系，尤其是制度性技术关系，并没有揭示其背后文化产业与人、自然和社会的关系，这并不是联合国的责任，而是学术的责任，因而也是学科建设的责任。今天的文化产业形态已经与当年法兰克福学派和联合国的认识之间发生了很大的变化，科学地认识和研究

这种变化背后的规律性才应该是文化产业学需要深刻研究的对象和内容。

当代中国的文化产业理论研究的内容领域相当广泛。文化经济与文化产业的关系，文化产业运动的现代特征与基本规律，文化生产力与文化生产关系，文化产业发展与文化体制改革，文化产业政策与文化产业管理，文化产业竞争力，文化产业投资，文化产业发展的市场主体建设，区域文化产业发展与文化产业空间布局，文化产业发展与国家文化安全，全球化与文化产业发展等，都是当代中国文化产业理论研究的重要课题，构成了中国文化产业理论研究的主要内容。

## 第四节 文化产业学的理论系统架构与研究方法

文化产业的发生、发展及其现代运动与整个现代社会的政治、经济、文化和科学技术的运动发展有着密不可分的关系，现代社会的政治、经济、文化和科学技术的任何一次发展都会给文化产业带来更大的发展。相关学科与理论的发展不仅为文化产业理论研究与理论建设提供了认识论与方法论工具，而且也为文化产业学理论体系的形成准备了条件。

### 一、文化产业学的理论体系架构

#### （一）文化产业与文化经济关系理论

文化产业与文化经济关系理论主要揭示文化产业与现代文化经济之间的关系，现代文化产业的形成与发展对于现代经济增长方式的影响及其对现代社会的经济和社会存在方式的改变，以及文化产业及其理论研究对于当代社会发展的价值与意义。

#### （二）文化产业与文化生产力、文化生产关系理论

文化产业既是一种文化生产力形态，同时又是一种文化生产关系形态。前者反映了文化产业作为一种人类社会改造世界的力量存在，后者反映了在这种力量关系实现与结构的背后拥有文化生产力的关系；前者表现为各种文化产业的现代行业类型，后者表现为在这个基础上建立起来的各种政策、法律和制度系统。不同的文化生产关系不仅反映了不同的文化生产力的构成，而且还反映了不同的文化生产关系和文化生产力之间运动状态的力学关系。文化产业的运动及其现代化程度是文化生产力和文化生产关系之间的力学关系的集中反映。正是文化产业与文化生产力和文化生产关系的现代理论，为文化产业管理和国家文化体制的建立、运动与改革提供了合法性基础。

**（三）文化产业与现代社会关系理论**

文化产业与现代社会关系理论主要阐明文化产业对于构建现代人类社会文明方式、重构现代社会结构的作用，以及文化产业作为现代文明方式和社会结构的重要内容的现代性存在，进而揭示文化产业作为一种现代社会的力量形态在现代世界发展和竞争中的地位与意义。

**（四）文化产业与现代科技进步关系理论**

文化产业是现代工业文明的产物，而现代工业文明是取决于现代科学技术的发展的。没有现代科学技术的诞生与发展，既没有现代工业文明，也没有现代文化产业。现代科学技术的发展在改变着人类社会的同时为文化产业的发展提供了技术装备和科学思维，而文化产业的现代发展为现代科学技术的创新提供了文明进步的试验空间。信息产业与文化产业的深度结合将深刻地改变着人类社会发展的技术生态环境。它给整个人类文明发展带来的影响，理应成为文化产业学研究的重要内容。

**（五）文化产业与现代产业结构理论**

综合运用现代产业经济学关于产业结构理论和现代社会学关于社会结构的理论，主要分析和解释文化产业结构的运动变化及产业之间的关联关系的运动变化规律。文化产业是现代社会的组织骨骼。文化产业不仅以文化、精神、思想和灵魂的形态营造了社会发展柔性结构，而且还以财富创造的崭新形态和力量支撑起社会的刚性结构。一个没有文化产业的社会是没有前途的现代社会。

**（六）文化产业组织与市场关系理论**

以现代产业组织理论为工具，主要研究现代产业组织理论与文化产业组织运动之间的关系，从对文化企业行为与市场绩效的关系性分析中，揭示文化产业组织如何才能拥有有效竞争的合理化态势，实现理想的市场效果的基本路径，进而在对文化企业国际化的发展趋势的分析中，解释中国文化产业组织实现制度创新的合理化机制。文化产业组织同时也是社会组织的重要存在形态，它和一般产业组织的最大区别就在于它的文化内容深刻地影响着社会的发展与转型。尤其是当整个人类社会正在向着信息社会转型，文化正在成为一种软力量的时候，作为文化产业组织核心的文化企业、特别是大型跨国文化产业集团及其组织，实际上已经成为人类社会发展的重要组织形态并发挥着作用。当这种组织的作用被限制或遭遇障碍时，就有可能导致一定区域内的社会有机生活发生混乱，因此文化产业组织就具有了超越一般产业经济学的意义的社会组织的意义。文化产业组织

与市场的关系也就成为准社会组织的运动与国家政权的关系，如英国政府与 BBC 的关系。

**（七）文化产业运行机制理论**

文化产业与其他文化形态的最大区别，就是政府和市场在同时发挥着作用，并且通过这种作用同时产生文化的、政治的、经济的和社会的影响力。文化产业运行机制是否符合文化产业的运行规律，决定了文化产业产生作用和影响力的大小与实现价值的高低。文化产业运行机制理论主要分析和解释市场调节与政府控制之间的运动关系，现代企业制度和中国文化产业结构调整与体制改革的关系，以及文化产业投资与管理，并建立起文化产业运行机制的动力论模型。

**（八）文化产业创新与文化产业战略理论**

当文化产业成为现代人类社会生存状态的重要组成部分的时候，文化产业也就自然地成为国家力量内容的重要组成部分。通过制定国家战略或国家文化产业政策来实现国家对文化产业的管理和控制，是现代文化产业管理的重要特征。即便是实行完全市场经济的国家，也都是通过国家制度和文化产业政策来实现国家发展文化产业的一致的。尤其是在全球化的背景下，文化产业已经成为一个国家发展文化和在世界上通过文化产业来发挥其影响力的产业，当文化产业能够影响世界力量格局变动的时候，便具有了国家战略的意义。因此，一个国家的文化产业也往往是一个国家的文化战略。文化产业战略的任何变动都是国家文化产业创新在全球意义上的利益格局的转变。该理论揭示国家文化产业创新和文化产业战略与国家创新体系和国家战略之间的关系，文化产业规划与文化发展战略在国民经济和社会发展中的地位与作用，研究和解决文化产业的配置与区域文化和经济协调发展之间的一般性原则，探讨它们之间的基本规律自然成为文化产业学研究的重要内容。

**（九）文化产业政策与文化产业管理理论**

该理论主要探讨文化产业政策的性质，与文化经济政策、文化意识形态政策及其他相关政策之间的关系，文化产业政策的作用及与之相适应的政策手段的设计和选择，以及文化产业政策的国际比较。政策是最主要的管理形态、管理手段和管理机制。

## 二、文化产业学的研究方法

文化产业学理论体系是一个开放性的理论系统，单一的学科研究方法无法满足文化产业学的研究需要。文化产业不是一种单纯的文化现象，也不同于一般的经济产业，而是一个跨学科的研究领域，涉及文化学、政策学、经济学、传播学、管理学、法学等学科领域。不同的学术倾向，不同的思维习惯，不同的研究方法，不同的切入角度，可以产生许多完全不同的结论，构成许多个性鲜明的学术理论体系。尤其是当中国的文化产业发育尚未成熟，当文化产业的矛盾的丰富性还没有充分展开的时候，任何在此基础上形成的研究成果，都是在科学的意义上建立文化产业学不可缺少的。没有充分的富于个性的文化产业理论研究，就不可能有真正科学意义上的文化产业学。因此，这就特别需要在文化产业理论研究的方法上的创新。可以从实证出发，通过个案研究建立文化产业理论系统，也可以从纯粹抽象的思辨出发，推演出逻辑结构严谨的文化产业学术体系。总之，现有的各种成熟的学术研究方法和手段都应当成为文化产业理论研究的方法论。

## 本章小结

中国文化产业理论与政策问题是在中国文化体制改革不断深化和社会主义市场经济体制的改革目标提出后才逐渐在当代中国文化建设与文化发展的进程中凸现出来，并进入学术研究视野的。20 世纪 80 年代后中国文化建设的内生性变化是其最根本的原因。

“冷战”后国际文化关系的变动与世界文化力量格局的重组，使得原本均衡的国际文化关系和世界文化力量格局瞬间发生了巨大的变动和转移。国际文化关系的变动，使得“冷战”时期建立起来的关于意识形态斗争的理论发生了革命性的变化，以前一直未加充分注意的领域——文化产品及其市场成为新的世界文化秩序重建的关键性因素。文化产业及其系统运动所构成的力量在世界文化秩序重建中的权重，自然就成为当代中国在处理国际文化关系时迫切需要解决的重大课题。

在经济全球化的背景下，要从根本上达到维护中国国家文化安全的目的，全面迎接经济全球化和加入世界贸易组织给中国文化产业带来的挑战，而又不对当代中国国家文化生存与发展造成伤害，就必须进行文化政策方面的战略性调整，在继续推进国家文化事业全面发展的同时，推进和实施国家文化产业战略，大力发展文化产业，积极参与世界文化市场竞争，用文化发展的现代方式推动文化的现代发展，这也是当代中国文化发展的历史要求。

文化产业是对一种现代社会现象的抽象，既是对一种有别于传统的经典意义上的文化现象的描述，也是对一种新的以文化的意义生产和符号生产、流通、消费与服务经济生产关系的描述。文化产业是现代科学、现代工业文明发展与现代精神文明发展相结合的产物，是一种人类社会理论中掌握世界体系和表现世界体系的新的文明手段和方法。新兴的多学科综合性质使文化产业研究和在此基础上形成的文化产业学既具有应用理论

的特点，又具有基础学科的性质。

“文化产业”作为一个概念出现，集中反映和表现了“文化产业”这样一种人类社会现象的普遍存在，由于它和传统的文化形态生命运动和存在方式有巨大区别，这才使人们创造出这样一个概念来表达对这一类对象的认识。因此，它是一种新的文化表达理论形态，一种新的社会发展与运动理论和一种经济理论形态，是这些理论形态综合成的一个独立的新的文化理论形态。

“文化产业学”按照通常的说法可以定义为：研究文化产业运动与发展规律的科学，是把文化产业作为独立存在的科学对象来研究。文化产业涉及广泛的文化商品和文化服务领域，各国对文化产业的界定及范畴划分也还没有一致的意见。因此，文化产业学所研究的不是某个具体类型的文化产业，如传媒产业、出版产业、电影产业等，而是文化产业整个系统的运动规律，是关于具体文化产业运动的抽象与概括，在此基础上形成的理论成果要能够用来解释具体存在的文化产业种类的生命存在状态和基本发展规律。

文化经济与文化产业的关系，文化产业运动的现代特征与基本规律，文化生产力与文化生产关系，文化产业发展与文化体制改革，文化产业政策与文化产业管理，文化产业竞争力，文化产业投资，文化产业发展的市场主体建设，区域文化产业发展与文化产业空间布局，文化产业发展与国家文化安全，全球化与文化产业发展等都是当代中国文化产业理论研究的重要课题，构成了中国文化产业理论研究的主要内容。

## 思考题

1. 如何认识中国文化产业学术研究产生的内外因素？
2. 中国文化产业学术研究的学术起点与法兰克福学派逻辑起点的差异在哪里？
3. 如何理解文化产业与创意产业、内容产业、文化创意产业等概念之间的联系与区别？
4. 怎样科学地认识文化产业的本质与文化产业学科的性质？
5. 文化产业学作为一个新兴的交叉型综合性大文科与传统学科体系的关系是什么？

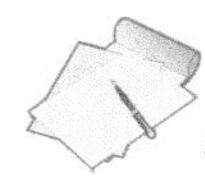

## 参考书目

1. 胡惠林. 胡惠林论文化产业[M]. 昆明：云南大学出版社，2014.
2. 大卫·赫斯蒙德夫. 文化产业[M]. 张菲娜译. 北京：中国人民大学出版社，2007.
3. 胡惠林. 中国文化产业发展战略论[M]. 北京：经济科学出版社，2014.

# 上　　编

第一章　文化经济运动与文化产业发展

第二章　文化产业的概念、特征与基本规律

第三章　文化产品与文化产业

第四章　文化产业与现代社会运动

第五章　文化产业与意识形态

第六章　文化产业与文化贸易

第七章　文化产业发展与国家文化安全

# 第一章

# 文化经济运动与文化产业发展

## 学习目标

通过本章学习，学生应了解和掌握以下内容:

1. 文化经济运动的历史形态与变迁;
2. 现代文化产业形成的动因与历史条件;
3. 文化产业发展与构成的三种历史形态;
4. 文化产业发展与经济增长方式的关系;
5. 文化产业发展与未来经济发展的关系。

## 导言

文化产业是文化经济发展到现代的产物。文化产业的形成与发展不仅丰富了文化经济的运动形态，而且成为推动文化经济形态变化的革命性力量。文化产业是文化发展的当代形态，同时也是当代文化发展的主要动力。分析和研究文化经济运动和文化产业发展的关系，是深刻理解和揭示文化发展基本规律的重要前提，同时也是认识和研究文化产业运动规律和运动形态的基本准备。

## 第一节　文化产业的形成与发展

文化产业的形成是一个历史过程，包含着社会的政治、经济、文化和科学技术等各个方面的因素。它的形成与发展不仅深刻地反映了文化经济发展到现代的表现形态，而

且还深刻地反映了文化发展到现代的表现形态。正是文化产业形态的完整出现和发展，才使文化作为推动社会前进的生产力形态得到了深刻地反映，成为人类社会发展的重要动力形态之一。

## 一、文化经济运动的历史形态与变迁

文化经济是以人的精神生产方式提供可供交换的劳动产品和服务的社会文化活动与社会经济活动。文化经济作为一种独立的经济形态和文化形态出现，并且成为影响人类社会进步的力量和方式。人类社会的文化经济行为作为一种文化行为和社会经济现象，是随着人类社会物质与精神生产的分工的开始出现的。中国成语中的“买椟还珠”和“滥竽充数”所包含的文化信息表现在两个方面：一是在揭示人们的社会审美意识已经发展到了追求形式美的同时，也揭示了这样一种以纯粹为了产品交换的实现而寻求文化的支持（创意与造型的构思与生产），以及纯粹为了满足人们的精神审美消费需求而不惜以内容的价格购买形式产品（一种具有价值的符号产品，一种主动的市场），并且是文化产生经济价值的存在。精神的创造性劳动第一次获得了商品性的存在，并且第一次以商品的形式进入流通领域交易实现其价值，即货币的表现形态——珠子的价格。这是体现在物质载体上的文化经济形态，即文化的物质形态。这是最本源的文化经济形态，也是创意产业的原初形态。这种形态体现在不同的载体上，构成了文化经济不同的表现形态。这种表现形态的经济价值或产业价值在今天的古建筑和古遗址的开发中得到了充分的展现。二是文化经济出现了由分工而导致的交换形态的细分，即文化劳务形态或称文化服务形态。供职于宫廷乐队为国王提供专门性服务，以满足国王对于精神文化消费的需求，并且以此获取生活资料——“俸禄”。不同的精神生产劳动行为，都以交换为手段，以获得劳动价值的实现为目的，当交换的原则发生了变化（精神消费需求的个性化）而交换的手段却没有发生相应的改变，以适应这种变化所导致需求的时候，交换便不能实现。目的的实现使无意识的活动变成有目的的追求。纯粹的物质劳动行为发展成为非物质劳动经济，这就是文化经济。人们不同的审美爱好，造成了文化生产和服务形态的不同变化，正是这种不同变化，使得文化经济形态的多样性成为可能。

文化经济是社会财富生成和实现的一种方式和形态。一种社会文化现象和行为能否被界定为文化经济，一个重要的标准就是看它能否被交换，构成盈利或取得活劳动资料。文化经济的历史形态和变迁正是在这样一个基础上展开的。早在 17 世纪，英国古典主义经济学家威廉·配第发现，随着经济的不断发展，产业中心将逐渐地由有形财物的生产转向无形服务的生产。1691 年，威廉·配第通过对英国实际情况的研究指出，工业的利润高于农业，而商业的利润又高于工业，劳动力必然由农业转向工业，然后再由工业转向商业。中国古代杰出的思想家司马迁在《史记•货殖列传》中也揭示了这一基本规律，“用贫求富，农不如工，工不如商，刺绣文不如倚门市”。在这里，无论是威廉•配第还是司马迁，实际上都为我们揭示了文化经济运动历史形态和变迁路径，即物质经济向非物质经济发展演变。后来所有的文化经济形态都是从这样一个最基本的历史规律变迁而来的：物质经济向非物质经济发展，有形经济向无形经济（版权经济）发展，表现经济向符号经济发展，手工作坊经济向文化工业经济发展，机器复制经济向数字信息形态发展，单向行为经济向互动经济发展。这是人类社会发展的基本的经济规律。

从这样一个基本前提出发，文化经济运动的历史形态大致可以分为物质形态、非物质形态、表现形态、符号形态、机器复制形态和数字信息形态等。

文化经济的物质形态是文化与经济一体化的形态，在这种形态里，文化是以附着在具体的物质形态上的形式表现出来的，如造型、线条、色彩等。“买椟还珠”就是一个最为典型的案例。早期的文化经济主要是物质文化经济，这是一个相当漫长的历史过程。所谓旧石器时代和新石器时代，大致就是这样的物质文化经济时期。这个时期只是随着文化经济的非物质文化经济形态的出现，并且逐步发展成占主要地位的文化经济形态后，文化经济才由物质经济形态发展到非物质经济形态的时期。但是，物质文化经济并没有随着非物质文化经济的出现而消失，而是以新的形态在更高的层次上得到了全新的表现。

文化经济的非物质形态是以独立的表现形式和文化符号的生命存在为主要特征的。“滥竽充数”，之所以能够“充数”，就在于表演是一种能够脱离具体的物质存在而满足人们的精神消费需要的艺术过程，正因其可以不依赖于具体的物质载体而得以存在，而给“充数”者留下了表现的可能和空间。正是这样一种特殊的、可以不依赖于具体的物质载体的超物质形式的运动，获得了人们所需要的物质生活资料，这就催生了一种以劳务形态出现的文化经济形态。“勾栏瓦肆”的出现标志着宋朝时期娱乐表演业就已经达到了相当成熟和繁荣的程度。

文化经济的非物质形态是多头并进的发展演变过程，并不是线性式的成熟一个发展一个。“洛阳纸贵”“千金难买相如赋”就发生在汉代。只有当文学作品成为一种自觉的有目的的交换行为，或者为了交换才生产符号产品的时候，文化经济的符号形态才真正出现。当文字作为一种交流和传播的符号被发明之后，以文化的语言符号创造形成的价值及其获得市场的实现方式，也就逐步地成为非物质文化经济的主要存在。劳动创造了艺术，艺术的经济价值的发现和实现，导致了专门为了艺术的劳动的产生。非物质劳动的丰富性导致了非物质文化经济形态的丰富性。这样一种历史形态是人类社会进入工业文明时代之前最主要的文化经济运动形态。这种历史形态的“自然复制”性使得文化

经济的非物质形态积淀为文化资源，成为今天文化产业发展的重要文化资本形态和文化内容形态。物质形态的消费虽然根据物质不灭定律而言还存在着，但是，文化资源尤其是非物质文化资源的转化是可以成为一种新的资源形态的积累机制的。

文化经济的手工作坊形态，是在造纸和印刷术发明之后人类社会创造的最主要和最重要的文化经济形态，也是农耕时代最成熟的文化经济形态。它不仅成为符号文化经济的推动力，而且由于它本身就是有价值的创造方式，并且直接制造市场和传播文化，因此，还是一种以往所有文化经济形态所没有的革命性力量——可以创造文化、传播文化和颠覆文化，也因而成为“投资”的对象，即成为完全意义上的经济形态。从雕版印刷到活字印刷，文化经济的手工作坊形态第一次使文化的“规模经济”成为可能，尽管这样的“规模”还很小，但它为文化经济的机器复制形态的到来创造了条件。

文化经济的机器复制形态，是现代文化产业形成和出现的标志，它实现了从文化经济形态向文化产业形态发展的现代转换。复制是人类生产劳动的基本形态之一。人类早期的文化复制首先表现为对同一劳动工具和生活用具的复制，这是一种简单的复制。印刷术的发明使人类社会从简单复制进步到复杂复制阶段，为大规模的复制提供了可能，为现代文化产业形态的产生提供了历史发展的必然性。但是，这种可能和必然性只有当历史发展到了工业革命时代，实现了对雕版印刷为代表的手工作坊式的复制的超越的时候，才能获得真实性的历史表现。现代科学技术的发明使得机器复制成为可能的规模经济。文化经济形态发展成为以机器复制为主要发展方式的存在形态，从而使文化生产和传播能力迅速成为推动人类社会变革和前进的动力，成为人类社会财富增长的新的重要方式，文化产业正是在这个形态的基础上发展成为独立的文化形态和独立的经济形态。

文化经济的数字信息形态是文化经济进入到信息社会后，由“数字革命”而产生的一种全新的文化经济形态。这种文化经济形态和以往所有文化经济形态的最大区别在于其存在和发展不是以物质材料和有形产品的增值为标志，而是通过采用最新的信息技术和智能工具来增大文化生产过程和流通环节的信息，尤其是现代的知识和信息，依靠信息的流动来改善和提高文化经济的增长和社会文化生活的发展水平。以互联网为平台的网络游戏产业，以现代数字技术为核心的数字电视、数字电影和激光视盘唱片，以及电子出版物等都是典型的文化经济的数字信息形态，正是这些形态催生了自工业革命以来最为深刻的文化产业革命。文化经济将在这场革命中、在一个更高的层面上实现文化与经济的全面回归——文化经济一体化，即文化因经济而成为重要的社会生产力形态，经济因文化而成为社会重要的文化发展形态。文化经济真正超越传统的定义，而成为人类社会由物质经济向非物质经济转移的革命力量和实现形态。

## 二、现代文化产业形成的动因与历史条件

现代文化产业是在文化经济发展到工业文明时代才形成的。现代工业文明的出现为文化产业的形成与发展准备和创造了文化产业作为独立的社会经济形态的全部动因和条件。

### （一）城市与城市文化的形成

城市与城市文化的形成，为文化产业的空间存在培育了文化生态环境，从而使文化产业形态的现代形成成为可能。城市的形成和出现是劳动分工的产物。没有起码的分工，就没有城市；反过来，没有城市的干预，就不会有比较发达的分工。没有市场就没有城市；没有城市就没有地区性或全国性市场。[①]市场是任何产业存在与发展最基本的空间前提，没有市场这个具体的生态环境，任何产业的形成与发展都无从谈起。文化产业也是如此。城市为文化市场的形成和发展提供了固定的空间形态，这是文化产业发展一个非常重要的生态学前提。由于只有城市才有可能最大限度地聚集人才、发明和传播新的技术，进而把发明运用于文化生产和传播的实验，从印刷术的发明到电影的诞生可以被看作是现代文化产业得以形成与发展的一条基本规律。

城市是其从属于的那个文明的产物。一方面，不同的城市形成了不同的城市文化。正是因为不同的城市文化背后所蕴藏的关于世界的理解不同，各个不同城市的文化市场形态和文化产业发展的成熟性程度也是不一样的。另一方面，城市起源的不同也会造成一个城市的文化市场和文化产业发展的差异。不同的城市文化个性塑造了不同的文化产业形态。所谓休闲之都、创意之都、电影之都、娱乐之都等，都是由城市个性来定位文化产业发展战略的例证。

### （二）市民阶层的产生

市民阶层作为大规模的市场消费群体的产生，必然同时催生大规模的文化消费需求。当以手工作坊为代表的传统的文化产品的生产方式和生产能力不能满足这种日益增长的巨大的文化消费市场的需求的时候，文化产品生产方式和生产手段的革命便成为文化产业形成所需要的文化生产力革命。近代工业文明所产生的一大批以机械和电的发明为核心的文明成果被广泛地使用于现代文化产品的生产和传播，不仅最大限度地克服了制约现代文化产业形成的生产力瓶颈，而且催生了一大批以机器复制和现代通信为手段的文化产业形态，电影业、广播电视业、报业、唱片业在这一时期如生物大爆炸般地突然涌

[①] 布罗代尔. 15至18世纪的物质文明、经济和资本主义（第一卷）[M]. 北京：生活·读书·新知三联书店，1992.

现出来，并且创造了极大的生产力，它不仅成为资本投资的对象，而且还成为其他经济形态成长的投资品。文化经济第一次成为影响经济发展与经济增长的重要力量，成为社会财富的重要增长方式和渠道。根据恩格尔系数所揭示的规律，需求结构变化表现为物质产品效用的下降和精神文化产品效用的提高。在现实中，经济越发达收入水平越高，文化产品的消费需求越旺，消费量也越大。在满足了大规模的文化消费需求的同时，形成的文化市场细分又形成了新的动力机制，这种动力机制推动了文化产业形态的升级换代，使得新一代文化产业的出现成为可能。

**（三）社会生产力形态的革命**

文化产业既是一种生产力形态，又是生产形态不断革命的结果。决定现代文化产业形成的最直接的动因和条件，就是发生于近代的工业革命。近代工业革命为现代文化产业的形成解决了两大问题：一是作为产业存在的必要条件的文化规模经济成为可能。现代工业发明成果被广泛应用于文化产品的生产，使得文化产品的规模生产在最大限度地满足了人们的精神文化消费需求的同时产生了巨大的经济效益，并带动和催生了一批新兴产业形态的出现，如文化服务业。科学技术成为文化产业形成的决定性因素。没有现代科学技术，就没有现代文化产业。二是巨大的经济效益形成了全新的资本生长，金融资本投资文化产品的生产与传播，使得文化产业获得了作为现代经济形态所必不可少的品格，也就是说，实现了金融资本和文化资本的现代转换。文化产业第一次作为生产力形态而登上了人类历史的舞台。

**（四）文化自我生存与发展的超越需求**

这是由文化发展的内部动力机制需求所形成的动因和条件。一个还没有完成和实现前文化产业形态的文明形态，不可能产生现代文化产业。自身动力机制的有无，是最终决定现代文化产业能否形成的力量和因素。

## 三、文化产业发展的历史阶段

文化产业是以工业文明定义的。以此为依据，文化产业发展的历史形态可以划分为前文化产业形态、文化产业形态和后文化产业形态三种类型。与此相对应的文化产业发展的历史时期分别为农业社会时期、工业社会时期与后工业社会时期或信息社会时期。

一项产业的形成和确立，是以该项产业的经济形态与经济规模是否成为社会财富的主要来源之一和是否构成一个社会经济增长的主要构成成分来界定的。在这里，资本形态的发育程度和资本形态能够在多大程度上创造价值和剩余价值具有特别重要的意义。

处在农业社会的前文化产业形态与工业社会时期的文化产业的最根本的区别就在这里。农业社会拥有工业社会文化产业的大多数的产业形态，如演艺业、艺术业、印刷业和出版业。但是，所有这些文化产业形态的存在都还不是社会发展与进步的主要经济形态和主要经济结构，用今天的话来说，还构不成 GDP，还不具有统计学意义，因而，虽然它们都作为一种行业存在着，具有文化产业的多种要素，但是它们不是现代意义上的文化产业，具有农耕文明自发性和原生态的典型特征，即便像活字印刷和雕版印刷已经具有了机械复制的特征，但由于这种复制主要还是手工作坊式的，并不形成和构成规模经济，也不是现代生产形态，尤其重要的是作为一种产业发展和产业进步的重要力量，资本并没有作为一种主要的经济行为在其中发挥作用，并创造价值和剩余价值，因此，所有这些文化产业形态还不具备现代意义和现代价值。由于所有这些文化经济形态为现代意义上的文化产业的形成准备了空间存在的最基本的形态，正是这些形态存在的合理性与合法性，才使得文化产业形态的历史性构成成为可能。因此，我们把这种文化产业形态称为前文化产业形态。

产生于后工业时期的后文化产业形态与前两个形态的最大区别则是文化产业形态的虚拟性。后文化产业形态的最典型的文化产业形态就是以互联网技术为依托的网络游戏产业。这是一个完全存在于虚拟空间的文化产业形态。然而，由于这一文化产业形态最大限度地创造了价值与剩余价值，实现了文化的原生态与文化技术的崭新结合，人的主体能动性在虚拟的世界里获得了最大价值的主体性实现，并且资本在这一形态中获得了全新的实现方式和实现形态，所以文化、资本、数字技术与互联网的结合文化产业得以形成。

如果以印刷出版业的诞生为标志的话，文化产业至今已经走过了大约五百多年的发展历程。在这五百多年的历史进程中，文化产业发展的历史形态基本上走的是一条与世界经济发展同步的发展道路。这主要有两个方面的原因：一方面，经济的发展与增长不断地为文化产业的发展提供投资品和市场形态的成长空间，不断地为文化产业的发展提供文化消费主体，从而使文化产业的产品生产与提供始终处在一种巨大的需求之中，进而不断地刺激文化产业规模经济的扩大和产业形态的扩张。激烈的市场竞争不断催生文化产业形态的革命，从而使得工业资本的原始积累迅速在文化消费品的扩张中获得巨大盈利。另一方面，经济的发展和资本的竞争不断刺激和推动着技术的创新和发展。经济增长方式领域的革命成果被迅速转移到文化产品的生产和消费领域，为文化产业不断地从物质经济向非物质经济领域转移的过程提供了技术装备，进而又进一步带动了经济领域的扩大和经济发展形态的转变。影视产业作为文化产业的核心门类的发展历程，最为典型地记录了文化产业发展的历史形态与历史分期——机器复制时代、无线通信时代和

数字信息时代。由于文化产业是被现代工业文明定义的，因此，现代工业文明发展的历史形态也就成为我们划分文化产业发展的历史形态和分歧的技术标准。

机器复制和无线通信是文化产业的典型形态，也是工业社会时期文化产业的标志。自从本雅明首次提出机器复制这一概念之后，它就成了用来界定文化产业性质的标准。虽然人们至今也还未就文化产业的定义达成共识，但是，法兰克福学派关于文化工业的理论则成为学术界公认的文化产业理论发生的源头。这就使得“机器复制”这一概念本身具有了界定文化产业本质形态的历史学意义。机器复制是对文化生产手工业形态的彻底革命，虽然在传统文化的生产过程中，手工作坊式的生产形态依然存在，如雕版印刷，但是这种生产形态在机器复制出现以后已经不是文化生产和文化传播的主流，不是现代文化产业的典型形态。机器复制第一次使得文化经济拥有了现代产业形态，使得文化产品的规模生产和大批量的复制由可能成为现实。它的革命性意义，就在于机器复制构成了一个完全不同于手工业生产的文化生产方式。机器复制这一文化生产方式的革命性价值，就在于它的普遍性。机器复制不只是应用于一种文化产品的生产，而是能够被普遍适用于一切文化产品的工业化和标准化生产。另外，正是这种生产方式的革命推动了文化形态和经济形态的革命、文化增长方式和经济增长方式的革命。

文化产业的无线通信时代是工业社会时期文化产业发展的成熟形态。当商品生产技术供大于求的时候，也就是说在传统消费手段已经不能满足对市场的开拓的时候，收音机和电视机出现了。收音机和电视机的出现标志着广播电视产业的诞生，文化产品的生产、消费和销售开始突破空间局限，使远距离空间传播和文化市场全球一体化成为现实。文化产业形态随着机器复制时代的革命获得了新的生命形态。由于这种生命形态在资本的扩张中获得了空前的规模经济和文化效益，因此，随着无线通信技术革命的不断深化，广播电视迅速发展成为资本的对象。由于电视和电影产品的生产成本是固定的，也就是说，一旦一个电视节目被生产出来，它们的复制和运输的费用都很低。当一个电视节目被播出并收回成本后，无论是重播还是开拓新市场所得到的都是纯利润。广播电视业的这个特点使得它迅速成为资本扩张的领域，投资取向的转移导致了产业结构在调整过程中的文化增长。在机器复制构成了文化产业最早的核心部位之后，以无线通信技术为核心的广播电视业在更大的能量领域扩大了机器复制的权力，并且使之迅速占据文化产业的核心部位，而成为独立于印刷出版业的文化产业部门。

后文化产业时代以数字信息技术、互联网的出现和网络游戏产业的诞生为标志。它是文化产业发展到后工业社会时期或信息社会时期出现的新型文化产业形态。互动性与虚拟性成为这一新的产业形态的典型特征。根据麦克卢汉的媒体理论，报刊是对人的眼睛的延伸，收音机是对人的耳朵的延伸，电视是对人的眼睛和耳朵的同时延伸，电话则是对耳朵和嘴的延伸，所有这些延伸都是对人体感官机械的独立延伸。问题不在于互联网具备传统媒体的所有传播特征，而是在于互联网不但为传播者和受众之间提供了真正意义上的互动关系的技术支持，而且提供使任何上网的人都成为传播者的技术支持，受众在互联网上除了可以给予及时反馈外，也可以成为传播者。更为重要的是，互联网在为社会提供无限空间并把它们用网的形式有机地互联在一起的同时，也创造了一个新的有机体。正是由于这个有机体具有鲜明的生物特征，当这个有机体表现为文化产品生产和传播的全新模式，并且为传统的文化产业形态所不兼容的时候，信息社会的后文化产业时代就到来了。

## 第二节　文化产业发展与经济增长方式

经济增长方式是一种生产力形态。经济增长方式的发展与差别反映了一个国家和地区生产力发展的水平与差别。文化产业是一种生产力形态，属于知识经济范畴。文化产业的特点就是通过对非物质经济的发展创造人类社会发展所需要的精神和物质财富，从而最大限度地降低对能源与原材料的消耗和环境污染，最大限度地提高对象的文化附加值。把发展文化产业作为转变经济增长方式的重要战略选择是现代国际社会普遍选择的发展道路。

### 一、增长方式与人类社会发展形态

增长方式是人类社会发展的一种基本动力形态，主要是指经济增长方式。所谓经济增长方式，就是指推动经济增长的各种生产要素投入及其组合方式。一般来说，将主要依赖于土地、劳动和资本投入的增长称为粗放式经济增长，其主要特征是规模的扩张；而将主要依赖于技术进步、文化创新、制度完善和制度创新的增长称为集约型经济增长，其主要特征是效益最大化。因此，从这个意义上来说，经济增长方式实际上也是社会生产力发展程度的一种表现形态。

不同的经济增长方式对应不同的经济发展阶段。粗放式的经济增长方式对应于较为落后的经济发展阶段，集约型的经济增长方式对应于较为发达的经济发展阶段。这种对应实际上是社会文明发展程度和发展阶段的对应。农业社会对应于对土地和劳动力的依赖，工业社会对应于对机器和资本的依赖，而信息社会则对应于对数字信息技术的发明利用和文化的创新，从而最大限度地克服对于土地、劳动力和资本的依赖。因此，当一

个经济体较为落后的时候，它的经济增长就只能依赖于土地、劳动和资本的投入，而当一个经济体发展到一定阶段，单靠土地、劳动和资本的投入已经不能再获得发展，所有这些要素投入的边际效率不断下降，不通过科学技术的进步和文化的创新便不能发展的时候，经济增长方式的转变与革命就成为影响一个社会发展走向的决定性因素。而正是不同的经济发展阶段与不同的社会发展形态之间存在着对应性关系，因此，增长方式被应用于一定社会发展的成熟性程度也就反映了不同历史时期人类社会发展的不同阶段和发展形态。

经济增长方式的出现和形成是在人类社会的生产力形态出现和形成之后才出现与形成的，与人的增长和发展有着最根本的联系。从某种意义上来说，人的增长是规定和影响经济增长方式运动与发展的最直接的原因。虽然任何经济增长方式的发展都以一定条件的自然的物质存在为基础，但是，真正影响和决定经济增长方式变动的动力因素还是作为生产力发展的最革命性的因素，即人的因素。人不仅是一个社会赖以存在的主体和合法性依据，而且一个社会的发展程度和发展水平也是由人的发展程度和发展水平定义的。人是有智慧的动物。人在不同发展阶段上的智慧水平或文明水平是由文化来定义的。不同的文化定义，如中国的仰韶文化、龙山文化等，既代表了一个文化年代，同时也代表了这个年代社会生产力的发展水平。同一时期不同地点的文化之所以会标识率先发现的那个文化遗址的年代，就是因为它们同处在一种生产力水平上，或者说同处在同一种经济增长方式的阶梯上。因此，从这个意义上说，一定社会的经济增长方式是与其人的增长程度相一致的，也就是说，一定的经济增长方式是一定社会人的增长即人的智慧增长程度的生产力反映。

由于社会发展形态直接产生于人们的社会生产力的发展水平，因此，社会发展形态也就成为衡量经济增长方式的终极反映。农耕社会以农业为其主要的经济增长方式。虽然在农业社会也有手工业和少量的前工业形态，如冶铁业、造纸业等，但还属于农业的辅助部分，还不构成真正意义上的生产力形态，也就是说，它还不是社会生产力的主要形态和社会财富增长与积累的主要手段，因此，就还不是经济增长的主要方式，不具有规定一个社会发展形态的依据。工业社会和农业社会的最大区别就是生产工具和手段的革命最大限度地提高了社会生产率，机器发明和机器生产改变了社会生产形态和社会经济增长方式，使得工业生产成为社会生产力的主要形态和社会财富增长与积累的主要手段。在这里，金融资本随着工业革命的崛起而迅速成为一种重要的社会存在，成为推动社会进步与发展的重要力量形态。利用资本创造出更多的价值，这就决定了社会的经济增长方式已经进入了资本时代。信息社会对于工业社会的最大的也是最为根本性的革命，就是数字技术取代了传统的机器制造，以更小的社会资源消耗获得了更大的人类社会进

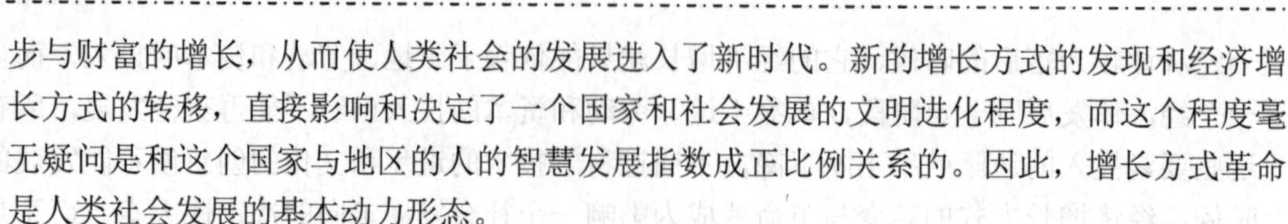


步与财富的增长，从而使人类社会的发展进入了新时代。新的增长方式的发现和经济增长方式的转移，直接影响和决定了一个国家和社会发展的文明进化程度，而这个程度毫无疑问是和这个国家与地区的人的智慧发展指数成正比例关系的。因此，增长方式革命是人类社会发展的基本动力形态。

## 二、文化增长对于经济增长方式革命的价值

文化增长是社会发展的根本性增长。人的智慧的增长只有表现和体现为文化的时候，才能现实地转化为社会发展的力量，成为一种社会发展的增长方式。所谓文化增长是指在人类社会发展的历史进程中，人类在利用自然、改造自然和创造社会的过程中所形成的智慧结晶对于提高社会的发展水平和社会生产力的程度。也就是说，作为一种改造自然和创造自然的力量，文化对于推动人的进步和社会生产力发展水平的贡献指数。贡献指数越大，文化增长水平越高，发展速度越快，反之则越慢。由于文化增长最大限度地发挥了人的智慧在社会财富创造过程中的作用，最大限度地提高了自然资源的利用价值和减少了对自然资源的消耗，因此，能够在多大程度上以最小的自然资源的消耗创造出社会发展的最大的财富积累效应，也就成了衡量一个社会经济增长方式现代化程度的标志。正因为文化增长最终决定和反映了社会经济增长方式的集约化程度，因此，文化增长的程度和文化增长在整个经济增长方式中所占的比重，也就自然成为了衡量经济增长方式转变的一个重要标准。当我们把文化增长看作是人的智慧增长的表现的时候，文化增长是包含着科学技术发展水平的。这不仅是因为科学技术本身就是人的智慧发展的一种结晶形态，而且就现代文化意义而言，人类历史上任何一次科学技术革命都有赖于人文意义上的文化革命的进步。这也就是为什么自从欧洲文艺复兴以后，人类社会每一次巨大的社会发展与社会进步都与深刻的思想解放运动相伴随，或者说就是思想解放运动的产物。按照“戈森定律”来说，由生产、积蓄形成的物质资本的边际效益随着社会需求的满足递减，而由媒介、信息与符号形成的非物质资本的边际效益却在边际扩张与规则创新中随着社会需求的满足递增，这一“逆戈森定律”式的生产方式与增长方式发生了革命性的变化。当然，毫无疑问的是，近代以来的每一次科学技术革命也都为思想解放运动和人文革命提供了崭新的世界观和方法论，从而使思想解放运动和人文革命得以成功和获得经济发展与社会进步的体现。因此，经济增长只有最终表现为文化增长的时候，才能转化为人类社会进步与发展的文明基因，经济增长方式也才能成为社会进步的动力形态。

### 三、文化产业是经济增长方式革命的必然选择

任何产业形态的形成和出现都是经济增长方式革命的结果。所谓分工，实际上就是一种经济增长方式的选择形态。经济增长方式只有体现在一定的分工形态和产业形态，才是具体的和能够产生经济效果的，也才是符合经济增长方式运动规律的。向文化寻求经济增长方式革命的成功方式是经济增长方式运动的一条基本规律，而直接通过文化经济形成和文化产业形态来实现经济增长方式的转变，更是现代以来世界经济增长方式革命的必然选择。尤其是在经济结构的战略性调整过程中出现了结构性矛盾和体制性障碍的时候，通过大力发展文化产业来实现经济结构的战略性调整和经济增长方式的战略性转变，更是已经成为现代国际社会的普遍选择。2002 年，面对中国在经济体制改革过程中出现的结构性障碍和体制性矛盾，中国政府在寻求解决和克服的政策措施时就明确提出，要“大力发展旅游业与文化产业”。如果说旅游业属于劳动密集型产业，那么文化产业不仅是可以承担经济改革成本转移过程中造成的大量劳动力人口转移的劳动密集型产业，而且是知识密集型产业。通过大力发展文化产业提高知识密集型产业在我国整个经济结构中的比重，可以实现经济增长方式的战略性转变。英国政府在 1998 年提出“创意产业”的经济发展政策，也是要通过发展智慧创造型产业来解决英国在完成了工业化并进入后现代社会之后经济增长方式转变的难题。

经济增长方式革命是一个不断革命的过程。这个过程不仅需要文化产业的支持，而且也推动了文化经济和文化增长方式的不断变革。当文化经济和文化增长方式不能够为不断变革中的经济增长方式转移提供所需要的能量形态的时候，文化经济和文化增长方式的变革就成为自身增长方式革命的必然形态。这就是以知识产权为核心的文化内容产业和创意产业革命。因为文化产业发展本身也有一个增长方式从粗放型向集约型转变的不断革命的过程，而决定这一转变的核心就是在文化产业发展的技术和内容两个方面都能拥有自主知识产权，在文化资本形态的层面上完成文化产业增长方式的革命性转变。只有这样，文化产业才能在经济增长方式转变的过程中提供先进的经济形态和产业模式，最大限度地提供人类社会发展所需要的生产力形态不断革命的历史要求。

## 第三节　文化产业与未来文化经济的发展[①]

文化生产像其他形式的生产一样，依赖于某些生产技术和生产方式，这些生产技术

① 本节与陈立旭合写。

和生产方式既是文化生产力的一部分，是文化生产力的内生变量，又给特定时期的文化打上了深深的烙印。在结绳记事的年代，不可能产生微积分；在把文字刻在竹简上的年代，不可能产生长篇小说；在手工作业、小规模生产的自然经济社会，不可能通过工业的方式复制大批量的文化产品。技术程序和文化生产方式的意义是决定性的，不同的传播媒介和文化生产方式将会改变既有文化的形态、风格和作用于社会现实的方式与范围。新的传播技术及其产业化的运作方式，无疑已经使人类今天和未来经济社会存在的文化方式发生了革命性的变革。

## 一、文化产业是改变人类社会存在方式的力量

文化产业作为人类社会存在的基本文化方式是随着文化传播媒介的技术革命而不断演化发展的。人类原始的文化存在是直接交流的口语，口语借助于人际间面对面的接触，通过身体和声音得以传播，具有直观直觉、形象生动的特点，使得人可以通过语言的交流建立起关系。由于这种存在方式基于先天具备的能力，从而使每个人都可以享用信息传播所带来的文化利益。“自从人类的口头传播成为可能的时候起，人们就开始相互告诉对方他们共通的东西。其他任何事情都是毫无意义的。当猎人们回到他们的村落时，有关打猎和在打猎中碰到别的部落的故事，就像他们所携带回来的猎物一样是人们所期待的。他们有许多东西可以与人们分享，这对村庄里的每一个人都是有意义的。传播内容具有了真正的实质性意义和易于理解的交流环境。”[①]但是，口语在时间的留存上是一瞬的，在空间上的影响是一隅的。当一小群祭司在古埃及和巴比伦建立起复杂的文字系统如象形文字和楔形文字的时候，人类的文化存在就进入了符号的阶段。早在公元11世纪，中国发明了活字印刷并对欧洲印刷术的发展产生了深刻的影响。1450年，古腾堡发明了金属活字印刷机。这种变化的意义是十分深远的，符号和印刷媒介的出现使语言文化脱离了口语传统，使文化的传播成为一种破解和使用文字符号的技术，克服了人类文化交流中的时空限制，发展了人类抽象思维的能力和想象的能力。在欧洲，印刷术取代羊皮纸手抄本，大量复制成为可能，独一无二的“文本”成为泡影。这就在一定程度上打破了知识的权力垄断。文化存在方式的改变，改变了人与宇宙的关系。然而，文化也因此而成为一种权力的标志，成为少数掌握了破解和使用文字符号技术的人的文化特权。以电子媒介为基础的文化是人类文化的发展经过书面和印刷媒介向口语媒介更高层次的回归。以电子媒介为基础的文化既具有口语媒介的直观直觉性质，也能像文字符号一样

---

[①] [法]让·鲍德里亚. 消费社会[M]. 刘成富，全志刚译. 南京：南京大学出版社，2008：132.

克服人类直接交流中的时空限制。同时，由于电子媒介使文化重新通过声音和形象得以传播，从而清除了书面印刷媒介的文字符号对大众的限制。因而，从文化传播方式上看，电子媒介具有普及性、大众性和民主性。这一特性使得它成为大众文化可以利用的最重要的形式，也因此发展成为现代文化产业最重要的表现形态和人类社会最基本的存在方式。

电子媒介的出现导致了文化产业发展的爆发性革命。1919 年，无线电台独立出来。由于广播电台，尤其是无线电广播的覆盖范围几乎是无所不及的，因此给人类经济社会和文化领域带来了革命性的影响。正如麦克卢汉所说，“广播的潜意识深处，充满了部落号角和古老鼓乐的共鸣回荡……这个媒介有力量把心灵和社会转换成一个共鸣箱。”[①]在电报业、广播业出现之后，电影、电视、电脑等电子媒介纷纷登场，并迅速在一些发达国家形成了产业化的规模。这标志着文化艺术品不再是一次性的存在，而是可批量生产的。文化艺术品由少数人欣赏变为多数人欣赏。本雅明认为，这是文化的革命和解放，给多数人的文化欣赏带来了新天地。在这一背景下，大众传媒业的影响可以说无处不在。20 世纪以前，西方人“对于娱乐的选择余地总是有限的而且总是‘鲜活’的。谁也没有指望会有职业娱乐表演者不停地参与；当人们有时间时，他们主要是自我娱乐和相互娱乐。二十世纪大众传媒的崛起和媒介选择的快速增长，已经深刻地改变了几乎整个社会的期望和日常生活模式。”[②]到了 20 世纪即将结束的时候，“绝大多数新近毕业的大学生再也不能背诵丁尼生的‘冲锋的轻骑兵’了。但是，他们已经从更多的来源中接收到了相当多的信息‘比特’，而这一切在 1890 年代是根本不可想象的。”[③]

电影的出现是人类文化生产的一个转折。麦克卢汉说，“电影的诞生使我们超越了机械论，转入了发展的有机联系的世界。仅仅靠加快机械的速度，电影把我们带入了创新的外形和结构的世界。”[④]电影院在诞生之初，就已置身于世俗化大众的包围之中，与大众结下了不解之缘，并注定要改变大众的文化娱乐方式。对此，乔治·萨杜尔曾有一段生动的描述：“匹兹堡的小影院对电影事业来说，是和 1847 年约翰·塞特在旧金山附近发现金砂具有同样重要的意义。它所掀起的虽不是开采金矿的浪潮，却是一个争夺镍币的浪潮。”“镍币在美国是一种五分钱的钱币，等于当时美国电影院一张入场券的最低售价。匹兹堡小影院成功之后，这种营业在美国就迅速发展起来，人们当时称这些影

[①] [加]埃里克·麦克卢汉. 麦克卢汉精粹[M]. 何道宽译. 南京：南京大学出版社，2000：438.

[②] 罗杰·菲德勒. 媒介形态变化[M]. 明安香译. 北京：华夏出版社，2000：93.

[③] 罗杰·菲德勒. 媒介形态变化[M]. 明安香译. 北京：华夏出版社，2000：95.

[④] [加]埃里克·麦克卢汉. 麦克卢汉精粹[M]. 何道宽译. 南京：南京大学出版社，2000：232.

院为‘镍币影院’。这些影院票价一致，非常低廉。但它们所需的资本很少，而所得的赢利却极其巨大。很多这种电影院每周获得的赢利，就足够开办一所新的电影院。”“‘镍币影院’以社会上最贫苦的阶层为它们的顾客，特别是以当时每年都超过百万之众来到美国的移民为它们的重要主顾。这些移民大部分来自中欧，因为不谙英语，看不懂美国的戏剧，所以只好到歌舞场、音乐咖啡馆、露天游戏场来消遣。露天游戏场和法国的节场很相像，在那里有各种一分钱玩一次的机器，如留声机、电摩托、自动算卦器等。”[①]在20世纪初的欧洲大陆城市，尽管电影已风靡一时，但它只被看作是小市民的娱乐品，有身份的人士是不愿公然买票入座的。绝大部分观众都只是把它视为一种娱乐，参加时无需任何礼仪，检查机关、制片人、发行商、放映商可以随心所欲地删剪影片，它比任何艺术都难取得批评的一致性，每个人都认为自己有权成为评判员。因此，电影从一开始就成了大众文化的有效载体。诚如伊芙特·皮洛所说，电影作为一种独特的文化，作为一种现代神话，“可以加工、精选、消化和普及各种体验，这是观众在别的地方恐怕无法企及的体验。多亏有了电影，我们才看到了时代的一些符号，或本世纪流行的诸如异化和大城市中的孤独感这类痼疾，或梦的润饰功能，它们已经成为大众常识，成为最广泛的消费者的精神食粮。”[②]精神分析学认为，电影能够对梦和无意识的结构进行再现或仿照，在看电影的过程中，我们埋藏得最深的愿望会被加以“戏剧化”或被“表演出来”。

与电影相比，电视业的出现给人类的日常生活和文化生活带来了更加深刻而广泛的影响。电影和电视都是集声像于一体的媒体，主要用于提供娱乐和信息，都沿用叙述故事的习惯方式。但是，电影和电视有很大的差别。埃利斯认为，电影和电视主要有四个方面的不同。其一，电影主要是构思一桩公共事件，本身具有完整单一的表演特点。电视则常常把一系列片断的东西编成系列片或连本电视剧，并以此作为其主要表现形式，收看方式也比较随意，以个人或家庭形式进行。电视的这些制作和收看方式使它具有自己的一些特色。电视基本上是一种家用媒体，一般而言，它锁定的是家庭观众。此外，电视采用日常口语化风格。它同观众的交流方式与它在家庭中的地位是相称的。它似乎成了家庭谈话的又一位参与者。其二，电影技术的发展使电影在画面和声音的质量上比电视要好得多。电影的逼真效果给观众以特别强烈的感受，使他们认同电影里发生的一切。看电影要求目不转睛、全神贯注，而电视观众偶尔分个神也无妨。埃利斯说，看电视常用的方式是扫视而不是盯视。其三，电影与电视叙事形式不同，安排故事情节的方式有别。电影故事通常以某种杂乱无序的状态开始，然后是一系列跌宕起伏的情节铺陈，

---

① 乔治·萨杜尔．电影艺术史[M]．徐昭，陈笃忱译．北京：中国电影出版社，1957：54-55.

② [匈]伊芙特·皮洛．世俗神话——电影的野性思维[M]．崔君衍译．北京：中国电影出版社，2003.

再到无序状态的结束，最终恢复到平静。电视则无这样的结局或结尾，表现的是一套不完整的、反复的片断内容。电视系列片或连本电视剧就是典型。每集电视剧自成一体，但很难找到贯穿全剧的结局感。节目的连贯性不是由故事本身而是由人物和地点串连而成。其四，电影和电视对观众的看法不同。电影认为其观众是在忧喜交集中等待故事结局的。从某种意义上说，观众的受控方式如同读书人的受控方式一样，而电视贴近观众运作的成分要大得多。电视如同一双眼睛，观众借助它可以观察世界。在这个意义上，观众把“他（她）”自己的视野交给了电视机。[①]

电视不同于电影的特点和优势，是它在出现以后就成为大众文化的最重要的载体，并对市民大众具有难以抵挡的诱惑力。电视长驱直入人们的日常生活空间，造成了所谓的“电视殖民”。“在经过半个世纪的曝光于电视之后，我们仍然十分理智地敬畏于它那似乎无限吸纳我们的时间和改变我们看法的能力。无论有多少行家指责它是‘巨大的荒漠’或是无需动脑筋的傻瓜、腐败的影响等，我们仍然被它那低分辨率的、闪烁不定的图像所吸引，就像飞蛾扑火一样。”“在世界的每一个地方，电视机总是既受尊崇又受辱骂。围绕着关于这种媒介的‘正当’内容和使用的争论，正在无休无止地展开着。甚至在一些国家中，政治家和宗教领袖试图去严格地限制提供给观众的频道节目，这种媒介仍然顶住了控制。”[②]现代社会人们的文化存在方式正是在这个过程中被改变了。

文化产业改变了人们观察世界、接受文化的方式，也改变了文化本身的固有风格。在电视中，人们能够从外存空间看到地球，看到人在太空中和月球上行走、在战场上厮杀。电视似乎具有了难以言喻的权力，电视的世界仿佛就是真实的世界，甚至在“真实性”上比真实世界还要“真”。“凡是没有进入电视的真实世界和没有经由电视处理的现象与认识，在当代文化的主流趋势里都成了边缘，电视是‘绝对卓越’的权力关系的科技器物。在后现代的文化里，电视并不是社会的反映，恰恰相反，‘社会是电视的反映’。”[③]布尔迪厄因此不无夸张地说，50 位机灵的游行者在电视上成功地露面 5 分钟，其政治效果不亚于一场 50 万人的大游行。[④]

## 二、视觉文化时代诞生了视觉文化经济

广播业、电影业和电视业兴起令人瞩目的成果，就是使人类文化进入了影像的、形

---

[①] [英]尼古拉斯·阿伯克龙比. 电视与社会[M]. 张永喜等，译. 南京：南京大学出版社，2007.

[②] [美]罗杰·费德勒. 媒介形态变化[M]. 明安香译. 北京：华夏出版社，2000：94.

[③] [英]汤林森. 文化帝国主义[M]. 冯建三译. 上海：上海人民出版社，1999：16.

[④] [法]皮埃力·布尔迪厄，汉斯·哈克. 自由交流[M]. 桂裕芳译. 北京：生活·读书·新知三联书店，1996：22.

象的或视觉的时代。

在《资本主义文化矛盾》一书中，丹尼尔·贝尔指出，现代西方文化已经发生了转变，“目前居‘统治’地位的是视觉观念。声音和景象，尤其是后者，组织了美学，统率了观众。在一个大众社会里，这几乎是不可避免的。”“群众娱乐（马戏、奇观、戏剧）一直是视觉的。然而，当代生活中有两个突出的方面必须强调视觉成分：一是现代世界是一个城市世界，而大城市生活和限定刺激与社交能力的方式，为人们看见和想看见（不是谈到和听见）事物提供了大量优越的机会；二是当代倾向的性质，它包括渴望行动（与观照相反）、追求新奇、贪图轰动，而最能满足这些迫切欲望的莫过于艺术中的视觉成分了。”[①]贝尔认为，现代西方文化的这一转变，起源于 19 世纪中叶开始的那种地理和社会流动及其应运而生的新美学：乡村和住宅的封闭空间开始让位于旅游，让位于由铁路产生的速度刺激，让位于散步场所、海滨与广场的快乐，以及在雷诺阿、马奈、修拉和其他印象主义与后印象主义画家作品中所描绘的日常生活经验。贝尔还生动地描绘了一幅现代西方城市视觉文化的新景观：人造的市景被蚀刻在它的建筑和桥梁上。一种工业文明的主要材料——钢与混凝土——在这些结构中找到了自己独特的用场。用钢材取代砖石，就使建筑师矗立起一个简单的框架，在上面“披”上一座楼房，再把那个框架推向云霄。使用钢筋混凝土，使建筑师创造了“雕塑”形体，它们仿佛具有一种自由驰骋的生命。在这些新形式中，人们发现了一种对空间的雄浑而新颖的理解和组织。在新的空间概念上，有一种固有的距离销蚀，不仅新型的现代运输手段压缩了自然距离，引起了对旅游和见大世面的视觉快乐的重视，而且那些新艺术的各种技术手段（主要是电影和现代绘画）也缩小了观察者与视觉经验之间的心理和审美距离。立体主义强调同步性，抽象表现主义则重视冲击力，这都要强化感情的直接性，把观众拉入行动，而不是让他们观照经验、迷恋于传统美学所推崇的“静观”。这也是电影的基本原则。电影利用蒙太奇的手法，在“调节”感情方面，比其他任何当代艺术走得更远。因为它刻意地选择形象，变更视觉角度，并控制镜头长度和构图的“共鸣性”。现代性的主要特征即按照新奇、轰动、同步、冲击来组织社会和审美反应，在视觉艺术中得到了充分而合适的表现。现代美学如此突出地变成了一种视觉美学，以致连水坝、桥梁、地下仓库和道路格式都成了与美学有关的问题。20 世纪中叶，在西方绘画、建筑、雕塑中，组织空间问题已成为基本美学问题，就像时间问题（在柏格森、普鲁斯特和乔伊斯的作品中）是 20 世纪最初一二十年主要的美学问题一样。由于全神贯注于空间和形式，现代文化的活力在建筑、绘画和电影中表现得最为充分。由此，贝尔得出了如下结论：“我相信，

[①] [美]丹尼尔·贝尔. 资本主义文化矛盾[M]. 赵一凡，等译. 北京：生活·读书·新知三联书店，1989：154.

当代文化正在变成一种视觉文化，而不是一种印刷文化，这是千真万确的事实。”[①]

丹尼尔·贝尔的分析，相当准确地抓住了或者说预言了当代和未来人类文化的基本走向。实践的发展已经反复地验证了丹尼尔·贝尔的论断和预言。从某种意义上也可以说，文化被纳入产业化运作的时代及建立在高科技基础上的电子媒介时代，必然是视觉符号取代语言符号并成为占统治地位的文化符号的时代。英国社会学家拉什认为，语言文化与视觉的、影像的或形象的文化存在差异。前者认为词语比想象具有优先性，注重文化对象的形式特质，宣传理性主义的文化观，赋予文本以极端的重要性，是一种自我而非本我的感性，并且通过观众和文化对象的距离来运作。而后者则相反，是视觉的而非词语的感性，贬低形式主义，将来自日常生活中的常见之物的能指并置起来，反对理性主义的或“教化的”文化观，不去询问文化文本表达了什么，而是它做了什么，导致远处过程扩张进文化领域，并且通过观众沉浸其中来运作，即借助于一种将人们的欲望相对说来无终结地进入文化对象的运作。[②]拉什的分析，在相当程度上揭示了从语言符号向视觉形象符号转变的内在逻辑。在现代社会，巨量的视觉信息、栩栩如生的场景、优美的画面、如云的美女、配上风景的美妙音乐，以及无所不在的“覆盖率”，不但使当代大众淹没在符号的海洋中，而且深受视觉符号的暴力侵蚀。正如伯格所说，“在历史上的任何社会形态中，都不曾有过如此集中的形象和如此强烈的视觉信息。”[③]在传统文化中，除了造型艺术视觉产品之外，几乎没有其他媒介和途径为公众生产和提供视觉符号产品。然而，在视觉文化中，电子传媒等制造的视觉影像，不仅决定性地改变了大众日常生活的肌理，而且大规模地侵入政治生活、城市社区生活和社会生活，甚至已经成为大众生活环境的组成部分。一方面，文化产业的发展使视觉的或影像的生产主体大量增加了，各种广告人、时装设计师、建筑师、形象顾问、造型艺术家、影视媒体制作人等大量涌现；另一方面，文化产业的发展也使视觉媒介、视觉产品的数量急剧增长。在影视和音像制品、广告、美容、形体训练、表演艺术、摄影、MTV、卡拉 OK、电影、电视、电脑、造型艺术、建筑、平面设计等诸多领域，视觉符号、影像符号被大批量地生产和复制出来。正是在这样的背景下，当代大众处于图像的严密包围之中，“我们怎么看，我们挣什么，在这些地方都有图像出没，甚至在我们为账单、住房和抚养孩子操心的时候，图像也仍然和我们在一起。它们通过采用能产生震惊效果的手法、信誓旦旦的保险、性和神秘感，以及邀请观众参加一系列视像猜谜游戏，千方百计地争夺人们的

[①] [美]丹尼尔·贝尔. 资本主义文化矛盾[M]. 赵一凡等，译. 北京：生活·读书·新知三联书店，1989：155.

[②] Scott Lash. *Sociology of Postmodern*[M]，London: Routledge, 1990：263.

[③] John Berger. *Ways Of Seeing*[M]. London：Penguin，1973：129.

注意力。广告牌上的广告总是显现出一个不受任何规范约束的图像，令人不快地强加给哪怕是最顽固的过路人。”[1]

视觉文化时代的来临，意义是极其深远的。一方面，它宣告了语言印刷文化中心地位的衰落。传统的建立在印刷媒介基础上的文化权威，在视觉文化中的地位相对地贬值了，它们不再是文化符号的唯一生产者，而且其传统的看家本领在当代视觉形象、影像的营造和创意方面也失去了优势。另一方面，也是更重要的，视觉文化时代的来临也意味着大众把握世界的方式将发生根本的转折，即由依赖于亲身经历和语言向依赖于视觉、影像、形象等转变。影像、形象或视觉可以轻易地说服无数双眼睛，从而成为现代居民想象和观察社区、城市、国家、世界乃至浩渺宇宙的基础或唯一的窗口。正是在这一意义上，米兰·昆德拉在小说《不朽》中惊呼：“一种普遍的、全球性的从意识形态向意象形态的转变已经出现。”在他看来，有了“意象形态”这个新名词，我们就可以把原先五花八门的称谓统一到这个词的名下，如广告商、政治运动的发起人、从汽车到健身器材的各类发明家、时装设计师、理发师，以及决定人体健美标准并能让意象形态的各个分部都照搬认同的演出业明星们。虽然米兰·昆德拉所谓的“意象形态”主要是指形象设计和种种图片宣传，但当代社会视觉符号、影像符号生产的兴旺及其对人们观察世界方式的深刻影响却有力地支持了昆德拉的观点。对视觉、影像的信赖甚至阻止了人们核实未曾在视觉、影像中出现过的事实。早在 20 世纪 30 年代本雅明就已经指出，摄像机深深地闯入了事实之中，以至于不受摄像机改造的现实反而十分稀奇。[2]电子传媒通过其技术组织所承载的是一个可以任意显像、任意剪辑并可用画面解读的思想，仿佛那个对已变成符号系统的世界进行解读的系统是万能的。和最小的技术物品一样，最小的摆设就是对一个万能技术假定的承诺，因而那些画面与影像符号都是对世界进行彻底幻想性质的推断。正因为如此，在鲍德里亚看来，在“画面消费”的后面隐约显示着解读系统的帝国主义，即只有可以被阅读的东西才能存在。“那将与世界的真相或其历史无关，而仅仅与解读系统的内在严密性相关。就是这样，面对着一个混乱且充满了冲突和矛盾的世界，每一种媒介都把自己最抽象、最严密的逻辑强加于其上，根据麦克卢汉的表达，每一种媒介都把自己作为信息强加给了世界。而我们所‘消费’的，就是根据这种既具技术性又具‘传奇性’的编码规则切分、过滤、重新诠释了的世界实体。世界所有的物质、所有的文化都被当作成品、符号材料而受到工业式处理，以至于所有的事件的、文化的或政治的价值都烟消云散了。”[3]鲍德里亚的这一段话虽然有些激进，但无疑揭示出

[1] [英]安吉拉·默克罗比. 后现代主义与大众文化[M]. 田晓菲译. 北京：中央编译出版社，2006.

[2] [德]本雅明. 机械复制时代的艺术作品[M]. 王才勇译. 杭州：浙江摄影出版社，1993.

[3] [法]让·鲍德里亚. 消费社会[M]. 刘成富，全志钢译. 南京：南京大学出版社，2008：133.

了视觉文化时代的重要实质。文化经济由于视觉文化时代的到来而进入到了一个视觉文化经济时代。

## 三、虚拟存在的文化方式与虚拟文化经济

自从20世纪90年代以来，一些传播学家就一直在预言，在21世纪初，所谓的信息高速公路将通过一种将电脑、电信和个人电脑的特性混合起来的新装置，给人们带来一个能提供交互信息、娱乐、购物和个人服务不断扩展的世界。在西方发达国家，这个预言正在逐渐地成为现实。数十家传播公司已经投资成百上千亿美元，重新架设能够传输大容量数据的高速光纤电缆。几乎所有的西方电脑和日用家电公司都在积极地开发他们心目中的电视电脑版本。电脑网络空间的形成，对文化领域的影响不啻于一场革命。爆炸性发展的电脑文化已经开始改变人们社会化和界定自己的方式，改变人们期望云游和经历世界的方式。在一个虚拟现实的系统里，媒介就是运载工具。在电脑空间里，每个人都能做到想是谁就是谁。他们能像换衣服一样改变自己的身份。这一概念已经在彼得·斯特勒绘制的一本非常流行的卡通画书中得到绘声绘色的描述。这本书描述了两只狗与一台个人电脑的故事。那只正在使用电脑的狗对另一只狗解释说，“在互联网中，没有人知道你是一只狗”。[①]在电脑网络空间中，任何电脑都可以和其他电脑通信，无论它位于哪里。没有人比其他人拥有更多的特权；无论IBM公司还是美国总统在电脑网络空间中都不比一个十几岁的少年有更多的优势。权力、阶级、阶层甚至地理位置在电脑网络空间中都毫无价值，在这里，每个人都可能成为中心，因而人与人之间也趋于平等，不再受等级制度的控制。虽然互联网是在美国政府的支持与资助下建立起来的，但实际上它将完全成为一个独立的网络。权力分散也就成为电脑网络空间最基本的精神。[②]

像其他新出现的传播媒介一样，电脑网络空间必将成为当代和未来文化生产的可资利用的形式。据报道，电脑已经可以代替莫扎特作曲：人们事先将莫扎特的作品输入电脑，利用电脑的分析找到“音乐语法”——作曲家的惯用修辞，然后对种种“音乐砖瓦”重新组合，这就是一件新的作品。只是这种电脑生产线制造的东西更像是工厂车间零件装配的产品而已。[③] 电脑的数码成像无疑是文化领域的一场革命：摄像机拍下某些原始图像以数码的形式输入电脑之后，创作人员可以根据导演的意图对任何一部分图像的形状、色彩以及运动的快慢、方向进行三维立体图像的处理。电脑正在根据导演的现象凭

---

① [美]罗杰·菲德勒. 媒介形态变化[M]. 明安香译. 北京：华夏出版社，2000：100.

② 刘吉，金吾伦等. 千年警醒：信息化与知识经济[M]. 北京：社会科学文献出版社，1998：269.

③ 转引自：电脑真能替代莫扎特吗[N]. 文汇报，1997-10-15（10）.

空制造某种“真实”。无论是《真实的谎言》《阿甘正传》《空中大灌篮》，还是《侏罗纪公园》《终结者》《泰坦尼克号》，人们可以在银幕上看到种种奇异的景象，生龙活虎，清晰无比，但是这些景象并不出现在摄像机的镜头之前。[①]

不仅如此，如吴伯凡所说，电脑空间也将日渐成为大众“孤独的狂欢”，个人电脑造就的是一种崇尚少年精神、鼓励越轨、强调创造性的个人文化，它使中年期和更年期的文化返老还童，社会成员将像汤姆·索亚那样在不断地历险和寻宝中体会到一种“孤独的狂欢”。同时，人与人的交往抽象为机与机的交往，人类浪迹在虚拟的世界里，远离大地和尘土。这是另一种意义上的“孤独的狂欢”。[②]在《未来之路》一书中，比尔·盖茨更以栩栩如生的语言描述了一幅因网络业的崛起而出现的未来经济社会存在的文化娱乐方式景观。他说，现在我们与可能喜欢的人联系的方法是很有限的，但网络会改变这种情况。我们将用不同于今天的方式寻见新朋友，仅这一点就会使生活更有乐趣。假如你想找一个人打牌，信息高速公路会帮助你找到一个水平相当、住在你附近或其他城市及国家的牌友，还可以一边打牌一边聊天。你和朋友不仅能通过网络进行游戏，也能在一个真实的地方（如花园）或在一个想象的场景“见面”。另外，网络还有一种独一无二的能力，就是帮助你找到有共同兴趣的社团，找到与你兴趣相合的人，而不管你的性格多么特别。

根据美国经济学家里夫金在《零边际成本社会》中的描述，由于在过去10年里亿万消费者已经转变为互联网产销者（消费自己生产的产品），开始在网上以接近免费的方式制作和分享音乐、视频、新闻与知识，共享社会导致的零边际成本现象已经破坏了出版业、传媒业和娱乐产业的格局。一个新的互联网时代和物联网时代所建构的新文化产业核心文化经济形态将从根本上重塑世界文化产业格局。[③]

## 本章小结

文化产业的形成与发展是文化经济运动发展到一定阶段的产物。文化经济运动不仅造成了文化产业的现代生成，而且是文化产业形态多样化的前提。

在现代文化产业形成与发展过程中，城市与城市文化的形成为文化产业空间的创造性发展提供了文化生态环境。市民阶层作为大规模文化消费群体的产生所形成的大规模文化消费需求，直接推动了文化生产能力的迅速发展。当文化生产能力与大众文化消费需求不相适应的时候，文化产品生产方式和生产手段的革命便成为文化产业变革的重要

① 南帆. 双重视域——当代电子文化分析[M]. 南京：江苏人民出版社，2001：54.

② 吴伯凡. 孤独的狂欢[M]. 北京：中国人民大学出版社，1998.

③ [美]杰里米·里夫金. 零边际成本社会[M]. 赛迪研究院专家组，译. 北京：中信出版社，2014.

动力机制。文化消费群体的多样性和丰富性，造成了文化市场的细分，推动了文化产业形态的生长与升级换代，不断催生出新型的文化产业形态。

文化产业是社会生产力形态不断革命的结果。科学技术成为现代文化产业发展的重要因素。没有现代科学技术，就没有现代文化产业。根据社会生产力发展文明来定义，文化产业可划分为以手工业为主要生产方式的传统文化产业形态、以大规模机械复制为主要生产方式的现代文化产业形态和以数字技术与互联网为主要生产方式的新兴文化产业形态（后现代文化产业）。

经济增长方式是人类社会发展的基本动力形态，反映了一定社会生产力水平下人类社会运用知识和智慧创造财富的能力。经济增长方式的转移与一个国家和地区运用知识与智慧创造财富的能力成正比。文化增长是人类社会的根本性增长。经济增长只有在最终表现为文化经济增长的时候，才转化为人类社会进步与发展的文明基因。文化产业是文化增长的现代形态，是经济增长方式转变的必然选择。

## 思考题

1．文化产业发展与经济发展的关系是什么？
2．城市和市民阶层在文化产业发展中起了什么样的作用？
3．怎样认识科学技术在文化产业发展中的作用？
4．文化产业形态“三分法”的内容是什么？是否科学？
5．文化产业发展与经济增长方式的关系是什么？
6．如何理解文化产业发展在文化和经济增长中的作用？

## 参考书目

1．胡惠林. 文化经济学[M]. 第2版. 北京：清华大学出版社，2014.

2．[美]大卫・赫斯蒙德夫. 文化产业[M]. 张菲娜译. 北京：中国人民大学出版社，2007.

3．[英]斯科特・拉什，[英]西莉亚・卢瑞. 全球文化工业：物的媒介化[M]. 要新乐译. 北京：社会科学文献出版社，2010.

4．艾伦・J．斯科特. 城市文化经济学[M]. 董树宝，张宁译. 北京：中国人民大学出版社，2010.

5．郑涵. 文化创意产业读本[M]. 上海：上海交通大学出版社，2013.

# 第二章

# 文化产业的概念、特征与基本规律

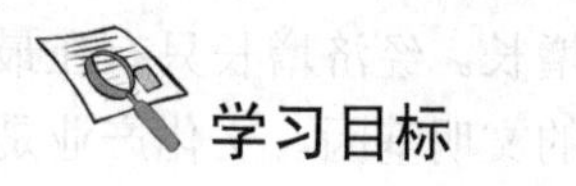

## 学习目标

通过本章学习，学生应了解和掌握以下内容：

1. 文化与文化产业的关系；
2. 产业与文化产业的关系；
3. 文化产业的定义及其内涵；
4. 文化产业的属性与特征；
5. 文化产业运动的基本规律与特殊规律及其相互关系。

## 导言

文化产业的概念、特征和基本规律是文化产业本质运动的反映，是人们基于对文化产业本质认识的一种归纳与概括。它们在多大程度上揭示了客观对象的真理性，不仅直接影响了文化产业理论的发展，更重要的是将会直接影响到文化产业作为一个社会的文化形态的发展和一个国家国民经济结构的现代化程度。现代化是以文化经济的发展程度为标志的。因此，正确认识和把握文化产业的本质特征和文化产业发展的基本规律，对于全面理解和掌握文化产业的理论运动形态与实践运动形态具有特别重要的意义，是系统掌握文化产业理论的前提和基础。

# 第一节　文化产业的概念及其内涵

文化产业与文化和产业相联系，但不是文化和产业的简单相加。文化产业是一个具有独立意义和自身价值内涵的概念。然而，文化产业又是与文化和产业不能相分离的。因此，揭示文化产业的内涵，就不能不对文化产业与文化、文化产业与产业之间的相互关系进行基本的分析，并且在这个基础上来分析和解释文化产业的内涵。

## 一、文化与文化产业

文化是一种创造性的文明行为及其过程形态。文化是一种生存方式的有意味体现，是一种物化表现。文化是一种生存方式的非物质建构。文化是人类赖以生存的一种社会力量形态。文化产业是文化的所有这些要素的综合形态。它是创造文明的行为与过程，因此，文化产业是创意的，是不断地在创造性过程中发展的。

文化是一种生存方式的有意味体现，当这种有意味的体现用多样的艺术与科学的手段加以生动的表现的时候，文化产业就成为各种现代文化意义的产业符号形态。人们在创造这些产业符号形态的同时，也创造了一个属于自己的对象世界，并且以这种方式去实现对于世界的认识和把握，由此使这个世界成为有意味的世界。

文化是一种生存方式的非物质建构，一种超自然力，使得人类借助于这种超自然力得以建构起完全不同于自然构成的、与自然的物质构成相对立的非物质构成，并且通过这个构成使自己的种群完全区别于动物界，同时又使自己的种群在这种非物质的建构过程中彼此相区别，这就是非物质文化遗产和文化资源生成的重要动力因素，它使得人类的各种形态的精神文化创造积累为文化资源成为可能，而正是这种文化资源成为现代文化产业得以生存与发展的重要内容，而文化产业也通过这种非物质建构为物质的建构积累新的资本形态，使文化的非物质形态的可持续发展成为可能。文化的多样性源于生物的多样性，人类本身就是生物多样性的一个产物。

文化是人类赖以生存的一种社会力量形态，不仅不同的人群因不同的文化被社会划分和造就成不同的阶级和阶层，而且构成了不同的政治和经济利益与权利。人们发展文化都是为了能够赢得更大和更多的利益与权利，并且通过文化的创造使这种利益和权力合法化、制度化。因此，文化成为人类社会竞争的一种手段和形态。当文化产业成为这种竞争形态的崭新力量而被发现以后，文化产业便成为文化领导权或文化霸权的争夺对象。文化产业的市场准入便成为文化竞争的最主要的形态和领域。

文化与文化产业是两个既相联系又相区别的概念系统。在现代中国的公共政策意义上，文化是由作为观念形态的文化、文化事业和文化产业构成的。毛泽东在《新民主主义论》中讨论文化与政治和经济的关系的时候，曾经把讨论的对象限定在“作为观念形态的文化”范围内，从而使他提出的关于文化与政治和经济三者之间的关系的著名论断至今仍然是我们正确理解和把握三者关系的基本原理之一。中国共产党第十六次全国代表大会提出了“文化事业和文化产业”的概念，丰富和扩大了人们对文化的科学理解和认识：文化不仅有作为观念形态的存在方式，而且还有“公益性文化事业”的存在方式和“经营性文化产业”的存在方式，正是这三位一体构成了当代中国文化形态和存在方式的基本结构与整体性。在这个基本结构中，“作为观念形态的文化”是灵魂，就是马克思主义在意识形态领域里的指导地位规定和决定了“公益性文化事业”与“经营性文化产业”在当代中国的运动方向和价值取向。而文化产业则是以市场经济的方式和形态展现与实现文化的当代精神和当代品格。不同观念形态的文化决定了不同国家文化产业运动和发展的价值取向。但是，在文化的生产和传播随着现代科学技术的发展已经发生根本变化的情况下，文化产业已经成为现代文化存在最具体的形态和方式，当不发展文化产业便不能建设和发展现代文化的时候，发展文化产业就成为文化发展的最重要的动力之一。

## 二、产业与文化产业

产业是一个经济学的领域和经济学概念，甚至主要是一个工业经济学概念。我国现行的《辞海》和《现代汉语词典》中关于“产业”这一概念的解释集中地反映了这种认知。《辞海》解释说“产业”是“指各种生产、经营事业，见第一产业、第二产业、第三产业。特指工业，如产业革命。”《现代汉语词典》则明确认为是“关于工业生产的（用作定语）：产业工人、产业部门、产业革命”。这种认知的局限性在今天看来是明显的，因为产业这个概念无论在内容上还是在形态上都已经远远超越了工具书的定义。“产业”不仅可以做定语使用来限定某一对象的性质，而且在更多的时候会成为被限定的对象，如农业产业、旅游产业、文化产业等，特指的使用越来越少。产业这一概念正在被用来描述一切进入市场的生产和事业形态。从这个意义上说，《辞海》中关于“产业”解释的第一个意义项更符合今天人们在使用这一概念时对于某一经济现象的认知和把握。但是，“关于工业生产的”或“特指工业”的解释却揭示了“产业”这一概念由来的词源学根据。世界近代工业革命的发生是“产业”这一概念产生的最直接的历史实

践基础。因为在此之前人们还没有关于产业的概念，有的只是手工业的概念。

从这两个不同的角度来理解和把握文化产业及产业和文化产业的关系，就可以使我们建立起关于文化产业概念理解的分析框架。首先，文化产业是指各种文化生产、经营事业。这里的“事业”与和“文化产业”相对应的“文化事业”是不同的，是一个关于文化产业存在状况的整体性概念，是指具有明确目标、规模和系统的对整个人类社会发展有影响的文化行为和文化活动。在一个大的政策层面上，它是对应于政治和经济的。其次，文化产业与工业有着密切的关系，是关于工业生产行为和生产手段在文化产品生产和文化发展中的应用，“关于工业生产的”定义在某种程度上揭示了文化产业生产方式的特征。在这一点上，法兰克福学派创造了“机器复制”这一概念，可以说把握住了文化产业在生产方式上与现代工业生产的关系。最后，文化产业是整个产业体系构成中的一个重要组成部分，产业运动的一般规律和一般关系是构成文化产业运动的重要动力结构之一，决定了文化产业和一般产业的关系。但是，文化产业之所以是文化产业还在于它和一般产业形态与运动规律的差别性，即终极价值目标的差异性。正是这种差异性影响和决定了文化产业与一般产业运动的特殊性，并且在产业政策与产业制度等各个方面都与其他产业相区别。

## 三、文化产业的定义及其内涵

文化产业作为一种特殊的文化形态和特殊的经济形态，影响了人们对于文化产业的质的规定性的把握。从不同的角度看文化产业，完全可以得出不同的理解。这就决定了文化产业定义的难度。国际社会由于文化背景不同和行业分类指标体系的差异，对文化产业的内涵存在不同的理解和认识，给出了诸多不同的文化产业定义。

1997 年，欧盟委托当时的轮值主席国芬兰对欧洲文化的现状进行调研，在此后发表的关于文化产业的报告中，把文化产业定义为“是基于文化意义内容的生产活动”，除了新闻出版业、广播影视业、音像业、网络业、文学艺术、音乐创作外，还包括一切具有现代文化内容标识的产品和贸易活动，如摄影、舞蹈、工业与建筑设计、艺术场馆、博物馆、艺术拍卖、体育，以及文化演出、教育活动等。而美国在同期出台的“北美行业分类系统”则把新闻出版、影视、通信和信息四大门类融为一体，形成了一个与欧盟对文化产业的定义有着较大区别的文化产业体系。澳大利亚是把文化和休闲作为一个整体来定义文化产业的，认为文化和休闲活动包括娱乐、放松和消遣活动，视觉、音乐、写作、动感和戏剧等形式的艺术表现，体育运动技能的应用、训练和开发，文化内容和精神价值的创造、发展、保存和传播，以及为了促进和推动上述各项活动而开展的相关活动，即将以从事文化和休闲活动为目的的行业、产品和服务归为文化和休闲产业。[①]

联合国教科文组织在题为《文化、贸易和全球化》的报告中认为："文化产业这个概念是指那些包含创作、生产、销售'内容'的产业。从本质上讲，它们与文化有关且是不可触摸的，一般通过著作权来保护，并且以商品或服务的形态出现。'文化产业'通常被称为'创造性产业'，但在不同的领域也有不同的称谓。在经济学术语里，文化产业被称为'朝阳产业'；在技术领域，它被视做'内容产业'。"联合国教科文组织的这个界定，只是"文化产业"众多"定义"中的一种，并没有成为国际社会的普遍性共识。但是，联合国的定义明确了文化产业是包含创作、生产、销售"内容"的产业，这是文化产业区别于其他产业的本质属性，正是这一属性确立了文化产业的价值及其在社会生活中的特殊地位。这应该成为认识文化产业本质属性的根本基础。

"文化产业"这一定义，从产生到现在一直是许多学者议论的对象。由于探讨的视角不同，所以结果往往也不同。因此，对文化产业的定义和范畴的界定一直没有停止过。

我国学术界早期的一些相关的研究文章中往往直接引用西方文化产业或大众文化的概念，并没有对我国文化产业的概念范畴进行准确的界定。迄今为止，对什么是文化产业，即文化产业概念的内涵是什么，还没有完全一致的看法，但学者们在文化产业是把文化作为商品进行生产、流通、消费、再生产的产业这一点上有着共同的认识。也就是说，文化产业是使文化性因素与经济性因素既保持各自的特殊性又合为一体的产业。

《文化蓝皮书——2001—2002 年中国文化产业发展报告》[②] 中给出了理解文化产业最基本的出发点：就所提供产品的性质而言，文化产业可以被理解为向消费者提供精神产品或服务的行业；就其经济过程的性质而言，文化产业可以被定义为"按照工业标准生产、再生产、储存及分配文化产品和服务的一系列活动"；在我们这样一个特定的制度环境中，文化产业除了具有一般产业属性之外，还具有某些特殊的社会和意识形态属性。由此，对文化产业可以做出这样的定义：现代文化产业实际上是一个巨大的"产业群"，它们奠基于大规模复制技术之上，履行最广泛传播的功能，经商业动机的刺激和经济链条的中介，迅速向传统文化艺术的原创和保存这两个基本环节渗透——将原创变成资源开发，将保存变成展示，并将整个过程奠定在现代知识产权之上。

全国政协与文化部所组成的文化产业联合调查组于 2001 年对国内 2 省 1 直辖市所属 9 个市进行了实地考察，在总结各省实践基础上对文化产业作了如下界定：文化产业是指

---

[①] 国际统计信息中心课题组. 国外关于文化产业统计的界定[J]. 中国统计，2004（1）.

[②] 张晓明，胡惠林，章建刚. 文化蓝皮书——2001—2002 年中国文化产业发展报告[M]. 北京：社会科学文献出版社，2002：2-3.

从事文化产品生产和提供文化服务的经营性行业。文化产业是文化建设的重要组成部分，文化产业和公益事业两者共同构成了文化建设的内容。文化产业主要包括文化艺术、文化出版、广播影视、文化旅游等四个领域，具体行业的划分尚待进一步研究。[①] 联合调查组对文化产业的界定与国际经济学界的探索基本是相吻合的。

《中国文化产业年度发展报告（2003）》[②]将文化产业定义为：由市场化的行为主体实施的，以满足人们的精神文化需求为目的而提供文化产品或文化服务的大规模商业活动的集合。该报告按照文化产品或文化服务的特性与文化产业辐射半径相结合的原则将文化产业划分为八大类：纸质传媒业、影音传媒业、网络传媒业、广告产业、旅游产业、艺术产业、教育产业、体育产业。

《文化产业与大众文化：正本清源与理论梳理的尝试》[③]一文提出一个值得关注的问题："文化产业"与"大众文化"的概念在中国语境中的混乱和不规范。文化产业与大众文化自诞生之日起，就是西方社会学、文化学领域议论烽起、分歧严重的话题。在今天的中国，这种混乱不仅出现在各种文化实践活动中，同时也存在于理论界的热烈争论中——遗憾的是许多文化实践和文化争论因为范畴与概念的错位和混乱而变得无效和无谓。

关于文化产业与文化事业的关系问题也一度引起不少学者探究的兴趣，至今已经有了比较明确的结论：文化产业与文化事业是中国文化建设过程中两个互有交叉渗透又相互独立的不同形态。它们的运作方式是有区别的：文化事业是重要的社会公益事业之一，向社会提供公共产品和公共文化服务，运作所需资金主要依靠政府部门拨款，主体的主要行为是非营利活动；文化产业是文化建设活动中活动主体用产业方式进行运作，一般进行以营利为目的的经济活动。但文化产业和文化事业两者的目的都是满足人民群众的精神文化需要。

学者们在文化产业的明确概念定义问题上各有自己的意见。因此，在文化产业范围的界定上，也就是把这一范围限定到什么程度的问题上，因个人、团体或国家的不同而有所区别。这是因为究竟有哪些领域可以包括到文化产业内，首先取决于一个国家的产业化及科学技术的发展水平。另外，随着技术的发展，不同时代的对象可能有很大区别。比如，三十年前文化产业只包括出版、印刷、报刊、广播、电影、音乐、博物馆等，但现在已包括广告、文化观光及伴随技术发展而产生的数码内容等。这表明由于各国的文

---

① 王慧炯. 对发展中国文化产业的思考[J]. 北京工业大学学报（社科版），2002（2）：1-7.

② 叶朗. 中国文化产业年度发展报告（2003）[M]. 长沙：湖南人民出版社，2003：28-31.

③ 傅守祥. 文化产业与大众文化：正本清源与理论梳理的尝试[J]. 中共浙江省委党校学报，2002（2）：77-81.

化地位的差异和文化产业概念本身的多样性，文化产业在各国所指的范围有所不同，而且因为技术的发展而被广泛应用于各类产业，所以文化产业所包括的范围呈现出不断扩大的趋势。

中国在很长一段时间内对文化产业一直没有统一的分类标准，各地区、各部门在定义和范围的界定上区别很大，这在很大程度上影响了对中国文化产业发展状况的认识和地区间的比较，也在一定程度上影响了文化产业政策的制定和实施。而且，由于文化产业的家底不清，文化产业在国民经济中的地位和对社会经济的作用也不能得到很好的反映。为此，2003 年 7 月 22 日，由中共中央宣传部牵头，成立了国家统计局、文化部、广电总局、新闻出版总署、国家文物局等单位参加的“文化产业统计研究课题组”。课题组的任务是科学界定文化产业的概念，建立文化产业指标体系和统计制度，为党中央的文化方针政策和文化体制改革提供科学的统计数据。2004 年，国家统计局发布了《文化与相关产业分类》，第一次提出了统计学意义上的关于文化产业的国家定义，即“为社会公众提供文化、娱乐产品和服务的活动”。国家间关于文化产业的不同定义，实质上反映了不同国家间的文化产业政策。因此，不同的文化产业定义包含着深刻的政治和经济动因，一方面反映了一个国家文化产业发展与开放的程度，另一方面也反映了一个国家文化产业在整个国家的全球战略利益安排中的地位和作用。在国际文化贸易中，根据谁的定义来定义“文化产业”概念，实际上也就决定了以谁为主制定“游戏规则”，因而这是一个涉及国家文化主权的重大问题。2012 年，国家统计局根据发展的情况对 2004 年的版本进行了修订，重新定义了文化产业，即“本分类规定的文化及相关产业是指为社会公众提供文化产品和文化相关产品的生产活动的集合”，“文化产品和相关文化产品的生产活动”成为定义“文化产业”的核心价值。根据以上定义，国家统计局还将我国文化及相关产业的范围概括为四个方面：一是以文化为核心内容，为直接满足人们的精神需要而进行的创作、制造、传播、展示等文化产品（包括货物和服务）的生产活动；二是为实现文化产品生产所必需的辅助生产活动；三是作为文化产品实物载体或制作（使用、传播、展示）工具的文化用品的生产活动（包括制造和销售）；四是为实现文化产品生产所需专用设备的生产活动（包括制造和销售）。[①]

文化产业是现代经济和社会发展的政策工具和支持系统。1998 年，英国布莱尔政府为了寻求对工业化进程中所带来的文明负担的克服与超越，制定并提出了“创意产业政策”。2002 年，中国政府为了解决经济结构的战略性转型过程中所遭遇到的结构性矛盾与体制性障碍，提出了“大力发展文化产业”的应对之策，把发展文化产业看作是实现

① 中国国家统计局. 文化及相关产业分类（2012）. 2012-07-31.

经济结构战略性调整的重要政策选择。《文化及相关产业分类》的颁布与修订，都不只是一般意义上的统计工作完善。统计在任何时候都不是一般意义上的统计部门的工作，而是重要的产业政策导向。据中央文化企业国有资产监督管理领导小组办公室的分析报告，2004—2013 年十年间，中国文化产业从 2004 年的 3440 亿元增加到 2013 年的 20081 亿元人民币；在 GDP 的占比中，2004 年占比 2.15%，2011 年占比 3.28%，2012 年占比 3.48%，2013 年占比 3.42%，文化产业发展已经成为国民经济新的增长点，在国民经济发展中的地位已经举足轻重。[①]中国文化产业之所以获得了长足的发展，其中一个最根本的原因就是，从中央到地方各地纷纷制定各种文化产业发展战略和发展规划，并且把它列入国民经济和社会发展总体战略之中。文化产业有效地克服了文化和经济发展非均衡动态运动规律，以知识经济的形态实现了文化与经济的有机统一，并且在这个基础上为产业结构升级、经济结构调整和社会文明发展转型提供了有效的载体和形态。

文化产业是现代社会构成的重要的组织形态和存在方式之一，它以自己的内容和方式整合与反映了社会构成的文化变动及其背后所蕴含的权利与利益关系。正是这种关系奠定了文化产业结构形成和变动的政治经济学基础。因此，文化产业结构并不是现存的若干文化行业的简单组合，而是现存一切文化关系的制度性反映与总和。它既反映了一定生产力水平和制度条件下文化商品的市场化程度，同时也反映了在这种背景条件下人们文化消费需求的主体差异，以及由这种差异所反映出来的主体社会身份、享有文化权力的程度和文化关系的差异。由于文化产业的存在形态与文化消费主体的消费行为之间存在着某种结构上的对应关系，而这种关系又反映着不同主体间的经济与文化关系及由这种关系决定的不同的社会关系，因而文化产业结构是人的社会关系延伸。由于政府拥有对社会资源进行权威性分配的权力，文化产业结构作为一种资源的存在方式，又是过去历史分配的一个结果，因此，任何形态的文化产业结构都是过去制度权威的权力安排的产物。这就使得文化产业超越了一般产业的意义，而具有了政治经济学和制度经济学的意义。正是这种意义决定了文化产业内涵的全部丰富性和复杂性。

## 四、文化产业与文化产业文化

文化产业是文化产品生产和服务的社会文化生态系统。文化产业文化是指在这个机制和系统的运动过程中形成的某种精神、传统、价值观及由此而形成的制度与规制形态，并且以这种精神、传统和价值观把自己同其他产业区别开。因而，由文化产业的运动发

---

① 中央文化企业国有资产监督管理领导小组办公室. 十年见证文化产业腾飞——我国文化产业 10 年发展对比分析报告[N]. 光明日报，2015-02-12.

展而形成的文化产业文化是一个国家文化产业发展成熟的标志，具有鲜明的可识别性和影响力，是一个国家文化软实力构成的重要内容之一。美国以好莱坞为代表的电影产业及由此而形成的“好莱坞文化”，进入21世纪以来日本的动漫文化，韩国网络游戏等领域所形成的所谓“韩流”，都是最典型的文化产业与文化产业文化的关系。

文化产业文化是在文化产业的生命发展中凝练而成的一种文化精神与文化风格，这种精神与风格集中表现为它们在文化产品生产的题材选择上、叙述的审美取向上、作品形象的建构上以及通过这一系列所表现出来的文化追求和文化价值观的信仰上。这是文化产业文化的精髓，是一种文化产业得以延续和发展下去的东西。这是一种有生命的、不断在修正中延续的东西，是文化产业文化发展的命脉。文化产业文化是一种传统和不可替代的标志性意义。不同的文化产业有不同的文化产业文化，即便是相同的文化产业，在不同的国家和地区也会由于不同国家和地区的文化及制度性差异而形成不同的文化产业文化。美国和法国是西方两个最大的文化产业国家，都拥有发达的文化产业，但是在文化产业文化上则存在着较大的差异性。美国的文化产业更助长和强调自由主义的市场经济取向，而法国则更突出国家主义的市场经济取向。不同的文化产业文化是导致和造成文化产业竞争的重要动因。近代以来，中国以商务印书馆和中华书局为代表的中国现代出版业所形成的“传承文明”的出版文化具有鲜明的中国特色。正是由于这样的现代出版文化具有原创性与标志性，只可借鉴而不可复制，因而成为中国出版产业的楷模。而这恰恰与中国传统的出版文化传统相一致。

文化产业文化本质上是一种价值取向，对于一个社会和国家而言具有坐标性，集中体现和代表了这个国家与民族的价值主张，包括它的意识形态信仰、文化传统和审美伦理，具有鲜明的社会精神和社会思潮的引领性。按照德国小韦伯和伊利亚德的说法，文明使整个世界各种人越来越相似，越来越按照共同的规则生活，它是可以学的，是可以进步的，而文化是保持各个民族始终不一样的东西。因此，文明和文化会有冲突——普世价值和个别价值的冲突。只要文化多样性作为一种普世价值观是合理的，那么维护文化多样性即承认文化存在的差异性及在此基础上建立起来的个别价值观就是合理的，它同样是一种普世价值，也应当得到承认和尊重。从这个意义上说，文化产业文化的形成对于文化产业的发展来说具有更加重要的价值，而这正是文化产业真正内涵之所在。

## 第二节　文化产业的属性与特征

任何一种事物都有它决定其本质的属性规定，这就是它与其他事物相区别的质的规

定性。研究、揭示和分析文化产业的属性，是认识和把握文化产业本质特征的一个基本条件。

## 一、文化产业多重属性的内容与形式

在和其他产业类型相比较的过程中可以发现，之所以很难给文化产业下一个公认的定义，一个重要的原因就是文化产业具有多重属性，现有的任何一种关于文化产业的定义都不能涵盖它的所有内容。就从现阶段文化产业运动的实际和世界上大多数国家关于文化产业政策的运动和管理来看，文化产业属性的多重性集中地反映在各国文化产业政策价值取向的多样性之中。这种政策价值取向的多样性主要表现在经济性、政治性、社会性、文化性和意识形态属性上。正是这几个方面构成了文化产业属性的多重性。

经济性是从文化产业的经营性特性而言的。无论是文化产品的生产还是文化产品的消费，都涉及基本的买卖行为，都发生这样那样的经济关系。文化产业作为市场主体，必须讲究投入与产出，讲究成本核算，讲究市场规律，讲究盈利和盈利模式等。对于文化消费者来说，除了应当享有的政府提供的公共文化物品之外，他的任何文化消费需求的满足都只能通过购买行为才能实现。当一种文化消费成为时尚时，它会影响文化产业结构的市场变动，造成文化产业结构运动。在这里，文化产业主客体的关系可以表现为纯粹的经济行为和经济关系。在所有这些关系当中，作用于其他经济行为体的市场经济规律也同样作用于文化产业的运动和发展。所谓“经营性文化产业”正是凸现了文化产业的经济学属性。

政治性是由文化产业具有对国家政治的干涉性特征决定的。文化产业主要是内容生产、供应和服务。由于在现代社会条件下，任何的内容生产都包含着对现行政治行为肯定或否定的态度（不管它是用怎样的形式），而任何肯定或否定的态度都会对社会造成影响，形成公众对政治主体的褒贬态度，进而影响到政权的巩固和国家的稳定，因此，不管你是否愿意和承认，文化产业，特别是它的核心部分如新闻传播作为舆论工具都具有强烈的干政性和参政性，政治性也就自然地成为文化产业的重要属性之一。2005 年 2 月，日本活力门公司通过证券市场收购了日本放送公司的 40.5%有表决权的股份，随之在两家媒体之间便爆发了一场“收购与反收购战”。此事引起了日本朝野上下的高度关注，不仅日本政界的许多重量级人物纷纷反对活力门收购日本放送，日本首相小泉纯一郎也表示要加强研究，限制外资进入日本媒体。为此，日本执政的自民党电气通信调查委员会决定修改有关法律，加强限制外资进入日本传媒，防止外资控制舆论工具。日本放送是日本大型传媒企业“富士产经集团”的核心企业，也是日本三大民间电视台富士电视台的母公司。活力门是日本三大网络媒体（门户网站）之一。一场企业间的纯粹经济行为的股权争夺战，为什么在日本引起如此大的轰动？日本最大的报纸《读卖新闻》于2005年2月24日发表的题为《必须清除外资间接支配日本放送公司危险》的社论对此作了回答：活力门是通过向美国雷曼兄弟证券公司发行和转换债券筹措资金来收购日本放送股权的。如果不加限制，雷曼公司只要将债券转换成股票，就会成为活力门的控股公司。这样，外资就可以通过活力门控制日本放送，再通过日本放送与富士电视台、富士电视台与《产经新闻》的资本关系，影响日本的舆论机构。①而舆论是可以影响和左右政治行为与政治力量的。这个时候，经济也就变成了政治，而政治是经济的集中体现也就得到了市场的确证。文化产业的政治属性在市场经济中便生动地表现了出来。

所谓社会性是指文化产业对于人们的社会生存的一种影响状态，“文化大众化生存”。在文化产业所有形态的运动中，无论是经济的还是政治的都是通过文化产品的生产和传播，作用于人的精神世界，满足人们的精神消费需求，影响人的生活态度和生活方式，改变人的观察世界和认识世界的思维模式，进而影响人的社会行为。在文化大众化生存的状态下和在现代世界体系中，任何精神文化力量的传播和精神文化需求的实现，不借助于文化产业的存在性形态都是很难达到它的目的的。不断地学习、掌握和借助于新的文化传媒手段来提升自己的文化生存质量，已经成为现代社会人们的集体无意识。20世纪80～90年代，用新年贺卡互赠祝福曾经是人们在新年来到之前的一种重要的社会生存方式，并且还由此而带动了一项产业，同步提高了邮政业务的增长。但是，2003年以后，随着手机短信功能在非典期间得到充分的发挥之后，用手机短信来祝贺新年便取代了新年贺卡，成为人们在新年期间一种新的生存方式。由于手机的功能远远超过贺卡功能的单一性和时效性，具有贺卡所不具有的便利、快捷、即时、互动等特性，因此，手机便迅速成为人们日常生活中重要的联络、沟通和传播的重要方式。文化产业和信息产业的结合，文化传播模式向数字化、大众化、娱乐化转变，正在深刻地改变着人们的交往方式、思维方式和行为方式。德国媒体心理学家温特豪夫·斯伯格教授通过对电视和人们的行为心理关系研究后指出，电视悄然成为一个隐蔽的教育者，开始塑造新的社会性格。②手机短信、网络游戏等一些新型的文化产业正在给人们的社会关系带来革命性变化，文化产业的迅速发展正在日益成为人们的社会化存在的重要样式。

文化性是文化产业更为本质的一种属性。文化产业属性相比较于其他产业形态的一个最大区别，就是其文化性。所谓文化性是指文化产业的整个生命运动本质上是文化的

① 日本严防外资控制媒体[N]. 环球时报，2005-02-28（12）.

② 转引自：看电视，是在塑造“冷酷的心”？[N]. 新华每日电讯，2005-03-10.

生产、流通、传播与交流，是满足人类社会的精神发展需求和实现人们的文明生存。人们关于文化的生产、消费、流通和交流，本质上都是要实现精神地和艺术地把握世界，在把握世界的过程中把握人本身。因此，从一部世界文化产业发展史来看，文化产业每一次在技术上和产业形态上的超越与升级，不仅扩大了人类社会之间的交往手段和认识世界的方法，而且加深了对人类社会的世界形态的了解。每一次文化产业革命之所以都带来了“文化产业发展困境”，就是因为每一次革命不只丰富了人类创造财富的手段，更重要的是每一次革命的先行者对于文化生产与文化传播的控制都威胁到了他人的对于相反文化权利的拥有。文化产业也因此具有了国家文化安全的意义。它的全部价值就在于文化产业的全部生命运动都是关于文化的符号与意义的生产和交换，而符号和意义是可以改变人们的生存理念进而改变人们的整个生存方式的。文化市场的准入也正是在这个意义上具有了捍卫文化个性和文化多样性的重要价值。

意识形态属性应当包含两个方面的意义：一是文化产业生产和服务是关于内容的运动，生产和服务所提供的都是特定的价值选择，这种选择最终表现为文化消费及由文化消费而生长出来的消费文化的演变，集中反映了一定历史时期和社会发展阶段意识形态的变化。关于文化消费的消费文化的演变不仅仅是爱好、兴趣、审美及购物习惯的改变，而且是对时间、空间、社会、个人、家庭和国家等概念在认识与理解上的革命性转变。而造成这种革命性转变的历史性实现，恰恰是由于文化产业的发展。文化产业在这里充当了意识形态革命的传播工具和实现渠道。文化产业形态的任何一个新的发展在为人们提供一种新的认识世界的工具的同时，也为人们提供了一种改变世界的手段。文化产业秩序决定文化消费行为的模式，同时由文化产业构成的世界不但创造文化商品，而且还会被文化商品创造。所以，文化产业的演变也就意味着社会的意识形态的演变。掌握了文化产业演变的主导权，也就掌握了社会的意识形态演变的主导权。由于广播电视和新闻出版在整个社会的意识形态的演变过程中具有与大众沟通的直接性，因此，广电业和出版业也就自然地处于整个文化产业的核心部位，各国对广电业和出版业市场准入的控制也就自然成为现代政府文化管理的重要内容。正是由于文化产业在文化生产与传播中具有其他产业经济形态所不具有的意识形态演变功能，因此，关于文化产业准入的制度选择与政策规定和控制以及在这一领域所表现出来的竞争，也就客观地使文化产业本身成为意识形态，也就是说把文化产业作为意识形态来建设与管理。这就是文化产业的意识形态属性的第二层意义。在这里，哈贝马斯的“作为‘意识形态’的科学技术”理论是可以作为分析工具来说明这一问题的。也就是说，关于文化产业的理解及对待文化产业的态度本身是充满意识形态性的。

在中国，虽然长期以来文化产业在事实上存在并影响着中国的文化建设，但是，在整个 20 世纪后半叶的社会主义建设过程中，中国却一直不提文化产业，甚至到了 20 世纪 90 年代后期政府文化主管部门已经进入了文化产业发展规划阶段，学术界已经对在中国大力发展文化产业进行政策与体制性障碍的理论研究有所突破时，“文化产业”在中国依然没有获得合法性身份。直到 1999 年中共中央关于第十个五年计划的建议中正式提出要发展“有关文化产业”的时候，这种状况才被打破，文化产业也才在中国取得了它的合法性身份。在文化产业问题上出现的分歧，实际上是关于文化产业本身的意识形态分歧。一旦这种分歧意见成为一种占主导地位的意见，文化产业便被迅速提到了一个前所未有的发展地位。文化产业成为一种力量，一种对原有文化的、政治的和经济的利益格局进行重新分配的力量。是否在本地区的国民经济和社会发展中大力发展文化产业，不是看本地区是否有条件和能力发展文化产业，而是看是否在政治上和党中央保持一致，从而出现了全国性的文化产业大跃进的现象。文化产业正是在这个意义上被意识形态化了。这也是发展文化产业作为一项科学决策和科学发展观在一些地方走了样的原因。正是由于文化产业具有重新配置资源和改造社会的能力，因此，无论是对文化产业进行控制还是放松管制，虽然表面上看来是反映了政策主体文化上的主观意志，但是其实它却反映了文化产业的某些本质方面，文化产业的意识形态属性正是属于这样的本质方面。

## 二、文化产业多重属性的形成基因

文化产业多重属性是在文化产业的发展过程中，随着文化产业的社会文化功能的不断释放和发挥而逐步形成的。这里既有客观的因素，也有主观的因素。客观的因素是文化产业的多重属性并不是一下子就形成的，而是有一个形成的历史过程，这个过程不是由文化产业本身的条件决定的，而是由社会生产力的发展程度决定的，没有现代工业文明和信息技术的发明，也就没有文化产业形态的多样性和社会文化功能的多样性，因为正是这种多样性构成了文化产业属性的多样性。这种多样性是客观存在的，也是潜在的，是有待于社会主体去发现的。不同的社会主体处于不同的社会生产力水平和不同的社会制度条件下，对文化产业的属性的认识是不一样的，因此，各国各地区关于文化产业的政策及其管理制度也是不一样的。从这个意义上说，文化产业的多重属性是主客观运动的结果。由于主观的价值判断还是基于对文化产业社会功能的认识，因此，最终规定文化产业属性的还是文化产业作为社会存在事物本身的规定性。

形成文化产业多重属性的一个重要基因就是文化产业结构的复杂性和层次性。根据我国国家统计局 2004 年 3 月发布的《文化及相关产业分类》对文化产业的划分，文化产业分为三个层级：文化产业核心层、文化产业外围层、相关文化产业层。具体的不同文

化产业形态被分别划分在这三个层级之中，如图 2-1 所示。

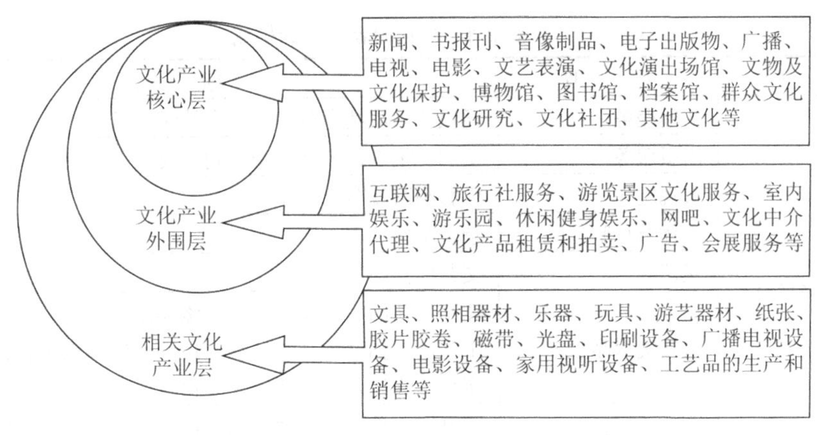


图 2-1 文化产业层级划分

从图中可以看出，划分和归类的一个重要标准是各文化产业门类的内容对于国家和社会影响的重要性程度。所谓核心层、外围层和相关层都是社会管理主体关于文化产业对社会的影响和责任的判断的结果。从纯粹的意义上讲，产业无所谓核心与外围之分，但是不同的产业在国民经济和社会发展中作用的大小和重要性的强弱却是有区别的。文化产业发展的成熟程度是衡量一个国家和社会综合竞争力与综合国力的重要指标，而在文化产业本身的发展过程中，真正决定和影响一个国家与地区的文化产业综合竞争能力尤其是核心竞争力的是处于核心层的文化产业。其中，现代传媒产业毫无疑问又处于核心的核心。这也就是为什么日本活力门收购日本放送会引起日本上下广泛关注的重要原因。从我国关于文化产业分类的层次划分来看，一个基本的技术路线就是根据内容的重要性逐层递减，相关文化产业层主要是文化生产的物质资料和技术装备，不涉及内容生产和传播，因此其重要性也就远不及核心层。相关文化产业层主要属于经济性的，政治的、文化的和意识形态的属性基本上没有。属于文化产业核心层的文化产业门类则都不同程度地对社会和国家政治生活有着巨大的影响，具有强烈和鲜明的政治、文化与意识形态性。属于文化产业外围层的文化产业门类则刚好处在二者之间，更能表现出它的社会性功能。文化产业属性正是由文化产业本身的丰富、复杂和多样性决定的。

2012 年，中国国家统计局对 2004 年版的《文化及相关产业》进行了修改。根据新的分类标准，原来的“三层次”圈层分类取消了，取而代之的是更符合中国现实的“二分法”，即分成“文化产品的生产”和“文化相关产品的生产”两个部分，不再按“文化服务”和“相关文化服务”来分类，突出“文化产品的生产”，并对原来的分类进行调整，形成了新的文化产业内容生产的框架结构，如表 2-1 所示。[①]

表 2-1 文化内容生产的构成

| 类别 | 行业 | 细目 |
| --- | --- | --- |
| 文化内容生产 | 新闻服务 | 通讯社、广播电台和电视台的经营活动 |
| | 出版服务 | 图书、报纸、期刊、音像制品及电子出版物等出版 |
| | 影视制作 | 电影和影视节目制作 |
| | 广播节目制作 | 录音制作 |
| | 演艺 | 文艺创作与表演 |
| | 工艺美术品生产 | 雕塑工艺品、金属工艺品、漆器工艺品、花圃工艺品、编织工艺品、抽纱刺绣工艺品、地毯挂毯和珠宝首饰的生产以及园林、陈设艺术及其他陶瓷制品制造 |
| | 文化内容保存服务 | 图书馆、档案馆、博物馆、纪念馆、烈士陵园的经营活动以及非物质文化遗产保护 |

从表 2-1 可以看出，发生了以下变化：一是把原来的“新闻服务”和“出版发行和版权服务”合并为“新闻出版发行服务”一个大类，保留“广播电视电影服务”“文化艺术服务”“文化休闲娱乐服务”，将“网络文化服务”更名为“文化信息传输服务”；二是新增“文化创意和设计服务”“工艺美术品的生产”“文化产品生产的辅助生产”三个大类；三是取消原大类“其他文化服务”，将其中的广告服务移至新增的“文化创意和设计服务”大类中，其他内容移至新增的“文化产品生产的辅助生产”大类中；四是将原“文化用品、设备及相关文化产品的生产”和“文化用品、设备及相关文化产品的销售”两个大类修订为“文化用品的生产”和“文化专用设备的生产”两个大类。按行业分，文化产业分别划分为文化制造业、文化批零业和文化服务业；按活动性质分，则分为文化产品的生产和文化相关产品生产，并且为了避免与在政策层面上的“创意产业”和“文化创意产业”相混淆，则专门分列了“文化创意和设计服务”，从而使之能够更好地反映、规范和指导中国的文化产业实践。

## 三、文化产业多重属性与文化产业价值运动的多重性

文化产业的多重属性决定了文化产业价值运动的多重性。不同的文化产业的属性具有差异性，因此，其价值构成、价值实现和价值运动是不一样的。属于文化产业相关层

[①] 转引自：中央文化企业国有资产监督管理领导小组办公室. 十年见证文化产业腾飞——我国文化产业 10 年发展对比分析报告[N]. 光明日报，2015-02-12.

的文化产业，由于其内容远离核心层或者说除了玩具和工艺品等还多少涉及一些文化和意识形态内容之外，其他的都不存在政治的、文化的和意识形态的功能，这些产业门类的价值运动主要是受市场经济规律的作用和影响，并随着价值规律的运动而运动。只是当文化产业的核心层在非市场因素的作用下出现超常规发展需求的时候，相关文化产业层的有关行业才会偏离一般价值规律的运动，呈现出非市场因素的价值运动。而属于文化产业核心层和文化产业外围层的价值运动则要比相关文化产业层的价值运动复杂得多。政治的、经济的、文化的、意识形态的等价值运动常常是交叉作用，同时产生和发挥影响。在文化产业核心层中的许多文化产业门类，如新闻、书报刊、音像制品、电子出版物、广播、电视、电影、文艺表演等，反映和表现得尤其明显。虽然从现行的我国文化产业分类的层级结构来看，文化产业核心层与文化产业外围层存在着中心和边缘的差别，但是属于文化产业外围层的某些文化产业的价值运动未必一定比属于文化产业核心层的某些文化产业价值运动的重要性小，有些行业对整个社会构成的影响力，甚至远远超过了被划分在核心门类中的文化产业，如互联网。互联网由于其交互性特征，不论是娱乐内容，还是新闻内容，或者是关于意识形态，其价值运动的多样性与复杂性及其他在构成国家文化安全方面的重要性都是文化演出场馆等所无法比拟的。

因此，文化产业的多重属性不仅整体性地构成和规定了文化产业价值运动的多重性，而且不同的文化产业门类的价值运动也是不一样的。不同的文化产业门类的价值运动，在不同的文化生态环境下，其价值运动有时可以在不同的引力作用下相互影响。一般来说，那些意识形态价值取向特别强烈的文化产业门类的价值运动，更能对那些意识形态较弱或者不那么具备意识形态功能的文化产业门类的价值运动方向产生引力作用，从而导致这种文化产业门类价值运动曲线的曲率变化，使这一类文化产业门类呈现出价值运动的多重性。玩具和工艺品生产的政治化与意识形态化往往表现得最为明显。由于文化产业的价值体现与人们对它的功能性发挥的程度相关，因此，当人们对某一类文化产业的认识和某一类文化产业矛盾展开的丰富性还不相一致的时候，该门类文化产业的价值运动往往偏离其运动的应有轨迹。例如，对于网络游戏及由此出现的网络游戏产业及其管理，在我国就曾经仅仅把它看作是一般的信息产业，而忽视了它的娱乐和意识形态的交互性，因此在管理体制上对于网吧的管理就被纳入信息产业部，只是到了网吧业迅速发展开成为文化市场中的一个全新行业，并且已经日益给人们的精神文化生活带来了深刻的影响，特别是给未成年人带来影响的时候，我们才重新获得了对网络游戏产业的深刻认识。网络游戏产业的价值运动由于其价值的被发现而出现全新的运动态势，即国家对网络游戏产业战略和政策的调整。正是基于这样的战略和政策的调整，网络游戏产业在中国的价值运动才从一个自在的价值存在发展成为一个在政府的宏观调控之下的自为的价值存在与运动。而当动漫成为文化实现和文化消费满足的重要方式的时候，建设与发展动漫也就自然地成为建设与发展网络信息文化的重要领域，动漫产业价值运动的文化属性也就自然地突现成为它的主要方面。

# 第三节 文化产业运动规律

文化产业运动规律是文化产业内部联系的一种结构系统，它是有层次的，不同的文化产业构成层次不仅有不同的力的作用方式，而且不同的力的作用方式之间还会构成不同的力量关系和力量系统。正是这样的力的内部构成和作用系统的整体性，构成了文化产业运动的内部联系。文化产业内部联系的丰富性和复杂性决定了不同文化产业之间不同的运动规律。

## 一、文化产业运动规律的多样性与复杂性

文化产业是政治、经济、文化和社会等共同影响而产生的社会运动现象。构成动因的多元性决定了文化产业生命运动规律的多样性和复杂性。从这些规律作用与文化产业运动发展的不同作用和效果来看，可以将其分成文化产业运动的外部规律和内部规律两大类型。外部规律更多地表现为文化产业与社会发展和经济发展与政治发展规律之间的联系，如生产力与生产关系的规律、经济基础与上层建筑关系的规律、市场与政府双重作用的规律、区域发展不平衡规律、科技先导牵引产业形态创新规律等。内部规律主要表现为文化产业作为独立的社会形态在社会的各种因素的作用下形成的决定文化产业之所以是文化产业运动的那些特殊规律性，正是这些规律性决定了文化产业与其他产业形态相区别，如文化多样性发展规律、不对称内容发展规律、文化需求与引导消费互动发展规律、精英文化和大众文化价值取向非线性发展规律等。所有这些决定了文化产业发展运动规律的多样性与复杂性。

### （一）社会发展的一般规律是文化产业发展的第一规律

生产力与生产关系、经济基础与上层建筑之间的运动规律在根本上制约着文化产业发展的基本规律。文化产业是一切社会文化关系的总和。作为经济形态，文化产业的任何发展总是同社会生产力发展成正比例关系，只有社会生产力的发展才有文化产业发展的基本条件和基本动力，这里既包括人的因素，也包括物的因素，同时还包括社会发展

阶段的因素。作为文化形态，文化产业的大部分属于上层建筑，文化产业的发展不仅受经济和社会运动规律的影响，而且还要受上层建筑其他各个方面的影响，尤其是政治体制及由政治体制而派生出来的文化管理制度和文化体制。在这里不仅涉及文化产业在国民经济与社会发展中的地位和作用的认识，而且特别重要的是文化产业的准入制度直接规定和反映了在一定的政治制度下的文化产业政策，以及由此而反映出来的社会文化关系，也就是说，它反映了文化生产力（文化生产资料）的分配关系和不同的文化主体之间的享有文化权利、拥有文化权利的关系。因此，文化产业的任何运动都是文化和社会发展一般规律运动的结果，切实反映着这种运动关系的。

### （二）产业运动和市场经济发展的一般规律是文化产业发展的第二规律

文化产业运动有着一般产业运动的基本形态和基本结构，因此也必然要受到一般产业经济运动规律的制约；市场是产业存在的空间形态，没有市场形态和市场方式也就无所谓产业的生命形态。因此，市场不仅决定了产业运动的空间形态，而且还决定了这种形态变迁的空间走向。这就是市场对资源配置的基础性作用。文化产业作为一种特殊的经济形态，是以市场经济为基础的，虽然它主要满足人们的精神文化消费需求，但是，当这种需求还只能以交换的方式才能得到实现的时候，市场便成为实现这种交易的最好方式。因此，供求关系和供求规律就不仅是一般商品的运动规律，而且也是文化商品的运动规律。文化产业作为人的文化生产和经营活动，就不能不按照这一规律来展开自己生命的全部的合目的性。否则，不仅文化产业自身得不到合乎逻辑的发展，而且还会影响整个经济结构的优化和整个产业体系的成熟与发展，最终影响文化产业文化功能的发挥。

### （三）文化发展规律是文化产业发展的第三规律

文化发展规律是相对于政治、经济发展规律的规律形态，是指与物质文明相对应的精神文明形态的发展规律。文化产业首先是文化，其次才属于经济范畴。说它首先是文化，是因为它是关于文化的生产和经营的活动，而这种生产和经营是满足人们的精神文化消费需求的活动，是在实现了基本的物质消费需求后的人类精神地把握世界的活动。一切关于文化的生产和经营都是为精神的生产和经营，尽管这些生产和经营在表面上看来似乎都是为了追求利润和资本，但是在资本和利润的背后无不包含着巨大的文化追求和文化利益，以及借此实现的更大的政治和经济利益。因为文化生产和经营是最直接的价值观生产和价值观经营，通过价值观的生产、经营与传播来实现政治和经济的霸权与垄断，无不是文化资本的真正目的。因为文化产业是最直接的关于价值观的生产和经营活动，并且有着资本的真正目的，所以就决定了市场准入和文化审查制度的不可避免性及其合理性。因此，不仅文化发展规律决定了文化产业的发展规律，文化发展的多样性规律也决定了文化产业发展的多样性规律。因为文化发展的规律具有多样性，所以文化价值观的存在也有多样性，导致不同文化价值观体系下形成的不同国家文化产业制度、文化审查制度和文化市场准入制度也有多样性。文化市场准入制度和文化审查制度的冲突，不是经济制度冲突，而是文化制度冲突，是文化价值观体系冲突及由这种体系形成的国家制度冲突。这就是经济体制完全相同的国家却有着不同的文化市场准入制度和文化审查制度的重要原因。

## 二、文化产业运动的特殊规律

任何事物的发展都有两个方面，一方面是事物发展的普遍规律，另一方面是事物发展的特殊规律，而正是事物发展的特殊规律把该事物与其他事物相区别。这就是矛盾的普遍性与特殊性运动的规律。文化产业既是文化的特殊形态，也是经济的特殊形态，还是社会发展的特殊形态。因此，探索和认识文化产业发展的特殊规律，对于更好地按照文化产业的发展规律去发展文化产业具有特别重要的意义。

文化产业是在文化发展到工业文明阶段而产生的一种全新的文化成长形态和发展方式。机器复制这一革命性特征使得文化生产和传播产生了全新的形态和模式。从文化产业发展的历史进程来看，我们将文化产业发展的特殊规律概括为以下几种。

### （一）科技前导规律

文化产业与以往历史上所有文化生产方式的一个最大区别就是它的高科技性。中国早在 9 世纪就发明了印刷术，11 世纪发明了活字印刷使印刷技术发生了一次历史性的革命，不仅使生产成本大大降低，而且提高了文化生产力。文化产品的大量复制使得文化传播的时间与空间模式都发生了巨大的变化。然而，活字材料成分的局限性和手工作坊的生产方式却最终妨碍了印刷产业在中国的形成。15 世纪，德国发明家古登堡发明的印刷机不仅克服了手工作坊式的印刷技术的局限，而且为现代印刷技术革命和产业化实现开创了新的发展道路。机器印刷的出现和激光照排技术的发明，每一次印刷科技的革命不仅为印刷产业的现代升级提供了文化生产力革命的动力，而且使整个文化产业的结构发生了根本性的变化，并且带动了其他文化产业形态的革命。在这里，文化生产技术在关键性领域的突破成为推动文化产业革命及新文化变革的主导力量。在现代科技的驱动下，文化生产与传播技术对文化产业发展的推动力不断增大，产业升级过程趋于缩短。

科学技术推动产业革命需要经历一个转化过程。这个转化过程取决于科学驱动技术突破的力度和科技成果转化为文化产业技术装备的速度。

### （二）双重复合转变规律

文化产业发展最终将实现产业形态和文化建设模式两个方面的根本转变。任何一次文化变革都有一个最终的目的，那就是发展和提高文化生产力与传播力。这是由文化变革自身内在的规律性决定的，并且不以人的意志为转移。然而，文化产业运动和其他任何一种社会变革运动相比，最大的特征就是其任何一次革命性的变革都会导致文化的经济形态和文化的意识形态的同步变革，作用于文化变革的精神生产规律和价值规律共同发生着作用。在文化经济运动的商品属性和意识形态属性规律的影响下，文化产业是最不能像其他产业那样完全由市场的机制规律来调节的，文化产业的意识形态属性决定了政府作为国家文化的执行者，必然要在文化产业发展的运动过程中体现国家的文化精神和价值导向的意志。只有市场和政府、看得见的手与看不见的手同时有机协调，文化产业的运动才能处在符合文化产业发展要求的合规律与合目的性的状态之中。

任何一次的文化产业作为文化发展形态的变革，都会引起文化建设模式的根本转变。“五四”新文化运动的实现，得益于新型的现代出版业，而现代出版业的发展又使得文化的生产和传播形态发生了根本性的变化。传媒大众化的特点先天地决定了传播要素生命形态的革命，白话文取代文言文也就自然地成为新文化运动作为现代中国新文化建设模式的典型选择。白话文作为社会交际工具的转变，使得文化是少数人的文化专利成为不可能。白话文的普及必然导致思想革命和文化革命超出它的范围而引发社会革命。革命的发展需求，在推动现代中国文化产业形成与发展的同时，也使得文化的意识形态属性得到了现代性的张扬。文化产业在发展自身的同时成为促进社会进步的工具。20 世纪 80 年代后，中国的全面改革开放导致人们对文化产品的生产和思想的传播模式进行全新的思考。文化大革命导致文化产业全面的意识形态化，也使得社会对文化产业的认识在反思过程中进入了一个合乎文化产业自身发展逻辑的新阶段。意识形态领域的革命重新唤起了人们对文化和文化产业的科学认识。文化产业在经历了相当长的一个意识形态化的历史发展阶段后，重新又回归到文化的本体，回归到了文化存在运动的当代形态。文化产业成为建设与实现有中国特色社会主义文化的重要途径。当不发展文化产业，文化建设就不能实现，文化生产力与传播力就无法得到提高的时候，发展文化产业也就成为当代中国文化发展的必然选择。在这里，文化经济运动的商品属性和意识形态属性规律，文化商品生产的价值规律和国家文化意志主导规律，同时发挥作用。这两种规律的峰值运动决定着文化产业在不同的历史时期和发展阶段运动的不同形态，并且由此而推动着不同历史时期文化建设的模式和战略取向。

**（三）阶段递进规律**

文化产业发展一般要经历三个阶段：转型——发展——成熟。转型是由旧的文化形态和发展模式向新的文化形态和发展模式转变的过渡阶段。这个阶段的特点是前产业形态、现产业形态与后产业形态并存，新旧文化体制交叉。中国正处于这样的转型阶段。这一阶段结束的标志是在一个或少数先进国家率先完成文化产业发展的新技术装备、新市场发展样式和新文化管理体制的转型，建立起具有全新文化功能的文化产业集团，并在世界文化市场的竞争中率先制定和使用相关文化产品生产与销售的技术标准，改变世界文化市场的国际竞争格局，并赢得文化市场主动权。对于中国文化产业发展来说，要完成这一阶段还有相当长的一段路要走。发展是在转型的基础上出现突破和飞跃的加速发展阶段。这一阶段的特点是少数率先开展文化产业革命的国家急需更新文化生产和传播的技术装备，不断发展和提升文化产品市场标准体系，完善新的文化产业理论和国际市场建设理论，继续摆脱旧的文化管理体制，发挥新文化变革的导向作用。大多数国家采取购买、引进、仿制和知识产权转让等方法，学习新技术，更新旧装备，开始从体制到机制转变的文化体制改革，积极参与国际文化事务、国际文化组织和国际文化规则的制定。一些具有广泛性的文化生产与传播的新技术、新手段、新体制被迅速采纳。这一阶段结束的标志是世界范围内新的文化产业形态和文化发展模式占主导地位，旧的文化产业形态和文化发展模式逐步退出文化发展的主渠道和主市场。成熟是在发展的基础上出现的相对稳定并孕育新的产业革命的萌芽。

**（四）机制变革规律**

机制是指文化产业构成各要素之间的结构关系和运行方式。文化产业运动是一项系统工程，不仅要以科技发展为基础，还要以市场需求为导向，同时更要服务于不同的历史时期社会发展提出来的对文化发展的现代要求。因此，文化产业发展不仅要沿着双重复合、阶段递进的规律运动，而且还要沿着技术装备、产业理论、组织体制、市场机制及其相互之间的结构关系和运行方式的协调发展运动。从西方主要发达国家文化产业发展的实际流程来看，每一次文化产业革命的实现都是以文化产业内部要素相互促进、协调发展、整体变革的方式运行的，包括新文化产业技术装备、新文化产业理论、新文化制度变革和新的文化市场规则的制定。我国在文化体制改革中提出要进行“体制改革和机制创新”，就是在充分尊重文化产业发展运动的基本规律的基础上提出来的。转变体制，创新机制，都是围绕着积极发展文化产业这个目标提出来的。

### （五）增长周期波动规律

文化产业的增长周期与影响和决定其增长的内容相关。从文化产业各不同形态成长周期的长短曲线来看，一种技术的生命周期是决定一种文化产业形态生命周期的重要因素。在其他因素不变的情况下，越是取决于技术创新的文化产业，其生命周期越短，其波动形态与该项技术生命周期的波动曲线越呈正相关关系；越是由内容决定的文化产业形态，其生命周期越长，波动形态越长。文化产业发展的历程已经表明，随着科学技术进步同期的不断缩短，以高新技术手段为载体的文化产业革命和产业生长周期也在不断缩短。由于这种缩短无法与文化产业内容增长获得同步效应，因此，文化产业增长周期正在向与科学技术和文化内容相背的方向发展。内容的增长不能与文化产业新的形态增长需求同步，就导致了文化产业发展过程中的“传媒过剩，内容不足”的发生和“内容为王”的文化产业增长机制。

由于文化产业具有一般的产业所没有的意识形态属性，因此，文化产业的周期性波动在技术创新条件之外还存在着反周期力量。这种反周期力量主要表现在两个方面。从我国文化产业发展的情况来看，地方政府一方面是文化产业发展的执行者、推动者，另一方面又可能是文化产业发展必须解决的文化体制改革的对象，所以地方政府和文化行政主管部门就可能成为一种对文化产业而言的反周期力量。民营的非公文化经济是另一方面的反周期性力量。因为民营的非公文化经济相对于国营的公有文化经济来说，更容易受市场经济的无政府主义特征驱动，因此，当政府对某一文化产业的过度扩张对该文化产业成长造成极大的伤害，而不得不对宏观市场准入进行调控的时候，民营的非公文化经济就会成为重要的对政府宏观调控的反周期力量。这两种反周期力量都会对文化产业增长周期的曲线运动造成很大的影响，因此与技术创新决定文化产业生命周期的规律性运动构成反运动。这种反运动的周期性表现曲线的变化长度将直接影响文化产业增长的周期性波动的长度。因此，在我们关注技术创新周期对于文化产业增长周期波动的影响规律时，还必须要关注文化经济运行中其他力量的变化。

## 本章小结

文化产业是文化构成要素的综合形态。文化的丰富性与复杂性，是影响和决定文化产业本质属性的前提。不同的观念形态的文化决定了不同国家和地区的文化产业运动与价值取向。世界近代产业革命是“产业”这一概念诞生最直接的历史实践基础。这是我们理解和把握文化、产业与文化产业关系的两大基本前提。

文化产业的不同定义包含着深刻的政治、经济、社会和文化因素，反映了国际社会、不同国家和地区的文化产业政策及其制度设计。

文化产业具有多重属性的特点。文化产业属性的多重性，集中反映在文化产业政策价值取向的多样性之中。经济性、政治性、社会性、文化性和意识形态性构成了文化产业的多重性。文化产业多重属性的形成与文化产业构造成分的复杂性和多层次性相关，而文化产业构造的复杂性和多层次性则是由不同的文化产业在社会发展中的地位和作用来定义的。因此，不同文化产业形态的价值运动是不一样的，对于构成一个国家和地区文化安全系数也是不一样的。正是这种差异性，构成了不同国家和地区文化产业发展阶段与文化产业市场准入的差异性。

文化产业构造动因的多元性决定了文化产业运动汇流的多样性和复杂性。文化产业运动规律由内部规律和外部规律、一般规律和特殊规律构成。外部规律主要表现为文化产业发展与社会发展各个领域和各个方面的关系；内部规律是文化产业内部联系所造成的矛盾运动与相互关系。外部需求导致文化产业的形态变化，文化产业的内在发展促进社会变迁。一般规律影响文化产业的基本运动方式，特殊规律影响文化产业的自身价值革新。科学技术进步是影响文化产业形态变化的最具革命性变化的力量。

## 思考题

1. 怎样认识和理解文化、产业与文化产业的关系？
2. 怎样理解《文化及相关产业分类》与我国现行文化分工体系之间的关系？
3. 怎样认识和理解《文化及相关产业分类》与我国关于“文化产业”与“文化事业”划分之间的关系？
4. 怎样认识文化产业的多重属性及其在文化产业发展中的不同影响与作用？
5. 科学技术在文化产业发展中有着怎样的作用？

## 参考书目

1. 胡惠林. 胡惠林论文化产业[M]. 昆明：云南大学出版社，2014.

2. [美]大卫・赫斯蒙德夫. 文化产业[M]. 张菲娜译. 北京：中国人民大学出版社，2007.

3. [英]斯科特・拉什，[英]西莉亚・卢瑞. 全球文化工业：物的媒介化[M]. 董树宝，张宁译.北京：社会科学文献出版社，2010.

4. 胡惠林，单世联. 文化产业研究读本[M]. 上海：上海人民出版社，2011.

# 第三章

# 文化产品与文化产业

## 学习目标

通过本章学习，学生应了解和掌握以下内容：

1. 文化产品的定义与构成系统；
2. 文化产品的本质；
3. 文化产品与社会精神秩序建构的关系；
4. 技术在文化产品演化中的作用与规律；
5. 文化产品与文化产业的关系。

## 导言

文化产品是文化产业生命价值的核心。文化产业是由文化产品的生产、分配、消费和流通及相应的制度而形成的社会文化系统。没有文化产品的生产、分配、消费和流通及其相关制度，也就没有文化产业。文化产品及其生产是文化产业的核心，是文化产品及其围绕文化产品而形成的以一整套文化产业制度，深刻地解释和反映了人类社会的文化生产力发展和文化生产关系的形成与演变，以及人和文化产品关系的发展和演变。

## 第一节 文化产品的定义与构成系统

文化产品是一个极其重要的文化产业学研究对象。它存在于人们日常的精神文化生活之中，是人的精神性劳动的产物，满足于人的精神生活、民族生存和社会与国家发展需求。文化产品研究的重要性绝不亚于商品的研究之于政治经济学研究的重要性，甚至关于它的系统理论研究在某种程度上构成了整个文化产业学研究的核心。但是，迄今为止，人们关于文化产品的认识相比较于它在人们生活中的重要性而言是非常浅显的，对它的研究甚至还没有成为重要的学术议题。

## 一、文化产品的定义

文化产品是人们精神表达的社会精神形态。文化产品因不同的载体而形成不同的身份号码，如印刷品、艺术品、出版物、报纸、电视、电影、戏剧、戏曲等，不一而足。无论文化产品的载体形式多么丰富多彩，有一点是共同的，构成了它们属于“文化产品”的共性，即无论是生产还是消费文化产品都是为了实现和满足人们的文化需求，或是表达的需求，或是消费的需求，也就是说，无论是表达还是消费都是为了满足人的精神心理需求，且不论它的载体形式是什么。凡是不能满足人的精神心理需求或主要不是为了满足人的精神心理需求的对象和物品，都不是文化产品。虽然“美食”确实构成了特殊的“饮食文化”，但是“美食”主要还是满足人的“食欲”及对这种特殊消费的享受，所以不能称为文化产品。

人们对于文化产品的一般认识是关于图书、报刊、电影、戏剧、唱片这些与人们的日常生活密切相关的具有某种直观性存在的文化消费对象。到了互联网时代，网络、网络游戏成为人们文化消费的对象，甚至在普遍存在的“读手机”的行为中，“手机”也成为一种文化产品。即便如此，具体到更为细分的文化产品，仅仅“图书”就可以分成“人文”和“社科”，而在“人文”里还可以分为文学和艺术等。如果以是否成为精神文化消费对象来定义文化产品，则自然对象也被包括其中了。在文化旅游的意义上，不仅“山水”是旅游消费品，而且“城市”和“乡村”也都成为最为广泛意义上的文化产品，都是人们的文化消费对象。如果说“城市”和“乡村”本身就是集体创造的文化产品，其中包含着人们的理想与精神的话，那么自然山水则完全属于非人类创造物。然而，人的移情作用使对象成为人的本质力量的对象化，所谓“登山则情满青山，观海则意溢于海”，于是，“青山”与“大海”也就成为人与自然共同创造的“精神共品”，并且随着人的变化而变化。这一类自然文化产品主要是以“旅游产品”的形式存在并构成人们文化消费对象的。什么是文化产品？不同的语境和标准有着不同的理解与分类。大众语境下的“文化产品”主要表现为“读书”“看戏”“看电影”等文化消费行为的构成对象，即“戏”、“电影”和“书”，满足对知识和娱乐的精神生活需求；政府语境中

的文化产品集中表现为国民经济行业分类中的文化产品和对文化产品意识形态属性的政策性划分，满足国家管理和文化治理的需求；学术语境下的文化产品要比以上两种关于文化产品的认知广泛得多，凡是能够构成和成为人们精神文化消费对象的几乎都可以是“文化产品”而成为研究对象。

综合上述三个不同领域对文化产品的认知，文化产品大致可以划分为三大类：第一种是广义文化产品，即一切由人类通过劳动做成的物品都是文化产品，也可称之为宏观文化产品；第二种是狭义文化产品，即通常所指的作为观念形态载体的文化产品，也可称之为微观文化产品；第三种是介于二者之间的文化产品，即与人们的物质生活具有重构性的文化产品，如工艺美术品及具有工艺美术性质与特征的家具、瓷器等，姑且称之为中观文化产品，这一部分文化产品与人们的日常物质生活密切相关，有的就是日常生活用品，其中的绝大多数也被称为创意产品。介于这三者之外的是文化信息产品，即运用或应用数字技术生成的文化消费对象，如“上网”。这一类文化信息产品既可以是宏观的，也可以是微观的。宏观文化产品具有哲学和人类学意义上的价值，一般都不构成文化产品的交易对象，虽然它们也可以是人们的文化消费对象，但是这一类文化产品一般不进入流通领域，如文化遗存和文明遗址等。由于这一类文化产品比较多的是以“文物”或“文化遗产”形态存在的，如石器和青铜器，所以除了对它们本身进行复制或仿制之外，一般都限制进入文化市场流通。因此，作为文化产业意义上的文化产品，主要是指中观和微观类型的文化产品。这些文化产品构成了文化产业的主要的与核心的内容。

在北美行业分类指标体系和世界贸易组织有关行业分类指标体系中，文化产品还被分成“视听产品”、“印刷品”及“信息通信产品”等。在这里，产品分类还涉及国家和地区的技术主权。所谓谁掌握了标准，谁就掌握了市场，揭示的就是产品分类表现背后的实质。文化产品的分类也是如此。

## 二、思想产品、艺术品与文化用品

思想产品是文化产品的核心形态，主要是指为社会提供根本价值判断和分析工具的社会科学研究成果，包括全球发展和国家中长期战略研究、社会发展重大问题的原理研究，以及决策咨询报告。例如马克思的《资本论》与《共产党宣言》，毛泽东的《论持久战》，罗马俱乐部的《增长的极限》，约瑟夫·奈的《软实力》都是人类社会发展史上具有重要影响的思想产品，改变了社会、国家和人类发展的走向。思想产品所作用的不是某种或某类人群，而是事关国家、民族与社会发展的重大价值关怀，影响整个国家、社会和人类发展的走向，人们因此而找到了解决问题与困难的出路。这一类文化产品因其着眼于从思想理论上解决人、社会和国家发展的问题而构成文化产品中最核心的部类。它可以是社会科学著作，也可以是文学作品，这一类产品往往以印刷品和出版物形式出现，一旦面世，便会产生巨大的社会需求，引起巨大的社会反响。是否能够向人类社会贡献思想是衡量一个国家是否拥有世界地位和国际影响力的重要标准。因而，思想产品是文化产业最核心的内容构成。尤其是在全球化进程不断加快、加深的环境下，以观念和思想等“软实力”竞争日益与“硬实力”竞争一道构成了当今国际社会最主要的战略竞争形态。建设和发展大型的具有国际影响力的国家战略智库（思想库），快捷、有效地提高高质量的思想产品，正成为智库建设的主要任务。为新一届领导人上台或政府换届推出大量思想产品，为新任国家领导人出谋划策以在国家战略决策中获得国家战略地位，已经成为西方发达国家智库建设的重要竞争内容。20 世纪 80 年代初，里根上台前，美国传统基金会及时发行《领导人的职责》一书，里根大为赞赏，上任后将其发给政府公务员人手一册，而该报告几乎影响了当时整个的美国内外政策。20 世纪 90 年代初，美国进步政策研究所为克林顿政府设计了《变革方案》，使克林顿整个执政时期的美国轻而易举地处于上升阶段。当年，当抗日战争进入战略相持阶段时，毛泽东发表了《论持久战》，深入分析了中国抗日形势发展的阶段性趋势，指出了中国抗日战争的前途，提出了抗战必胜的时间表，一下子解决了当时困扰全国人民的问题，由此使得整个抗日战争的战略形势和人们的精神面貌别开生面，为赢得抗战的最后胜利提供了最重要的思想产品。

与文化产品相对应的另一种“文化产品”形态是“艺术品”。在传统的认知系统中，“艺术”是一个包含语言艺术、表演艺术、造型艺术、电影艺术和建筑艺术等在内的美学体系，而人们在使用“艺术品”这一概念的时候，主要是指以美术作品为主体的文化产品，如油画、书法、国画等。“艺术品”是一个不断发展的概念。早期美国法院将艺术品定义为“仅仅只在装饰”的物品，“其中包括在画布、石膏板或其他材料上所做的油画和水彩画，以及用大理石、普通石料或青铜制作的雕塑品原件”。[①]1988 年，美国海关在协调关税时对艺术品的界定虽然有所调整，但是所持的立场基本一致，其中最关键的一条就是“该作品不能是一件实用性物品，亦不能是为了商业用途而制作的物品”。[②]苏富比与佳士得拍卖公司的主要拍卖业务就是艺术品拍卖，一些进入拍卖市场的文物也构成了广义上的“艺术品”——古董。艺术品交易不仅是文化产品领域里建有独立交易规则的文化市场，而且也是具有独特的“金融性”品质的文化产品，早在中国古代社会就已经出现和形成了专门以出售书画为生的艺术家和艺术品抵押。在《杭人唐云》一书

---

[①] [美]伦纳德·D．杜博夫，克里斯蒂·O．金．艺术法概要[M]．第 4 版，周林译．北京：知识产权出版社，2011：1.

[②] [美]伦纳德·D．杜博夫，克里斯蒂·O．金．艺术法概要[M]．第 4 版，周林译．北京：知识产权出版社，2011：3.

中，就曾专门写有著名国画艺术家在早年家境困难之时，用家藏书画去药店抵押买药治病的事。所谓“艺术品金融”就是起源于艺术品的“可抵押性”。在整个文化产品系统中，只有“艺术品”才具有这种特质，因此，在文化产业发展中始终占有重要地位，从而使之在文化产品系列中具有不可比拟的特殊性，构成了文化产品的“特殊部类”。正是由于艺术品具有作为一般投资品的价值属性，因此，以购买艺术品作为投资手段和预防通货膨胀的手段便成为传统投资项目——股票、债券、房地产——的补充。当股票市场暴跌时，艺术品市场则一般呈上升趋势。例如，20 世纪 70 年代初期，美国和欧洲货币的贬值导致了艺术市场的抢购风潮，许多艺术品大幅升值。1975 年，“在道琼斯指数平均仅增长 38%的同一时期，法国印象派绘画的价格却令人震惊地上涨了 230%。”“但从另一方面来看，在通货紧缩物价下跌时，投资者寻求的是货币形式的利润，而不是留待升值的财产。”[①]正是由于艺术品价格持续攀升不断刷新纪录，因而逐渐滋生出新的艺术基金和投资公司，进而发展出通过编制指数来帮助投资者跟踪艺术品价格波动，以实现艺术品投资价值最大化的业务。在国外有梅摩西艺术品指数，在中国则主要有雅昌指数。

“文化用品”是与文化产品密切相关的另一种文化产品形态，如乐器、各种文具（笔、纸等）等。之所以把这一类“文化产品”划分成“文化用品”，是因为他们都是用以“文化产品”生产的工具——演奏、书写，没有它们，也就没有所谓的“文化产品”，但有了它们并不一定就有了“文化产品”。例如，虽然一把顶级的小提琴也可以具有极高的艺术价值，但那是它的工艺性存在，而不是通过它演奏出来的“小提琴曲”本身的艺术存在，作为“小提琴曲”存在的才属于“文化产品”。因此，它们本身不属于文化产品范畴，而属于“文化用品”领域。这一类用品的生产在国民经济行业分类里往往归属于“文化制造业”或辅助行业，是文化产业的一个重要部类。由于文化用品是文化产品生产的工具，因此，其属性本身并不构成意识形态性，任何一种文化产品的生产都可以用它来实现。它们可以拥有专利，受著作权法保护，而不受意识形态审查。这构成了文化产品与文化用品的根本区别。

纵观国际社会文化产业政策作用的对象，核心是文化产品而不是文化用品。二者最根本的区别在于，文化产品作用于人的精神世界和社会的价值观，具有鲜明而复杂的意识形态属性，这些精神文化内容既可以是相容的，也可能是完全对立的。例如，有关宗教读物、马克思主义的著作至今还在有些国家被列为禁书而禁止出版，因而有文化审查制度和市场准入制度。一般来说，文化用品没有这样的文化的意识形态限制和制度设置。例如钢琴，凡是需要钢琴的国家和地区，不论信仰何种宗教和政治意识形态，都可以是

[①] [美]伦纳德 · D · 杜博夫，克里斯蒂 · O · 金. 艺术法概要[M]. 第 4 版，周林译. 北京：知识产权出版社，2011：23.

钢琴输出国家的贸易对象。正是文化产品的市场准入建构了文化产业的市场准入制度、文化产品的审查制度，如电影审查、书报审查等。

## 三、文化产品的演变与系统生成

文化产品是在历史的演变过程中形成的，迄今为止，文化产品依然是一个充满着旺盛生命力的“活火山”，不断地有新的文化产品形态诞生，因而是一个不断发展的对象和概念。

凡是由人类劳动产生的物品都是人类主观能动性的产物，具有鲜明的目的性的特征。这一目的性特征就是人类生活与生存所必需的，没有它不行。必需品是人类社会劳动为自己创造的最根本的文化产品。物质食物是人类生存的必需品，精神物品是人类社会创造的第二生活必需品，并且这一必需品的诞生把人类永久地从动物世界区别出来了。而人类的物质生产劳动也正因为有了“有意识的”这一精神生产特征，也才使得包括物质生产在内的所有劳动行为具有了与动物界的本质区别，并且由此而建构了人类社会。

人类社会早期的文化产品是和劳动工具合二为一的。产品形态与工具形态的合二为一是这一时期文化产品的存在形态。这种文化产品在人类社会的“石器时代”表现为经人类打造后形成的劳动工具——石头，正是这种具有特殊功能的被创造出来的“石头”形状的演变，为我们勾勒出了人类社会早期的“旧石器”和“新石器”两个不同的文化时代。据美国加州大学伯克利分校和英国利物浦大学、圣安德鲁斯大学的学者们研究发现，大约 250 万年前，非洲热带草原上的人类远祖开始将一些火山岩、玄武岩或燧石敲击成锋利的碎片，以便于用其切割猎物。这种石器所属的原始文化被称为奥尔德沃文化（Oldowan）。该文化属于东非旧石器时代的文化之一，以简单的石制砍砸器、刮削器为特征。这种石器在出现后的近 70 万年中基本没有发生变化，并在此期间传播到整个非洲大陆，直到更复杂的阿舍利文化（Acheulean）的手斧和刮削器出现才被取代。这两种不同的文化时代的划分是由那些体现和反映人类创造性劳动所打造出来的不同形状的“石头”来界定的。这些“石头”构成了人类社会最原始的“文化产品”。该研究结果表明，石制工具并不仅仅是人类进化的产物，也是人类进化的推动力。在进化过程中，石器为现代人类交流沟通及知识传授能力的形成创造了必要条件。该研究成果的意义不仅在于原始语言对于古人类石器技术传播的作用，更重要的是，这些古人类交流和学习能力在石器产生和传播过程中得到了协同发展。考古学家表示，这种现象被称为“共同演化”（Co-evolution）。[①]通过石器的制作，人类社会进入了表达时代，即一种最原始的人与自

---

① 闫勇. 语言与工具为共同演化关系[N]. 中国社会科学报，2015-01-19.

然关系的认识与表达。这种认识是对自然力的一种认识，认识到什么形状的石头才能够具有最好的生产效率，并且把它生产出来，这就是一种表达并且构成了一种表达的“范式”——造型，因而也就成为艺术的原始形态和关键性生产要素，成为人类社会原初的“文化力”。几乎在所有的博物馆里它都被陈列在第一馆的第一序列。最早的文化产品是人类社会为了获取食物而生产的一种工具，正是这种工具的产生和出现第一次建构了人与自然的关系——人的力量和自然的力量之间的关系。这种劳动工具构成了人类社会最原初的“必需品”，没有它人类便不能生产维持和延续生命的物质食粮。在这里，作为生产的工具和通过工具而生产的结果具有高度的同一性，那就是二者都是人类生活和生存所必不可少的，缺少了其中的任何一项，人类的生命存在和作为种群的存在都不可能。正是在这个意义上，马克思主义中的“艺术起源于劳动说”为我们提供了关于文化产品起源的解释。

劳动导致了人的能力的进化，发展出了语言、节奏、模仿等能力。这种能力和能力体系的出现在不断推进劳动生产力进步和演化的进程中也导致了劳动的分工，依照生产能力的分工导致了劳动产品的分工。于是出现了最原始的专业化生产——工具的生产与狩猎和耕作等生产分离。基本物质产品的丰富和结余使得人们开始拥有闲暇时间，而人与自然关系认识的不断深化使得人们对人与自然的关系的理解与表达不断深化。于是，简单的用于物质生产的石器演变为表达人的精神形态的产物。8000 多年前诞生于新石器时期的红山文化中，玉石由工具——玉铲、玉锄变为图腾——玉猪龙，成为一种信仰的载体表达，后来成为一种象征着人的社会身份、地位和礼仪的符号——玉佩。石头由工具演变为社会身份的象征性符号，不仅造型发生了巨大的变化，材质发生了根本性的转移，而且文化的象形和表意系统被重构。文化产品开始演化和表现为人与社会的关系性建构。文化产品的意义属性开始与工具属性相分离，文化产品在这个过程中逐渐演化和发展成为一种独立的社会存在，用以表现人们之间的社会关系。表达也由此成为人们生产文化产品的重要功能。

生产劳动发展了人们一切感觉系统和意识系统的丰富性，社会物质生活和精神生活发展的需要不仅导致和产生了深刻的社会分工，而且导致和产生了专门从事文化产品生产的“匠”、“巫”及“士”。“文化产品”也随着社会分工的进化和细化不断演化与进化，物质产品的丰富性必然导致人与自然、社会的关系的丰富性，这种丰富性又进一步演化和表现为表达的丰富性，于是音乐、舞蹈便在“造型”的文化产品出现并不断发展之后紧接着诞生了。人们不仅有造型意识，形成了造型认知，而且还在劳动中创造了节奏、旋律及肢体语言。精神产品的多样性被创造出来了，同时也造成了文化产品生产的进一步分工与分离。文化产品的生产逐渐脱离物质产品生产的工具性而独立出来，成为社会独立精神产品的生产领域和生产部类、部门。于是，与人们的物质劳动密切相关的精神劳动的丰富性和表现与表达形式的丰富性空前地被创造出来，出现了人类精神文化发展史上第一次“文化产品大爆炸”时代（包括陶器、美术、音乐、舞蹈等），从而形成了人类文化产品发展史上第一个文化产品时代——艺术品时代。这一时代典型地反映出农耕文明时代文化产品的本质特征，即人的表现，集中表现为以“手工”为核心的人的各种身体语言，包括肢体的和器官的。

人类的刻画造型能力催生了文字的诞生。中国文化史上的所谓“书画同源”实际上就是指“字画同源”，这也是迄今为止人们仍旧把这两个称呼互用的原因。造字能力的形成标志着人类的抽象思维能力的形成。语言拥有了符号思维就出现了革命。用语词表达认识和思维进行人际沟通，概念的出现使得整个人类社会生产力出现了一个巨大的飞越，人与人之间的关系演化发展成为社会关系——治理。所谓“古人结绳而治，后人易之以书契”，文字记录和创造了人类文明。文字的出现及其系统化标志着人类社会进入了书写时代——符号表意时代。符号表意是抽象思维形成的标志，于是出现了思想和关于思想的生产，并形成了关于思想的产品，这是一种新文化产品，是与艺术品完全不一样的文化产品。甲骨文是中国现存最古老的以文字为主要表现和表达手段的文化产品。文字的出现开启了人类文明的可考时代。以文字为表现手段和生产方式的文化产品最初是用来表意的，即社会治理的，而不是用来表情的，即不是个人的表达需要。因而，甲骨文虽然构成了中国最早的以文字为载体的书写文化产品，但却不是可供人们精神消费的文化产品。简牍是在甲骨文、青铜金文之后出现的一次重大文化产品形态革命。直到汉代发明了“蔡侯纸”，才从根本上实现了文化产品生产的便捷化和普及化。书写工具的便捷化使得以文字生产为主要载体的书写文化产品迅速成为一种具有“准流通性”的文化产品，从而使传抄、抄写成为在印刷术发明之前最重要的文化生产力——一种与人的能力直接融合在一起的能力。这种能力本质上与人的艺术能力是一致的，因而后来发展出“书法”这样一种特殊的艺术表现形式和文化产品。所谓“洛阳纸贵”反映的就是这种文化产品生产的社会生态状况。纸和纸写本的迅速增加促进了教育、科学的发展和文化生产力的迅速变化，大量新文化产品纷纷问世。据《汉书·艺文志》统计，当时著作目录有 678 家共 14994 卷，包括算学、天文学、医学和农学等。造纸术不仅在中国得到推广，也迅速传播到世界各地。不仅在中国，在古印度也专门有“抄写工”这一社会职业。[①]纸成为传播人类文明的圣火。美国人麦克哈特所著的《影响人类历史进程的 100 名人排行榜》中，将蔡伦排在第 7 位。书中说，公元 2 世纪以前，中国的文明程度落后

[①] 详见：菲利奥扎. 传统印度的抄写匠职业[N]. 文汇报，2014-12-26.

于西方。汉代以后，中国的文明发展进程赶上并超过了西方。公元 7—8 世纪，中国成了世界上文化最发达的国家。究其原因，就是纸——书写材料——的发明。而后来毕昇发明的印刷术则变成科学复兴的手段，变成对精神发展创造必要前提的最强大的杠杆。

工业革命和工业文明时代的到来开启了文化产品的“机器复制时代”。文化产品由人的表现发展成为机器的表现——电影、电视、唱片，互联网的发明使得文化产品进入到电子信息时代，机器复制发展成为“电子复制”，从而开启了文化产品的“电子复制或信息复制时代”。文化产品由**人的表现、机器的表现**发展成为**网络的表现**，这三种不同的表现形态分别代表了人类社会文明三个不同的历史发展阶段——农耕文明、工业文明和信息文明。这三个不同阶段的文化产品分别为艺术品、复制品和网络品，它们构成了迄今为止最完整的文化产品生成系统。下一代文化产品是什么？这是人类文明社会进步与演化给自己提出的问题。这个问题的圆满回答将标志着人类社会进入到一个新的文明阶段。

## 四、文化产品建构社会精神秩序

在现实世界中，人们社会精神秩序是由文化产品的系统来表现的。有基于民族共同文化认同而建构的民族信仰，如中国的龙图腾、龙的传人、山西洪洞县大槐树；有基于国家意识形态而建构的国家信仰，如国旗、国徽、国歌、宪法、法律；有基于精英文化而建构的学术分工及其体系；有基于大众文化而建构的大众娱乐形态，等等，从而构成了一个完整的文化产品结构体系。

每当社会出现深刻的变革，尤其是巨变的时候，文化产品就会出现爆炸性井喷现象，进而社会秩序和社会精神秩序开始重组。一个时代的结束和一个时代的开始有的时候几乎就是源于一部文学作品——重要的文化产品形态——的创造性出现的。

文化产品是人的灵魂世界的精神呈现窗口。通过这个窗口，它把每个人看到的世界、认识的世界和理解的世界、把握的世界展现给人看，人们通过这个窗口看到了别人看到的而自己没有看到的世界。于是人们在关于对世界认识的交往中，看到了自己所处的位置的高度和观察世界的角度，以及表现和展现世界所拥有能力的程度。位置的高度影响和决定了观察的角度和掌握能力的程度，并由此而构成了不同的灵魂世界所打开的不同的精神窗口的大小、高低和有无这样一种社会精神秩序。

文化产品有有形的和无形的。不论是有形的还是无形的，它们都是人们认识世界、理解世界和掌握世界的观念形态的表现。在中国古代“鼎”是有形的文化产品，是权力和地位的象征，即“国之重器”，非一般百姓所能拥有。拥有的“鼎”之大小多少，都展示了其拥有的身份和地位及权力握有之轻重大小。而生产和铸造“鼎”的工匠则成为自己铸造出来的产品的通知对象。与“鼎”之有形相对应的则是百姓“口头”无形的文化产品的表达系统。今天流传下来的“非物质文化遗产”大多数便是产生于底层民众的文化创造与生产，表现的是与他们的物质生活密切相关的情感表达和依依诉求。前者反映和表现出的是“庙堂之高”，后者体现和表达的则是“江湖之远”，分属于两个不同的灵魂世界和精神窗口，从而构成了中国封建社会最基本的社会精神秩序。

文化产品是物质劳动的精神产品，公共性应该是它本来的面貌，是生活共同体共同的精神世界的表达系统。劳动产生私有制，私有制产生价值观；劳动创造了财富，财富建构了劳动者之间的不平等。当财富成为一种价值观，对于财富的分配便导致了价值观的分离和分裂，于是便形成了基于财富分配的不平等的价值观差异。于是，捍卫和维护不同的价值观，并成为维护和捍卫财富的重要形态。谁主导价值观，谁就掌握了财富分配的权力。经济上是如此，文化上也是如此。文化产品由普遍公共产品生产的意义变成某种完全意义上的个人性质的生产，并由此而在私有制的条件下形成所谓“知识产权”——（著作权或版权是整个知识产权体系中的重要组成部分），于是，文化产品的生产便在私有制的分工安排之下发展成为少数人的专利。特别是发明了文字之后，人们之间的交际、交流和表达有了专门的符号系统，于是曾经的共同的“口头”表达便有了由文字而形成的文化产品——文，即甲骨文。于是所谓“古人结绳而治，后人易之以书契”，社会便从“结绳社会”发展而进入“书契社会”。“书契”成为国家治理的手段与工具，从而成为新的权力象征与地位象征。“学而优则仕”，“劳心者治人，劳力者治于人”也就成为一种新的社会精神分工和精神秩序。“劳心者”和“劳力者”的分工剥夺了“劳力者”文化产品的精神生产权利，即便是“劳力者”的创造性劳动成果也被剥夺其应有的权利人资格。“劳心者”成为“劳力者”的精神统治者，“劳力者”则成为“劳心者”的精神被统治者，从而构成了生产资料私有制——精神生产私有制条件下的社会精神秩序的二元对立结构。这种社会精神文化秩序的二元对立曾长期构成了中国农耕社会的社会精神文化生态。戏曲是中国传统社会最发达的文化产品形态，其中一个最重要的原因就是以说唱道白为表演形式演绎社会生活集中体现了中国社会的低识字率，不仅观众不识字，绝大多数的演员也是不识字的。口传往往是习得表演技艺的主要方式，从而“听戏”也就成为人们对“戏”这种文化产品独特的消费习惯，因而，“戏”既可以在“会所”“祠堂”演出，也可以在“茶馆”演出，而诸如“堂会”则是在家庭院落中演出。但是，诗词唱和、填字作画则需要掌握文字技艺，于是，“戏”与“诗词歌赋”便分出雅俗高下。即便发展到了近代，“戏子”依然是没有社会地位的。这并不是由“戏子”的艺术表演水平决定的，而是由“戏”这一类文化产品在整个文化

产品所建构的社会精神秩序体系中所处的位置决定的。

文化产品是分层的，由此而建构起来的社会精神秩序也是分层的，并由此而构成了社会精神秩序的构成形态。在中国精神文化产品的分类系统中，经史子集之所以始终占据社会精神的制高点，而话本、小说一直生活在“勾栏瓦肆”，就在于它们建构的是两个存在着巨大差异的社会阶层和精神世界。在中国古代存在一个现象，那些伟大的小说家几乎都是科举落第成就的。创作小说几乎无一例外成为这一群体宣泄内心不满的表达方式，进而成就了一代伟大的小说家。也许正因为此，小说在很长的一个历史时间中一直不登大雅之堂，被称为“闲书”而不能列为“经书”。这一状况一直持续到近代因为梁启超的“小说界革命”才得到改变，曹雪芹的《红楼梦》才得以被称为“经典”——文学经典。《红楼梦》之所以成为经典，是因为它建构起了一个其他经典所不曾有过的精神世界。然而即便如此，人们在《红楼梦》里所看到的和读到的依然还是大相径庭的。社会的发展促使新的满足社会发展需要的精神表达方式迅速出现，于是，电影、戏曲、唱片、电视、报刊和网络等一大群文化产品涌现出来了。后来它们内部又开始了新的分工，开始了新的由分工而建立起来的秩序，这个秩序就是“圈子”，如“艺术圈”、“娱乐圈”和“影视圈”等便是对这种秩序性存在的描述。有了“圈子”就有了“准入壁垒”——“准入壁垒”不都是政府的制度安排，有时候文化市场垄断牵涉的利益限制和权力瓜分甚至比政府“市场准入”更大，由此而构成的社会精神秩序具有远比政府的“市场准入”更为丰富的复杂性。

不仅一切关于艺术的文化产品如此，关于社会科学的文化产品也是如此。作为文化产品的学术著作建构了一个完全不同于小说的精神世界里的秩序。所有的“主义”和“学派”都是关于在这一领域里的世界精神秩序的表达。争夺对于世界的解释权，进而垄断这种解释权，从而达到控制人们的灵魂世界为现实世界的目的，几乎是所有学术作品生产和创作的动机与目的。迄今为止，人类历史上发生的所有革命和战争几乎无一例外都是由不同的解释世界的精神力量发动的，从而使世界朝着最有利于自己利益的方向发展。世界便由此而产生了“价值观”“世界观”之争。一大批思想文化领域里的“经典作品”便由此而诞生了。这种诞生就是人类社会精神秩序的诞生。所谓“文化霸权”、“文明冲突”和“软实力”等也就是在这个建构过程中出现的对现代世界体系下精神秩序的描述。世界上所有关于文化产品的各种评奖，无论是诺贝尔文学奖还是各种电影奖、图书奖和艺术奖，其本质都是用自己确立的标准建构世界的精神秩序，并且用这一秩序建构人们之间的文化关系，从而获得在世界的精神文化秩序的建构中掌握有利于自己的主动权、领导权和话语权。

书写和被书写、表现和被表现常常体现着一种权利关系。认知者可以通过视角的调整、细节的选择达到对认知对象的操控，这就是我们常常讲的话语权。如果认知者已经形成了一套话语体系，已经建立了一套评价标准，那么当他们把认知对象纳入这个话语体系时，就可能会对认知对象产生误解，甚至对它们形成歪曲。在现代社会，人们之所以会在同一件事、同一个对象上发生认知上的差异，甚至是根本的价值观上的对立与冲突，很大程度上是由他们所接受的关于这一件事的描述和阐述决定的。社会精神秩序的建构与形成常常就在这些"文化产品"之中，特别是在涉及重大历史事件时尤其如此，因为对重大事件的描述与阐述的结果会形成人们的集体记忆。这种集体记忆的形成会在一个更广泛的层面上建构关于全人类的精神秩序。对"二战"遗产的记忆所建构的就是这样一种"人类精神秩序"的当代性呈现。萨义德在他的《文化与帝国主义》一书中所倡导的"对位阅读"法，其目的就是在于揭露文化与帝国主义的合谋，即文学和文化产品成为帝国主义事业的一部分。

不同的人群、社会阶层在文化的消费中所表现出来的对某种文化产品的"倾向"和"爱好"，本质上是他在无意识地建构自己在整个社会精神秩序中的位置，或者说通过这样一种建构来建构自己的社会身份。因而，文化产品与社会精神秩序建构之间存在着一种互为建构的力量关系，正是这种关系缔造了整个国家、社会和人之间的文化生态与精神谱系。所谓"文化市场细分"和关于文化消费的"目标人群"理论，其本质都是基于存在这样一种社会精神文化秩序集体认同并且建构着这样一种认同。关于阶级和阶级的理论在文化产品理论中就是社会精神文化秩序的分析理论，然而运用这一理论研究文化产品的学术成果还不多见，而这恰恰是文化产品理论研究的重要工作。

## 第二节　技术在文化产品演化中的作用

"文化产品生产从原始的手工操作、口头上的叙述和流传，一直到今天的影视、激光、卫星等方面先进技术的采用，这一科技进步的过程表明了文化产品生产的发展过程，也表现了文化产品生产与科学技术相互关系变化的轨迹。"[1]文化产品是随着生产技术的产生而产生，并随着科技的发展而发展的。这种产生与发展不仅演化出一套完整的文化产品系统，而且建构了现代文化产业的发生与形成。

[1] 孟晓驷. 文化产业发展机理解析[N]. 光明日报，2004-06-02.

# 一、经济长波理论与文化产品的演变历程

## （一）经济长波理论

经济长波通常是指经济发展过程中存在的持续时间为 50 年左右的周期波动。最早系统、明确地提出长波理论的是俄国经济学家康德拉季耶夫，他在 1925 年的《经济生活中的长期波动》中提出，经济长波是由主要固定资本产品（如蒸汽机、发电机和电动机等）的更新换代引起的。他把 1780 年到 1920 年共 140 年的资本主义经济运动分为两个半长波：第一个长波是从 1780 年到 1851 年；第二个长波是从 1851 年到 1896 年；之后的半个长波是从 1896 年到 1920 年，如图 3-1 所示。

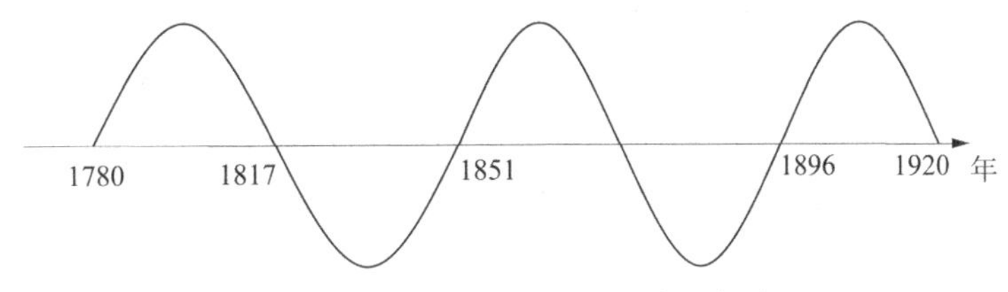


图 3-1 康德拉季耶夫的长波示意图

继康德拉季耶夫之后，美籍奥地利经济学家熊彼特提出了以创新理论为基础的技术长波理论。熊彼特认为，经济长波周期源于那些影响巨大、实现时间长的创新，即以产业革命为代表的技术创新活动，如铁路的兴建、蒸汽机的广泛应用及电气化和化学工业的兴起等。他以三次重大创新为标志划分了三个长周期：第一个长周期，从 18 世纪 80 年代到 1842 年，是以纺织机等创新为标志的“产业革命时期”；第二个长周期，从 1842 年到 1897 年，是以蒸汽机和钢铁生产创新为标志的“蒸汽和钢铁时期”，又称为世界铁路化的时代；第三个长周期是 1897 年以后以电力、化工、汽车创新为标志的“电气、化学和汽车时期”，如图 3-2 所示。熊彼特进一步将每个长周期细分为上升波和下降波。他认为，这些重大技术发明及其普及应用均会出现大的创新活动浪潮，引起经济高涨，形成长周期的上升波；当新技术的普及应用达到一定程度后，产量大幅度增加，超额利润消失，价格下跌，很多企业亏损或破产，经济不景气出现，形成经济长周期的下降波。

荷兰学者冯•丹因在熊彼特技术创新长波论的基础上提出了“创新生命周期”理论，并以此构建了自己的长波理论，如图 3-3 所示。冯•丹因认为，任何一项基本创新活动都要经历引进、扩散、成熟和下降四个阶段，这四个阶段构成基本技术创新的生命周期。冯•丹因进一步将经济长波的四个阶段和基本技术创新生命周期的四个阶段联系起来，认为经济长波的繁荣、衰退、萧条和复苏分别对应于创新生命周期中的扩散、成熟、下降和引进阶段。在创新生命周期的带动下，经济出现了长周期波动。长波的发展阶段是由创新生命周期的发展阶段所决定的。这些理论发现不仅对于我们认识经济发展的规律性运动具有重要意义，而且对于我们认识文化产品演变与技术发展的周期性关系，认识文化产品和文化产业的生命周期同样具有重要价值。

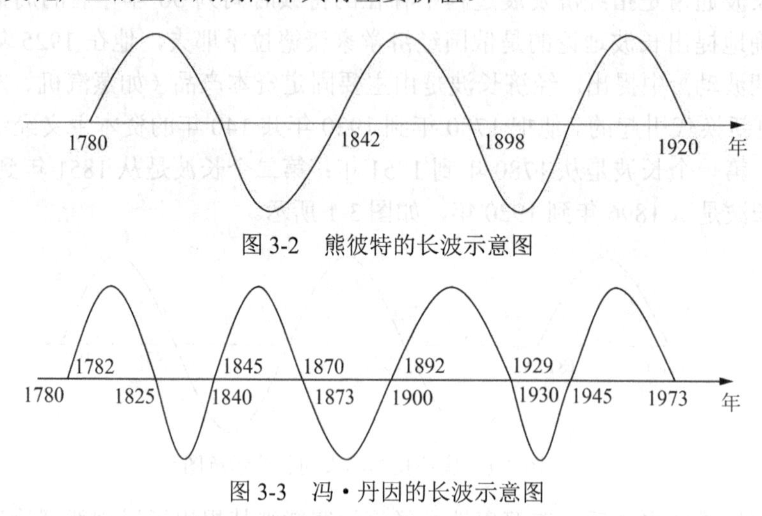


图 3-2　熊彼特的长波示意图

图 3-3　冯 • 丹因的长波示意图

注：冯 • 丹因在划定长波周期起始年份时，考虑到战争的影响，因此年份并不完全连续。

### （二）文化产品的演变历程

公元 1041—1048 年间中国的毕昇第一次发明了活字印刷，人类社会开始进入印刷品时代，或者说开始进入一个文化产品的“简单复制时代”。1450 年，德国的古登堡发明了铅活字印刷，标志着大规模机器印刷时代的到来，图书出版业自此发展起来。文化产品开始从“农产品”（农业文明）时代走向“工产品”（工业文明）时代，或者叫文化产业的 2.0 时代。1877 年，爱迪生发明了留声机，标志着唱片业的诞生，人类社会开始进入文化产品的“电产品”时代，或者叫文化产业的 2.1 时代。1895 年，法国卢米埃尔兄弟发明了电影，标志着电影业的产生。1925 年，贝纳德发明了电视，1936 年英国伦敦进行了第一次正式的电视系统的公开广播，电视从此深入千家万户。

表 3-1 回顾和梳理了各门类文化产业如出版业、音像业、电视业、电影业、网络文化产业等发展过程中相关产品产生的时间脉络。

表 3-1 文化产品的产业演进历程中主要发明与创新

| 文化产业类 | 发明、创新 | 时 间 | 发明者（创新者） |
| --- | --- | --- | --- |
| 印刷业 | 活字印刷 | 1041—1048 年 | 中国（毕昇） |
| | 铅活字印刷 | 1450 年 | 德国（古登堡） |
| | 激光照排 | 1981 年 | 中国（王选） |
| 音像唱片业 | 留声机、圆盘唱片 | 1877 年 | 美国（爱迪生） |
| | 78 转 SP 胶木唱片 | 1888 年 | 美国（贝里纳） |
| | 钢丝录音机 | 1898 年 | 丹麦（保森） |
| | 电声录音 | 1925 年 | 美国 |
| | 磁带录音机 | 1935 年 | 德国（弗里奥莫） |
| | 软塑胶唱片 | 20 世纪 50 年代 | |
| | 盒式录音机 | 1960 年 | 荷兰（Philips 公司） |
| | 数码录音唱片 | 1972 年 | 日本（Denon 公司） |
| | Walkman | 1979 年 | 日本（Sony 公司） |
| | CD | 1980 年 | Sony 公司&Philips 公司 |
| | VCD | 20 世纪 80 年代 | 中国 |
| | MP3 | 1993 年 | 德国、英国 |
| 电视传播业 | 电视原理 | 1884 年 | 德国（尼普科夫） |
| | 黑白电视 | 1925 年 | 英国（贝纳德） |
| | 第一次正式的电视系统的公开广播 | 1936 年 | 英国伦敦 |
| | 彩色电视 | 1951 年 | 美国 |
| | 磁带录像技术 | 1956 年 | 美国（Ampex 公司） |
| | 电视卫星 | 1962 年 | 美国 |
| | 数字电视 | 20 世纪 90 年代初 | 德国 |
| | 手机电视 | 2000 年 | |
| 电影业 | 黑白默片电影 | 1895 年 | 法国（卢米埃尔兄弟） |
| | 有声电影 | 1927 年 | 美国 |
| | 彩色电影 | 1935 年 | 美国&英国 |
| | 宽银幕电影 | 1953 年 | |
| | 立体声电影 | 20 世纪 50 年代 | |
| | 全息电影 | 20 世纪 70 年代 | |
| | 数字电影 | 1999 年 | 美国 |
| 计算机网络业 | 电子计算机 | 1946 年 | 美国（莫里奇） |
| | 微型计算机 | 1971 年 | 美国（Intel 公司） |

续表

| 文化产业类 | 发明、创新 | 时　间 | 发明者（创新者） |
|---|---|---|---|
| 计算机网络业 | Internet 正式命名 | 1989 年 | 美国 |
| | 网络游戏 | 1997 年 | 美国（EA 公司） |
| 手机业 | 手机 | 1973 年 | 美国（Motorola 公司） |
| | 与现代相似的手机 | 1987 年 | 美国 |
| | 彩铃 | 2002 年 | 韩国（SK 公司） |

资料来源：[法]乔治·萨杜尔. 世界电影史[M]. 徐昭，胡承伟译. 北京：中国电影出版社，1982.
张讴. 世界电视史话[M]. 北京：中国文联出版社，1992.
[美]谢尔曼·汤恩比克. 音乐的故事[M]. 黄韬等，译. 上海：上海人民出版社，2004.
[美]约瑟夫人·R.多米尼克，[中]张海鹰. 电子媒体导论[M]. 上海：复旦大学出版社，2006.

将表 3-1 按年代划分，可以得出表 3-2。

表 3-2　39 项文化产业发明、创新分布表

| | | | |
|---|---|---|---|
| 1000—1250 年 | 1 项 | 1930—1940 年 | 3 项 |
| 1250—1500 年 | 1 项 | 1940—1950 年 | 1 项 |
| 1870—1880 年 | 1 项 | 1950—1960 年 | 6 项 |
| 1880—1890 年 | 2 项 | 1960—1970 年 | 1 项 |
| 1890—1900 年 | 3 项 | 1970—1980 年 | 6 项 |
| 1900—1910 年 | 0 项 | 1980—1990 年 | 4 项 |
| 1910—1920 年 | 0 项 | 1990—2000 年 | 6 项 |
| 1920—1930 年 | 3 项 | 2000—2006 年 | 1 项 |

将表 3-2 画成图更加直观，如图 3-4 所示。

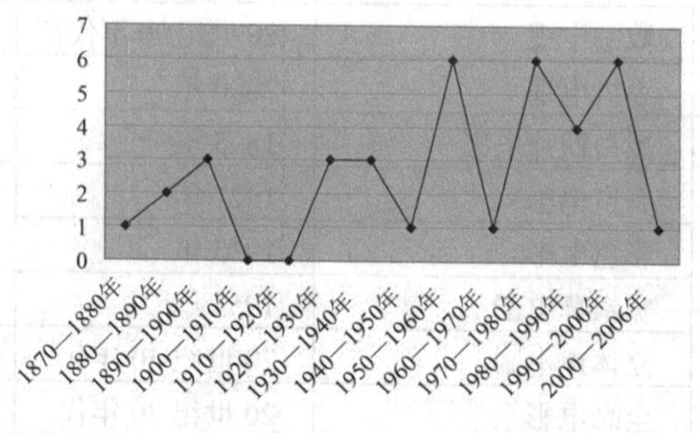


图 3-4　39 项文化产业发明、创新数量分布图

注：因雕版印刷与古登堡铅活字印刷发明年代久远，因此在考察文化产业发展周期时忽略不计。

从表 3-2 和图 3-4 可以看到三个文化产业产品发明、创新涌现的高峰，第一个高峰是 19 世纪末 20 世纪初，各类文化产业逐渐发端；第二个和第三个高峰分别是 20 世纪 50 年代及 70—80 年代，文化产业各行业出现了关键性的技术、产品突破与创新。

根据上述数据、图示并结合熊彼特等人的技术长波论，可以得出文化产业发展周期波形图如图 3-5 所示。

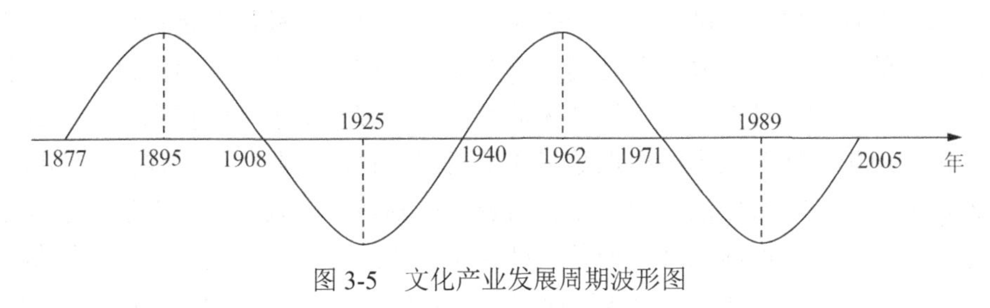


图 3-5　文化产业发展周期波形图

## 二、技术是文化产品产业化生成的重要规律

技术是文化产品演化的最重要的动力。文化产品则是技术这种动力影响文化创造和生产的一种结果。从整个人类文明发展史的意义上来说，技术是一种进步的力量，但是，技术在推动和促进文化产品不断发展进步的同时，也在不断地制造文化的不平等。所谓“大众文化”和“精英文化”是对这一不平等现象造成的二元对立最直接的表述。这最先是由劳动导致的私有制和社会分工产生的。分工本是社会进步的结果，但是，分工的合理性一旦成为对人的某种社会权利的剥夺，便构成了不平等，正是这种不平等建构了文化生产关系。所谓“阳春白雪”和“下里巴人”既是对文化艺术社会表现等级的描述，同时也是对一种社会文化生产关系的概括。在这里，技术是作为一种生产力形态出现的。生产力发展形态的丰富复杂性建构了文化生产关系的丰富复杂性。在劳动创造艺术的史前艺术时代，人人都是艺术家，人人都是艺术产品的生产者。然而，当艺术成为社会精神生产的某种分工形式时，对于艺术生产的分配、艺术产品等级的划分及对艺术生产和分配的垄断，便成为人们之间的某种社会关系的文化及其精神关系的建构。艺术生产、艺术创造作为一种劳动的形式和权利的被剥夺，导致和造成了文化产品生产的不平等，“江湖之远”和“庙堂之高”便成为文化艺术生产两种不同的社会生产机制。这种不平等构成了农耕社会精神文化生产最根本的不平等和最主要的文化生产关系。然而，由于农耕社会的精神文化生产在社会生产力形态上主要还是表现为手工业生产，因此，分工虽然使得精英知识分子垄断了作为观念形态的思想和意识形态文化产品的生产但是大量的文化产品的手工业生产，或者说大量的以手工业生产为主要生产方式的文化产品的生

产依然主要的掌握在处于社会底层的艺术劳动者手中，从而在整个文化产品的生产系列中建构了一种在不平衡中取得相对平衡的状态。这是农耕社会能够在相当长的历史阶段保持精神关系即文化关系平衡的一个重要机制。正是这种机制形成和建立了农耕社会时期最基本的社会文化生产关系。

这种机制随着技术的进步不断地被打破了。技术及其应用于文化产品生产的每一次进步，都是对这一机制的破坏。这种破坏有两种情况，一种情况是对原有的生产者的文化生产权力的剥夺，另一种情况是创造新的文化生产力形态，从而为自我建构新的文化产品生产权利。这两种对不平等的破坏很大程度上都是源于基于技术与表达诉求的权利建构。仅以电影为例，电影的出现是工业文明的产物。工业革命时代到来之后，大规模的机器侵入人们的日常生活，使得原有的表达被剥夺了的人们有可能借助于和应用于新的技术手段创造和生产新的文化产品，进而建立新的文化生产关系。卢米埃尔兄弟通过技术革命使得这一革命性的要求成为现实，电影诞生了。作为一种全新的文化产品形态，电影的诞生颠覆了欧洲中世纪以来贵族对艺术的垄断，严重的不平等必然导致严重的革命性生产力转变的需求——文化产品回归大众精神生活的需求。于是，文化生产和文化产品的不平衡被打破，新的表达机制和社会文化生产机制出现和形成，并且以其从未有过的大众传播方式而建立和开辟了文化产品的“电影时代”。

电影时代的到来不仅标志着一个以工业文明为基础、以大规模复制为主要生产方式的城市文明时代——城市文化产品的时代的到来，并由此而打破了以农耕文明为基础、以手工业为主要生产方式的传统文化产品的主流地位，造成了文化的“农产品”时代向文化的“工产品”——大规模机器复制时代的转移，而且由此而造成的城乡文化差别至今仍深刻影响着城乡文化关系的发展，成为当今社会最主要的文化生产关系。电影成为新文化产品的标志，它在创造一个新的文化产品时代的同时给传统文化产品带来了巨大的冲击，造成了一个前所未有的新的城市与农村文化生产与消费的不平等。正是这种不平等在颠覆了传统的文化生产关系的同时开始建构新的文化生产关系：一个以资本和技术为纽带的文化生产关系。这一关系迅速地随着电影审查和市场准入制度的建立而建立。电影审查和准入制度成为建构新文化生产关系的最主要的资本主义文化制度。电影成为新的精神和文化生产资料，成为社会精神进步的新的文化生产力形式。掌握物质生产资料的阶级必然同时要求掌握精神生产资料，当不掌握精神生产资料，物质资料的掌握就可能丧失合法性支持的时候，掌握精神生产资料并控制这种精神生产资料便成为技术革命造成文化产品不平等关系的最终后果。当不打破原有的文化产品生产不平等关系便不能有效地获得文化生产的平等权利的时候，对不平等的破坏便具有推动和促进文化产品创新与革命的意义，它是实现文化公平的重要途径和机制；而当这种制度设计作为一种

新文化生产关系安排，并把由此而形成的新的不平等制度化的时候，这种不平等便构成和造成了对他人文化权利和文化利益的剥夺。卢米埃尔兄弟虽然发明和创造了电影，为人类社会进步缔造了新的文明成果，但却没有能够主导由此而形成的新的文化生产关系的改变。于是围绕文化产品制度设计主导权和市场准入制度建构权的争夺与博弈，便成为围绕文化产品建构文化生产关系的核心内容。正是这一内容推动着文化产品的技术创新和新技术的文化产品开发应用，不断地追求把最新的技术成果应用于文化产品的生产进而生产新的文化产品是打破以文化生产关系为制度支撑的文化产品生产垄断的重要社会力量。网络游戏产品以及网络文学作品的网络出版就是进入21世纪后最主要的国际文化产业发展思潮。国际文化发展不平等和国际文化贸易发展不平等的一个重要原因就是发达国家自工业文明以来一直掌握并控制着技术创新的主导权，并把这一主导权应用于新文化产品的创新发展，进而垄断世界文化产品市场。国际文化生产关系的不平等是造成国际文化发展不平等最主要的原因。

## 三、文化产业发展与技术创新之间的对应性关系

根据熊彼特与冯•丹因等人关于经济长波由技术创新推动形成的理论，文化产品的演变也是由技术创新推动的，并且由此形成了文化产业发展的周期性运动。文化产业发展与技术创新之间存在着长波对应性关系。选择冯 • 丹因的长波周期与文化产业的长波周期进行对应比较，如图3-6所示。

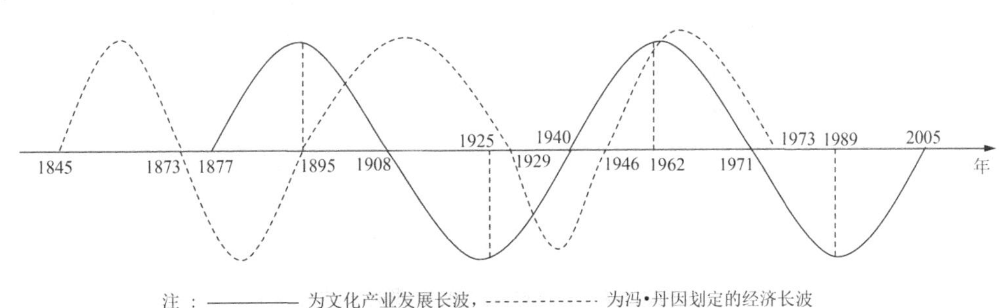


图3-6 经济长波与文化产业周期波动的对应关系示意图

从图3-6中可以看出，经济波动发展带动了文化产业的波动发展，1845—1892年经济长波与1877—1940年文化产业发展长波周期互相对应，1892—1946年经济长波与1940—2005年文化产业发展长波周期互相对应，经济起伏波动之后紧接着文化产业的起伏波动。经济发展使得人们生活水平提高，对于文化产品的需求提高。一方面，这种需求推动了文化产业相关产品发明、创新的发展；另一方面，这些新发明与创新涌

现出来之后，适应了人们的消费需要，具备较大的盈利空间，吸引了资本的涌入，逐渐发展壮大成为新兴的产业或部门，就会推动文化产业的发展及其波动周期的形成。文化产业作为社会经济组成的一部分，其发展在某种程度上又反过来影响了经济的波动发展。这种关系表现在图示上，即为文化产业长波周期总是介于两个经济长波之间，与前一轮长波相比具有滞后性，与后一轮长波相比又具有一定的超前性。

从表象上看，文化产品演变与文化产业发展长波周期受经济长波推动形成，然而由于经济长波运动是技术创新的结果，是由科学技术的推动形成的，因此，技术不仅推动了经济波动起伏发展，同时也推动了文化产品和文化产业演变的波动起伏发展。

由图 3-6 可以看到，文化产业第一个发展周期为 1877—1940 年，历时 63 年；第二个发展周期为 1941—2005 年，历时 64 年。两个周期时长都约为一个康德拉季耶夫周期。

首先来分析第一个周期，如图 3-7 所示。

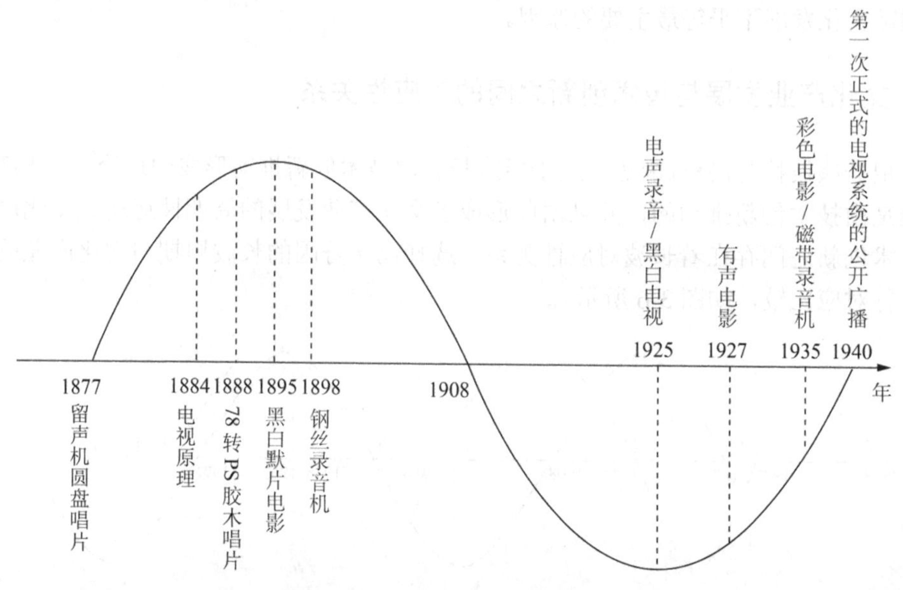


图 3-7　文化产业发展周期第一波

从表 3-2 和图 3-7 可以看出，1877—1892 年与 1925—1940 年两个阶段涌现出一批发明、创新，因此笔者将其划归于第一个周期的上升阶段。

19 世纪下半叶正值第一次科技革命尚未消退、第二次科技革命逐渐兴起的时期。1877 年至 1940 年这段时间内的文化产业相关产品发明与创新无不是在两次科技革命的成果中孕育产生的。18 世纪末 19 世纪初第一次科技革命中蒸汽机的广泛应用带动了机械生产，作为唱片业起始的爱迪生发明的蜡筒留声机采用机械装置和扩音结构开创了音响记录传

播音乐的历史。1844 年，尼普科夫发明了机械扫描圆盘的方法，提出了基本的电视原理，即用电流传送看到另一方的影像，为电视的发明奠定了基础。而电影“产生的根基在于 19 世纪科学和技术领域的一切发明，是仪器、机械、光学领域研究的新发展，是照相暗箱、各式各样的图片生成器、放映机等设备问世之后所必然相应产生一种全新的艺术表现手段”[①]。

冯•丹因的“创新生命周期”理论认为，基本技术创新的生命周期分为引进、扩散、成熟和下降四个阶段。在文化产业发展过程中，相关技术、产品的发展进程确实表现出了上述几个阶段性的特点，但这些不同阶段之间却并不是界限绝对分明的，不同阶段之间可能会出现交错和衔接的现象。1877—1898 年的这些发明与创新，如音像唱片业中的圆盘唱片到后来的胶木唱片及 1895 年发明的黑白无声电影都可视为文化产业新技术、产品的引进与扩散。它们初进入市场时，消费者开始认识并使用这些文化产品，使得市场逐步扩大，较高的利润空间吸引了资本注入，形成新的企业或公司，从而推动了文化产业发展上升波的形成。在 1892—1924 年间，一方面上述产品、技术进入成熟或衰退阶段，市场需求逐渐呈饱和趋势，产品过剩；另一方面，上一时期投入其中的投资已经逐渐撤出，再加上第一次世界大战阻碍了这一时期技术发明、创新的涌现，因此文化产业发展处于停滞状态，形成周期波动的下降波。

19 世纪下半叶，第二次科技革命中对电与磁的各种效应的研究促进了电解、电声等一系列电力技术的出现，对电影、电视、音像的改进、提高、完善、普及以至成为世界性的产业起到了极大的推动作用。20 世纪 20 年代，过去机械式的留声机被电力装置所取代，人们利用电磁原理发明了磁带录音机，完善了音乐的录制、传播技术与设备。由于光电管的发明和感光材料的进步，声音有了记录在感光胶片上的可能，电影中的录音问题得以解决，实现了电影历史上最大的变革。彩色胶片的研制成功使电影进入一个有声有色的世界。[②]这一系列改进、创新都发生于 1925—1940 年期间，意味着这一时期新技术与新产品又进入引进阶段，再次出现了新的需求、新的市场、新的投资，文化产业发展逐渐复苏。这一时期蒸汽机动力技术带动了交通运输技术的进步，火车、铁路的出现为文化产品如报纸、书籍、唱片等的运输与传播提供了便利，也在一定程度上促进了文化产业的发展。文化产业发展长波再次趋于上升。

下面来分析文化产业发展第二个长波周期，其具体情况如图 3-8 所示。

---

[①] 李兴国. 影视艺术与高科技应用[M]. 北京：中国传媒大学出版社，2005：1.

[②] 李兴国. 影视艺术与高科技应用[M]. 北京：中国传媒大学出版社，2005：6-7.

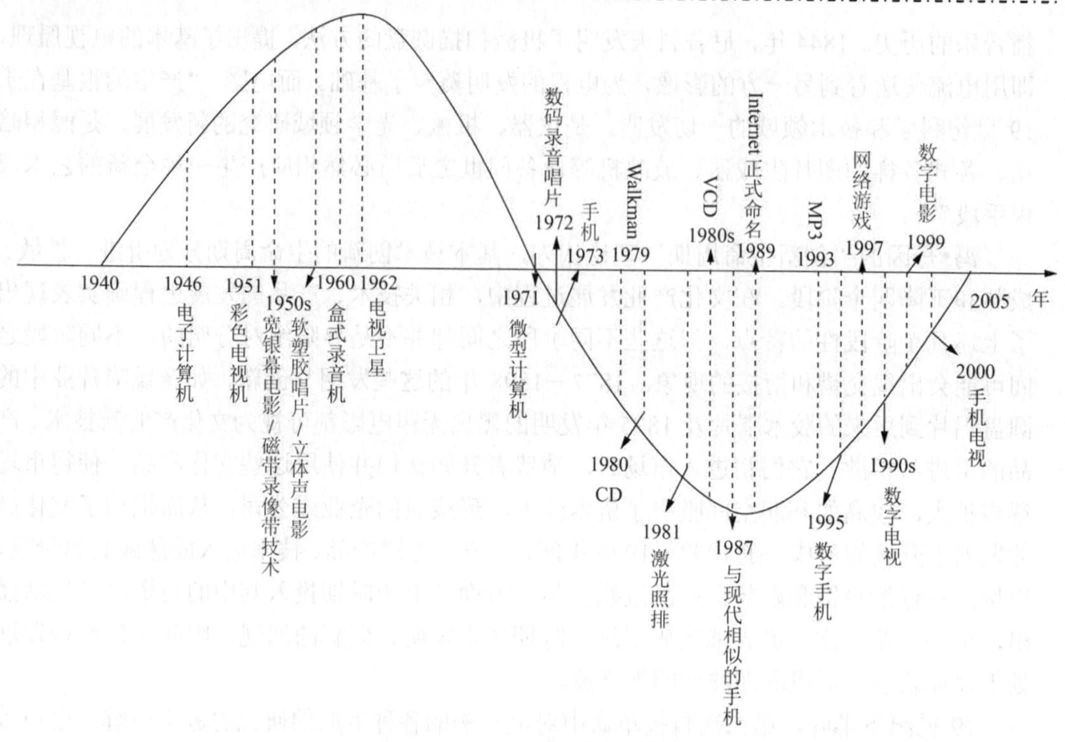


图 3-8 文化产业发展周期第二波

20 世纪 40—50 年代，文化产业受第一个长波周期的后续影响，在电视、电影、音像等行业涌现出一系列创新。这些技术不断扩散，消费者对文化产品的需求也逐步扩大，产业利润提高，生产也随之进一步扩大，从而推动了文化产业发展第二个周期高峰的形成。“二战”结束后，一些国家开始重建电视。20 世纪 50 年代，电子工业飞速发展，为建立大规模的电视系统奠定了基础，但“电视在被采用后仅数年就出现了销售高峰。1950 年以后，甚至出现了轻微下降的趋势。电视由迅速增加到成熟可以归因于被压制的消费者的需求。在第二次世界大战期间，这种需求被完全压抑”。[①]

1962 年，美国电视卫星发送成功象征着这一时期文化产业发展的顶峰。卫星技术的发展使人们的文化娱乐活动跨越了国界的限制，更进一步促进了文化产业的发展。20 世纪 70 年代，电视、电影、音像等传统文化产业的技术已经发展成熟，逐渐出现了下降的趋势，投资与需求减少使得文化产业发展有所衰退，进入下降波周期。

1971—1973 年间出现了两件深刻改变人类生活的物品——手机和微型计算机，但当

[①] 外国经济学说研究会. 现代国外经济学论文选（第 10 辑）[M]. 北京：商务印书馆，1986：88.

时它们在文化产业中的应用普及尚未展开，相关技术仍处于孕育、积累时期。这一时期的重要发明等到下一个上升阶段开始时才得到大规模应用。1973 年以后直至 1979 年都未出现较大的技术创新与突破，原有的行业技术出现衰落，投资进一步萎缩，文化产业发展仍处于低谷状态。1981 年，王选研制的激光照排技术及 1987 年与现代相似的手机的出现，预示着文化产业发展的回复，开始逐渐进入周期发展的上升波阶段。

1989 年 Internet 正式命名，这成为文化产业发展第二波周期至关重要的转折点，标志着一个以信息技术为生产方式和以互联网为主要载体的新文化产品——信息文化产品——时代的到来。这是一个继“农产品时代”“工产品时代”之后出现的第三个文化产品时代——信息产品时代。计算机和网络带来的信息技术、数字技术、网络传输技术进入引进与扩散阶段，这些技术在文化产业上的应用引起了文化产业的深刻变革，传统文化产业得以改造升级，开始向新兴文化产业发展与转变。例如，基于纸质媒体的图书出版在数字技术的改造下形成了数字图书、数字化出版，基于模拟信号的电视在数字技术的改造下形成了数字电视，基于卫星传输技术形成的移动电视、车载电视，基于胶片制作的电影在数字化技术的改造下形成了数字电影。[①]同时，以网络技术、信息技术为支撑的动漫产业、网络游戏、手机游戏及以其他多媒体产品为代表的新兴文化产业逐渐发展壮大起来，20 世纪最后 20 年也由此而成为文化产业发展第二波周期的复苏期，这一时期文化产业的蓬勃发展孕育着下一发展周期高峰的到来。

## 四、文化产品生命周期与技术创新生命周期的非对称性

熊彼特认为，“创新”不是单一的，而是多种多样、千差万别的，因而对经济的影响就有大小久暂之别，经济周期波幅也有大小长短之分，从而使得资本主义运行存在“多层次经济周期”。这里的“多层次”指的是熊彼特提出的经济长波中还存在着历时约 10 年的中波——朱格拉周期和历时约 40 个月的短波——基钦周期。目前尚不能证明文化产业发展周期内也存在这样的“多层次周期”，但是有一点值得注意，从表 3-2 中可以看到，文化产业发展周期之前（即 1877 年以前）的科技发明、创新都较为有限，而第一波、第二波周期中的发明、创新数量明显增多，发明涌现的密度逐渐变大，或者说，第一波周期中发明创新的平均周期比这之前的发明创新平均周期短，而第二波周期中发明创新的平均周期又比第一波中的平均周期短。

19 世纪末 20 世纪初，新的科技发明、创新应用于文化产业生产发展的平均时间较长，

① 祁述裕，韩骏伟. 新兴文化产业的地位和文化产业发展趋势[J]. 马克思主义与现实，2006（5）：98.

以至于人们不易察觉到科技对文化产业的促进作用。例如，从毕昇发明的活字印刷到德国古登堡发明的铅活字印刷隔了四个世纪之久；而之后从电视原理提出到黑白电视问世用了 40 年，从黑白电视改为彩色电视用了 25 年；在音像唱片业中，从胶片唱片到钢丝录音机，从电声录音机到磁带录音机，从 CD 到 MP3，都只用了十年左右的时间。科技在这其中发挥的推动作用可见一斑。文化产业发展的历程已经表明，随着科学技术进步周期的不断缩短，以高新技术手段为载体的文化革命和产业生长周期也在不断缩短。这也说明，越是取决于技术创新的文化产业，其生命周期越短；越是由内容决定的文化产品形态，其生命周期越长。对于后者，如以古希腊悲剧为开端、在欧洲各国发展起来继而在世界广泛流行的戏剧，从远古人类欢庆收获、祈神驱鬼发展而来的歌舞等表演艺术，展现的都是人的动作、姿势、表情，主要依赖人的创造力和表现力。科技对表演艺术的影响主要在于灯光、音响及舞台背景装饰等方面，人自身的发挥与表现才是表演艺术最核心、最独特、最有吸引力的地方。因此，表演艺术作为文化产业的一种形式，经历了上千年的变化与发展，其更新发展周期相当长久。

回顾文化产品发展史尤其是工业文明以来的文化产业发展史，可以得出这样一个结论：技术的不断更新与突破决定着文化产业的历史进程，文化产业发展史是发明物及将其付诸应用后的结果。[①]这一点对未来文化产业发展道路，即文化产业发展第三个长波周期中的发展战略制定具有重要的启示意义。预计文化产业发展的第三个长波周期应该是 2006 年至 2060 年左右，波形图如图 3-9 所示。

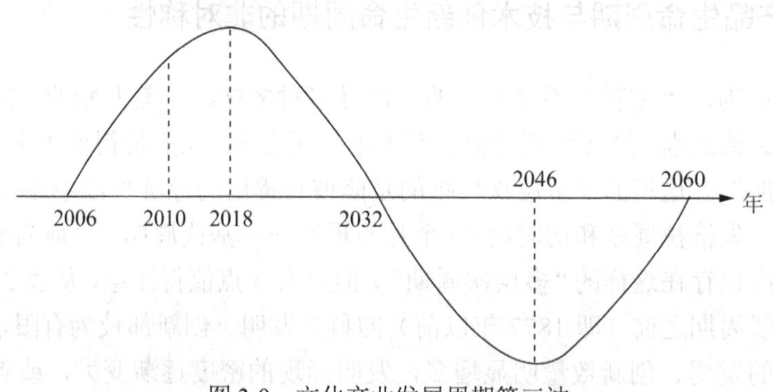

图 3-9　文化产业发展周期第三波

从图 3-9 中可以看出，目前到 2018 年是未来文化产业发展的关键时期。这一时期文化产业发展第二波周期中的数字技术及信息技术将进一步沿用，推动文化产业和文化资

① 这个观点是李兴国在《影视艺术与高科技应用》一书中提出的，用以归纳总结电影产业的发展。笔者通过回顾文化产业其他几个门类的发展，认为这一观点可以在整个文化产业发展进程中推而广之。

源数字化、网络化建设的发展。新技术革命和应用于新文化产品的开发，为未来文化产业的发展开辟了极为广阔的空间。文化产业将以信息业、媒体业、通信业三者结合的方式向前发展，报纸、电视、电影、网络、手机等将融合共享，从而推动文化产业发展第三个长波周期发展高峰的形成。技术创新的引进和扩散是文化产品演化周期长波形成的重要推动力量，要发展文化产业，必须要响应与跟进新的科技革命，使其真正发挥推动文化产品创新、文化产业持续发展的作用。

## 第三节　文化产品建构文化产业

不同的文明造就并生产了不同的文化产品，而不同的文化产品不仅折射与反映了不同社会文化生产力条件下人们的精神文化创造能力和达到的水平，而且还深刻反映和揭示了不同文明条件下人们之间的社会文化关系。因此，文化产品不是某种单纯的个人或生产单位的私人行为，而是人在不同的历史发展水平和阶段的精神表达，包含着人与自然和社会之间的精神关系，尤其是人与社会之间的精神关系。正是这种关系，建构了人们之间的相互精神关系，以及由这种关系所建构起来的文化生产关系。

### 一、文化产业是文化产品生产的系统性表现形态

文化在一个很长的时间内是有生产而无产业。文化产业是文化生产的一种系统性表现形态。所谓系统性表现形态就是说有关文化产品的生产超越了个体生产的范畴，而成为集体性共同行为。这种集体性共同行为意味着关于某种文化产品的生产不仅有普遍的市场需求，而且有关该类文化产品生产的某种规范性要求也获得了普遍性认同，包括它的性质、形制、审美、伦理等，因为只有获得普遍性认同，才有可能在生产方式的选择上表现出群体性选择的特征，并且以这一选择获得彼此的类的认同和交流，进而在这个过程中实现价值确认与价值交换。文化产品的生产最初都是基于个人的创造性想象劳动，这种劳动成果可以是完全个人意义上的劳动产品，并不进入流通领域。文化产业的初始形成就是源于单个的创造性精神劳动产品进入流通领域，形成并构成交易对象，并且能够在等价交换中获得价值实现和价值增值，这才形成了对产品生产市场的刺激，进而出现规模生产与竞争，形成有关该产品生产的要素市场和消费市场，以及价值关联及其上下游形态，又进而导致资本进入和分工细化。正是这种分工细化把关于该文化产品的生产从其他产品的生产系统中脱离出来而形成一个独立的行业系统，于是以该产品生产为

核心的文化产业便出现了。艺术品产业之所以在整个文化产业生成和构成系统中成为最古老的文化产业形态，其原因与“艺术品”是人的最原始的精神创造劳动结果密切相关，而这种作为“艺术品”的劳动成果本来就是与人的生产和生活共生同构的，是人的生产与生活的一部分。“艺术品”和人的物质劳动相分离，成为一个独立的精神生产领域，“艺术品”成为独立于人的物质生活之外的精神生活的对象，成为精神文化消费的对象，“艺术业”也就应运而生了。不能实现精神价值交换的产品不是文化产品，关于这一类产品的生产不是文化生产，它的系统性形态当然也就不是文化产业。同样没有系统性的文化产品生产也不是文化产业。

文化产品是真实反映并解释文化长期发展的重要指标。由文化产品构成的复杂性所反映的一个国家的文化创造能力是解释一个国家文化可持续发展和保持长期增长的最好指标。文化产业本身所蕴含的文化生产能力和知识积累是一个国家文化长期发展的关键。文化产品的创造性生产是文化产业的主体。文化产业对于国民经济的意义，不仅在于它直接创造多少经济价值，更体现在他对国民经济长期增长所需要的思想观念的驱动作用。精神性文化产品之所以是一个国家和民族未来发展的关键，是因为一个国家和民族发展的最恒久的动力来自不断地精神文化创新，而文化产品及其生产所建构起来的文化产业不仅是文化创新的主要来源，而且还是文化创新的使用者和传播者。文化产业通过提供先进文化产品和新知识，成为向其他领域传播技术创新的载体和基地，构成一个国家或地区创新系统的核心。在现在世界上，一个没有文化产品生产的创造性系统的国家一定是一个没有世界影响力的国家。然而，即便如此，它也一定拥有维护本国社会发展、稳定与文化认同、精神共享的文化产品的表达机制，以及由此而形成的属于它自己独有的文化产业形态。

## 二、文化产业是文化产品资源化规律的演化形态

文化产业是文化产品生产的科学系统，同时也是文化资源的系统化生成系统。文化资源的积累与转化是文化产品生命运动的重要形态。没有文化产品的创造性生产与转化，就没有社会文化资源的生成、积累与转化。然而，文化产品的生产就其初始形态而言是完全个体化的，属于个体性生产。个体性生产的好处是个人创造性聪明才智的充分发挥，而它的弊端则是生产力和传播力的低下。这是人类社会从原始社会向奴隶制社会过渡极其缓慢的重要机制。而自从人类社会进入到资本主义社会发展阶段之后，整个人类社会在几百年里创造的生产力文明成果比以往在几万年里创造的全部生产力的总和还要多。其中一个最根本的原因是人们精神创造能力和转化能力的极大提升，而文化产品的文化

资源化积累和转化是其中最重要的动因。

文化产品包括有形形态的物质文化产品（如青铜器等文化器物）和无形形态的精神文化产品。作为观念形态的文化产品是一切文化产品的核心。即便是中国古代的青铜文化产品和建筑——一种特殊的文化产品形态——无不包含着人们对世界的认识和理解，并且把由此而形成的观念形态在器物形态上表现出来。这也许就是建筑会被纳入艺术和美学范畴的重要原因。然而，物质材料本身是没有所谓的文化价值的，只有当物质材料依据人们不同观念性要求和功能性要求组合成一个结构性物品的时候，它才具有了文化价值。物质文化产品的文化价值和文化性是被赋予的，而这种赋予就是人们的观念系统、思想系统。思想观念成为决定其他一切文化产品性质的根本要素。人类文明演化的一切文化资源均起源于思想文化资源产品的创造性积累和创造性转化。没有思想文化产品的资源型创造性积累，就没有人类文明的创造性转化和文化的可持续发展。文化产品的创造性生产和文化资源形态的创造性转化是文化产品演化的最重要的规律。正是这个规律推动并最终形成了文化产业——文化产品的规模化、社会化生产。

集中和分散是两种主要的文化生产方式。集中是为了控制和垄断文化产品的生产、传播和价值体现。在中国古代，所谓“官窑”“御制”一类的文化产品生产就是一种集中统一的生产。这种集中不是现代意义上的“集聚”，但是具有“集聚”的某些特征，其中最主要的就是集中财力、人力、物力创造极致形态的文化产品，从而满足少数人特殊精神文化消费的需求。在农耕社会文化产品处于手工业生产水平的条件下，只有通过“官窑”和“御制”这种文化产品生产的“专制”手段才能实现文化产品的集中批量化生产，并且发展到明清时期后成为中国出口贸易的主要文化产品，与丝绸之路一道形成了瓷器之路。正是这种集中的规模化生产集中了全国的智慧创造并积累了中国独特的历史文化资源，并且直到今天还在影响着人们的精神文化生活，由此而形成的文化资源仍然不断地成为今天人们的创意灵感而转化成全新的文化产品形态和种类。“青花”和“青花瓷”就是这样的深刻影响着中国人的审美文化的文化产品。

分散是另一种文化产品生产方式。从某种意义上说，分散是为了更好地集中。分散便于发挥每一个人的创造性想象，创造出集中在很多情况下所无法创造出来的精神文化产品，尤其是在特别需要个人创造性的时候更是如此。人类文明史上几乎所有最伟大的思想家、影响人类文明进程的思想家创造出来的那些伟大的文化作品，没有一个不是个人创造的产物。这些人类思想和灵魂的结晶为所有的其他文化产品的创造性资源积累和转化提供了无穷无尽的资源积累。人类社会正是因为有了它们才有了今天。没有它们，就没有人类文明。正是在这个意义上，无论国家、种族和宗教，孔子和老子、柏拉图和亚里士多德在今天都受到了人类文明世界的普遍尊敬，其原因就在于他们在人类文明前进需要伟大思想的时候向人类社会贡献了需要的伟大思想。正是这些思想，成为今天人类文明继续前行、追寻可持续发展的文化资源的重要源头。把这些思想应用于今天便是它的伟大转换。从这个意义上说，一切文化产品的生产只有积淀为文化资源并且能够转化为新文化生命形态的时候，才是有价值的。而要做到这一点，大规模的复制和规模化的创造性生产也就自然地成为文化资源转化的历史性选择。于是，文化产业也应运而生了。

## 三、文化产品价值属性建构了文化产业社会属性

文化产品具有政治、经济、文化多重社会属性。作为人的生活必需品——文化存在确证物形成之后，文化产品作为人的精神文化系统的价值属性就成为衡量文化产品之所以是文化产品的本质标准，并且这一标准使得文化产品作为精神产品形态逐渐与作为物质产品的经济产品相分离，从而形成了文化产业的多重社会属性。

### （一）文化产业的政治属性

文化产品与其他产品的最本质的区别就是文化产品是人的精神表达和影响人的精神表达与价值认知的凝聚物。不论主观意图是否清晰，任何文化产品的生产过程都是人的精神表达过程，表达和反映的是文化产品的创作、生产主体对现实世界的情感态度和理智看法。同时，无论主题是否自觉，这种情感态度和理智看法都有意无意地涉及对现实、现状的肯定与否定，都不可避免地产生与现实的关系，主要是政治关系。因而，无论创作生产主体是否自觉，文化产品都可能成为一种“对抗现实”“反抗现实”的“革命工具”，都会“干预生活”和“干预政治”。这种“干预性”是由文化产品的价值属性决定的，不以人的主观意志为转移。这就使得文化产品具有社会政治属性。孔子“闻韶乐而三月不知肉味”，揭示的就是音乐作品作用于人的结果。由于文化产品具有对现实社会的政治干预性作用，因此，有意识地利用和借助这一功能而大力生产某种文化产品，并且通过社会规模化生产来形成规模效应，即通过对文化产品生产的产业化来实现政治目的，也就成为推动历史的重要力量形态。近代欧洲的新教运动就是通过和借助古登堡印刷机的工业革命来大力推动宗教改革的印刷品的大规模工业化生产，进而最终形成现代印刷出版业的，这是一个经典案例。由于这种影响与“干预”因大规模生产对现实价值具有前所未有的强烈的否定性，于是对文化产品的内容审查——书报审查制度就诞生了。内容审查是对某种价值观的安全保障机制。柏拉图在他建立的“理想国”中就见有严格的图书审查制度。在柏拉图看来，没有健全的“图书审查制度”不是一个人类社会

的“理想国”。孔子的叙述具有鲜明的中国古代的“比兴”特色，但其精神内容与柏拉图高度一致。也许正是因为这个缘故，雅尔斯贝斯才把他们共同生活的时代称为“轴心时代”。但是现代意义上的书报审查制度则是在近代印刷出版业形成以后出现的。于是，书报审查制度的建立也就成为现代出版业形成的标志。而这一制度正是基于文化产品价值属性对于社会政治具有干预性而建立的，从而内在地规定了作为文化产业社会属性一个方面的文化政治属性。审查是为了保护，于是便设置了保护制度，关于文化产业的市场准入制度也应运而生。文化市场准入是主权国家对于文化产业进入与否的制度安排，具有鲜明的排他性和国家文化主权意义。文化审查和市场准入制度的建立标志着文化产业作为独立的产业形态正式形成。

文化审查，包括书报审查、影视产品审查和网络审查都是由于文化产品的政治价值属性形成的，这个政治价值属性就是其内容构成的价值观——宗教信仰、政治信仰的意识形态性。文化产业市场准入制度设置也就成为现代国际社会关于国家文化安全的最重要的国家制度安排和国家安全制度。

### （二）文化产业的经济属性

文化产业的经济属性源自人们对社会象征性价值的需求，而文化产品正是这样一种社会象征性价值的表现物。对这种产品的需求造成了文化产品的稀缺性，而正是稀缺性造成与构成了文化产品间的竞争性，形成与构成了文化产品价值与价格。于是对这种稀缺性的生产与占有，便成为财富的新形态和新来源。艺术品之所以成为最早的收藏对象，一个最根本的原因就在于它的稀缺性，而对稀缺性的占有也就成为对一种财富占有的重要经济形式。越是稀缺的也就越有价值。进入工业文明社会之后，大规模的社会文化消费产生大规模的社会文化需求，于是大规模的文化产品生产并且垄断这种生产也就自然地成为资本投资于文化产业以求获得更大的剩余价值的新来源。

当今世界的一切条件都在发生深刻变化，同时文化产业作为一种文化生态样式和文化存在形态也在发生深刻的变化，而这种种变化之间又都存在着许多意想不到的相互联系。网络文化效应引起的文化生态的变化涉及所有的文化圈层，在全球范围内无所不在；同时也只有从整个文化产业系统着眼，我们对正在发生着的局部变化才有可能获得比较符合客观实际的理解。季风是一种区域性自然现象，不同的季风不仅存在着内在的联系，而且其共同构成的“全球季风”系统恰恰是我们理解和把握各个子系统的一把钥匙。

文化产业是文化生产发展到原有的文化生产力和文化生产形态不足以满足文化的发展的时候而生成的文化生产力形态和文化的社会体制形态。借助于美国学者丹尼尔·贝尔关于工业化发展阶段的理论，文化发展经历了前工业化形态、工业化形态与后工业化形态三个历史阶段。如果我们把这三个形态看作是文化生产力发展的三个阶段的话，所谓前工业化形态也就是前文化产业形态，是一个在相当长的历史阶段人类社会最主要的文化发展形态。在这一阶段，文化生产力是与整个人类社会进步的生产相适应的，那就是以农耕社会为社会体制特征的、以手工作坊为主要生产手段的文化生产力形态。这种文化生产力不仅形成了与之相适应的文化生产关系，以及建立在其上的文化制度系统，而且也与社会发展对文化的基本动力需求相适应。但是当这种需求随着工业革命的发生、社会生产力形态的巨变及由此而产生的社会发展对于文化的基本动力需求革命性变化，而原有的文化生产力形态和手段已经无法满足和适应这种新的文化需求的时候，变革文化生产力形态以适应变化了的文化发展需求便成为不可抗拒的历史规律。无论是古登堡现代印刷技术革命的发生、电影工业的出现，还是今天正在深刻影响着人类社会进步与发展的信息技术和网络文化，无不印证了这一文化发展的基本规律。因此，我们说，文化产业并不是外在于文化发展的某种异己力量的产物，而是文化自身发展到需要进行革命性变革来实现自己更高阶段的发展的产物，是文化发展规律的必然的历史形态和历史阶段。由于文化的生产力形态直接关系到一定社会形态的界定，以手工作坊为主要生产手段的文化生产力形态是与农耕社会体制或者说乡村社会体制相一致的话，那么以现代机器复制为主要生产手段的文化生产力形态也就成为工业社会体制或者说社会体制的内在结构相一致。正是在这个意义上，我们把文化产业看作是现代工业文明的产物，看作是现代人类社会文明进步的一个标志。因为生产力的发展程度作为一种革命性的力量在任何情况下都是用来衡量社会进步和文明程度的一个历史性尺度。当中国的发展登上 21 世纪的历史阶梯的时候，提出要发展文化产业，并且把文化产业国家战略列入国家发展计划，这就标志着中国的文化生产力的发展和社会体制的发展进入到了一个以现代化为主导的历史发展新阶段，并且使之与中国长达数千年的农业社会相区别，从而成为中国文化进步与发展的一个标志。

## 本章小结

文化产品是文化产业生命价值的核心。文化产品及其生产是文化产业的核心，文化产品及围绕文化产品而形成的一整套文化产业制度深刻地解释和反映了人类社会的文化生产力发展和文化生产关系的形成与演变，以及人和文化产品关系的发展和演变。

文化产品是一个极其重要的文化产业学研究对象，也是文化产业学研究的核心概念。

它存在于人们日常的精神文化生活之中，是人的精神性劳动的产物，满足于人的精神生活、民族生存和社会与国家发展需求。整个文化产业学的系统研究与科学体系应该就是围绕着对文化产品的研究而建构起来的。

文化产品是人类社会为自己创造的最根本的必需品，并且正是这一必需品的诞生把人类从动物世界中区别开来。正是这一必需品的创造性存在确证了人类是一种社会存在物。而人类的物质生产劳动也正因为有了“有意识的”这一精神生产特征，才使得包括物质生产在内的人类的所有劳动行为具有了与动物界的本质区别，并且由此而建构了人类社会。

文化产品是人的灵魂世界的精神呈现窗口。通过这个窗口，它把每个人看到的世界、认识的世界和理解的世界、把握的世界展现给人看，人们通过这个窗口看到了别人看到的而自己没有看到的世界。于是人们在关于对世界认识的交往中，看到了自己所处的位置的高度和观察世界的角度，以及表现和展现世界所拥有能力的程度。位置的高度影响和规定了观察的角度和掌握能力的程度，并由此而构成了不同的灵魂世界所打开的不同的精神窗口的大小、高低和有无这样一种社会精神秩序。

文化产品是随着生产技术的产生而产生，并随着科技的发展而发展的。这种产生与发展不仅演化出一套完整的文化产品系统，而且建构了现代文化产业的发生与形成。文化产品的演变是由技术创新推动的，并且由此而形成了文化产业发展的周期性运动。文化产业发展与技术创新之间存在着长波对应性关系。

文化产业是文化生产的一种系统性表现形态。文化产业是文化产品生产的科学系统，同时也是文化资源的系统化生成系统。文化资源的积累与转化是文化产品生命运动的重要形态。没有文化产品的创造性生产与转化，就没有社会文化资源的生成、积累与转化。思想观念成为决定其他一切文化产品性质的根本要素。人类文明演化的一切文化资源均起源于思想文化资源产品的创造性积累和创造性转化。没有思想文化产品的资源型创造性积累，就没有人类文明的创造性转化和文化的可持续发展。文化产品的创造性生产和文化资源形态的创造性转化是文化产品演化的最重要的规律。正是这个规律推动并最终形成了文化产业——文化产品的规模化、社会化生产。

文化产品具有政治、经济、文化多重社会属性。作为人的生活必需品——文化存在确证物形成之后，文化产品作为人的精神文化系统的价值属性就成为衡量文化产品之所以是文化产品的本质标准，并且这一标准使得文化产品作为精神产品形态逐渐与作为物质产品的经济产品相分离，从而形成了文化产业的多重社会属性，并建构了文化产业。

## 思考题

1. 怎样认识文化产品、艺术品和文化用品的构成关系？
2. 文化产品的本质是什么？
3. 如何理解和把握文化产品与社会精神秩序建构的关系？
4. 技术在文化产品演化中的作用是什么？
5. 怎样理解长波理论与文化产业创新周期之间的关系？
6. 文化产品与文化产业的关系是什么？

## 参考书目

1. [美]大卫·赫斯蒙德夫. 文化产业[M]. 北京：中国人民大学出版社，2007.
2. 胡惠林. 文化产业发展与中国新文化变革[M]. 上海：上海人民出版社，2009.
3. [美]伊丽莎白·爱森斯坦. 作为变革动因的印刷机[M]. 北京：北京大学出版社，2010.
4. [美]刘易斯·芒德福. 技术与文明[M]. 北京：中国建筑工业出版社，2009.

# 第四章

# 文化产业与现代社会运动

## 学习目标

通过本章学习，学生应了解和掌握以下内容:

1. 文化产业与现代社会构成的文明关系;
2. 文化产业对于现代文明社会建构的意义;
3. 文化产业与现代社会的政治、经济、社会、文化关系;
4. 文化产业与现代社会发展道路的关系;
5. 文化产业与人口、就业的相互关系。

## 导言

文化产业是现代工业文明的产物，同时也是现代社会运动的基本形态和基本动力。文化产业在不同历史发展阶段上的发展形态，不仅折射了现代工业文明的发展历程，而且也记录了现代社会运动的发展历程。文化产业的发展需要现代社会发展的时代土壤，现代社会的进步也需要文化产业不断地提供现代精神生产与传播的载体和装备。深刻地认识和了解文化产业与现代社会运动之间的辩证关系，是掌握文化产业发展规律和发展文化产业必须要解决的命题。

## 第一节　文化产业与现代社会构成的文明方式

不同社会有不同社会的文明构成方式。不同社会的文明构成方式是以不同的社会生产力发展形式来表现的，并且通过具体的占主导地位的生产力实现形式来体现。由于文化是在终极的意义上反映了社会生产力的发展程度和文明构成方式，物质领域里的一切文明成果在积累和表现为文化及其文化的物化形态且具有文明价值的时候，文化成果的物化机制和程度就成为文化和现代社会构成文明方式之间的力学运动。

## 一、文明方式构成的历史性尺度

文明方式构成的特殊性和差别性，是一种文明区别于另一种文明形态的尺度。它是以一定的社会生产力发展水平为指标体系的。生产力构成和规定了文明方式构成的历史性。马克思在论及精神生产与物质生产之间的关系时指出："首先必须把这种物质生产本身不是当作一般范畴来考察，而是从一定的历史的形式来考察。例如，与资本主义生产方式相适应的精神生产，就和与中世纪生产方式相适应的精神生产不同。如果物质生产本身不从它的特殊的历史的形式来看，那就不可能理解与这相适应的精神生产的特征以及这两种生产的相互作用。"[①]农耕文明是以农业为其主要的社会生产力构成方式，并且以此为核心建构农村社会为主体的组织形态和生存方式的。在农耕文明时代，虽然也有人类的文化生产和文化消费活动，也有前文化产业形态，如早期的手工业中的工艺美术品业、娱乐业、书籍印刷业等，但是，所有这些行业及其从业人员都依附于整个农业经济之中，并未形成独立的产业业态和在国家的国民经济产值中占有重要比例，未能成为国民财富积累的重要形式和社群形态明显的从业基层。因此，虽有文化产业的前形态，但并未构成社会存在的主要方式，还不是一种生产力形态，还不能构成对社会进步的巨大影响。

工业文明是以工业为其主要的社会生产力构成方式的。城市和市民社会的形成及产业工人的诞生，是这一文明形态的主要的社会组织形态和文明生存方式。机器的发明和生产工具的革命性变化，在提供社会生产力的同时，也使人类生存的社会空间产生了新的飞跃。社会空间存在形态的变化和人群居住生态结构的变化所提出来的各种适应性需求的必然性，以及由这种必然性所产生的多种形式的生产样式的诞生和行业社会的发展，使得单一的农耕文化发展成为多元的以工业文化为主导的城市文化和农村文化、以城市文化发展为主导的人类文明发展新的动力结构。这种动力结构诞生的革命性意义就在于它为人类社会的发展开辟了一条符合人的自身文明提升所需要的发展道路，使人类精神地和物质地把握世界的能力和领域实现了质的转变和扩大。与此同时，工业化的发展程度也就成为一个衡量国家现代化程度的文明标志，一个检验文明程度的历史尺度。现代国际社会对发达国家、发展中国家和最不发达国家进行划分的一个主要依据，就是它的

---

① 中共中央马克思恩格斯列宁斯大林著作编译局. 马克思恩格斯全集（第26卷第1册）[M]. 北京：人民出版社，296.

工业化水平和工业化程度。

信息文明消除了农业文明和工业文明的生产力界限。信息文明的所有成果都能够被广泛地运用于农业和工业，从而在生产力的存在方式上，也就是文明方式的构成上打破了以上两种文明形态二元对立的局限。自从美国在 20 世纪 90 年代开始实施“信息高速公路”的国家战略，并以此全面推行社会存在方式的功能型结构转型后，开展信息革命和数字化生存。全面推进信息技术在整个国家和社会发展与进步中的主导型作用，便成为全球发展的主要趋势。现代人类社会的一切发展领域和国家发展模式选择，无不以信息化程度作为检验的标准。数字技术广泛地运用于人类社会的各个领域，正在深刻改变着人类社会的存在方式。网络世界的崛起代替了传统的信息载体，虚拟存在已经成为人们的社会存在的一种重要的生活方式。文明不可能永恒存在，文明的替代是文明发展的规律。这种规律在一个空间实现的时间量度完全取决于在这个特定的空间里文明演化的速度。

## 二、文化产业对于现代文明社会建构的意义

人类社会是被文明建构的。不同的社会不仅文明构成的内容不一样，而且构成的文化形态也是不一样的。但并非所有的文化形态对现代文明社会都具有建构的意义。只有那些深刻地反映了文明进化水平的标志性人类文明的创造成果，集中体现和反映了人类的精神与物质两个文明创造的集合文化，才对现代文明社会具有建构的意义，才构成现代社会文明构成的要件，也就是说，没有它就构不成现代文明社会，或者说就不是现代文明社会。而文化产业正是这样的集中体现和反映了现代人类社会精神和物质文明创造的集合文化的典型存在。

文化产业作为现代工业文明的产物，机器复制不仅极大地提高了文化生产力，而且还极大地提高了文化产品和精神的传播能力，使得空间和时间不再成为阻隔人类文明交流的障碍，使得人类社会得以在文明互动中的发展成为可能。文化产业是现代社会构成的重要组织形态和文明方式，它以自己的内容和形式参与配置和整合各种社会资源，包括政治的、经济的、文化的、社会的、自然的、物质的、非物质的等，已经成为影响当下人类文明方式和社会走向的重要运动形式。不同时期的文明存在形式是有差别的，不同的文明形式表明文明发展的不同阶段。这种整合在技术形态上表现为它和信息技术与信息产业的结合，从而使社会生产要素在这种结合的层面上形成社会要素关系的全新组合模式；在内容形态上，表现为人们的娱乐和生活方式的结合，从而使满足人们多样的文化消费需求成为文化产业组织运动的动力模式，这种模式，使得文化产业直接与人们的社会生活发生组织行为关系。人们在文化产业运动中的参与程度和享有程度，不仅标

志着一个国家和社会文化产业发展的现代化程度，而且还标志着公民文化权利的实现程度。正是这种实现程度的差异构成了现代文明社会所达到的现代文明程度的差异。国家的现代化程度和现代文明程度在这种差异中被建构。

当代社会已经是生活在由整个文化产业模拟创造的超现实的消费社会之中。在这种社会里，文化生活不再有一定之规。人们的社会关系不但多变，而且也很少由既定的社会准则来调整或者构建了。正如自从有了现代动漫产业提供的无数的动漫产品之后，儿童的游戏世界便发生了根本性的变化。传统的人与人之间的直接的感情交流的真实世界的游戏，被虚拟的网络或影像世界所代替。虚拟世界的出现使得传统的童话创作与传播不再成为儿童游戏生态的主流。儿童不再和儿童的真实世界的交往中认识世界，而是在虚拟的网络或影像世界中判断世界。现代文明社会建构正是在文化产业不断革命的进程中发生着整个文化生态学的变化。这种变化自从印刷和电影产业被创造出来之后，便以重力加速度的形式不可阻挡地向前发展着。这种发展的速度越快，社会建构的文明变化也就越快，不同国家间的文明差异也就越大。所谓强势文化和弱势文化并不是就文化的文明渊源关系而言的，而是就现代文化产业对现代社会建构构成的冲击力和影响力而言的。美国文化之所以被称为强势文化，并不是指美国的文化比中华文化所体现出来的文明更悠久，而是指它对当下中国的现代化社会建构具有巨大的冲撞力量。而这种冲撞力量正是来源于美国以好莱坞为代表的文化产业。现代文明社会正在沿着文化产业的发展路径而被建构。

电影是现代文化产业正式诞生的标志。1895 年 12 月 28 日，卢米埃尔兄弟在法国“大咖啡馆”向世界展示了人类历史上的第一部电影。那天晚上放映了《工厂的大门》、《火车进站》等几部短片。银幕上突然“开过来”的一列火车，吓得正在睁大眼睛看着画面的人群拔腿就跑。就是这几部短片彻底改写了人类社会创造文明的方式，很难想象由此开始的电影技术是怎样深刻影响了 20 世纪人类社会发展的走向，更加难以想象的是，假如我们今天没有以电影为标志的文化产业，整个人类社会的存在又该是怎样一种情形。现代文明社会从电影这种文化产业形态开始被建构。正是由于卢米埃尔兄弟的早期电影相对完整地保留了人类这一伟大发明的显著事实，联合国教科文组织于 2005 年在中国云南丽江召开的世界记忆遗产大会上将“卢米埃尔兄弟电影”纳入世界记忆遗产名录。

## 三、现代文明传播的科学媒介

传播媒介的成熟性程度是衡量和划分文明社会的一个重要标志。不同时代的文明传播媒介是不一样的。原始社会的初级文明形态以结绳、岩画等为其信息传递方式，传播

媒介的局限性反映了原始社会初级文明生产能力和社会需求的有限性。农耕文明形态在印刷术、火药、指南针的作用下发生了革命性的变化，印刷术使得人类社会的文明创造用符号的方式得以传播成为可能。巨大的生产能力的创造和对人与地球的空间关系的克服，不仅极大地改变了人类社会的文明存在方式，更重要的是这种方式随着四大发明的传播使得人类文明的沟通、交流与对话成为可能，彼此之间取长补短。然而，手工作坊式的生产方式无法满足文明传播的现代需求。工业革命的发生使这一切得到了根本性的改变。

工业文明形态的一个最重要的标志就是人类文明社会进入了“机械复制”时代，即“文化产业”时代。文化产品为少数人所垄断的历史在工业革命到来的时候被改写，电影、录音和唱片等一系列全新的传播媒体的诞生，在创造了新文化形态的同时也创造了全新的科学传播载体，这就是文化产业。在整个现代社会文明发展进程中，以印刷业和出版业为代表的现代文化产业不仅在资本主义初期的资本积累阶段起到了重要新思想的传播作用，而且在一个需要新思想和诞生了新思想的历史进程中成为现代科学和人文精神生产与传播的重要载体和媒介。在欧洲新教革命时代，刚刚崭露头角的科学人文主义者运动就像新教扩张一样，也是对罗马天主教的挑战。罗马天主教的权威是建筑在托勒密的地心说为基础的宇宙论上的。在中世纪，任何对这一宇宙论的怀疑都受到了宗教法庭的控制。但在印刷业出现之后，教会对新科学传播的阻挠遇到了前所未有的困难。印刷业的迅速发展使得科学人文主义学说得到了迅速的社会传播，而这种广泛的科学知识的传播对于整个世界的科学人文精神的传播具有战略意义。科学人文主义以实证为特征的观察并用批判的眼光来比较观察到的事实，不仅颠覆了当时占支配地位的托勒密体系，而且直接导致了整个现代科学的革命与发展。而为交流知识和思想提供便利条件的出版印刷业无疑是 16 世纪和 17 世纪发生的科学技术革命的燃料。印刷出版业极大地方便了科学发展所必需的客观性。它使得科学在不断的比较中成为真理。没有现代出版印刷业，也就没有现代科学技术革命的飞速发展。新科学的生存在相当程度上依赖于印刷业的发展。正是在这样的意义上，文化产业成为现代文明传播的科学媒介。

数字技术的出现使整个人类社会走进了新工业文明时代。网络成为新媒体，传统媒体的革命性变革，使得任何文化的封锁成为不可能。文化产业正是在这个过程中成为现代文明传播最重要的形势和手段，是现代国际社会最重要的意识形态方式。文化产业以市场经济的方式和高科技的手段实现对意识形态的占有和控制，文化产业已经成为一种意识形态。在文化产业的所有形态的运动中，无论是经济的还是政治的，都是通过文化产品的生产和传播，作用于人的精神世界，满足人们的精神消费需求，影响人的生活态度和生存方式，改变人的观察世界和认识世界的思维模式，进而影响人的社会行为。在全球化背景下，任何精神文化力量的传播不借助于文化产业是很难实现其目的的。

## 第二节　文化产业与现代社会的文化关系

一定的产业形态的出现总是和一定社会的发展结构存在着同构关系。一定的产业形态的出现不仅反映一定的社会生产力的发展水平，而且也反映着在这种发展水平下形成的社会生产关系。正是这种生产关系所构成的社会结构，使得文化产业与现代社会结构之间存在着一种与其他产业形态与社会结构之间不同的文化关系。这一关系集中反映在政治、经济和社会三个方面。

### 一、作为社会结构的文化结构——文化社会关系

当我们把文化看作是人们的一种存在方式，并且以这种方式精神地和艺术地把握世界才能完整地确定人类社会的存在性的时候，构成这种方式的有机组合便形成了它的结构状态，这就是文化结构。在人类文明发展不同的历史阶段，作为社会结构的文化结构是不一样的。

史前社会的文化结构表现的是文化的一种原始共产主义，私有制和国家出现以后，文化结构即一般表现为对文化的占有与被占有关系，掌握生产资料的阶级一般同样掌握着文化的生产资料。由此而形成的文化结构所表现出来的文化权利关系是和它所处的经济的地位关系相适应的，并由此而构成了不同阶段上的人类社会的性质。正是这种文化结构在不同的文明阶段上的独特性，才使得一种社会与另一种社会形态相区别具有特别重要的意义。因此，当不同的文化架构成为不同的社会区别的重要标志，特别是作为人们精神地和艺术地把握世界的结构的时候，文化结构就成为社会结构的重要组成部分。

文化产业就其现代性而言，是现代社会的一种存在方式和状态，即是以文化商品经济运动的方式来反映社会进步所达到的一种文明程度。在这样一种程度上，人们的社会生活状态及这种状态与社会进步之间的关系因文化产业的存在而与传统的生活方式相区别。文化产业的存在使人们建立起了现代制度，并且以文化产业的具体形态参与社会活动，从而使社会运动的传统方式和动力结构发生了质的变化。在今天，如果没有文化产业这样一种具体的文化构件，那么当代社会的现代性是否还是我们现在所生活其中的样子，答案是显而易见的。文化产业的具体存在极大地改变了人们原来的社会生态环境和生存方式，人与世界联络和沟通方式的转变不仅扩大了人们的感官能力，而且改变了人

们的时空观念。人们的文化生态环境的变化使得文化产业渗透到了人们社会生活的各个方面，从家庭、社区、教育到人与人之间的交际方式和交际手段，文化产业犹如一张全新的网络把人们重新按照文化产业的序列编制在一起。

每一种社会结构都是一种文明程度的反映，是一种文明社会的生产力和生产关系的反映，因此，每一种社会结构一定有一种具体的与它的生产力和生产关系相适应的文化存在的结构形态与之相适应。当这种关系运动进步到现代，文化产业的出现以一种全新的文化方式打破了原有的生产力和生产关系所构成的社会结构，社会和生活在其中的人需要以一种新的方式和手段来进行交流，并且日益表现出它在这个变化过程中的不可抗拒的作用的时候，即没有它现代社会的进步就会失去前进动力的时候，文化产业的发展就成为社会进步的一种动力项被置于社会发展的重要位置，列入国家的发展战略。2000年，中国在进入21世纪之初，第一次把“推动有关文化产业的发展”列入国家的第十个国民经济和社会发展五年规划纲要就是一个典型的例子。

同时，文化产业的出现导致了又一次深刻的社会分工——文化原创与文化复制，出现了专门从事文化产品复制的专门性行业（电影、唱片、电视、录音录像带、刻录光盘）和从业人员。在相当长的一段历史时期内，文化的原创一直是人们关于文化和艺术价值存在的唯一性认识，任何关于文化产品的复制都是被排斥在文化之外的，这也是法兰克福学派批判文化工业的价值论基础。而也恰恰是在这一点上，法兰克福学派忽视了文化工业的出现在社会进步过程中的文化意义及对于社会结构变革的重大意义。文化产品的机器复制，不仅扩大了文化的传播，而且实现了文化的民主。它使得大众文化消费成为可能，彻底改变了文化为少数人享有的历史。

文化产业形态的多样性及文化产品生产的多元化，为社会文化消费方式的变化、交流方式的变化、个性表达的多样性、生存状态、生活态度和社会分层提供了前所未有的社会生态学基础。中国社会文化的变迁越来越被文化产业所塑造。媒体在中国社会发展中正在扮演越来越重要的角色，互联网的迅速发展和普及及由此而出现的网络文化产品，已经且继续对人们的社会存在和文化存在产生与发挥以往所有媒体都不曾有过的巨大影响。文化产业作为现代文化结构的重要内容成为了社会结构当代构成的骨干要素。一个没有文化产业的社会不是现代社会。

## 二、作为经济结构的文化结构——文化经济关系

文化产业是近代工业文明的产物，是直接和现代经济联系在一起的。但是，正如一切经济形态都是文明意义上的文化形态一样，文化产业作为近代工业文明的产物，以其

文化经济和现代技术相结合的方式反映了现代经济和传统经济在文化意义上的差异。如果说传统的以农业经济为主要特征的经济结构反映和表现的是农业文明的文化意义和生产关系，建立在此基础之上的文化生产并没有成为它的一个重要门类，也就是说，并没有形成一种专门化的社会分工和现代意义上的生产关系，即使在农业经济时期也有专门从事文化艺术生产的文人和艺人甚至行业，如中国古代的雕版印刷业、娱乐业和古董业，那么在现代工业文明基础上成长起来的文化产业不仅反映出文明进步的文化形态，而且更重要的是这种文化形态和文化结构是以生产力结构形态的变化反映出来的一种新的生产方式和生产关系，并由这种生产关系形成了文化经济制度。在这种文化经济制度中，占有物质生产资料的阶级同时也占有精神生产资料，而对精神生产资料的占有状况和占有程度恰恰在经济的层面上反映了社会的文化关系和文化结构。在西方资本主义经济体系中，文化产业的运动与发展总是与私有化的发展相呼应的。而在中国，文化产业的现代发展却是与社会主义的经济制度和经济形态密切联系的，长期的计划经济直接导致了中国文化产业经济的国有化和公有制。两种不同的文化产业经济制度反映了两种不同制度下的文化结构和人们的社会文化关系。因此，文化产业经济形态和经济制度的任何变动实际上都反映了一定条件下的人们的文化关系和社会的文化结构的变动。

在现代文化产业运动中，西方国家的以电子媒体为核心的文化产业早已成为当代资本主义经济的重要组成部分，成为世界上娱乐和信息的主要输出地，并向全球扩张，这与当代资本主义经济的扩张本性是分不开的。西方大国文化产业集团、特别是美国的传媒产业集团在向外寻求市场，并在客观上为跨国公司在意识形态和文化方面开拓的过程中，就是通过跨国文化产业集团的公司组织方式来运作的，其表现形式就是跨国传播。在跨国传播过程中，跨国文化产业集团公司和跨国广告公司一起把全球资本主义意识形态和文化传播到跨国公司活动的任何一个地方。问题不在于跨国文化产业集团是否和在多大程度上把资本主义的意识形态和文化传播到它所活动的任何一个地方，而是在于跨国文化产业集团本身的经济存在性就是一种文化结构的产物，是这种文化结构的经济性表现包含在这样一种文化结构下的经济学理解。正是由于这种关于文化的经济学理解的差异性，因此，作为经济结构的文化结构的表现形态的文化产业在不同国家的发展历程和发展形态也就自然地呈现出差别。传媒产业是现代文化产业的核心，而经济是文化的基础，文化又反过来折射经济发展的结果及对文化的理解，因此，当经济发生变化的时候，通过文化产业反映的文化也随之而变化。所谓“资本主义的每一个发展阶段都对应着一种文化风格。现实主义、现代主义和后现代主义乃是市场资本主义、垄断资本主义和跨国资本主义这三个阶段在文化上的相应表现”[①]所揭示的正是这样一种关系。

① [美]斯•贝斯特，道•凯尔纳. 后现代理论：批判性质疑[M]. 张志斌译. 北京：中央编译出版社，1997：242.

## 三、作为政治结构的文化结构——文化权利关系

文化产业是现代工业体系的衍生，不仅与经济有着广泛的联系，而且与现代政治即民族国家有着广泛的联系。人们的文化权利和拥有文化权利的方式在不同的历史发展阶段是不一样的。当一种新的文化产业形态随着新的传播技术系统出现以后，在现存的各种社会、经济、政治和文化结构中，并不是所有的阶层、集团或团体的利益和性质都与这种新的文化产业形态所含有的或展示的特征或性质相容。只有那些与有关集团的利益相一致的新传播技术及由此而诞生的文化产业才会得到开发。这些新传播技术和文化产业反过来又会协助和促进与之相匹配的所有集团的发展，而那些与之不相匹配的利益集团会因此而受到损害并在竞争中处于劣势，直到这种关系发生改变时为止。

文化产业结构是社会组织结构的文化关系反映，动态地表现一个国家的文化权利关系——文化经济关系和文化政治关系，表明不同的人群所处的文化位置、拥有的文化权利、掌握的文化资源、可动用的文化资本和文化消费能力，而正是这些清楚地描绘出不同人群之间的社会关系和文化关系。文化生产与传播方式的变化与社会和政治结构的变革有着深刻的关联性。文化生产和传播方式的任何变化都意味着社会和政治结构中的各种力量的均衡的破坏，并由此产生新的社会和政治结构。印刷出版和报纸的出现为新兴的资产阶级提供了登上历史舞台的文明阶梯，并且由此而改变了与封建主义之间的力量对比，与之发生冲突并深受其害的封建主义不仅在全新的文化生产和传播技术的出现面前表现出前所未有的历史的反动性，而且注定了它在这种历史反动性过程中彻底埋葬自己。新出现的印刷技术最具革命性的便是使得信息以历史上从未有过的速度传播给大众成为可能，革命的阶级或者它的领导者们正是利用这一点来为革命的到来创造条件的。欧洲历史上的新教改革运动和中国近代历史上的五四新文化运动利用新的传播过程来实现和达到反封建的目的，就是典型的例子。

文化产业的出现，实际上意味着人类存在方式的变革与转移，传统的、经典的、属于少数人的精英文化对话语权的垄断构成了对大众文化的一种霸权。为了实现对这种霸权的消解和获得自我存在方式的肯定，以及对于精英文化的反抗，大众传播手段和方式迅速发展，在满足和肯定了大众对精英文化消解的同时，实现了对于文化权利的愿望。而当大众文化产品伴随着媒介革命的出现而迅速地以市场化的方式获得丰厚的利润的时候，大众文化中心地位的确立和精英文化的边缘化也就成为社会进步和人们存在方式的一次重要革命。正是这次革命，使得人们关于文化的理解发生了变化，对大众媒介存在的合法性的态度发生了变化，这种变化的一个最显著的特征就是，新的大众文化产品、大众传播方式和传媒手段也获得了精英文化的普遍接受，并且把这种方式作为自己获得新的生命形态的一种重要的生长基因和土壤。因此，作为一种文化现象和文化的存在，文化产业在经历了如同一切新生事物的成长所必然要遭遇的命运过程之后，便获得了它的全部合法性存在。中国的文化产业在 20 世纪 80 年代至 90 年代的历程，以及它在 21 世纪初所获得的合法性地位，清楚地证明了这一点。这是一种关于生存方式的认同，在进入 21 世纪后的人类普遍的社会存在，倘若没有作为文化产业具象化的大众传媒，人们该是怎样的一种生活方式是很难想象的。因此，无论是广播、电视、电影、报纸、光盘还是因特网，它们都是以一种重要的方式存在于人们的生活之中的，而正是这种生活方式和样式的存在才构成了当下人们生活方式的现代性。因为正是这样一种具体的文化经济形态结构满足了人们自由交流进而自由生存方式选择的多样性需要，以及这种需要构成的多样性和丰富性，今天的文化产业才成为一种文化形态的关系性。

## 四、作为文化结构的文化产业结构——文化关系

文化是由物质文化、精神文化和制度文化而构成的一个系统。这三个方面是文化结构最主要的方面，是一个稳定性结构系统。现代文化产业的运动就是在这个结构系统的作用下形成和发展起来的，并且仍将在这个结构系统的作用下进行自己全部的生命运动形态。因此，要对文化结构与文化产业结构的关系有一个比较准确的了解，就应当从文化结构的具体方面，也就是说，从物质文化结构、精神文化结构和制度文化结构与文化产业结构之间的三组不同关系的角度，分析文化结构与文化产业结构之间的关系，进而在这个基础上得出结论。

### （一）物质文化结构决定文化产业结构作为一种经济形态存在的业态发展水平

物质文化结构是指以物质生产力为核心、反映文明发展程度的物质生产力构成状态。物质生产力的发展水平决定文化产业发展的现代化程度。落后的物质生产力不可能提供先进的文化产业生产手段和传播手段。物质生产技术手段的变化，推动了文化产业结构的升级换代和转型。物质生产手段的任何进步和变化都会给文化产业结构变动带来更大的进步和变化；在这里，科学技术作为第一生产力具有决定性的作用。印刷的发明使得现代出版业的出现成为可能，而数字技术运用于文化产品的生产和传播只能首先出现于已经作为一种生产力被广泛推广的国家。人类的物质生产劳动在改变自然对象的同时也创造了一个新的自然。人的对象化不仅为人类社会提供了一个肯定自己属人的人化系统，而且正是这个系统造就了现在的文化生态存在与文化遗产资源结构，并且成为人们从事文化经济活动的对象，成为文化旅游产业的重要组成部分，甚至可以成为展览产业的重

要组成部分，如文化遗产的器物部分。

### （二）精神文化结构决定文化产业结构作为一种意识形态存在的时代内容

精神文化结构是指以精神生产力为核心、反映精神文明发展程度的精神生产力构成状态。它与文化产业结构的关系主要表现在三个方面。

（1）观念结构制约文化产业的发展结构。观念问题涉及对文化产业的整体认识和价值判断。中国在很长的一段时期之所以没有形成完善和发达的现代文化产业，一个重要的原因就是片面地理解和认识文化的社会功能与社会价值，没有认识到文化在提供和积累精神财富的同时还可以提供和积累物质财富。只看到了文化的意识形态属性，而忽视了文化产品的商品属性；只看到了文化的事业性，而忽视了文化的产业性。这就使得中国文化产业的发展长期滞后于国民经济和社会发展的整体进程。因此，当代中国文化产业发展要获得应有的预期，很大程度上取决于我们关于文化产业认识上观念进步和思想解放的程度。

（2）意识形态结构影响文化产业结构。对文化价值与社会功能的判断包含着对文化产业运动的深刻理解。意识形态的结构涉及主权国家的文化核心利益。因此，无论是对于文化产品内容的要求，还是对文化市场准入的规定，都无不考虑到文化产业对于国家文化安全的意义。文化产业制度的设计和文化产业政策的制定，既反映了政策主体对于文化之于国家关系的认识，同时更反映了政策主体对于文化之于国家关系的控制，直接影响和决定文化产业在一个国家的开放性程度。意识形态结构的变动是一个国家文化产业政策创新和文化产业制度创新的重要力量，也是文化产业结构变动的最重要的依据，最深刻地反映了人们之间的社会文化关系。

（3）文化消费结构变化推动文化产业结构变化。文化消费趋向作为意识形态的一种精神满足实现程度和方向性表现，以市场的方式刺激文化产品的盈利模式进而导致文化产业结构向盈利化运动，最终推进了文化产业结构变革。文化消费结构的变化是人们的社会、政治、经济、文化关系变化的一种文化市场关系的表现形态。可供支配的收入是人们的和社会的经济增长能力的表现，可供选择的文化消费品的丰富多样是政治文明和制度开明的结果。消费刺激市场，市场促进生产。人们在从市场获得消费的同时也在培育市场，市场的变化必然导致文化产品结构，文化产业结构的变动和文化产业革命。

### （三）制度文化结构规定了文化产业结构作为政治文化权利分配和权利体现的特殊安排

制度文化结构是以制度生产力为核心、反映制度文明发展程度的制度生产力构成状态。不同的国家关于文化产业管理的理念和目标而形成的不同的权利控制状态系统，实际上反映了不同国家在制度建构过程中关于文化权利分配的价值取向。文化产业组织形态与制度、文化行业分类标准、市场准入与政府管制及文化产业所有制结构等，都是一定制度文化结构的产物。中国实行改革开放和加入世界贸易组织是中国制度文化结构的一次深刻变革，对中国文化产业结构调整的制度性影响直接导致了中国文化产业结构的制度性革命。2005 年，《国务院关于非公有资本进入文化产业的若干决定》就是一项重大的制度性安排，正是这样的一个决定使得中国文化产业所有制结构发生了制度性的巨大变化，而这个制度性的巨大变化就是中国文化体制改革的结果。而文化体制改革本身则是一次重大的中国制度文化结构的革命。非公有资本的进入改变了原有的中国文化产业的制度选择和制度安排，从而使人们关于文化产业的理解与公民文化权利的实现之间建立起了文化关系，这种关系的建立导致了原有文化权利结构的变动和新的文化权利结构的形成。文化产业的所有制结构正是在这样的安排中发生了制度性的重组。

作为文化结构的文化产业结构，以产业形态的存在方式与运动反映着文化运动与文化结构的现代存在方式。文化是人类社会的一种存在方式，一定的文化结构反映了一定时期人类社会的存在方式。文化结构规定了文化产业结构作为这样一种生存方式的文化存在，也就是说，文化产业成为文化和文化结构的一种具体的存在样式，并且以这种样式展示着人类社会生存方式的运动。所以说，文化产业发展的先进性程度和文化产业结构个性化程度，实质上反映了不同社会人类生存方式的一种具体状态。文化产业不是由它自身界定的，而是由它与其他间的关系来界定的。没有与对象的关系性存在，任何主体都无法界定。因此，要界定文化产业还要从文化产业与其他产业的关系入手。只有这样，我们才可以更深刻地把握文化产业的本质。

文化产业最先就是法兰克福学派用来指代一种新的文化现象而被提出来的。如果我们撇开它的批判性和否定性不谈，那么这一概念被用以揭示出一种新的文化现象的现代性存在则是一种贡献。工业文明的出现，标志着人类社会进步已经发展到一个质的转变时期。传统的文化形态和存在方式已经不能适应发展的人们社会生活的需要，因此，需要有一种新的文化生命诞生来满足这种历史进步的要求。文化产业就是这样一种新的生命诞生。它既是被工业文明创造出来的，同时又是自我生命形态的一次升华。如果我们把工业革命本身看作是人类文化创造的一次生命大爆炸的话，那么，我们就不会把文化工业的产生和出现看作是某种异化的产物、一种外加于文化的某种破坏性力量。恰恰相反，文化发展到了工业革命时代，犹如物种进化分裂出了新的生命形态，由于这种新的生命形态拥有和传统不同的基因组织，所以它就具有了一种特征——可复制。正是这种可复制使得文化的跨时空传播和全球交流成为可能。这就是随着工业文明的发展而不断

发展起来的现代文化产业，这种发展为文化形态的不断升级提供了极大的丰富性和生长空间，并且由此而产生了不断延伸的文化产业链。

## 第三节　文化产业与现代社会发展道路

文化产业以其多样的存在方式和功能成为现代社会不可缺少的一个重要组成部分。它不仅是人类社会发展到现代的产物，而且还深刻影响了现代社会的发展与进步。随着文化产业更加深入地参与和影响社会发展的形态与走向，把文化产业战略纳入现代社会发展道路和国家战略选择，正日益成为当今国际社会的共识。

### 一、文化发展与社会发展

政治、经济、文化是社会发展的三大动力。文化发展是社会发展的重要形态之一。社会发展的现代化程度以生产力发展为标志，属于经济的范畴；社会发展的民主程度以制度文明为特征，属于政治的范畴，而社会发展的文明程度则以人的全面发展为特征，属于文化的范畴。由于生产力在现代社会更为主要的体现为人的生产力，人的生产力状况作为生产力最主要的构成因素决定了社会生产力的发展水平及社会发展水平，而人的生产力状况又主要决定于人的、社会的文化发展程度。因此，人的文化发展程度是一个社会发展程度的文明标志。从这个意义上来说，文化是最终对社会发展起决定性作用的因素。社会发展程度的现代化程度越高，越反映和体现出这个社会的文化发展的现代化程度。然而当文化作为一种独立的社会运动形态形成之后，它是作为与社会的存在形态相对的存在而存在，并以自己作为一种独特的力量而作用于社会，并且推动社会前进的。

历史是文化的线索。历史发展的本身并不像我们分析的那样如此泾渭分明。文化作为一种社会发展的力量在国家运动中常常是交织在一起的，区别只在于是否发挥了主要作用。美国史学大师雅克•巴尔赞在《从黎明到衰落——西方文化生活五百年》[①]一书中提出螺旋式文化兴衰说。按照他的理论，一个文化的发展有其暗含的主题。文化生活的各个方面的发展演变都与这一主题有着这样或那样的联系。当对主题的探索不断产生新的成就的时候，文化就繁荣兴旺；当探索到了尽头，再也发掘不出新的内容和表现方式的时候，文化就进入衰落。文化的衰落使人的心灵不能再得到激励和启迪，造成广泛的

---

① [美]雅克•巴尔赞. 从黎明到衰落——西方文化生活五百年[M]. 林华译. 北京：世界知识出版社，2003.

无聊和厌倦。这样的情绪随着时间的推移积聚起来成为巨大的历史力量，最终会以文化革命的方式爆发出来，文化的衰落也因此而结束，开始又一轮新的发展。所以，文化的兴与衰是历史的循环起伏，用中国道家的学说来说就是“衰兮兴之所倚，兴兮衰之所伏”。文化的这种作用在英国的兴衰过程中得到了极为典型的演绎：当文化以一种积极进取的精神燃烧起来的时候，英国以工业革命的方式掀开了世界近代史，告别了中世纪，在工业上的创新精神使其在许多方面走在了世界的前列。“这种不断的创新精神有效地动员了英国的人力和物资资源，并在英国工业革命过程中发挥了巨大的作用，使得英国能在很长的时期内战胜自己的竞争对手。”[①]但是，当英国文化丧失了这种精神时，英国也就丧失了自己赖以成功的工业精神。追求田园式的生活方式和精神上的绅士风度，英国主导文化开始了“一次价值反革命”，由此开始了大英帝国的衰退历程。这不由得使人想起黄炎培先生的一句话：“其兴也勃焉，其亡也忽焉”，而这恰恰是文化盛衰和国家兴废之间关系律的表现。国家积弱，内忧外患，政治经济一蹶不振，文化也失去活力，陷入死亡之旅。

一个国家的兴起，有时首先表现为文化意识形态的变革。这种变革本质上是一种旨在彻底涤清人们意识底层顽固守旧观念的力量的兴起，引发经济和政治系统的变化。近代世界强国的迅速崛起，绝大多数都是从文化意识形态的变革进而引发社会变革开始的。英国强盛始于资产阶级革命的成功；俄罗斯兴盛于彼得大帝改革及十月革命的成功；日本成为东亚传统的挑战者是从明治维新开始的。可以说，没有文艺复兴运动就没有今天的欧洲。文艺复兴运动是从意大利兴起，后来逐渐传播到尼德兰、英国、法国、西班牙等国的新文化运动。它萌发于 14 世纪，在 16 世纪前半期达到顶峰，被恩格斯称之为是一个需要巨人和产生巨人的时代。文艺复兴运动是欧洲从中世纪封建社会走向近代资本主义社会转变时期的一次以反教会神权为核心内容的伟大的思想解放运动。它把人们的注意力从来世转向现世，从以神为中心转到以人为中心，强调人的价值、人的理想、人的力量，宣扬人就是尘世的上帝，从而为欧洲的兴盛和崛起提供了强大的文化准备和思想力量。思想的解放必然导致人们对于人与自然关系的重新理解与认识，进而推动自然科学理论的革命，为人类利用自然和征服自然提供新的力量，科学通过技术的媒介应用于生产，科学技术真正成为第一生产力。没有人与神的关系的历史转换，就不可能最大限度地解放人们的精神生产力，也就没有人对自然力量的崭新发现，并且使之为人类社会的进步与发展服务。英国的工业革命之所以走在世界的前头，使英国成为第一个世界强国，文艺复兴运动所引发的全面的科学技术革命是一个十分重要的原因。

[①] 陈晓律. 现代英国衰落的历史启示[J]. 战略与管理，1997（2）：118.

1800年前后，西方国家通过工业革命成功地带动了整个经济的起飞和文明的大跃进，而随后的一个多世纪则是中国失败和极端困难的时期。因此，1800年作为一个转折点，可以刻画和分析中国由盛而衰的轨迹。仅仅把国际间分工形态的变化看作是东方衰落与西方兴起的关键性因素，把使这种优势与劣势得以交替发生的经济传导机制看成是最后起决定性作用的因素，而完全忽视文化在其中催化的作用，很难解释中国在“康乾盛世”之后陡然衰落的真正动因。中国之所以在1800年后开始由盛而衰，并且与西方在发展轨迹上呈现逆向运动，其中一个起决定性作用的原因是中国与进入工业革命发展阶段的西方在对于世界认识上有不同的文化眼光。清朝时期的闭关锁国，从根本上是对世界认识的一种文化态度。当人类历史发展必然趋势已经体现为代表先进生产力发展的工业文明的时候，中国还以农耕文化看世界。文化态度的不同，必然导致人们对于世界判断产生差异，以及由此而采取的种种治国之策有优劣之分。文化上的衰落，首先是关于世界眼光的衰落，这种衰落导致了文化观念的封闭和僵化，进而导致了政策和制度的保守，这才是中国经济在1800年后由盛而衰的深层原因。保罗•肯尼迪认为，“大国之所以衰落就是因为政治统治成本不断增加，而国内经济增长无法与之相适应。”而导致“政治统治成本不断增加”的根源在于缺乏降低“政治统治成本”所必需的文化支持。[①]因此，虽然保罗•肯尼迪关于大国兴衰的基本观点还是经济增长率和技术改革的差异是对大国兴衰起决定性作用的因素，但是，他在分析中国明代的衰落时却是从文化的眼光着手的，他认为明代“中国倒退的一个重要原因完全是儒家官吏的保守思想作祟。……在这种‘守旧’的气氛中，整个上层官吏关心的是维持和恢复旧秩序，而不是在向海外扩张和进行海外贸易的基础上创造更加灿烂的未来”，缺乏一种400年前的宋代具有的“活力和进取心”。因此，中国“尽管有各种机会与海外交际”，但是，在1405年至1433年进行了世界最伟大的郑和七下西洋后便于1437年起“决定对世界不予理睬”，听任郑和的大战船因搁置而烂掉。[②]文化的世界眼光的失落，导致了中国的衰落。有学者曾对罗马帝国与中国的汉朝盛衰进行比较：罗马帝国缺少文化的同质性，缺少文化的凝聚力，于公元395年分裂为东罗马帝国和西罗马帝国，而且从未统一过，西罗马帝国还因此很快就覆亡了。但是，中国的文化同质性在汉朝却延续了426年。更重要的是，文化的同质性使中国经历过三国时代之后于公元618年再度整合为隋唐盛世。此后中国历经几次分分合合，一再显示其文化的同心力克服了衰弱的及恶化的离心力。[③]孟德斯鸠在论及罗马帝国衰落

---

[①] [美]保罗・肯尼迪. 大国的兴衰[M]. 蒋葆英译. 北京：中国经济出版社，1989：49.

[②] [美]保罗・肯尼迪. 大国的兴衰[M]. 蒋葆英译. 北京：中国经济出版社，1989：9、10.

[③] [美]毛思迪. 中国新霸权[M]. 李威仪译. 台北：台北立绪文化事业有限公司，2001：5，43-44.

的原因时说，正是政府或经济增长创造的繁荣导致道德沦丧和最终的衰落，或者说经济和政治衰退是以文化心理的转换为特征的。社会价值、态度及行为的转变导致了对经济效益及个人和集体对公共利益所作贡献的削弱。一个缺乏深刻价值观念和纯粹追求物质利益与享受的社会最终将削弱国家的文化吸引力。美国战略学家布热津斯基在总结“导致罗马帝国的最后崩溃”的三个主要原因时也特别指出：“帝国长期的狂妄自大造成了文化上的享乐主义，使政治精英逐渐丧失了雄心壮志，”正是这种“文化上的衰败”连同“政治上的分裂”直接导致了罗马帝国的衰亡。①

## 二、文化发展模式与社会发展模式建构

一定的文化总是在一定的时间和空间里形成和发展起来的。它是一定的时间和空间里人类劳动创造的产物。不同的空间不仅为不同的人群提供了生活和生产的物质资料与手段，而且也是不同的人群关于世界认识系统形成的对象性依据。空间的局限性以及资源禀赋的局限性是造成人们认识世界和表达世界的局限性的根本原因，正是这样的原因形成了人们认识世界及其整个知识文化系统的局限性。由于文化是这样一个包含着知识信念、政治取向、道德操守、宗教信仰、审美情趣、人生境界等价值的系统，因此，任何这样的局限性都会在它的整个文化价值系统中表现出来，在它的文化发展模式的选择中表现出来，不管这种选择是有意识的追求还是无意识的认同。

文化发展模式包含着在一个特定的地理空间里人们的价值追求结构和对生存状态理想追求的信念。文化发展模式经历了一个从自在的向自为的发展演变的过程。社会制度和国家发展模式的选择正是这样选择的结果，无论是柏拉图的《理想国》，还是孔子的“克己复礼”，都是对一种理想社会发展模式追求的记录。这实际上反映了一定历史条件下不同民族和人民对于世界认识与理解意义的差别性，饱含了人对人与自然、人与社会、人与人之间关系的全部理解和认识。这种理解和认识是人们选择国家形态和社会发展模式的重要的人类学依据。价值观体系处于文化发展的核心部位，决定和影响了文化发展的走向，也决定了国家模式建构的走向。三民主义建构和新民主主义建构的根本区别就在于文化价值观体系的根本区别。在建构国家和社会发展模式的发展过程中，人类社会曾经在一个相当长的历史阶段一直都在寻找最适合自己生存与发展的社会发展模式，从柏拉图“理想国”到莫尔的“乌托邦”，直到共产主义学说的完整提出，无论是封建主义、资本主义还是社会主义，不同的执政主体都是按照自己的理想追求在设计和

① [美]布热津斯基. 大棋局——美国的首要地位及其他地缘政治[M]. 中国国际问题研究所译. 上海：上海人民出版社，1998：16.

塑造社会发展模式及选择国家发展道路的。今天的中国对构建和谐社会的追求，包含了对理想目标深刻的文化关怀。因此，社会发展模式是被文化和文化发展模式建构的。

任何一种发展模式选择的背后都包含着深刻的利益关怀。用一种文化发展模式取代另一种文化发展模式，并最终导致国家和社会发展模式的改变，以实现本阶级、本民族和本国的国家利益最大化，也就成为阶级和阶级之间、民族和民族之间、国家和国家之间不断发生冲突乃至战争的重要原因。因此，我们不难理解和解释为什么“文化冲突”和“文明冲突”会导致社会冲突和国家冲突。中国选择社会主义发展道路和社会发展模式是中国共产党执政理念的集中反映，其目的是民族的复兴、国家的繁荣和人民的幸福，代表的是全民族的利益。正是由于这种选择与现在的一些大国所主张的社会发展价值取向存在根本的区别，因此，在这种文化发展模式上的价值取向的分歧和差别消失之前，由此而产生的矛盾和冲突也就成为不可避免的了。

## 三、文化产业发展与国家发展道路选择

文化产业是现代工业文明的产物，也是文化发展模式选择的一个结果。从它诞生的第一天起，文化产业就以自己不断的成长性方式影响着人类社会的发展道路和发展形式。由于文化产业是以工业生产的方式生产文化产品和缔造与传播现代文化精神，并且以自己特殊的方式反映一个国家在一定的历史发展时期的政治经济和社会运动状况的，因此，随着现代人类社会的文明成果不断地以文化产业的方式生动地表现出来，并且又给人类社会的发展带来巨大的反作用，文化产业、文化产业战略已经和国家发展道路、国家战略选择发生了非常密切的联系。从某种程度上来说，一个国家和地区选择什么样的政策和战略发展文化产业，已经不仅仅是一个国家和地区建设与发展文化事业的一种选择，而且是一种国家发展道路和发展模式的战略选择。在西方，美国和法国关于文化产品贸易自由化之争，实质上反映了两个资本主义大国在国家发展道路问题上的主导权之争。

中国文化产业在世纪之交的兴起，是中国确立社会主义市场经济体制这一国家发展道路的结果。在长期的以计划经济为主导的国家发展道路和发展模式中，中国的文化建设及其产业形态的发展走的是一条福利性的国家文化事业发展道路。这条道路对于在一个不长的时间里迅速建立起社会主义文化制度发挥了积极作用和产生了深远的影响。但是，改革开放后，随着中国重新融入现代世界休系，主动和积极地参与世界经济全球化进程，中国和国际社会之间的相互依存度不断加大，从而导致文化无论是在其存在方式、存在形态还是在传播手段上都发生了前所未有的革命性变化。文化的力量以经济的方式所表现出来的人类财富创造和财富增长方式的转移，以及它在世界政治和经济力量关系

格局的演变中所发挥出来的惊人的作用，使得文化产业日益成为一种重要的国家战略力量而被迅速发展并推到了世界文化发展的前沿。文化成为一种与军事和经济这些硬力量相对应的“软力量”而被提了出来。中国深刻地感受到了世界文化发展进程中这种深刻的文化变革，感受到了这种新文化变革力量的存在和对现存文化观念、文化制度与文化秩序的冲击和威胁。国家文化安全也随着文化产业的发展而被提了出来。中国文化发展不能只有文化事业发展这个模式，中国要取得在世界文化力量格局变动和经济全球化进程中的文化综合国力，就不能没有文化产业这一全新的文化发展模式选择。因此，适时地提出要大力发展文化产业并写进党的政治决议，将其确立为国家发展战略，也就成为中国国家发展道路在重大转型过程中的必然选择。

自2003年中国在博鳌亚洲论坛上首次提出“中国和平崛起”这一国家发展道路的新战略理念后，温家宝总理和胡锦涛总书记分别在美国哈佛大学演讲和纪念毛泽东诞辰一百一十周年纪念大会的重要讲话中，明确指出和平崛起将是中国今后相当长的一个时期内的国家发展道路。中国和平崛起战略的提出，是在回应“中国威胁论”过程中中国对未来发展道路的目标选择和实现方式的一种准确表述。中国崛起是一百多年来中国人前赴后继、不懈追求的民族复兴和国家富强的伟大目标；和平是中国在进入21世纪后提出的实现这一伟大目标的方式和途径。中国将以自己的悠久传统文化为指归，坚持“和而不同”的中华精神，克服近代以来大国崛起的战争模式，在不挑战现存国际秩序的进程中实现自己的国家理想。也就是说，中国在21世纪要实现民族复兴的伟大目标，将主要以建立在“硬力量”保障基础上的“软力量”的方式来实现。文化产业是“软力量”的核心组成部分之一。在文化产业的所有形态的运动中，无论是经济的还是政治的，都是通过文化产品的生产和传播，作用于人的精神世界，满足人们的精神消费需求，影响人的生活态度和生存方式，改变人的观察世界和认识世界的思维模式，进而影响人的社会行为的。在全球化背景下，任何精神文化力量的传播不借助于文化产业都是很难实现其目的的。中国要实现和平崛起的伟大战略目标，不能没有国家文化产业的战略性崛起，不能没有文化产业的创造力和穿透时空的影响力。从这个意义上来说，中国文化产业在中国的发展能否达到一个与国家的和平崛起的战略需求相适应的高度，某种程度上决定了中国和平崛起伟大目标的实现程度。在这一点上，美国的经验值得重视。众所周知，1998年美国以版权业为核心的文化产业所创造的产值就已经占到美国GDP的6%，成为美国仅次于航天航空工业的第二大产业。也正因为美国以文化产业为核心的“软力量”达到了与航天航空工业的“硬力量”相当的水平，才使得美国因素在全球拥有其他大国都无法比拟的影响力、渗透力和文化颠覆力量。而所谓美国文化、美国精神及由此而形成的文化霸权主义，正是凭借其以版权业为核心的文化产业的无可比拟的竞争力而在全

球范围内横冲直撞，并且影响和左右国际文化秩序的建立的。没有美国的文化产业在全球范围内的成功，美国的国家发展道路很可能是另外一个样子。因此，中国要实现和平崛起的伟大战略目标，就不能没有文化产业在中国的崛起和在世界市场的竞争中的崛起。没有中国文化产业的崛起，就没有中国文化在世界的影响力、渗透力和颠覆力。没有中国“软力量”的当代形态，也就没有中国和平崛起的完全实现。

## 第四节　人口、就业与文化产业[①]

人口、就业与文化产业关系是文化产业与现代社会运动最密切、最典型的文化关系，集中体现和反映了文化产业社会学的典型特征。

### 一、人口与就业——现代社会治理的基本问题

“人口是全部社会生产行为的基础和主体。”国家治理的对象无论是自然还是社会，其本质上都是通过作用于人及其行为，以满足人的生存和可持续发展需求、谋求当下及未来人类社会存续和福祉为目的的。因此，基于个体和群体的“人的问题”始终是其基本内容。“人的问题”是多样的，生存问题首当其冲，而这一问题又直接与人口和就业问题紧密相联。当人处于生活、生产资料匮乏，生存受到威胁的状态时，往往会打破稳定状态下所形成并认同的行为模式和社会秩序。当其人口规模上升形成特定群体时，可形成打破社会既有生产、分配秩序的能力，威胁社会原有的稳定态，质疑社会公平、正义，挑战社会组织者管理和存在的合法性。无论哪个时代，对于社会管理者而言，维持稳定的生产和社会秩序是其存在的基础。福柯甚至认为，国家治理始终与人口和财富相联。从 16 世纪开始，西方大量政治论著开始讨论“治理的艺术”“一个一般意义上的治理的问题域出现了”，当时的“治理必须保证尽可能大量的财富被生产出来，必须保证给人民提供了足够的或尽可能多的生活物资，最后必须保证人口的增长”。而当时的治理艺术或陷于主权的宏大框架，或陷于狭小的家政模型，无法找到自己的维度。直到 18 世纪，“人口成为行政管理领域的基础性知识，治理艺术才通过人口问题的出现找到了新的出口”。“真正的经济的政府治理，也发展成为处理人口问题的政府治理，形成了以治理为特征的干预，即经济和人口领域的干预，治理的科学是研究财富与人口之间关

① 本节由我和我的博士研究生段莉合写。

系的科学”，人口的利益是治理的目标和手段[①]。

整体性解决人口的生存和发展问题需要符合实际又可持续的生产力发展路径。人类不只是自然的简单施压者，同时也是承载能力的共同创造者，这是经济治理的逻辑。[②]通过新动力、新空间的拓展和发展转型，人类不断地在质量和数量两个维度提升社会的人口承载能力，历史因其自然性和治理性而呈现出不同的人口规律。随着生产力、生产关系的发展，“人与社会的需求—满足”在内容和方式上发生着重大变化，人口在数量和质量方面不断地从最基本的生存需求中解放出来，生成了更为复杂的社会需求，而对这种“需求—满足”的掌控能力则发展成为治理变革的“动力—结果”。国家、政府基于人口的自然性和科学性对实践展开的干预因凯恩斯主义的盛行而进一步强化。凯恩斯福利国家体系强调确保国家在提供“全民就业”、“治理经济”、“拥有工业所属权及管理权”和“提供社会福利”中扮演积极角色。[③]与此同时，人口的数量、质量和结构不仅影响着国家的经济发展水平，同时也影响着国家软硬实力的变化，大国的兴起与持续皆以人口的兴起、壮大为后盾，而大国的衰落与迟滞则有人口过度衰老的影子。[④]因而，人口和就业是现代国家治理的基本问题之一。

## 二、人口、就业与文化产业关系的形成

人口、就业与文化产业的共时性开始于当代，但却存在一个历史发展的内在逻辑：共同目标是人口承载能力的提升。从三者关系的历史形成过程来看，这是一个人口治理问题最先出现，就业治理问题其次，文化产业治理其后，逻辑连贯而议题不断叠加、复杂化的演进过程。从三者关系的作用模式来看，这又表现为一个与历史形成过程相逆的过程。当就业和就业治理出现后，分担了绝大部分人口治理的任务，即通过就业治理人口问题；文化产业出现之后，也分担了部分就业治理和人口治理的任务，即通过文化产业治理就业和人口，实现更为复杂的人口承载能力提升。这种关于三者历史形成逻辑和作用机理的分析，可以解释“文化产业何以成为当代国家发展战略”这一问题。人口始终是社会和国家存在、发展的基础性条件，特定社会内的全部劳动力人口是财富创造的主体，而全部人口是财富消耗的主体。多大规模、水平的劳动力人口所创造的物质、精

---

① [法]米歇尔·福柯. 安全、领土与人口[M]. 钱翰，陈晓径译. 上海：上海人民出版社，2010：75，84，87，89.

② 吕光明，何强. 承载能力理论与测度方法研究[M]. 北京：中国人民大学出版社，2011：47.

③ Ling, T. *The British State since 1945*. London: Polity Press,1998.
宋雄伟. 重新建构的“西斯敏斯特模型”——论新工党时期英国的国家治理模式[J]. 社会科学家，2009（9）.

④ 李建新. 人口变迁、人口替代与大国实力兴衰[J]. 探索与争鸣，2013（5）.

神成果可抚养、支持最大的社会总人口规模，即是人口承载能力，这与特定历史条件下的生产力、生产关系直接相关。生产方式的发展始终是解决人口问题的重要路径。人类有意识地双向调节人口与生产方式之间的平衡既是人口治理，同时也是经济治理，经历了从自然调节到社会调节再到国家治理调节的转变。由于人口转变相对缓慢，而且涉及人权等复杂问题，发展生产力、通过生产方式转变来提升人口承载能力在实践中成为人口治理的主要方式。

进入工业社会之后，机械化大规模生产条件需要雇佣制生产组织方式，就业问题由此出现。伴随着人口统计技术及现代经济治理模式的发展，特别是现代凯恩斯主义之后，政府通过货币政策、产业政策调整等手段来拉动就业增长进而解决人口和经济危机，已成为各国通行的治理方式。就业治理不仅成为可能，而且成为政府责任，就业成为人口与生产方式之外另一显著的作用机制而展开对前两者的双向调节。人口承载能力的提升转移至人口和就业相交互的治理领域。在这一治理领域中，发展经济仍然是人口和就业问题解决的主要路径。在人口承载能力提升实践中，经济与人口治理的发展逻辑和规律是：人口的增长导致人口承载能力下降，需要生产力发展来提升人口承载能力，人口是一种缓慢但却持续发展的因素，而每一种生产方式都有其内在的局限性。当某一种生产力和生产关系发展到人口承载能力的极限水平时，需要开辟新的经济发展空间来解决新的人口承载能力问题。新的生产方式需要的是素质有所发展的劳动力。生产力的发展性决定了劳动力人口结构的发展性，对劳动力素质提出了不断发展的要求，成为一种人口素质结构转变的动力。由此形成人口治理的第一循环，这一阶段形成的人口状况成为下一轮发展的基础性条件。这种最初由人口压力推动、又受生产方式反推动的过程形成一系列发展的循环，使社会整体上呈螺旋上升趋势。由此人类社会发展在生产方式上表现为从农业生产为主到工业生产为主再到非物质生产领域发展的转变，在文明形态上表明为农业文明、工业文明、信息文明的结构性变化。同时，人口经济发展的过程通过不断的劳动力解放而丰富着社会对人口可承载能力的诉求，对治理方式、治理能力提出了更高的要求。从绝大多数人口劳动抚养少数人口，到少数人口劳动抚养大多数人口，从物质性劳动占比最大到非物质性劳动占比的增加，现代人口可承载能力甚至包括了人口对于生产、生活的意义价值和社会公平等文化性内容的诉求，需要在新的生产方式中提升治理能力。在文化产业成为一种发展战略之前，各国人口—就业治理的生产方式是以工业化为基础的现代经济体系。这种生产方式的人口承载能力是空前的，由此形成了“人口的世纪”，同时其对生态的破坏、资源的消耗也是空前的，加之物质性消费的有限性，使其在人口与生产方式两个维度构成发展空间的闭合。与此同时，各国经济治理方式也存在局限，经济发展方式和治理方式转变的内生性需求推动了各国经济增长方式转型和产业结构调整。中国当前人口与就业治理的突出矛盾是人口红利的消失和刘易斯拐点出现之后所造成的经济转型发展的迫切性，这需要在人口与生产方式调整中系统地展开治理。第三产业是工业文明后期开始快速发展的产业，其特点是非物质性、服务性，因而部分地解决了第二产业的发展空间转向问题。文化产业是工业辅助型第三产业和生活服务业之后快速发展的产业部类，具有其他第三产业所不具备的产出和功能。近年来，文化产业的潜在价值随产业的发展不断显现，备受世界许多国家的重视，甚至在21世纪前后发展成为多国普遍采用的国家发展战略。作为一种新的生产方式，文化产业与人口、就业之间的关系得以形成，其综合性价值和功能可满足业已提升的综合性人口承载能力治理的需求，因此成为人口与就业治理新的场域。

## 三、人口、就业与文化产业的互动模式

从三者关系的历史形成与发展逻辑演进来看，符合人口产业转移、经济发展和治理的一般规律。由于人与文化的更紧密关系，文化产业在本质、结构、运动机理上与其他产业有显著差别。这导致了人口、就业和文化产业互动的特殊性，以及文化产业治理的特殊性。

文化产业条件下的人口、就业与产业互动符合一般人口经济发展的规律。文化产业是历史的产物，受既定人口发展总体水平的推动和制约，又对人口的发展有着巨大的导向性和影响力。从三者关系的生成来看，文化产业逐渐成为国家发展战略的过程是一个受剩余人口压力和原有经济发展模式极限共同推动的新经济转型和新产业开拓过程。当代剩余人口所形成的就业压力在文化产业这一新的经济领域得以解决，作为新兴产业对于劳动力素质的特殊要求倒逼人口结构转变，转变后的人口发展水平又成为文化产业发展新的基础性条件。这种人口与文化产业间的频繁互动是各自向前发展的动力，从一种整体性、系统性的角度来看，则是整个社会经济、文化、社会发展水平的不断进步。从中国文化产业发展实践来看，文化产业发展初期表现出了强大的就业拉动能力，原因主要在于当时需要产业转移的剩余人口的知识结构与文化产业发展的劳动力需求相适应，即人口、就业与文化产业间平衡。这一判断虽无十分完整的数据证明，但却有三个角度的实证：其一，在文化产业发展的初期，旅游、文化市场、娱乐等外围产业放开，这些产业对劳动质量要求相对不高，但有大量的劳动力需求，这些产业与社会既有人口素质结构基本相适，因而有显著的就业拉动力；其二，文化事业单位的人事改革实质上盘活的是社会既有文化相关人才资源；其三，新兴文化产业有大量的劳动力需求，但有较高的基本文化素质要求，与我国高等教育的扩招相同步，在吸纳大学生就业方面显示出了

较强的作用力。

劳动力供给与文化产业需求相适的情况下，人口、就业与文化产业三者处于一种良性互动结构，可以认为是一种“平衡发展状态”。文化产业与人口各有其发展逻辑，结构上的基本平衡并不是常态，较多情况下是一种因不相适应而相互调整的动态过程。例如，当前我国文化产业发展凸现的“人才匮乏”问题。文化产业所需的劳动力不仅有数量方面的要求，也有质量和结构方面的要求。二者的不相适应会直接反映于就业的劳动力供求矛盾及就业治理的导向性之中，又通过对人口或产业结构的调整而实现平衡，但这一循环在量和质的方面都推动了三者各自及其所同构的社会系统的发展。其次，由于人口与文化产业的关系是人与文化关系的“放大”，二者具有本质上的统一性，因此，文化产业表现出与其他产业完全不同的本质和发展逻辑，也形成了文化产业条件下人口、就业与文化产业互动的特殊性。文化是人的本质，是“人化”和“化人”的统一。人口发展水平是文化产业发展的基础性条件，文化产业是人能动性的实践，作为当代文化生成最主要的机制，对人口发展有着极强的导向性作用。文化产业的本质是“文化的”，是通过精神性产品提供和经济价值实现来建构人和社会的精神秩序的。文化产业生产的特殊性是其生产的内容是“文本”，创作和物化阶段只是生产的一部分，消费者的文本解读是一个完整的“文本生产”过程中的重要部分。这种生产从微观具体的角度看是“传—受”一体的，而从整个产业来看是“教育—就业—消费”一体的。文化产业自身即是一个开放的教育系统，生产所积累的人力资本，消费所形成的文化内化，都是直接作用于人的教育模式。文化创作就其某些方面而言，不受大型技术条件和组织结构等限制，无需制度化、体制化认证，可以是一个完全开放的系统，可以是任何个体随时进出的领域，如自由职业者、兼职工作者甚至在自媒体时代创作者和解读者是一种即时性的同构关系。在传统物质生产和传统第三产业生产中，人口可根据其在生产和价值实现中的作用而固定化为生产者、消费者，可在具体的指标中展开分类和数据分析。文化产业的多维一体化使得人口的身份意义趋向模糊。人口问题中最重要的教育、就业、消费无论是实质还是指标，都可以完全内化于一个开放的文化产业实践的全过程之中。人口与文化产业的互动过程将生成一种更开放、普遍的教育平台，拓展就业的内涵与外延。这些都将直接作用于人口素质的发展，因此人口可以被视作一种关于文化产业“投入—产出”分析的最佳视角。文化产业的投入是人口的教育与就业的数量结构；文化产业的产出是从微观到宏观的人口质量提升。在微观的个体层面，文化产业以私人消费、公共品分配等方式使个体获得必要的智能给养，满足精神性需求或实现个体精神性的增值。在中观的产业层面，可以分析文化产业发展所导致的教育结构、就业结构、消费结构变化，以及三大结构之间的协调平衡度。从宏观的社会层面来看，文化产业的产出是依附于个人、反映于人口结构的社会文明形态的建构。

人口与文化产业有着更为复杂的互动关系，但就业依然是最主要的互动机制。文化产业就业机制的特殊性在于文化产业就业的核心支撑结构。创意及许多艺术类产业劳动者居核心地位，外围是其物化、传播、销售等产业领域的从业者，居于核心的劳动力所生产的创造性成果是其外围产业就业需求存在的前提和支撑，其人口的数量占比较小，但显然具有较高的素质要求，而越是外层对于素质的要求越低，但有大量的数量方面的需求。因此，在文化产业发展过程中，始终伴随着两种就业发展路径。内向运动是从外向内的人才积累过程，更关注就业的质量问题，可视为就业的技术密集型发展；向外运动是就业拉动过程，可视为就业的劳动密集型发展。两种发展路径是不悖的共时态，富有张力，在不同的产业发展阶段各成重点，即实践中从早期的“就业拉动”为主要特征到近期“人才匮乏”成主要矛盾的流变。之前已经论述了文化产业发展初期的就业拉动现象，即是一种人口、就业与产业发展之间平衡、推动的阶段。当居于文化产业核心的文化生产力得到充分释放，产业规模和市场基本稳定之后，产业转型升级成为自身发展的内在需求，“人才匮乏”的议题凸显为主要矛盾。“人才匮乏”是文化产业的发展对就业的人口质量提出了更高的要求，而现有可转移人口的质量与数量方面不相匹配的现实。这表明人口、就业与文化产业间的关系进入一个不平衡的调整期。文化产业就业的核心支撑结构使得产业发展必然导致就业增加，但就业增加不必然导致产业发展，只有核心创造力的不断提升，才有必要发展更为广延的“物化”业务和产业。人才是文化产业可持续发展的核心和支撑力，由此又直接导向了一个人口治理的议题。文化产业的开放性使得其自身的发展需要一个普遍优化的人文社会环境，而其自身则是这种人文环境再造最重要的再生产机制，正通过对人口的治理而改造社会。文化产业对人口的治理是多途径的，可通过教育来改善人口文化素质结构，通过就业来改变人口就业结构，以及通过文化消费、文化内化来培养潜在生产者和消费者群体，其治理结果是社会人口文化生产力的提升。在这里，“文化人口”具有特别重要的分析价值。“文化人口”是人口、就业、文化产业三大关键词的统一，是基于拓展了的生产和就业理解而建构的一个关于人口与文化产业互动关系的理论化概念。人口、就业与文化产业从平衡、不平衡到再平衡的互动过程必然导致文化人口在数量和质量方面的提升。一个社会的文化人口水平所反映的是社会人口文化生产力发展的总体水平。从文化人口的维度看，文化产业就业的技术密集型路径和劳动密集型路径的结果都是人口结构的重大转变。“创意阶层”的崛起即是一种表征，它是基于就业结构而得出的人口结构分析结果。由于文化产业与人的更紧密关系，文化产业在人口结构调整方面是一种变革性的力量。它通过教育、就业、消费的一体化方式，全面优化现有人力资本结构，增加社会的文化资本储量，从而使创

意资本成为社会、经济发展的根本动力。这种偏向于质量的全面的人口结构变化将是文化产业和经济发展所需的新人口红利和人才红利。由此可见，文化产业通过一种更广的就业机制投入“人口”这一最主要生产要素，又产出“人口”这一最主要成果的循环发展过程，是一种更为复杂的动态平衡成长过程。其最显著的特点有三个：一是以“人”为核心；二是融教育、就业、消费机制于互动的全过程之中；三是人口、就业与文化产业互动的特性使文化产业属于国家文化治理范畴的逻辑。

人口、就业与文化产业互动的特性是以“人口人文素质的发展”为产业基础和价值目标的，互动弥漫于人口和社会发展的全过程之中，互动的内核是“文化人口”的发展。这就决定了文化产业虽然具有一般人口经济的治理功能，但文化治理性是其本质，也是其经济治理性的基础，由此决定了它在总体上属于国家文化治理的范畴。文化产业也需要其他投入，但只有人这一要素的投入才可能生成文化，其他要素的投入只作用于文化的物化。文化即人化和化人，文化产业是“人化”的结果，其最重要的生产要素投入是数量、素质相适的人口，这决定了其产业的规模和可持续发展的动力问题。文化产业的产出是直观物化的产品，但其完整的使用价值和价值实现于人化。文化产业是“化人”的机器，在人口结构调整方面有着综合而强大的作用力，需要以人口的产出为根本，这是一种文化功能。文化产业丰富的是人作为文化主体而存在的本质属性，在整个社会层面是通过基于个体的文化结构而形成的社会总人口的精神结构。对人口的再生产，对社会的重塑，就是一种文化过程，即一种文化治理过程。文化产业作为产业形态，符合人口—就业—产业转移的一般经济规律，经济型动力机制、经济理性的发现和利用是文化产业化发展的前提。文化产业的经济治理不仅促成了其产业规模化发展和经济战略性地位提升，而且使文化的价值、功能在全社会范围内快速普及、渗透，深刻嵌入社会体系之中的实践成为可能。正是因为采用经济理性的方式，文化的理性价值在全社会范围内才得以快速成长。文化产业作为一种综合治理手段，是基于文化治理性并借助经济治理性得以实现，又必须回归文化治理性的实现模式。文化产业所致的人口结构调整将重构中国的人文社会，产生真正意义上治理的第三主体——社会，可转变以往治理模式因不同领域划分而存在的治理价值单一化、割裂化、工具化，以文化的功能实现治理的战略转型与能力升级。

综上所述，文化产业发展和文化治理条件下的人口、就业与文化产业存在一种特殊的互动关系，它以人口人文素质的发展为核心，在文化产业升级转型过程中通过一种广义的就业机制，再生产“文化人口”以持续不断地优化社会人口结构，从而不断解决产业自身发展的人才危机和可持续问题。三者间持续不断的互动呈一种动态平衡成长规律，其结果是一个持续发展的人文社会的重塑。由于总人口的人文理性、价值诉求提升，社会将发展成为真正的治理主体，全社会层面基于人文价值的社会整合能力不断提升，进而推动国家治理结构和治理战略的转型。

## 本章小结

人类社会是被文明建构的。生产力构成和规定了文明构成方式的历史尺度。农耕文明、工业文明和信息文明区分的重要标准就在于它们的生产力水平的差异。不同的社会不仅文明构成的内容不一样，而且构成的文化形态也不一样。但并非所有的文化形态对现代文明社会构成都具有建构的意义。只有那些深刻地反映了文明进化水平的标志性文明成果，集中体现和反映了人类的精神与物质两个文明创造的集合文化，才能对现代文明社会具有建构意义。

文化产业是现代社会构成的重要组织形态和文明方式。它以自己的内容和形式参与配置和整合各种社会资源，包括政治的、经济的、文化的、社会的、物质的、非物质的等，建构着现代社会的文明形态，已经成为影响当下人类社会走向的重要运动形态。文化产业作为现代文明传播的科学媒介，正在以市场经济的方式和高新技术手段实现对意识形态的占有与控制。

文化产业以文化商品经济运动的方式来反映社会进步所达到的一种文明程度。每一种社会结构都是一种文明程度的反映，是一种文明社会的生产力和社会关系的反映。因此，每一种社会结构一定有一种具体的与它的生产力和生产关系相适应的文化存在的结构形态与之相适应。文化产业便是这样的一种结构形态，并且以这种结构形态所达到的优化程度来反映社会进步所达到的一种文明程度。

文化产业以其文化经济和现代科学技术相结合的方式，反映了现代经济与传统经济在文化意义上的差异。文化产业以生产力结构形态的变化反映了社会文明进程中的一种新的生产方式和生产关系。由这种生产关系所形成的文化经济制度极大地改变了一般意义上的经济结构和经济制度形态，丰富了经济的内容，扩大了经济增长领域。正是由于文化产业的经济性存在是一种文化结构的产物，是一种文化结构的经济性表现，作为经济结构的文化表现形态的文化产业在不同国家的发展进程是不一样的。经济是文化的基础，文化又反过来折射经济发展的成果及对文化的理解，因此，当经济发生变化的时候，通过文化产业反映的文化也随之而变化。

文化产业是社会组织结构的文化关系反映，动态地表现一个国家的文化权利关系，表明不同的人群所处的文化位置，拥有的文化权力，掌握的文化资源，可动用的文化资

本以及享有的文化权利。人们的文化权利和拥有的文化权利的方式反映了一个国家和社会的政治文化结构。文化产业的市场准入是这种文化权利实现程度的重要的制度性表现之一。

文化产业是物质文化、精神文化和制度文化形成的一个文化系统。物质文化结构决定了文化产业作为一种经济形态存在的发展水平；精神文化结构决定文化产业作为一种意识形态存在的文化内容；制度文化结构决定了文化产业作为政治文化权利分配和权利体现的特殊安排。文化产业以产业形态的存在方式与运动反映着文化运动与文化结构的现代存在方式。文化产业发展的先进性程度和文化产业结构的个性化程度，集中体现了人类生存方式的文化关系性存在。

文化发展是社会发展的重要形态之一，也是国家运动中起重要作用的动力之一。对于社会发展模式与国家发展模式的选择，实质上包含着一个特定的地理空间里人们的价值追求结构和对生存状态理想追求的信念。社会发展模式和国家发展模式在某种程度上是被文化和文化发展模式建构的。任何一种发展模式的背后都包含着深刻的利益关怀。用一种文化发展模式取代另一种文化发展模式并导致国家和社会发展模式的改变，是人类社会发展的一个基本规律。文化产业是文化发展模式选择的结果，从它诞生的第一天起就以自己的不断成长影响着人类社会的发展道路和发展形式。一个国家和地区选择什么样的政策和战略发展文化产业，不是一般的文化事业的选择，而是一个国家和社会发展道路与发展模式的战略性选择。

## 思考题

1. 简述文化产业对于现代文明社会建构的意义。

2. 文化产业与现代社会运动的关系主要表现在哪些方面？是如何表现的？

3. 怎样认识和理解“文化产业是物质文化、精神文化和制度文化所形成的一个文化系统”这一判断？

4. 文化产业发展与人的文化权利的实现之间有着怎样的关系？

5. 如何理解人口与文化产业发展的互动关系？它们之间是怎样被互相建构的？

## 参考书目

1. 胡惠林. 胡惠林论文化产业[M]. 昆明：云南大学出版社，2014.

2．[美]大卫·赫斯蒙德夫. 文化产业[M]. 张菲娜译. 北京：中国人民大学出版社，2007.

3．[英]斯科特·拉什，[英]西莉亚·卢瑞. 全球文化工业：物的媒介化[M]. 要新乐译. 北京：社会科学文献出版社，2010.

4．[美]伊丽莎白·爱森斯坦. 作为变革动因的印刷机：早期近代欧洲的传播与文化变革[M].何道宽译. 北京：北京大学出版社，2010.

# 第五章

# 文化产业与意识形态

## 学习目标

通过本章学习，学生应了解和掌握以下内容:

1. 文化产业与意识形态的基本关系和矛盾运动;
2. 意识形态作为存在与科学对象的理论;
3. 马克思主义意识形态理论的主要内容;
4. 意识形态作为权力形态理论的变迁;
5. 作为意识形态的文化产业与文化建设的关系。

## 导言

文化产业与意识形态建设，是当代中国文化产业理论与实践中的一个重要命题，同时也是影响文化产业生命运动和制度建设的一个重要机制。这个命题不仅一般地影响着文化产业的运动和发展，而且直接关系到整个中国的先进文化和意识形态建设的现代性把握与实现。正确认识它们之间的相互关系，是科学制定文化产业发展战略、文化产业政策、文化发展规划和意识形态建设的重要前提之一。对于三者关系的理解与把握的任何理论与政策性失误，都会对国家和地区文化、文化产业和意识形态建设造成战略损失。

## 第一节　意识形态与现代文化

文化产业与意识形态的关系是文化产业学研究中一对最重要的关系。对它们之间相互关系的认识，在某种程度上涉及我们对全部文化产业理论的掌握与运用。因此，研究和正确认识文化产业和意识形态的关系，不仅可以帮助我们更好地把握和认识文化产业运动、发展的最一般的规律，争取处理文化产业发展和意识形态建设的关系，而且可以使我们在实践中更好地制定和执行文化产业政策，实行科学的文化产业发展与管理。

## 一、意识形态的价值导向制约性

意识形态是一种价值观系统，起源于人类社会发展对于共同行为规范与约束的需求。私有制的出现改变了原始社会人们之间的相互关系，协调行为以共同应对大自然的挑战及刚开始出现的私有制社会的挑战，成为“初民社会”的共同的“意识形态觉醒”，所以必须建立共同的生存观念和观念系统实现“私有制”条件下的“集体组织”，于是便出现了“分工”。“分工”进化为社会分层，如不建立起合理的价值伦理以建立分层的合法性与合理性认识，会不可避免地导致社会分裂。而要维系社会分层的合理性就必须建立起关于它的合理性观念系统，并且由这种观念系统来建构社会分层的合法性。这种观念系统在“意识形态的初始阶段”是多种多样的。人类文明社会进步需要在多样性的基础上凝聚共同的认知目标，并且以这种目标作为自己一切行为的出发点和归宿。于是，便产生和形成了价值观和价值观系统。这种价值观系统不只是一般的世界观体现，而且更重要的是一种关于自身和世界关系的信仰。这种信仰既包括远大理想的追求，也包括以这种理想为形态的根本利益的追求。当这种信仰、追求表现为根本价值观形态并且以某种制度形态加以刚性规定和规范的时候，它就集中表现为政治意识形态。政治意识形态是规定和约束其他意识形态（如经济意识形态、宗教意识形态、审美意识形态、科技意识形态等）的意识形态。在今天，一般意义上使用的“意识形态”主要就是指“政治意识形态”。这是规定一个国家和阶级身份的核心价值观体系。所谓在处理国家间关系问题上尊重各国选择的社会制度和意识形态，不以意识形态强加于人，主要就是指“政治意识形态”。任何一个阶级或利益集团一旦掌握了国家政权而成为统治者，都毫无例外地以自己的价值观为全社会的价值观，以自己的意识形态为国家的意识形态，并且以这种意识形态要求、制约和规范各种主体的社会行为，以维护自己所代表的那个阶级和集团的根本利益。任何对于这种意识形态的挑战，都会毫无例外地受到统治阶级的管制、打击直至镇压。因此，自从出现国家形态以来，就由国家制定意识形态管理制度和法律，区别只在于内容的不同和管制宽严程度的差异。在这一历史运行规律的作用下，任何一种精神形态表现样式的出现在经历了幼年期后都会立即成为国家意识形态的管制对象并为一定的意识形态服务。孔子编订《诗三百》、秦始皇“焚书坑儒”和董仲舒“罢黜百

家，独尊儒术”，在意识形态价值取向上并没有本质的区别，都是为了要建立某种标准，并且用这种标准来达到统一人们的价值取向和行为取向的目的。封建社会是如此，资本主义社会是如此，社会主义社会也是如此。一种社会制度的选择，就是一种意识形态的选择，并且用这种意识形态来规范人们的社会行为，尤其是文化行为，是阶级社会发展的一种基本运动规律。世界各国的社会制度和文化制度虽然各不相同，但都与本国所选择的意识形态相一致，并且以这种意识形态的价值取向为标准来衡量、审查和鉴定其国家的文化行为，任何与之相违背的文化行为无不要受到惩罚。这就是意识形态对人们的社会文化行为的导向制约性。这种导向制约性集中地表现在文化产品的生产和经营活动中。

文化产业是关于文化生产和经营的社会文化活动，虽然它常常以经济的活动方式表现出来，但是由于所有关于文化的生产都是精神产品的生产，是意识形态生产的一种最重要的形态，因此，关于它的生产和经营活动在任何时候都是对社会公众价值选择取向的一种引导和判断。由于这种引导和判断在本质上关系到对一个国家、民族和社会制度的认同与执政的合法性和合理性的肯定，因此，坚持以一定的意识形态在国家文化生活和文化产业中的指导地位，也就自然地成为一个国家执政主体必然的文化选择。这就是意识形态作为价值观系统对于文化产业运动的价值导向制约性。《中华人民共和国宪法》明确规定“指导我们思想的理论基础是马克思列宁主义”，从而以法的形式确立了马克思主义作为我国国家意识形态的宪法地位。因此，在中国，坚持马克思主义在意识形态领域里的指导地位，就是坚持当代中国历史发展实践的合法性与合理性，包括文化产业在内的中国的一切形式的意识形态生产都必须坚持这一原则。

## 二、意识形态作为存在和科学的对象

### （一）意识形态作为存在的对象

要理解意识形态，首先要从意识的起源、意识形态本身出发。我们知道“人的意识是在参与社会交往与实践，掌握语言并积累知识财富的过程中产生的，是通过语言来实现的”。用唯物主义的观点来解释就是“意识是人所特有的一种对客观事物的高级反映形式，是个人心理发展到一定阶段的现象，是人脑的机能和属性”。意识形态是意识的系统性表现，并且带上了阶级的烙印。一个民族与一个民族的区分，一个时代与一个时代的区分，都与一个民族、一个时代的意识形态有关。根据马克思主义的观点，意识形态是在精神劳动和物质劳动分工的基础上产生的，是由社会的状况必然产生的，并有助于永久维持这些社会状况。

### （二）意识形态作为科学的对象

对意识形态的研究不仅是哲学家关注的对象，也是社会学家和文化研究者研究的重要领域。阿尔杜赛认为意识形态是一个诸种观念和表象的系统，它支配着一个人或一个社会群体的精神。在《保卫马克思》和《读〈资本论〉》两本著作中他初步提出了意识形态是一种人类体验自己生存条件的方式，并认为“在任何社会中，尽管表现形式可以千变万化，但始终有一种基本的经济活动、一种政治组织和一些意识形态形式（如宗教、伦理、哲学等）。因此意识形态是一切社会总体的有机组成部分”。在阿尔图赛看来，意识形态没有历史，因为“它无所不在、以其永不改变的形式贯穿于历史之中”，进而他把意识形态定义为：意识形态是一种表象。在这种表象中，个体与其实际生存状态的关系是一种想象关系，并且是一种意识—实践—物质的存在。

葛兰西在《狱中札记》中指出，意识形态又称为文化领导权。他认为：在哲学中统一的中心是实践；在政治中统一的中心是（国家）政治社会和市民社会（归属于上层建筑）的关系。政治社会代表暴力，用来控制人民群众；市民社会代表舆论，通过民间社会组织起作用，在这些组织中最重要的是政党、工会、教会和学校，另外还包括各种意识形态文化的组织，如报纸杂志和各种学术文化团体等。他提出两种领导权：一种是文化上的领导权，是针对市民社会而言的；另一种是政治上的领导权，对应于政治社会（国家），这两种领导权都掌握在经济上占支配地位的社会集团手中。掌握市民社会的领导权是掌握政治社会领导权的先决条件。政治领导权的本质是暴力，意识形态领导权主要体现在教育关系上。无产阶级要争取文化和意识形态的领导权，唯一的办法是建立无产阶级自己的文化组织和文化团体。

### （三）马克思主义意识形态的主要内容

马克思主义意识形态学说是意识形态作为科学对象的重要标志。马克思主义意识形态学说主要包括四个方面的内容，即意识形态的基本概念，意识形态历史唯物主义发展观，对资产阶级意识形态的批判及意识形态的滞后性问题。

1. 意识形态是一个总体性的概念，是生活过程中人脑中的反映

马克思主义观点的基础是历史唯物主义的，所以马克思主义的意识形态也是以历史唯物主义为基础的。马克思主义认为，意识形态的基本含义在于它包括政治思想、法律思想、道德、哲学、宗教等，是一个总体性的概念。马克思甚至强调，即使人们头脑中模糊的东西归根到底也是可以通过经验来确定的与物质前提相联系的物质生活过程的必然升华物。在马克思看来，意识形态的载体是语言，政治思想、法律思想、道德、哲学、

宗教等具体的意识形势虽然是在意识发展到一定的阶段时产生出来的，但它们同样是和语言交织在一起。

2．意识形态没有绝对独立的历史，是人们的生活过程的反射和回声

意识形态的本质上是统治阶级的思想。一个阶级是社会上占统治地位的物质力量，同时也是社会上占统治地位的精神力量。在《共产党宣言》中，马克思指出了阶级斗争是人类社会发展的基本动力的重要观点。他告诉我们，各个时代的社会意识尽管形形色色、千差万别，但总是在一定的共同的形态中演进的，也就是在那些只有随着阶级对立的彻底消失才会完全消失的意识形式中演进的。意识形态是由一定的统治阶级的思想家根据本阶级的利益自觉地或不自觉地编造出来的思想和幻想——意识形态总是难逃脱被消灭的厄运。历史、宗教、哲学和其他理论的动力是革命，而不是批判，即只有实际地推翻一切唯心主义谬论及由其产生的现实的社会关系，才能把它们消灭。马克思主义从历史唯物主义的观点告诉我们意识形态不是绝对的独立存在的，它是在社会发展的浪潮中产生并在社会发展的过程中消退和灭亡的。一个阶级推翻另一个阶级的过程，也就是一种意识形态取代另一种意识形态的过程，因为意识形态在一定程度上是代表一个阶级的，有时候是一个阶级为了维护自己的统治而努力营造的社会历史变迁的过程，也就是意识形态的发展和更替的过程。因此，我们不能狭隘地看待意识形态，要用历史发展的观点、辩证的观点来看待意识形态。

3．马克思主义对资产阶级物化意识或商品拜物教观念及人类学领域中的种种意识形态缪见的批判

马克思批判了资产阶级政治经济学家把剩余价值和利润混淆起来的根本性理论错误。在马克思看来，只有在社会中从事生产的个人才是政治经济学研究的，无论是把资本主义生产关系理解为永恒关系，还是把鲁滨逊式的个人作为政治经济学探讨的出发点，这些观点都是荒谬的。另外，马克思主义认为，任何生产都是人的劳动的物化，产品体现为物化劳动的凝结。在资本主义社会，劳动者创造了劳动产品，这些产品构成了巨大的物的权利，然而，这种物的权利不但不归劳动者所有，反而支配劳动者，把社会劳动当作自身的一个要素而置于同自己相对立的位置上。在马克思看来，普遍的物的关系和全面的异化乃是历史的产物，是从属于个人发展的一定的阶段的。普遍的物化现象在资本主义社会的占统治地位的意识形态中的表现就是拜物教观念。

4．马克思提出了意识形态的滞后性问题

马克思主义认为一定的意识形态作为对一定的生活过程的反映，总是落后于生活过程的。马克思论述了共产主义社会初级阶段中意识形态的根本特征。在共产主义社会的初级阶段，不仅存在着旧的意识形态的残余，而且由于实行按劳分配的原则，整个社会

仍未摆脱资产阶级意识形态的影响。

总之，马克思主义告诉我们，意识形态不是虚无缥缈的，但它又不能独立存在，它是在一个国家、一个民族的历史发展过程中孕育而成的，一个阶级的意识形态会带上它历史的东西和民族的东西。另外，意识形态不是一成不变的，它会在历史长河中褪色甚至消亡。对于我们国家来说，怎样让我们民族的、历史的、辉煌的内容保留下来，让我们的文化在产业化的道路上能够有自己的特色和优势是值得我们研究的问题。从这一点上来说，文化产业是属于文化的范畴的，只有把文化的东西搞清楚了，文化产业的研究才能有突破性的成果。

## 三、意识形态作为权力形态理论的变迁

意识形态是一种力量性的存在。任何一种现代意识形态意义上的意识形态一经形成，就会成为一种控制力量的存在。它控制人们的意识活动和价值取向，规定人们的行为方式和思维方式，没有哪一种人群或社会阶层和阶级能够不受这种力量的左右。正是由于意识形态具有这种对任何社会的控制性力量，因此，利用意识形态来实现对社会的控制和国家的统治也就自然地成为一切社会组织、社会阶层和社会力量所自觉与不自觉追求的目标。于是，意识形态完全超越了它的本来意义，而成为一种权力形态和权力方式，成为一种革命所必不可少的力量要素。然而，意识形态作为权力形态的存在是多样化的，不仅不同的意识形态有着不同的存在方式，即使相同的意识形态也有不同的存在方式。这种多样性，也就决定了意识形态作为权力形态运动的多样性和表现方式的多样性。

### （一）意识形态与意识形态国家机器

意识形态国家机器是法国结构主义哲学家阿尔杜塞提出来的命题和意识形态理论。它是研究马克思主义国家学说、区别国家权力和国家机器及其相互关系而提出来的，并用以阐述生产关系的再生产理论，是意识形态作为权力形态的重要理论之一。阿尔杜塞认为，国家机器包括两个主要部分，即代表强制性国家机器的机构和代表意识形态国家机器的机构。所谓意识形态国家机器，是指通过意识形态起作用的国家机器，包括宗教的、教育的、家庭的、法律的、政治的、工会的、通信的（报纸、无线电和电视等）和文化的等，用阿尔杜塞的话来说就是教育机器、宗教机器、家庭机器、工会机器、通信机器和文化机器。它与强制性的国家机器（包括政府、军队、警察、法庭、监狱等）的一个根本区别，就在于强制性的国家机器通过暴力起作用，而意识形态国家机器通过意识形态起作用。之所以把上述所指的各个方面内容（阿尔杜塞用英文缩写 ISAs 表示）称

为意识形态国家机器，是因为将它们的多样性统一起来的正是在主导意识形态作用之下的结果，而这个主导意识形态就是“统治阶级的”意识形态。在所有的意识形态国家机器中，文化的机器和教育的机器是资本主义社会形态中的主导意识形态国家机器。阿尔杜塞认为，所有的意识形态国家机器都促成了相同的结果——生产关系的再生产，即资本主义剥削关系的再生产。它们（ISAs）中的每一个都以适当的方式促成这个唯一的结果。不过，在所有的意识形态国家机器中，教育具有主导作用。在阿尔杜塞看来，无论是使用新的还是老的方法，教育向孩子们反复灌输的都是经过意识形态包装的“知识”（语言、算术、自然史、科学、文学），或者纯粹状态的意识形态（伦理学、公民教育、哲学），正是通过对统治阶级意识形态的大规模教育包装着的多种知识的学习，资本主义社会形态中的生产关系，即剥削者与被剥削者的关系，得以大量生产。阿尔杜塞认为，文化是与教育一样具有特别地位和功能的意识形态国家机器，通信机器和文化机器借助于报纸、无线电和电视等现代传媒和审查制度向社会公众灌输国家意识形态，由于一种意识形态永远存在于一种机器及其实践中，而这种存在就是物质，因此，从某种意义上说，人们生活在意识形态中，即生活在对世界的一种确定（宗教的、伦理的）表征中，即想象性关系中，而这种想象性关系本身被赋予了一种物质的存在。也就是说，通信机器和文化机器通过并借助于现代传媒系统所营造的并非是现实的生产关系，而是想象的生产关系。正是这种生产关系的再生产所形成的一种力量控制着人，进而通过对人的控制来控制社会，实现国家机器的功能。[①]

阿尔杜塞的意识形态国家机器理论把文化产业作为它的一个重要方面。在他所指称的通信机器和文化机器中包括我们所讨论的文化产业形态。因此，文化产业在阿尔杜塞看来也是属于意识形态国家机器，是意识形态国家机器的重要存在方式和表现形态。这对我们理解文化产业的性质和社会功能具有重要的理论价值。也就是说，文化产业作为国家意识形态机器不以人们的意志为转移地、逻辑地受制于主导意识形态的控制，并且自觉和不自觉地“再生产生产关系”。由于文化产业是作为意识形态国家机器的一种存在，而意识形态又是一种力量型存在的权力形态，因此，从这个意义上来说，文化产业也是一种权力形态。谁控制了文化产业，谁就控制了一种意识形态权力、一种意识形态国家机器。对于意识形态的控制和争夺，必然要在文化产业的准入与否的问题上深刻地表现出来。在文化产业准入问题上的准入与反准入、控制与反控制，实际上是关于意识形态权力的一种争夺。

---

[①] [法]阿尔杜塞. 意识形态与意识形态国家机器[C]. 斯拉沃热·齐泽克等. 图绘意识形态. 方杰译. 南京：南京大学出版社，2002：135-157.

### （二）意识形态与文化霸权理论

文化霸权理论是又一种关于意识形态权力理论。“文化霸权”（Cultural Hegemony）是由意大利的马克思主义理论家安东尼奥·葛兰西在20世纪30年代提出来的一个命题，用以解释社会或国家的一种统治形式，其实质就是一种意识形态领导权。因此，这里的Hegemony一词在中文中也被译为“领导权”，文化霸权理论也被称为“文化领导权理论”。

葛兰西认为，国家—上层建筑可以分为两大领域：政治社会和市民社会。政治社会主要是指马克思主义国家学说的政治上层建筑，由自由民主的复杂机构如议会、法庭、警察和选举机关等组成，起着有限领导权的作用。市民社会则是指民间社会组织的集合体，是创建新的意识形态和散布统治阶级思想的社会机构与技术手段，这些社会组织包括政党、工会、教会、学校和各种新闻媒介。市民社会是实施领导权的领域，因为阶级斗争和人民大众的斗争主要在这些领域发生。市民社会是整个国家和社会的基础，同时也受政治社会保护。政治社会在市民社会同意的基础上，由国家政权机关制定与传播统治阶级的意识形态而对市民社会进行“精神和道德领导”，从而构筑起统治阶级对从属阶级的领导权。但是，政治社会和市民社会并不是截然对立的而是相互渗透的：一方面统治阶级要劝说市民社会成员与组织同意其各项政策，这种舆论宣传需要在市民社会进行；另一方面市民社会本身就是被统治阶级合法意识形态笼罩的，它如果要传播一种占统治地位的思想，就必须揭露与突破统治阶级的思想框架。

在这里，葛兰西关于国家—上层建筑的构成结构作出的政治社会和市民社会的划分，和阿尔杜塞关于国家机器构成的两分法有着很大的相似性。但在理论上，葛兰西的文化霸权理论则要比阿尔杜塞的意识形态国家机器理论深刻得多。葛兰西认为，统治阶级要统治市民社会，就必须借助于文化人和文化机构，使自己的伦理、政治、文化价值观成为普遍接受的行为准则，使广大群众自由地同意统治集团所提供的生活方式。在这里知识分子和领导集团在文化领导权中起着重要的作用，他们是整个社会和上层建筑的中介。他们一方面在市民社会中充任文化领导权的主要行使者，以在普通民众自觉自愿的基础上传播统治阶级的世界观，维护统治集团对全社会的统治；另一方面又在政治社会中执行强制性的直接的文化统治职能，并通过合法政府对对立或消极服从集团给予合法制裁。知识分子和领导集团在葛兰西的文化霸权理论中是一个包括整个文化生产和传播在内的广大的市民社会阶层。

葛兰西非常重视知识分子的作用，认为“没有知识分子，那就是没有资质者和领导者，也就是没有组织”。由于知识分子在文化领导权中的作用主要表现在上层建筑领域，因此，知识分子除了保证与执行国家的统治职能外，还是社会领导机关行政当局的“文

化霸权”，即“文化领导权”的代表，他们通过制定与传播统治阶级的意识形态来整合其他阶级、阶层的知识分子，保证市民社会各种组织与群众“同意”统治阶级的社会秩序与规则，从而维护社会稳定。而这恰恰是文化生产与传播或者说是整个意识形态生产与传播的主要功能和价值取向、价值导向之一。无产阶级有机知识分子的任务，就是通过在市民社会里所进行的知识和道德的改革工作，来改造与批判地吸收代表旧社会及资产阶级的传统知识分子，从而抵消或侵蚀他们对自己的文化和意识形态的传播，使群众获得批判的革命思想意识。葛兰西之所以特别强调文化上的领导权对于无产阶级革命的重要性，是因为在他看来，经济斗争在一定历史条件下具有相对局限性，而意识形态有时确实具有物质和政治的力量。意识形态不是一个脱离日常生活的抽象的思想领域，作为一种媒介物，它通过不同的社会形式可以体现为一种道德、哲学及文化上的领导权力。这就是一种文化霸权。葛兰西认为，当代资产阶级越来越倾向于用建立文化霸权的方式来维护其统治，把知识和道德的领导建立在资本主义的市民社会里，建立在全部的教育、宗教、政党、报纸、媒介、家庭和日常生活的各个方面，从而通过这个巨大的文化制度网络和文化产业系统对人民进行控制和操纵。资产阶级当然也要靠强制性的国家机器维持政权稳定，但这种依靠国家机器的强制性暴力统治方式，在现代资本主义社会正逐步建立在意识形态领导权即文化霸权的基础上。因此，对于西方的无产阶级革命来说，革命的首要目标就是夺取资产阶级建立在市民社会中的文化即意识形态霸权，以建立无产阶级自己的文化领导权。[①]因此，在葛兰西看来，文化霸权并不是一种简单的、赤裸裸的文化上的压迫与支配关系。资本主义社会中的统治阶级与从属阶级之间的文化和意识形态关系，与其说是前者对后者的支配，不如说是二者之间为了争夺文化霸权，即争夺思想、道德和文化的领导权，最终是为了争夺对整个社会的政治领导权所进行的斗争。文化霸权并不是通过剪除其文化对立面，而是通过将对立一方的文化利益接纳到自身来维系的。这就使得意识形态中的任何简单的文化对立都被这一过程消解了。

对于文化产业研究来说，葛兰西的文化霸权理论具有相当重要的文化政策学意义，不仅深刻地揭示了包括文化产业在内的整个意识形态力量对于国家和社会控制的作用与功能，而且还特别强调了它对于整个无产阶级革命的意义。大众文化既是支配的，又是对抗的，它的内容是由统治阶级获得文化霸权的努力和被统治阶级对各种文化霸权的抵抗共同构成的。它既不仅仅是统治阶级意识形态的通俗宣传，也不是一种自发的文化抵抗，而是一个不断的斗争与妥协的领域。这就丰富和发展了意识形态作为权力形态变迁

---

① 详见葛兰西著：《葛兰西文选》，人民出版社 1992 年出版；《狱中札记》，人民出版社 1983 年出版；《实践哲学》，重庆出版社 1990 年出版。

的理论内涵。虽然所有这些都是在无产阶级革命时代发表的理论见解，具有鲜明的时代特征，但是对于我们今天思考全球化背景下所面临的文化帝国主义的文化侵略和正确认识在中国发展文化产业对于实现建设社会主义文化体系的目标依然有着巨大的理论价值。

### （三）意识形态与文化帝国主义理论

“文化帝国主义”是一个在意义上与文化霸权内容有着相似性的概念，但是学术界从不同的学科角度对“文化帝国主义”的阐释和意义揭示并不完全相同。英国学者汤林森所著的《文化帝国主义》是一本有着广泛影响的著作。在这本书中，汤林森借用了法国哲学家福柯的“话语分析”理论对“文化帝国主义”作了许多相当精辟的分析，并且提出了文化帝国主义作为“媒介帝国主义”的话语、作为“民族国家”的话语、作为批判全球资本主义的话语和作为现代性的批判四种形式。然而由于汤林森他并不同意葛兰西的霸权理论和坚持始终如一的西方文化中心主义，所以他虽然运用了福柯的“话语分析”理论，但是并没有通过对文化帝国主义四种形式的分析揭示蕴含于其中的“话语与权力的关系”，否定了文化帝国主义对第三世界的“文化支配”、“文化殖民”和“文化霸权”，从而在强调“全球化”带来的“统一性”过程中丢失了对文化的“民族性”问题的应有考量，这就使得汤林森的“文化帝国主义”理论从解释学出发把它等同于“文化的全球化”，从而消解了“文化帝国主义”对于第三世界国家民族文化生存与发展所构成的安全威胁。也正因为如此，有学者尖锐地指出汤林森的理论其实是掩盖了全球化背景下存在的不均衡的文化权力关系，“具有为美国为代表的大国资本主义‘脱罪’的嫌疑”。[①]

较为深入地对帝国主义与文化的关系作了学理上的分析与批判的是美籍巴勒斯坦学者萨义德。在《东方学》中，萨义德以中东地区为对象，探讨了帝国主义如何以话语想象构想出所谓东方的形象。在萨义德看来，在西方人的文化和地理认知中，东方向来是一个异化的空间：许多西方作家笔下的东方往往是一个充满神秘色彩并拥有丰富资源的疆域，西方人既可以在那里驰骋其浪漫的情怀，又可实行经济剥削和资源掠夺。总之，在西方人的文化中，东方已被定型为浪漫化和掠夺的客体。作为《东方学》的姐妹篇，萨义德在《文化与帝国主义》一书中把批判的视野扩大到非洲、印度和澳大利亚等中东以外的其他殖民地，通过对简·奥斯汀、加缪和康德拉等英法作家文学作品的解读，揭示了西方文学与帝国主义的关系，即一方面是欧洲人通过这些文学叙事建立起作为“他

---

① 赵修艺. 解读汤林森的《文化帝国主义》[A]. 汤林森. 文化帝国主义[M]. 冯建三译. 上海：上海人民出版社，1999：4.

者”的殖民地文化经验，而另一方面是殖民地国家的人民借助于来自欧洲的有关解放和启蒙的大叙事来反抗帝国主义。后者与其说是一种民族自决，不如说是一种帝国主义话语的变相强化。尽管“二战”以后帝国主义随着世界范围的民族解放运动的高涨已经日薄西山，尽管直接的殖民主义在今天已经基本完结，但是“帝国主义像过去一样，在具体的政治、意识形态，经济和社会活动中，也在一般的文化领域里继续存在”。[①]在萨义德看来，帝国主义的“西方/非西方”这一典型的二元对立仍是今日西方世界用来建构其话语的主导修辞，只不过控制这一修辞的帝国已从19世纪的英法转向了美国。1999年，法国外交部部长于贝尔•韦德里纳说：“美国今天的霸权地位已经延伸到了经济、货币、军事、生活方式、语言并铺天盖地地涌向全球的大众文化产品等领域。这些文化产品左右着人们的思想，甚至使美国的敌人也为之着迷。”[②]有两位美国学者指出：“今天的国际机制不是以实力均衡为基础，而是以美国的霸权地位为基础建立的。”[③]

在这个问题上，美国国际政治学者汉斯•摩根索说得最明白，他认为，“文化帝国主义”是一种帝国主义政策，而且是“最成功的帝国主义政策”。这一政策的目的“不是征服领土，也不是控制经济生活，而是征服和控制人心，以此为手段而改变两国之间的强权关系。”他说：“如果我们能假设，A 国的文化，尤其是其政治观念及其具体的帝国主义目标，征服了B国所有决策者的心灵，那么A国就将赢得比任何军事征服或经济控制更彻底的胜利，并在更稳定的基础上建立它的至高无上的威权。为了达到自己的目的，A国将不需要以武力相威胁或动用武力，也不需要施加经济压力；因为这个目的，即B国服从其意志，已经由一种更高的文化和更吸引人的政治观念的说服力而实现了。”汉斯•摩根索把文化帝国主义政策看作是一种“辅助其他方法”的手段，也就是说，文化帝国主义政策一方面要“为军事征服做准备”，另一方面也要“统治”被征服者的“心灵”。他极为深刻地分析道，第二次世界大战以来，为了避免自我毁灭的核战争的风险，大规模的军事帝国主义不再是对外政策的合理工具，“决意进行帝国主义强权扩张的国家经常会用经济和文化方法代替军事方法”，而一些“殖民帝国已分解为很多弱国，其中许多必须依赖外援为生，这就为帝国主义国家通过经济和文化手段扩张势力提供了新的机会”。在这里，汉斯•摩根索非常明确地把文化帝国主义看作是“帝国主义的三种方法”中的一种，是从国际关系中的强权运动的三种形态的角度来分析“文化帝国主义谋求以另一种文化取代一种文化”的目的性的。[④]可以这样说，他毫不掩饰地揭示了“文

---

① [美]爱德华•萨义德. 文化与帝国主义[M]. 李琨译. 北京：生活·读书·新知三联书店，2003：10.

② 胡鞍钢，门洪华. 解读美国大战略[M]. 杭州：浙江人民出版社，2003：39.

③ 胡鞍钢，门洪华. 解读美国大战略[M]. 杭州：浙江人民出版社，2003：39.

④ [美]汉斯•摩根索著. 国际纵横策论——争强权、求和平[M]. 卢明华译. 上海：上海译文出版社，1995：90、92-93、87.

化帝国主义”作为大国强权政治支配下的文化的本质特性。

文化霸权和文化帝国主义有着天然的联系，都表现为采取强权政治的手段，强行向他国推行西方的宗教信仰、文化习俗和价值观念，尤其是在全球化背景下，西方作为全球化进程的主要推动者和主导力量，所追求的已经不再仅仅是一个开放的全球市场，还包括西方政治和文化价值的推广，使西方式的制度模式和文化观念成为压倒一切的意识形态，这就在很大程度上把全球化导向了一场霸权色彩浓厚的文化帝国主义的扩张运动。因此，我们是在全球化的语境下来考量文化帝国主义和文化霸权主义对于国家文化安全的威胁和影响的，也就是说，我们更侧重于从文化政策的层面，即我们主要把它看作是一种帝国主义的文化战略或一种大国试图在全球扩张和实现其战略意图的文化战略选择，而且这种选择是这样进入到国家的政策议程并在国家实施它的全球战略中生动地体现出来的。在这一方面上，美国前总统安全顾问布热津斯基曾经对此有过极为坦率的表白：“当前，美国前所未有的全球霸权没有对手。由于美国主宰全球通信、大众娱乐和大众文化的巨大但又无形的影响，也由于美国技术优势和军事作用的潜在的有形影响，以上这一切都得到了加强。

文化统治是美国全球性力量的一个没有受到足够重视的方面。不管你对美国大众文化的美学价值有什么看法，美国大众文化具有一种磁铁般的吸引力，尤其是对全世界的青年。它的吸引力可能来自它宣扬的生活方式的享乐主义特征，但是在全球的吸引力却是不可否认的。美国的电视节目和电影大约占世界市场的四分之三，美国的通俗音乐居于同样的统治地位，……因特网用的语言是英语，全球电脑的绝大部分点击内容出自美国，影响着全球会话内容。最后，美国已经成为那种寻求高等教育的人的圣地，有近 50 万的外国留学生涌向美国，其中很多最有能力的学生永不再回故国。

民主理想同美国的政治传统结合起来，进一步加强了一些人眼中的美国的‘文化帝国主义’。从这个体系是以美国为中心这个意义上说，这个体系是霸权主义的。”[①]

因此，文化帝国主义在本质上与文化霸权主义有着内在的一致性，即它以否定和排斥“他者”为前提，把自己的文化强加给“他者”，而也正是在这样的意义上文化帝国主义和文化霸权主义共同构成了对他国国家文化安全的现实威胁。同样出于对本国国家文化安全的捍卫而制定关于保护文化多样性的政策也就自然地成为反对文化霸权主义和文化帝国主义的普遍要求。在这里，布热津斯基的“文化统治”的概念，揭露了美国文化作为文化帝国主义的全部秘密，而恰恰在这一点上我们还缺乏对它的深刻研究。

文化帝国主义和文化霸权主义必然构成对人类文化多样性的破坏，坚持和维护全球

---

① [美]布热津斯基. 大棋局[M]. 中国国际问题研究所译. 上海：上海人民出版社，1998：35-40.

文化多样性，从本质上说，是要在经济全球化所造成的文化生产、消费趋同化趋势进一步增强且威胁到整个人类文化生态安全的情况下提出来的全球文化安全机制。这也是最终推进经济全球化的成功的重要保证。全球化最终是人类社会发展的一种选择，但是它不应以牺牲人类安全为代价。人类社会存在的全部合法性基础就在于它的文化多样性存在。人类社会是一个变动中的网状结构。文化的多样性是构成这一网状结构的重要动力源。正因为这种多样性，才使得这一网状结构成立成为可能。如果构成这一网状结构的每一条边都是一样的，那么它就无法形成这一结构的运动所需要的张力，也就是说无法形成矛盾运动，而这种矛盾运动正是推动人类社会不断创新、发展、进步的力量。文化具有多样性才能使它有创造性，而创造性才是人类社会不断进步的文明机制。经济发展的最终力量取决于人类整体的创造力的可持续能力。而这种能力的有无，关键在于它是否拥有一种生存与发展所必需的竞争力机制。这种竞争力决定了它的多样性。没有多样性就没有竞争力，因为只有多样性才能显示出差异性，有差异才会有比较，有比较才会有竞争，有竞争人类社会的发展才会有动力。

## 第二节　作为意识形态的文化产业

文化产业是一种意识形态的工具和载体。在现代社会，没有文化产业就没有现代意识形态建设和发展。文化产业的意识形态性和作为意识形态的文化产业是在文化和意识形态的历史发展中建构起来的。文化产业的意识形态性是由文化产业作为意识形态的载体和工具建构起来的，而作为意识形态的文化产业则是在把文化产业作为国家战略和政策的过程中建构起来的。

### 一、文化产业的意识形态实践性

作为文化生产和经营活动，文化产业是实践的意识形态。意识形态是抽象的，只有当它表现在人们的社会文化行为中的时候才是具体的、可感觉的，因而也是可实践的。不可实践的意识形态没有意义。在这里，所谓可实践的意识形态，是指这种意识形态是能够被人们通过某种形式大量地复制出来的，并且通过这种批量复制来实现对于人们精神文化生活空间选择的占有，也就是说实现对于人们精神世界的影响与控制，进而最终实现对于人们的社会实践和社会行为的控制。因此，意识形态是可生产的和可传播的，是通过文化产品的生产和传播而影响人们的社会文化行为，进而影响社会发展和国家道路选择的。也许正是由于人类社会的发展和自身种群生存内在的成长性管理的需求，人类社会才会在社会生产力发展到一定的历史阶段的时候寻求意识形态的生产和传播的手段与方法，也才会有造纸术和印刷术的发明，也才会有今天所有文化生产和经营活动的出现。离开了意识形态可实践性的内在需求，也就没有所谓文化产业。从这个意义上说，文化产业作为一种文化生产和经营活动，实际上是人类社会在自身的历史发展进程中选择和发明的意识形态的可实践形态，并且以这种形态具体地影响着人类社会的演进。虽然在奴隶社会和封建社会并不存在我们今天所说的文化产业，但却存在着文化的生产和经营活动。正是借助于这样的活动，奴隶社会与封建社会才得以进行有效的社会管理和社会运行。同时，也正是由于文化产品的生产和经营是一种可实践的意识形态，因此，对于这种可实践的意识形态的控制与管理，也就必然成为国家对意识形态管理的重要内容与制度选择。离开了文化产业这种具体的文化生产和经营活动，一切所谓意识形态也就失去了他的存在形态。

## 二、文化产业与意识形态的矛盾运动

文化产业和意识形态是两个内在结构有着巨大区别的社会存在系统。因而，二者有着完全不同的边界。分清楚这种边界，对于防止混淆文化产业和意识形态两种不同性质的矛盾具有特别重要的理论、政策和实践意义。

文化产业是一个关于文化生产和经营活动的行为系统，它以具体的文化形态和产业形态而获得自己的存在方式。从我国国家统计局在2004年颁布的关于《文化及相关产业分类指标体系》给出的文化产业结构图（见图2-1）来看，文化产业不仅是有层次的，而且不同的层次构成的结构也是不一样的。正是这种层次和内在结构的丰富多样性，现实地构成了文化产业生产和经营活动的行为系统。虽然这种行为系统本身和意识形态运动有着这样和那样的联系，甚至某些行为系统就是因为意识形态需要而出现的，如新闻、书报刊、广播、电视等，但是为意识形态需要并不等于是意识形态的。为意识形态需要是实践的，因而是行为的，是以一种具体和实在的载体存在的，也正是因此而和意识形态本身相区别。意识形态本身是无形态的。从这个意义上说，国家统计局关于文化产业层级结构的划分包含着深刻的意识形态生产意义，是根据意识形态生产的功能性分工给出的。

2012年，国家统计局根据发展了的实际和中国文化产业区域发展不平衡的实际，重新修订和颁布了新一版的《文化及相关产业分类指标体系》，把原来的三级划分的圈层分类结构改成依据功能原则的二级划分的平行分类结构，即内容生产与服务的内容生产服务业和为内容的生产提供辅助系统的文化制造业，把关于意识形态生产的理解更深入地融入到文化内容和意义生产之中做了新的创新性制度建构。

意识形态也是一个结构系统，是一个关于思想、观念、认知和态度的结构系统，是一个决定行为和行为方式的精神系统。在这里，既有关于世界观和价值观的，也有超越于一般意义上的世界观和价值观的精神地把握世界的思维形态，如风俗和习惯。因为在日常的社会生活中，当我们在使用“意识形态”这个概念的时候，往往是指包含着政治价值取向的“意识形态”，“坚持马克思主义在意识形态领域里的指导地位”和“超越意识形态处理国与国之间的关系”这样的提法都包含着这样的内涵。在整个意识形态构成中，毫无疑问，意识形态中的政治价值取向处于决定整个意识形态性质的核心部位。正是这个核心内容对包括文化产业在内的国家一切文化活动和文化行为具有根本性的指导作用。但是，意识形态不是只有政治价值取向这一个向度，还包括其他的精神形式和精神内容。正如毛泽东所讲的“马克思主义只能包括而不能代替文学艺术创作”一样，意识形态也只能包括而不能代替文化产业，尤其当意识形态还包括其他方面的内容的时候更是如此。坚持马克思主义在意识形态领域里的指导地位，并不等于用马克思主义来取代意识形态的全部丰富性和复杂性。在文化产业领域里，只有那些具有鲜明的内容要求的文化生产和经营活动才需要坚持马克思主义意识形态的主导性和指导性，对于那些与文化产业相关的文化生产的设备的生产和销售则完全应该按照它那个领域里的规律去进行，在这些领域里，一般来说意识形态是不起直接作用的，有的也只是起广义上的意识形态作用。

文化产业形态和意识形态客观存在的边界差异性，决定了它们之间运动的矛盾性。文化产业形态与意识形态之间构成的最大的矛盾性，就是文化产业作为一种资本形态的对于资本追求的内在特殊性，而意识形态作为一种精神形态对于价值追求的内在特殊性。文化产业无论是作为文化生产活动还是文化经营活动，都是关于文化产品的生产和经营，而由于任何形式的生产和经营都是关于利润的生产和经营，本质上都是追求利益的最大化，以实现扩大再生产和追求更大的利润，因此，从这个意义上来说，文化产业是一种特殊的资本形态和资本运动形态。资本对于利润追求的内在渴望决定了资本的扩张性，而由于这种扩张性具有天生的贪婪性，所以与意识形态主体对于价值的要求之间构成了不可避免的价值冲突。因此，关于文化产业的市场准入和制度安排也就因不同国家的意识形态差异而异。另一方面，文化产业作为一种工具形态是具有公共性的。任何一种社会力量和社会组织都可以使用它并为自己服务，而意识形态尤其是政治意识形态则具有非常鲜明的非兼容性和对抗性，不同的社会力量和社会组织常常具有不同的意识形态取向。因此，作为工具形态的公共性和作为使用主体的非公共性之间的矛盾，决定了同一种文化产业形态可以为任何内容的意识形态服务，从而构成了文化产业形态之间的意识形态冲突和公共性冲突。如果说前者是反映了二者之间的所谓社会效益与经济效益之间的冲突，那么后者则揭示了在文化产业准入问题上的管制与反管制的冲突。正是这两种形态的矛盾运动和冲突，才构成了文化产业与意识形态之间特殊的运动形态和运动关系：既相辅相成，又相互排斥与对立；意识形态借助于文化产业得以获得感性实践性，文化产业因为有了意识形态而具有了内在价值运动的导向性。在现代文化产业的运动中，它们各以对方的存在为依据，并由于对方的存在而使自己获得了存在的价值和实现的方式。

## 三、作为意识形态的文化产业权力

所谓文化产业权力，是指文化产业影响、干预和塑造人、社会、国家行为的一种能力和力量系统。权力是一种支配性力量形态。它的特征是能够规定或强迫对象能干什么或不能干什么。权利是一种自在的力量形态，是应当享有的不可侵犯的正当性。

文化产业权力是被生产出来的。它的形成主要有两个来源：自生成与被赋予。前者是一种自然历史生成，后者是社会历史生成。文化产业是为了满足人的精神消费需求生产和提供文化产品与文化服务的精神活动系统。人类社会之所以会产生在物质活动系统之外的精神活动系统，其中一个最重要也是最初始的动机就是要认识自然及人和自然的关系。当人把这种认识借助于某种工具和符号表达记录下来让所有人知道，并且用它来建立人与自然的信息系统，处理人和自然的关系，建立新的人与自然关系的恰当定位的时候，文化就诞生了。这就是马克思所讲的艺术地和精神地掌握世界的方式。文化的诞生随着以人们有意识地生产符号性的文化产品的行为的出现而出现的，且不管这一符号是刻画符号、文字符号还是人的肢体符号（音乐和舞蹈）。符号性文化产品形态的出现标志着人类社会开始进入“文化认同时期”。这种认同是以共同的文化符号系统的出现为标志的，也就是说，是以掌握世界的共同认知为标志的。正是这种共同的文化符号系统塑造和建构了人们共同的生活方式，在这里，共同的文化符号系统具有初始价值的意义，这就是人类社会的“固有价值”[①]。因此，文化的诞生一开始就具有规制的意义，即对人的精神和物质行为系统的约束。因为初始的经验告诉人们只有行为一致才能处理好人与自然的关系，进而每个个体的人才能够生存、存活下去的时候，接收并依据这样的符号系统所建立起来的规范就成为每个人的自觉选择。正是在这个过程中，每个人都让渡了个体的某些权利，从而促使文化的权力形成。这就构成了文化权力形成的两个来源：

---

[①] [美]汤姆・雷根. 动物权利研究[M]. 李曦译. 北京：北京大学出版社，2010.

一个是在建立人与自然的过程中自然生成的，是自然权力的延伸；另一个是在承认了这种自然权力的延伸形态“合法性”之后人让渡个体权利的社会历史生成，是社会的物权力的延伸。就文化产业而言，前者源于它自身通过产品的生产、消费和流通而形成的影响力，后者源于关于它的历史的被赋予之后建构起来的政策力，即一种政治性力量，是否具有从事文化产业的资格成为它的权力存在的象征。然而，无论是前者还是后者，都是人的能力的延伸与扩张，进而成为人的权力和权利的生物体，体现的是人的权力意志。前者是人的艺术地把握世界的能力的延伸，而后者则是人的控制世界、塑造世界和管理世界能力的延伸。就文化产业的固有价值而言，文化产业是社会生产力文明发展的产物，但是由于每一次新的文化产业革命都同时包含着对权利分配的正义诉求，因此，这就使得每一次文化产业革命即新的文化产业形态的诞生都伴随着一次深刻的权力再分配和权利利益格局重组正义运动。文化权力是这两个方面的有机交融。从这个意义上说，文化权力是初始分配正义的产物，属于公权力。由于文化产业只是这一权力形态的延伸，因此，从理论上说，在文化产业权力面前人人平等。这同样是文化产业分配正义原则的固有价值。

文化产业权力形成于文化产品对人、社会和国家的影响力。这种影响力是通过对人的精神世界的解构和建构形成的，因而是意识形态的。人的一切思维形式、感觉方式和生活方式的选择与形成，均受制于人的精神世界的构成结构和动力结构。人的精神世界的构成结构和动力结构的任何变化，都会造成人与社会、人与国家关系的更大变化。早在中国春秋时期，孔子就已经发现了文化产品对人、社会和国家关系的权力价值，提出了著名的“兴观群怨说”：“诗，可以兴，可以观，可以群，可以怨。迩之事父，远之事君。”这也是我国最早的关于文化产品和意识形态的关系学说。因此，当关于文化产品的生产和供给形成一个系统、形成“文化产业”的时候，以这种系统性的形态影响人、社会与国家的力量形态便出现了，这就是“文化产业权力”。文化产业权力是影响和控制人、社会与国家发展走向的建构性力量和力量形态。谁掌握了它，谁就掌握和控制了影响人、社会和国家的发展走向。这就是毛泽东所说的“凡是要推翻一个政权，总要先造成舆论”的道理。而文化产业正是制造舆论和控制舆论的工具，谁掌握了文化产业，谁就掌握了舆论权力。在这里，文化产业权力和舆论权力具有同构性。文化产业具有巨大的干预社会生活的能力，当这种能力被人为地有组织地操纵并且成为影响人们的社会行为取向和价值判断的时候，它就演化成一种权力形态。这种权力形态在政治上能形成舆论导向，构成政治压力，成为颠覆国家政权的工具；文化上，它能形成价值导向和审美导向，构成一种社会文化生态环境，成为颠覆社会价值系统的工具，进而改变文化和社会运行的文化取向，使之成为革命的手段。根据社会发展的整体性需求和人的全面发展，有必要对文化产业权力进行制度性制约，以确保社会的健康发展。因此，关于文化产业权力的争夺与控制便自然地成为文化权利诉求的真正目的。文化权利的诉求的实质是关于文化产业权力的再分配。在以寻求文化公平的正当理由来寻求文化产业权力分配的公平与正义的时候，“文化产业权利”就成为“文化产业权力”的另一种价值形态。因此，“文化产业权利”具有“反文化产业权力”的性质。

作为权力形态的文化产业，就其自然历史生成而言，文化产业属于公共权力范畴。由于文化产业本质上是人把握世界和表达世界的存在方式，是人的文化和精神的存在的一种方式，因此，这是任何人都应该拥有的一种权利，即自然历史权利。然而，由于人们通过文化产业把握世界和表达世界的方式，不是文化产业的载体形态，而是它的内容形态，也就是说，人们是通过对文化产品的生产来实现的，且不论这种产品是精神的还是艺术的，再加上这种实现是通过他人的文化消费行为、进而影响其思维和行为方式而达到的，因此文化产品就具有了影响和支配他人的一种力量。在这个过程中，拥有的这种文化产品的生产能力越大，拥有的对他人的精神和文化的存在的支配和控制的力量即权力就越大。而关于文化产品的生产恰恰是构成文化产业全部力量形态的核心。正是由于文化产品具有影响人、支配人和控制人的精神文化行为的能力，因此，掌握和控制文化产品生产能力就成为人类社会发展的一种最重要的社会权力形态之一，成为现代国家最重要的国家权力之一。所谓文化产业的市场准入、文化产业政策、文化审查制度等，也就成为对文化产品生产、进而文化产业的控制形态。这是一种力量对另一种力量的控制。正是由于这一种具有反力量性质的控制形态的出现，文化产业才由自然历史生成而成为社会历史的重要权力形态，成为现代国家的重要国家形态，从而使得文化产业由原来单一的力量形态裂变为双重的力量形态，即所谓的公权力和私权力。公权力由国家掌握，私权力表现为社会分享。控制了生产也就控制了表达，控制了表达也就控制了人们掌握世界的方式，及掌握的可能性。由于掌握是人们认识世界和改造世界最重要的力量形态，因此，控制了掌握，也就控制了人们认识世界和改造世界的能力。就人的社会权力而言，所谓控制就是剥夺人的一部分权力。当剥夺人的某一部分权力是更有助于人类社会的整体性进步的时候，对于这种权力的剥夺就是必不可少的。同理，当被剥夺的这一部分权力不利于或无助于人类社会的整体性进步与发展的时候，对于这种权力的剥夺就构成了对人权的侵犯。那么，衡量的标准是什么呢？就看它是否最大限度地激活了个体的创造活力，也就是说每个人的与生俱来的创造性是否得到了最大限度的发挥，即最大限度的表达。表达的能力、表达的程度及表达空间的深广度最集中地反映了一个人精神地和艺术地把握世界的程度，即认识世界和改造世界的能力程度。因此，表达自由在任何时候都是人的最基本的也是最不能剥夺的权利和权力。为了集体正义，个体可以让

渡自己的某些权利和权力以形成公权力。但这并不等于说，他同时把自己能够确证为作为社会权利人的存在的最基本的自然权利也剥夺了。自然正义和社会正义在这里高度地交织在了一起。

文化产业作为话语的意识形态和意识形态话语，建构了人们在现实生活中的一种权力生存形态与关系。谁有权从事文化产业、经营文化产业，就成为一个问题。

## 四、文化产业与中国意识形态建设

文化产业和意识形态的关系，是当代中国文化产业发展中遇到的一个重大的理论、实践和政策问题，也是发展文化产业和坚持先进文化前进方向的关系中必须科学对待的一个大问题。在一段时间里，只要提到要发展文化产业，就说文化有意识形态问题，人为地把意识形态和发展文化产业对立起来，使得意识形态问题成为在中国发展文化产业的一个障碍，从而使文化产业本身成为一个意识形态问题。因此，我们有必要对这一问题加以研究，并提出我们的答案。

意识形态是一个内容涵盖非常广的概念，但是在中国主要是指政治意识形态。在过去很长的一个时期，意识形态往往和阶级斗争联系在一起，即所谓“意识形态领域里的阶级斗争”。这就是在中国意识形态会在文化产业发展过程中成为一个重大问题的重要原因。抛开关于意识形态的经院式分析，直接从当今社会发展的实际出发可以发现，社会的发展已经进步到了一切关于思想文化的有效传播和意识形态建设，都只有通过和借助于文化产业这一具体载体的规模手段才能实现。离开了广播、电视、报纸、期刊等现代传播手段，在当代中国要想把党和国家的方针政策传达到千家万户，坚持以马克思主义为主导的意识形态建设，推进和实现中国的意识形态建设是不可能的。而这样的传达倘若没有一个完整的从生产到流通的现代经济组织和群体是不可能实现的。不以西方文化产业的发展为例，即使在中国，在电影、电视、图书出版、新闻报业等领域也都组建了相当数量的文化产业集团。这些文化产业集团在忠诚地履行“喉舌”使命的过程中，无不借助于现代产业运作机制积极组织文化产品的生产和文化产业的市场竞争，并在竞争中扩大国家主流意识形态的阵地。这些文化产业集团已经成为我国意识形态建设最主要的手段和力量。没有它们，当代中国的意识形态建设及意识形态建设所需要的资本扩张是难以完成的。因此，人为地把文化产业发展和意识形态建设对立起来，既不符合当前中国意识形态的实际，也不符合在各种思想文化互相激荡的情势下我国意识形态建设创新的需要。随着现代传媒手段和工具的不断现代化，公民接受思想文化内容的渠道呈现出多样化和个性化的文化消费趋势，对于媒介物选择的自由化早已越出了传统的意识形态建设手段和方法单一的局限。人们对于各种现代文化和思想意识形态的接受，也主要是通过自由选择媒介物来实现的。因此，这些文化媒介或传媒业在中国发展的产业化程度，不仅直接关系到占主导地位的国家意识形态能否最大限度地传播到广大公民中去，而且还直接关系到能否满足人民日益增长的精神文化消费需求。文化产业发展的现代化程度，直接关系到当代中国意识形态建设现代化和大众化的程度，这是一个巨大的市场空间。国家主流意识形态能否最大限度地实现预期的目标，就看它能否最大限度地占有这个巨大的市场空间。在中国，国家主流意识形态建设应当在最大程度上，即在市场占有率最大化上拥有最广大的文化产品的消费者。而这只有通过大力发展文化产业，推动信息产业和文化产业的结合才能实现。否则，这样的市场“无产阶级不占领，资产阶级就必然会去占领”。和“冷战”时期截然不同的是，当今世界意识形态斗争的一个新特点就是表现在对文化市场占有率的争夺上。意识形态建设的实现程度，直接取决于文化产业发展的规模化程度。

守土有责是近几年来在我国意识形态工作中特别强调的。然而，由于对于具体的“土”的概念缺乏足够的科学的界定和把握，忽视了思想文化领域里“土”的外延和内涵已经在形态上发生了很大的变化，使得“班组学习”似的阵地已经不存在了。保持传统意义上对思想文化阵地的理解，使得“守土有责”成为片面强调意识形态的作用而忽视了怎样才能实现的可能。文化产业在今天已经是有明显疆域、形态存在具体的意识形态之“土”，正是这些特殊形态的“土”遭遇到了西方强势文化的大肆扩张，也才构成了我国现实的国家文化安全问题。“守土有责”，只有赋予“土”以新的文化产业的内容才是具有时代特征的。失去了对文化产业发展的主导权，或者说若干年后我们的文化产业还是很不发达，依然属于“幼稚产业”，那么将无“土”可守。“土”之不存，意识形态和思想文化建设又何将焉附？在经济全球化的背景下，所谓“文化全球化”就是文化产业全球化。人才、技术、资本、信息的全球流动和配置，不仅一般地反映在经济领域，而且将更突出地反映在文化领域。虽然我国在图书出版和新闻报业等文化产业领域还将实行国家专营，但是，通过参股、融资、本土化、代理人等各种战略手段，各种形式的外来文化资本将不断渗透到我国文化产业的核心部位。图书分销、大片扩张、音乐制品无国界、网上传播跨时空，是一疆域无限的庞大国土。文化产业将成为未来中国思想文化和意识形态建设的精神土地，是一块有待深度开发和精耕细作的处女地。倘若我们不能在文化产业领域里积极参与全球化，参与全球文化市场竞争，那么我们不仅在这个领域有土难守，而且还会丧城失地。当代意识形态的特殊性、复杂性、艰巨性和手段的先进性，媒介形态的丰富多样性，都决定了文化产业和意识形态之间的内在的必然联系。在今天，要抓好意识形态建设，就必须抓好文化产业建设。只有把文化产业作为意识形

态建设来抓，我们才可能在文化产业与意识形态之间建立起科学的文化政策关系。

当文化产业不是现代文化创造和文化传播的物质形态与文化形态，而仅仅是文化产品的复制和交换工具的时候，文化产业对文化积累和发展的异化也就在此种意义上加强了文化产业的意识形态化，而这种意识形态化已经具有了反文化的意识形态倾向。因此，发展文化产业不仅仅是为了追求财富实现形态扩张和为经济结构的调整提供产业升级换代与产业转移的市场空间，也是为了在现代的意义上创造文化并满足文化传播与积累的现代要求，使文化真正成为“以人文化天下”的公器。对当代中国来说，大力发展文化产业必须注意克服文化产业对文化建设的异化，在把文化产业作为意识形态建设来抓的时候，还要防止片面地把发展文化产业意识形态化。要根据文化产业发展的规律，科学地处理发展文化产业、先进文化建设与意识形态建设三者之间的辩证关系，只有这样，中国的文化产业发展才能既承担起文化创造传承的现代职能，同时又能以它的现代性方式推进意识形态建设，尤其是主流意识形态的建设，赢得在实现主流意识形态与支流意识形态的有机融合的过程中对“文化帝国主义”和“文化霸权主义”的斗争。

## 第三节　文化产业与先进文化的实现方式

文化产业首先是文化，是文化形态，其次才属于经济，是现代经济形态的存在方式之一。这种双重身份，决定了文化产业将以自己特殊的方式参与融入现代世界体系后的中国国家创新体系建设过程中的经济结构调整和国家文化创新体系建设。在这里，一个关键的问题就是在文化产业中先进文化的前进方向与市场机制的有机整合。

### 一、先进文化是一个历史范畴和概念

先进文化是由意识形态界定的。在历史上，奴隶文化和农业文化都曾经是一种先进文化。恩格斯就曾经高度评价过奴隶制文化的先进性，并把它看成是希腊文化和现代欧洲的基础。因此，就人类文明的历史来看，先进文化是人类文明和民族文化的总的发展趋势的一种规律性显现。虽然在不同的民族文化中都有先进文化，并且人们关于先进文化的理解和认知也是不一样的，但是，把最符合自己根本利益的生活存在作为最美好的一种目标加以追求，并通过这种追求来获得对于主体的文明提升，实现对于自己的不断发展和超越，却是人类文明发展的共同的集体无意识，否则，人类社会便不可能进化成今天这个样子。因此，当人类社会进入工业文明时代之后，人类文化的存在状态和存在

样式就必然要实现对于农业文化的历史性超越。如果说工业化已经成为人类社会的一种先进的存在方式的话，那么以工业化的方式和标准来替代农业文化生产的存在性形式并进行文化产品的生产也就自然地成为人类文化进化的历史性选择，成为一种必然的文化创新，一种自我价值实现和肯定的对象化。而当这种选择和创新以一种全新的生命形态诞生的时候，受到作为工业文明主体的工人的热烈迎接，从而使得打破文化为少数人服务的历史局限、文化消费大众化、还文于民和实现文化民主和文化平等的历史要求成为可能。如果我们把电影的出现看作是现代文化产业诞生的第一道曙光的话，那么这第一道曙光又何尝不是代表先进文化的前进方向？在这里，不仅先进生产力的发展要求获得了文化的形态和文化的肯定，使得先进生产力作为一种文明成果迅速地得到了文化的实现，而且，它使得处于社会底层的最广大的劳动者获得了文化消费和以文化消费的方式拥有文化、阐释文化的权利，进而了解世界，并且通过电影这种特殊的艺术形式来文化地把握自己与世界的关系，继而唤起对于自身作为文明主体存在的权利与义务的关怀。这就使得文化产业作为一种新的文明形态的诞生具有特别重要的意义，从而使处于社会最底层的劳动者复归其作为文明主体应有的文化身份提供了一种现实的可能性。从某种意义上说，正是这种现代文化产业形态的出现才使得文化从精英走向大众由可能变为现实，也才使得文化权力由少数人垄断回归大多数人拥有由可能成为现实。在这里，文化产业是作为一种先进的文化形态出现的，这种出现所揭示出来的人类文明的发展趋势是一种历史的前进方向，反映了作为社会文明主体的最广大劳动者的根本文化利益。这就使我们对于先进文化的前进方向的当代意义和实现形态的理解与认知有了新的向度：一种是观念形态的，另一种是物化形态的，而把这两个方面有机地统一为一个整体的恰恰就是文化产业。因此，就其文化形态的历史性而言，在今天，文化产业是先进文化的前进方向在当代的存在和表现形式，离开了现代工业文明和现代信息文明，先进文化的前进方向就失去了它的先进生产力的现实基础，也就无所谓代表最广大人民的根本利益。众所周知，文化产业几乎就是大众文化的同义语。如果我们超越西方理论界关于“大众文化”的语境，而从中国新文化运动的历史视角进行观照的话，对于“大众文化”的追求与实现，正是自“五四”运动以来的中国新文化一直追求的文化民主和文化平等的主题。在建设有中国特色的民族的科学的大众的社会主义文化中，“大众文化”仍然是它的题中应有之义。也正是在这样的意义上，文化产业在我国当下的社会发展中，在经济结构的战略性调整中才有着不可替代的重要作用。

## 二、先进文化与市场经济之间的同构关系

市场经济是工业文明的产物，是适应工业文明的发展需要而同步出现的，或者说，

市场经济直接就是工业文明的商品流通形态的体现。正如工业文明是对农业文明的超越一样，市场经济也是对自然经济的超越，是一种比自然经济先进的文明形态。这一形态的出现，不仅使得社会生产力发生了巨大的革命性飞越，而且“由于开拓了世界市场，使一切国家的生产和消费都成为世界性的了。过去那种地方的和民族的自给自足和闭关自守的状态，被各民族的各方面的互相来往和各方面的互相依赖所代替了。物质生产是如此，精神生产也是如此。各民族的精神产品成了公共的财产，民族的片面性和局限性日益成为不可能，于是由许多民族的和地方的文学形成了一种世界文学。”①人与人的关系发生了根本性的变化，这就是人的主体地位的确立。在市场经济中，由于社会分工把个体利益相互划分开，从而使个体有了独立地位，并且成为自主生产经营、自由地对待自己的产品、自负其责的个体主体。个体自由获得合规律性回归，这种回归具有普遍的文化进步意义。因此，市场经济就其本质而言，是人类文明发展进步和自我选择的结果，是一种文明形态的存在样式。这就使得先进文化与市场经济之间，文化产业与市场机制之间存在着文明运动的力的同构关系，而正是这种力的同构关系为文化产业以市场经济的方式实现先进文化的前进方向提供了文明史的客观依据。在现代中国，正是以商务印书馆和开明书局为代表的出版业的市场化运作，才使得白话文运动的先进成果迅速地转变为社会变革的推动力，从而使中国现代出版业成为推动和实现中国先进文化前进方向的重要产业形态，成为世界先进的文明成果在中国传播的重要媒介。从某种意义上说，没有现代中国出版业，就没有马克思主义在中国的传播，当然也就没有我们今天所要坚持的先进文化的前进方向。因此，不能把先进文化前进方向的历史必然要求与文化产业的发展、市场经济和市场机制简单地对立起来，割裂开来。文化产业与先进文化的前进方向之间并不存在必然的对立关系，相反，在今天，由于先进文化的前进方向只有在文化产业具体的市场运动形态中才能得到生动的大众化的实现，因此，离开文化产业的当代运动来谈论先进文化的前进方向就缺乏了一种现实性基础。这就使中国文化产业在中国进一步融入现代世界体系并加入世贸组织后与世界贸易组织所确立的规则之间存在着文明史的逻辑关系。

世贸原则的形成是一个世界历史过程，是在关贸总协定的基础上，为了更好地协调各国贸易政策，健全世界市场秩序，推行“自由贸易”，促进世界经济发展而形成的，因此，一开始它就是为市场经济服务的，反映和体现了“二战”后世界各国普遍要求建立一个平等、公正、互惠、和平共处、共同发展的世界经济新秩序的愿望。这种愿望是当代世界精神的普遍性文化要求。因此，世贸组织所确定的原则实际上是把在市场经济

① 中共中央马克思恩格斯列宁斯大林著作编译局. 马克思恩格斯文集（第一卷）[M]. 北京：人民出版社，2009：35.

过程中某种应该遵循的规律上升为一种普遍的行为交往理念和经贸道德信条，成为人们在交往过程中衡量和判断交往行为所达到的现代文明程度的一种标准，成为一种价值观念和价值系统，成为一种新的意义世界。尽管这一系统所确立的规则仍然还存在许多缺陷，但它已是当代人类社会在总结经济运动规律所能创造的并为大多数成员接受的最高文明成果，是人类文明在相互交往过程中所寻求和达到的一种新的文明高度的结果，其实质是努力规避文明冲突，寻求人类文明互相融合的结合点，达到共同发展的目的，因而已经成为当下国际社会的一种具有普遍性特征的文化存在。因此，从这个意义上说，世贸组织规则所体现的是人类文明取向的先进性要求与市场经济发展的客观规律性之间的一致性。这就使规则具有普遍性。由于世贸组织规则所体现的原则精神是建立在对于市场经济发展规律把握的基础上的，而按照市场经济发展的客观规律来发展自己正是当代中国的一个基本的文化态度和战略选择，这就使世贸规则在根本上与中国人民所追求的长远的战略目标和根本利益存在着内在逻辑的一致性。

## 三、人类文明的前进方向与中国先进文化的前进方向

不能离开人类文明进程的整体先进性而孤立地看待和理解中国的先进文化，也不能离开人类文化的前进方向来孤立地看中国先进文化的前进方向。只有把中国先进文化的前进方向置于世界文化和人类文明的整体的前进方向中，中国文化的创新和先进方向的坚持才能获得一种文化多样性所应有的文明价值和文明支持。中国先进文化的前进方向必然而且也应该是整个人类文明前进方向的中国形态，而不应该成为疏离人类文明整体性进程的另一种别的文化存在。因为只有是人类整个文明形态的一部分，是人类文明的中国形态，那么中国先进文化才可能与人类社会的其他文明形态存在着共享、共融、共通的关系，中国先进文化也才能在吸收人类一切优秀文明成果的可能性与相融性的过程中建立起充满自己个性特征的文化机制。因此，中国加入世界贸易组织不仅仅是对一种世界制度的接受，同时也是对一种基于这种制度而形成的交往行为理念和文化的认同。这种接受和认同包含着对原来的交往行为观念和交往行为秩序的积极否定。因为只有这种否定，才可能实现两种行为交往原则的对接，也才能在一个新的平台上实现“双赢”的成功。这对于进一步深化中国的改革，扩大对外开放的广度和深度都是一种必不可少的创新动力。没有这种动力，中国改革开放的深度和广度也就缺乏它在前进过程中应有的一种目标机制，中国的改革开放就会在世界范围迷失方向，从而也可能使中国在经济全球化进程中，在又一次更为深刻的国际分工过程中，错失积极参与世界经济重组发展自己的机会。加入世界贸易组织对中国来说，并不是一次被动的文化接受，而是经过深

思熟虑、反复权衡后，为了自身利益需要进行的一次重要的战略选择，既是一种经贸制度的选择，也是一次重要的文化选择。它不仅为中国彻底摆脱和走出自近代以来闭关锁国、疏离世界体系而重新复归它应有的文化位置奠定了一个全面开放的基础，而且为中华民族的伟大复兴创造和提供了一种世界的可能。文化是综合国力的重要组成部分，扩大对外开放，全面提高中国的综合国力当然包括文化在内，世贸组织有关文化产业的规则及其所建立起来的机制也正是在这样的意义上和中国文化发展的长远目标所坚持的先进方向存在着文明趋向上的一致性。因此，加入世贸组织后，按照世贸规则的要求调整、修改及废除中国原有的关于文化产业的法律与政策，重构中国文化产业运动方式和市场体系，建立公开、透明、非歧视的文化市场准入机制和公平、公正、自由竞争的文化产业生态环境，按照市场经济原则，建立文化产业的现代企业制度，实行法人治理，也就成为当代中国在先进生产力发展要求的基础上实现中国文化产业所应该体现的先进文化的前进方向与市场机制有机整合、自我完善的一种历史性选择和自然的逻辑程序。在我国现行的文化产业制度中有一部分是实行“事业单位，企业化管理”的管理模式。但是，其核心并不是强调“事业单位”，而是突出这一类单位的“企业化管理”。所谓“企业化管理”，就是要按照市场经济的规则，通过市场化、产业化运作，在市场平等、自由的竞争中获得“事业单位”所应当承担和坚持的先进文化的前进方向，把对最广大人民根本文化利益的维护以市场机制的方式生动地体现出来。既使主流文化在文化市场中占有主渠道的地位，又确保国家和人民的文化资产得到保值和增值，而不是仅记得坚持正确的文化方向，而忘记实现先进文化的前进方向在今天所必须坚持和遵循的市场经济的规则与规制。离开了市场机制的规律性，也就失去了中国入世的全部价值和意义，经济上是如此，文化上也是如此。

## 本章小结

文化产业与意识形态的关系是文化产业学研究中一对最重要的关系。意识形态是一种价值观系统，是一种关于自身和世界关系的理解体系。以自己的价值观为全社会的价值观，以自己的意识形态为国家意识形态，并以此来要求、制约和规范各种社会文化行为，这种意识形态价值导向的制约性是现代国家社会文化发展的基本运动规律，也是影响和规定文化产业运动发展的基本规律。

意识形态是抽象的，只有当它实践地表现在人们的社会文化行为中的时候，它才是具体的、可实践的。意识形态是可生产与可传播的。文化产业就是它的具体生产形态和生产方式。文化产业是实践的意识形态，离开了意识形态可实践性的内在要求，也就没有所谓的现代文化产业。离开了文化产业的具体形态，现代一切所谓意识形态也就是失去了它的存在形态。

文化产业与意识形态是两个内在结构与外在表现存在巨大差别的社会存在系统。文化产业是一个关于文化产品生产与经营的社会精神行为的生态系统，意识形态是一个决定社会行为和行为方式的精神价值系统。意识形态只能包括而不能代替文化产业。文化产业运动发展不仅受意识形态运动和发展的影响，而且还要受到社会运动其他方面的影响。文化产业与意识形态存在的差异性，决定了它们之间的矛盾性及由这种矛盾性所产生的冲突性。文化产业与意识形态之间存在的最大矛盾就是，文化产业作为一种资本形态对资本追求的内在本质规定性和意识形态作为另一种资本形态——精神资本对价值观追求的内在特殊性之间的矛盾。

文化产业具有公共性特征，任何一种社会力量都可以使用它为自己的意识形态服务。而意识形态则具有非兼容性和对抗性，不同的社会力量之间常常有不同的意识形态价值取向。因此，作为工具形态的公共性和作为使用主体意识形态非公共性之间的矛盾，决定了同一种文化产业形态可以为任何内容的意识形态服务，从而构成了文化产业形态的意识形态冲突与公共性冲突。意识形态借助于文化产业的感性实践性，文化产业因为有了意识形态而具有了内在价值运动的导向性。

文化产业具有意识形态特征。文化产业发展的现代化程度建构并影响了一个国家和地区意识形态现代化的程度。离开文化产业的现代形态和手段建设意识形态是不可能的。把文化产业作为意识形态建设来进行，才可能在文化产业和意识形态之间建立起科学的文化政策关系及文化产业发展与国家基本发展的战略关系，同时也要防止把文化产业意识形态化。应当根据文化产业的发展规律来建立文化产业发展与意识形态发展的科学关系。

文化产业是先进文化在历史的文明进步中的存在形态与表现方式。离开了现代工业文明和现代信息文明与文化进步的有机融合，先进文化的前进方向就失去了先进生产力的现实基础。市场经济是人类文明形态的存在样式，是人类文明进步发展和自我选择的结果。先进文化与市场经济之间存在着文明运动的力的同构关系，正是这种同构关系为文化产业以市场经济的方式实现先进文化的文明进步提供了文明史的客观依据。

先进文化的前进方向只有在文化产业具体的市场运动形态中才能得到生动的大众化体现。只有把中国先进文化的前进方向置于人类文明的整体进步之中，中国文化的前进方向才能获得一种世界文化多样性所应有的文明价值和支持。

## 思考题

1. 文化产业与意识形态的基本关系和矛盾运动是什么？
2. 意识形态作为存在与科学对象的理论有哪些？
3. 马克思主义意识形态理论的主要内容核心是什么？
4. 怎样认识和理解作为意识形态的文化产业权力理论？
5. 怎样认识和理解马克思主义意识形态理论在我国文化产业发展中的地位与作用？

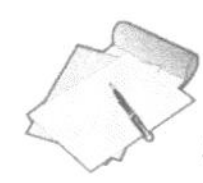

## 参考书目

1. [英]约翰 •B . 汤普森. 意识形态与现代文化[M]. 高铦等，译. 南京：译林出版社，2005.

2. 胡惠林. 胡惠林论文化产业[M]. 昆明：云南大学出版社，2014.

3. [美]大卫 • 赫斯蒙德夫. 文化产业[M]. 张菲娜译. 北京：中国人民大学出版社，2007.

# 第六章

# 文化产业与文化贸易

## 学习目标

通过本章学习，学生应了解和掌握以下内容：

1. 文化交流与文化贸易的基本关系和矛盾运动；
2. 国际文化贸易的性质；
3. 文化产业与国际文化分工；
4. 世界贸易组织与全球国际文化贸易关系；
5. 文化产业走出去与中国文化产业国际化道路。

## 导言

文化贸易是文化产业的重要实现方式和组成部分，没有文化贸易，也就没有文化产业的现代发展。文化贸易的发展水平不仅一般地反映了文化产业的发展水平，而且还集中地反映了人类不同文明间的交往程度。因此，文化贸易不只是一种文化交流形态，而且还是现代经贸构成的制度形态和体系形态。世界贸易组织（WTO）及由其所建构起来的现代国际文化贸易制度构成了当代文化产业与文化贸易最重要的全球文化关系。中国是在加入世界贸易组织后开始国际文化贸易现代化的进程的，正是这一进程带动和推动了中国文化产业的快速发展。“文化产业走出去战略”是中国国际文化贸易战略最形象的表达。中国加入世界贸易组织，不仅促进和推动了中国文化产业的发展，丰富了国际文化贸易多样性，同时也深刻影响和改变着国际文化产业的格局。

# 第一节　现代文化视野下的国际文化贸易

当海洋贸易取代陆路贸易成为主要商业模式之后，一个世界性的文化市场形成了。文化贸易形式的多样性构成了现代文化贸易的最显著的特点。传统的叫卖贸易通过现代的拍卖形式得以继续延续，版权贸易作为工业文明的产物方兴未艾。然而，互联网技术的兴起使得有史以来的文化贸易形式发生了根本性的变化。人们无需跋山涉水、千里迢迢进行文化产品买卖，而只需通过互联网就可以完成交易。集中文化贸易形态并存构成了按需贸易的新文化贸易商业模式。虽然海洋贸易依然存在，陆路贸易依然发达，但是信息技术空间不仅为全球文化贸易提供了无可比拟的便捷性，而且还可以最大限度地降低交易成本，在增加文化商品全球流通的同时推进不同文明间的互通互融。这是一幅全新的世界文化贸易场景。

比起贸易线路来说更重要的是文化商品。丝绸之路经济带的提出，之所以获得了沿路国家和地区的积极响应，就是因为历史上的丝绸之路是人类不同文明间优秀文化产品的代名词。拿出最好的产品去交易，这才是丝绸之路的本质。然而，目前中国出口产业的大部分价值均被外国品牌收入囊中。因此，提高包括文化产品在内的“贸易附加值”也就成为中国对外文化贸易的重要战略与政策取向。中国要实现文化贸易的繁荣发展，首先必须要有优秀的文化产品，先有“丝绸”才会有“丝绸之路”。而“丝绸”恰恰在那个时间和年代里代表了中国最优秀的文化和文明成果，是中国文化产品世界水平的象征。正是因为这样，这条连接欧亚大陆的文化贸易大通道——“丝绸之路”也才具有人类文明的价值。

## 一、国际文化交流的商品形态和市场方式

文化是很具体的存在，是人类的存在方式。文化因生存方式不同而表现出差异性，因这种差异性的不可替代而呈现为多样性。每个社会、每个民族在一定的地域，组成一定的实体性社会，建立一定的社会制度，具有一定的意识形态，遵循一定的行为模式，约定俗成地服从于一定的行为规则，这几个方面共同组成一个社会的文化体系。也就是说，文化是指一种形态化了的具体的人类事物。

文化是一种地域性和区域性的人类生态现象。它是一个有结构的实体，它的内部可以划分为四个层次：一是社会的经济体系，就是通常所说的生产力和生产关系及其物质

成果体系。这是文化的物质层面；二是社会中人与人所形成的社会关系网络，以及由这些网络而结成的社会制度形式，这是文化的制度层面；三是社会的意识形态，它的精神产品、宗教、艺术，它对自身制度的意识和解释，以及由此而形成的意识形态理论体系；四是指这个社会的行为价值系统，人们在内心中对自我行为的约束观念，以及作为社会道德要求的伦理规范。上述四个方面组成了一个社会的文化形态和文化系统。这是一个处在不断运动中的形态和不断吐故纳新、变化中的有机系统。文化商品就是这种形态和系统构成的载体，既是物质的，又是精神的。既反映物质关系和物质水平，又反映精神关系和精神水平，同时还折射制度。

文化形态是一种文化存在的生态表现，也就是说文化形态总是与一定的环境相联系的。这个一定的环境既包括历史形态，也包括文明进步形态。例如，当我们讲社会主义文化的时候，既表明它是一种文明进步的形态，同时也表明它是相比较于资本主义而存在的一种社会形态。因此，文化形态是一定文明主体在一定的环境下不断运动变化、冲突、整合、分裂、交融的结果。经济、社会和意识形态的这种交融是一种文化交叉，即一种文化中的习惯和事物彻底融入另一种文化之中，以致这些习惯和事物变成了另一种文化的一部分，继而使得另一种文化发生改变的过程。有的时候，这种文化交叉的结果使原有的东西被摧毁，而且通常这些全球化结果无法控制。

文化交流就是不同文化形态之间、不同文明主体之间在选择存在方式的过程中的不断互通和流动，这种交流是思想的交流、感情的交流、心灵的交流，彼此把自己的存在和对方交换。它本质上是非商业性的，是各不同文明主体追求和优化生存方式的自然流露，是一种人性的往来。它主要不以战争方式和商业方式行为进行，但是，战争和商业行为的结果也是导致大规模文化交流的巨大动员。历史上的丝绸之路，哥伦布发现新大陆，郑和下西洋，历次大规模的跨国战争和世界大战，都使各民族之间的文化得到了大规模的交流。但是，这种交流是在被迫的情况实现的，是非理性的结果，如1840年爆发的鸦片战争。因此，文化交流是一个综合性、整体性的概念，是一个社会、一个民族特有的和其他民族、其他社会不同的存在方式特殊性的交流。交流是一种文化能力。中国改革开放需要交流，而怎样和世界对话、交流、沟通是一种智慧。

文化交流有宽窄之分。广义的文化交流可以指人类一切物质、文化交往。狭义的文化交流在我国也指国际间的以文艺演出为主体的文化交流活动。文化交流的当代意义和当代形式是政府、国家形式的民间化，是各民族存在方式的优势互补和自由流动。

贸易是一种特殊的交流形式，是一种跨地区的商品交换行为。从广泛的意义上来说，贸易也是文化交流，因此，丝绸之路既是商贸之路，也是文化交流之路。文化贸易是文化交流的商品形态，同时也是商品交流的文化形态。在统一的世界货币尚未出现之前，

以货易货是世界贸易的主要方式。正是在这种方式中，各民族的文化观念、伦理规范、价值标准、处事原则、商业伦理、审美情趣等得到了充分的交流，得到了理解与互补，并且在潜移默化的过程中重塑自己的生活方式，由此而推动着文明的进步。

文化贸易是跨地区的文化商品的交换行为，是文化交流的商业行为，它以市场方式为存在方式，以文化商品的交换方式实现文化交流的目的。文化贸易是商业性的，本质上是对于文化商业利润的追求与获取。文化贸易是一个综合性、产业型的概念，是相对于其他产业的货物贸易而言的特殊领域。它最大的特殊性就在于为精神而交流。这种交流是最本质的生存方式的交流。人类社会之所以在满足了物质的贸易需求之后还需要进行文化商品的交换，就是因为只有文化才是人的一种最本质的存在，只有在文化领域里实现的精神境界的高度，才是衡量一个民族、一个社会和一种文明形态所达到的存在高度的唯一尺度。只有当物质性的商品交换深刻地反映了这种境界的高度的时候，它才可能成为一种尺度。因此，文化贸易的对象在任何时候都是关于文化内容的交易，是精神对精神的交易，是一种文明的互换。

文化贸易的当代意义和当代形态是民族文化形式的国家主体化和国家政治化，成为进行文化渗透和文化占领的重要手段，如美国的好莱坞电影和日本的卡通电影等。其存在方式是有形与无形并存，从有形走向无形；物化形态与知识形态并存，从物化形态走向知识形态。

## 二、世界文化发展的经济学动力

世界文化发展的四种动力形态为政治的、经济的、文化的和社会的。政治的集中表现为政治制度和政策法律制度；经济的集中表现为交易法则；文化的集中表现为自身的内在需要；社会的集中表现为生态环境。

文化发展是文化形态在其生命过程中不断进化、演变的历史性趋势。文化发展的成熟程度是人类文明程度的界标性标志。一般来说，文化发展的成熟性程度取决于物质生产力的发展在多大的程度上给文化发展提供物力支持，支持的力度和程度的大小强弱及现代化或先进性的程度，直接决定文化发展的力度、速度、规模及其空间交流域的程度，以及获得其他文明成果的规模、消化吸收的程度。中国古代文化的发展直接和中国古代高度发展的物质生产力紧密联系在一起，没有火药、指南针、造纸和印刷术的发明，就没有中国古代文化的发展。能否通过交流、交换借鉴其他文化形态的文明成果，改善和提高本民族文化形态和文明结构的文化素质，决定和影响文化发展的质量。近代中国的一些先进知识分子提出的“师夷长技以制夷”就是在总结了鸦片战争后中国文化落后于世界文化的发展而提出的一个重要战略选择。

生产力发展水平是文化发展的一个重要标志。马克思关于资产阶级由于开拓了世界市场而使得各地区文学称为“世界文学”的论述，实际上阐述了资本在世界文化发展过程中所发挥的作用。“资产阶级，由于开拓了世界市场，便一切国家的生产和消费度成为世界性的了。……过去那种地方的和民族的自给自足和闭关自守的状态，被各民族的各方面的互相往来和各方面的互相依赖所代替了。物质生产是如此，精神的生产也是如此。各民族的精神产品成了公共的财产。民族的片面性和局限性日益成为不可能，于是由许多种民族的和地方的文学形成了一种世界的文学。”[①]现代文化发展的现代性标志，是在国际文化市场的份额占有程度，是运用价值规律实现文化资源配置的规模化程度，是在资金与投资再生产过程中利用国际资本的程度。

文化贸易，特别是对外文化贸易，其量的规模和质的占有都是一国一地区文化发展现代化程度的反映，多大程度上占有国际文化市场和在多大程度上吸纳国际文化资金来发展本国文化产业，标志着一国一地区在国际文化贸易中的地位和国家综合实力。通过国际文化贸易，扩大国际文化市场份额，获取国际资本，带动本国商品贸易，加强本国的国际政治经济地位和发言权至关重要。因此，为实现本国在世界文化市场占有上的最大化和有效地拉动本国的内需，推动本国社会经济的协同发展，最大限度地维护和强化本国在现代世界体系中的地位，大力发展对外文化贸易，就成为许多国家的重要的国家战略。当代世界的文化发展正是在这样的过程中获得了极大的发展。没有国际文化贸易，当今世界的文化发展也就失去了它应有的原动力。这不仅是因为国际文化贸易促进了不同文明间的文化交流，而且由于这种交流充满了激烈的市场竞争和政治较量，这就使得它成为文化创造的重要源泉。没有国际文化贸易，当代国际社会也就是去它应有的沟通渠道。

随着产品及服务贸易的全球化发展，世界文化贸易总量在从 20 世纪向 21 世纪前行的历程中迅速扩张。根据联合国教科文组织（UNESCO）2005 年的统计报告[②]，全球核心文化产品贸易额在 1994 年至 2002 年间，从 383 亿美元增加至 592 亿美元，在不到 10 年之间翻了将近一倍。从国际文化贸易额的变化趋势（图 6-1）中可以看出，全球文化贸易无论在出口或进口方面总体都呈平稳增长态势。世界核心文化产品的年出口额由 1994 年的 362.23 亿美元增加到 2002 年的 546.66 亿美元，出口年平均增长率为 5.3%；年进口额由 1994 年的 404.21 亿美元增加到 2002 年的 636.68 亿美元，进口年平均增长率为 5.8%。

---

[①] 中共中央马克思恩格斯列宁斯大林著作编译局. 马克思恩格斯选集[M]（第一卷）. 北京：人民出版社，1995：276.

[②] UNESCO. *International Flows of Selected Cultural Goods and Services*(1994-2002)[R]. 2005.

不断地扩大国际文化贸易，最大限度地赢得在世界文化市场的占有率和话语权，并由此而推进和促进本国在全球文化竞争中的文化发展，提升国家文化软实力，日益成为国际社会普遍的发展战略。

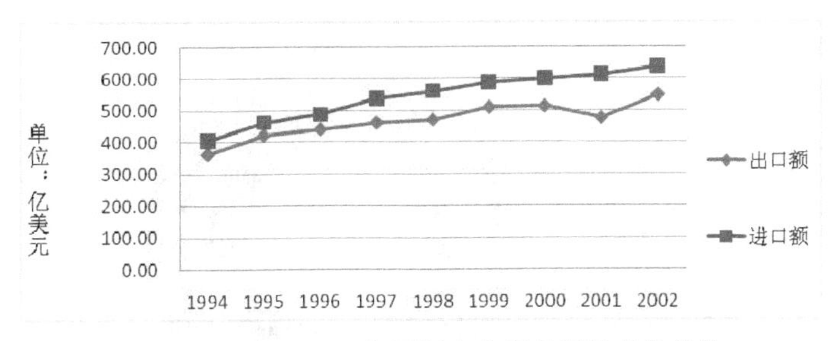


图 6-1　1994—2002 年国际文化贸易额的变化趋势

资料来源：UNESCO *International Flows of Selected Cultural Goods and Services* (1994-2003)[R]. 2005.

## 三、现代经济运动的存在方式

现代经济运动是指以高科技革命为标志的现代高新技术手段在现代经济中的广泛运用。在现代国际商品竞争中，商品的高科技含量和文化附加值含量的大小直接影响商品的竞争能力和获取利润能力的大小。现代经济运动的存在方式是相对于传统经济的运动方式而言的，既不同于农业经济，也不同于一般意义上的工业经济，而是以知识经济为特征的新经济形态。

知识产权经济作为现代经济运动的重要的存在方式，正愈来愈成为当今世界经济与国际贸易发展的主流。自觉地追求商品的高科技含量和文化的高附加值，已经成为世界各国追求的目标。随着高新技术在文化领域内的广泛运用，包括知识产权贸易在内的文化贸易及由此而派生出来的新型文化产业，正日益成为世界各国的支柱产业而得到扶持、支持、鼓励与保护。与贸易有关的知识产权问题，已经成为当代世界经济和国际贸易的主要问题。包括知识产权贸易在内的文化贸易，已经成为许多西方国家特别是美国对外政策重要的战略手段。知识产权贸易、文化贸易已经成为现代经济运动的重要形式，成为一种新的存在方式。专利、商标、著作权已经成为一种普遍的国际投资手段而在现代国际经济生活中发挥着重要作用。

国际文化贸易主要是文化产品与服务在国家之间的商业流通。联合国教科文组织报告中，根据海关分类标准将国际文化贸易中的核心文化产品分为文物、图书、报刊、印刷制品、音像媒体、视觉艺术、视听媒体七大类，核心文化服务包括视听相关服务、版税和执照。世界文化贸易产品结构在过去的10～15年中基本保持稳定，某些类别的文化产品在文化贸易中所占比例发生了较小的改变。图6-2和图6-3分别反映了1994年与2002年文化产品贸易进口与出口的结构。

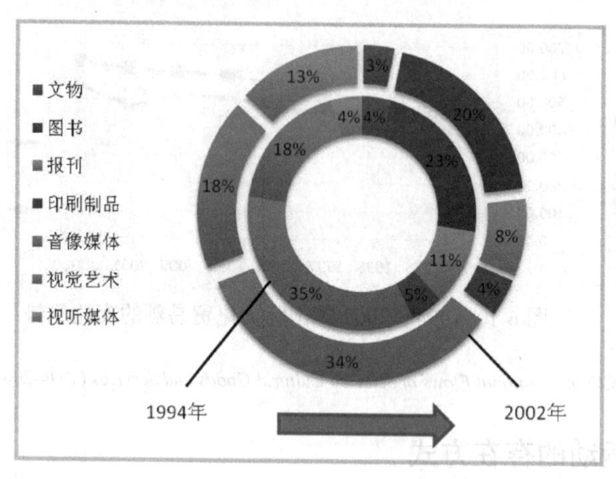


图 6-2　1994 年和 2002 年世界文化进口贸易产品结构变化

资料来源：UNESCO. *International Flows of Selected Cultural Goods and Services* (1994-2003) [R]. 2005.

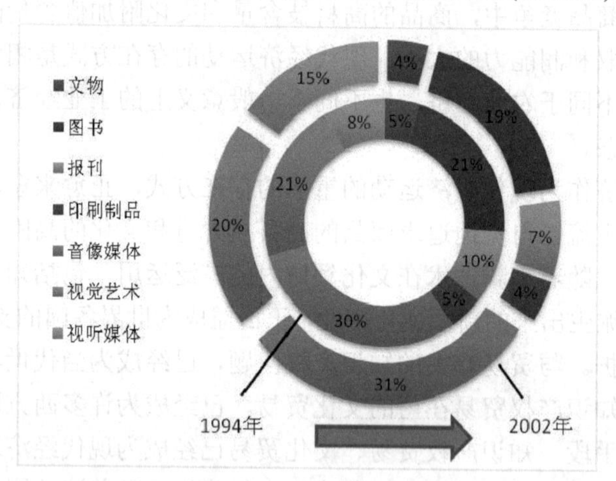


图 6-3　1994 年和 2002 年世界文化出口贸易产品结构变化

资料来源：UNESCO. *International Flows of Selected Cultural Goods and Services*(1994-2002)[R]. 2005.

根据国际标准对文化产品进出口种类进行统计，可以看出世界文化产品进出口贸易结构在 1994 年至 2002 年间的调整趋势。在文化产品出口方面，音像媒体出口额始终最多，约占总额的 1/3；其次是图书，约占总额的 1/5；第三为视觉艺术产品。各类文化产

品的出口数额均在增加（见表 6-1），其中增长率最高的是视听媒体。但在占所有文化出口产品比重方面，除视听媒体有大幅增加外其余均在减少。视听媒体在出口产品中所占的比重从 1994 年的 4.4%增加到 2002 年的 13.2%，年平均增长率为 20.8%。

在文化产品进口方面，比重结构与文化产品出口基本一致，前三位依次是音像媒体、视觉艺术与图书。各类文化产品的进口数额也都在增加（见表 6-1），其中增长率最高的仍是视听媒体，年平均增长率为 14%。在占所有文化进口产品比重方面，视听媒体和音像媒体有所增加，其余大类产品占有率均在减少。但较之于视听媒体，音像媒体的发展并不很明显：音像媒体 2002 年所占比重为 30.5%，较之 1994 年的 30.3%仅增加 0.2 个百分点；而视听媒体的比重则由 1994 年的 8.4%增加到 2002 年的 15.2%。由此可见，包括电子游戏、电影在内的视听媒体正在逐渐成为文化出口贸易的新热点，并有可能超过音像媒体、视觉艺术、图书等其他传统文化出口产品，在今后文化出口产品中将占据相当大的一部分。

表 6-1　1994—2002 年核心文化产品贸易增长趋势

| 文化产品类别 | 进　口 | | | 出　口 | | |
|---|---|---|---|---|---|---|
| | 1994 年 | 2002 年 | 年平均增长率（%） | 1994 年 | 2002 年 | 年平均增长率（%） |
| 文物 | 1887.9 | 2644.2 | 4.3 | 1461.5 | 1807.4 | 2.7 |
| 图书 | 8640.2 | 11738 | 3.9 | 8441.4 | 10835 | 3.2 |
| 报刊 | 3833.9 | 4675.1 | 2.5 | 3806.3 | 4398.3 | 1.8 |
| 印刷制品 | 1896.6 | 2620 | 4.1 | 1669.2 | 2158.9 | 3.3 |
| 音像媒体 | 12235.7 | 19389 | 5.9 | 12563.3 | 18509.4 | 5 |
| 视觉艺术 | 8525.8 | 12911 | 5.3 | 6690.4 | 9741 | 4.8 |
| 视听媒体 | 3391.9 | 9685.5 | 14 | 1590.4 | 7216.4 | 20.8 |
| 所有核心文化产品 | 40412 | 63662.8 | 5.8 | 36222.5 | 54666.4 | 5.3 |

资料来源：UNESCO. *International Flows of Selected Cultural Goods and Services* (1994-2003)[R]. 2005.

从文化贸易的分布空间情况（见表 6-2）来看，欧洲、北美洲和亚洲是进行文化贸易活动的主要区域。十年来，欧洲始终是世界最大的文化贸易地区，2002 年欧盟分别以出口 51.8%和进口 40.6%的份额占欧洲文化贸易的绝大部分。亚洲在 2002 年超过北美，成为世界第二大文化产品出口地区，占世界总量的 21.2%。亚洲后来居上的主要原因是东亚地区文化贸易的迅速发展，东亚的出口占有率由 1994 年的 7.6%上升到 2002 年的 15.6%，而北美地区在出口方面则由1994年的27%下降到2002年的16.9%。在文化产品进口方面，北美位居第二，亚洲第三。

表6-2 世界主要地区核心文化产品进出口额对照

| 国家 | 1994年 | | | | 2002年 | | | |
|---|---|---|---|---|---|---|---|---|
| | 出口额（百万美元） | 百分比（%） | 进口额（百万美元） | 百分比（%） | 出口额（百万美元） | 百分比（%） | 进口额（百万美元） | 百分比（%） |
| 总额 | 36222.5 | | 40421.1 | | 54666.4 | | 63668.4 | |
| 美洲 | 9778.0 | 27.0 | 12541.4 | 31.0 | 10860.3 | 19.9 | 21465.5 | 33.7 |
| 北美 | 9072.9 | 25.0 | 10780.4 | 26.7 | 9226.8 | 16.9 | 19173.9 | 30.1 |
| 拉美 | 705.1 | 1.9 | 1761.0 | 4.4 | 1633.5 | 3.0 | 2291.6 | 3.6 |
| 欧洲 | 21892.8 | 60.4 | 20572.8 | 50.9 | 31670.8 | 57.9 | 30620.7 | 48.1 |
| 欧盟 | 19675.8 | 54.3 | 17433.6 | 43.1 | 28301.2 | 51.8 | 25837.9 | 40.6 |
| 亚洲 | 4288.8 | 11.8 | 5269.0 | 13.0 | 11577.5 | 21.2 | 9363.2 | 14.7 |
| 东亚 | 2741.6 | 7.6 | 3912.2 | 9.7 | 8553.5 | 15.6 | 6932.3 | 10.9 |
| 东南亚 | 1319.3 | 3.6 | 1032.9 | 2.6 | 2445.7 | 4.5 | 952.5 | 1.5 |
| 大洋洲 | 204.6 | 0.6 | 1585.0 | 3.9 | 351.6 | 0.6 | 1560.9 | 2.5 |
| 非洲 | 58.2 | 0.2 | 452.7 | 1.1 | 206.2 | 0.4 | 658.1 | 1.0 |

资料来源：UNESCO. *International Flows of Selected Cultural Goods and Services* (1994-2002)[R]. 2005.

相比之下，世界其他大洲在文化贸易上相对贫乏。拉美地区的文化产品出口份额从1994年的1.9%略升至2002年的3%，而非洲及大洋洲在这十年间几乎没有明显增长，文化产品出口份额仍在1%以下。这三个地区的文化进口份额始终都在5%以下，非洲更是处于文化贸易的边缘，在2002年的进口份额也只达到0.4%。

欧盟（EU）、北美自由贸易协定（NAFTA）及东南亚国家联盟（ASEAN）构成世界文化产品贸易最多的份额；其他经济群在此期间虽然有所增长，但国际影响力极度有限，无论在出口或进口方面都没有占到1%。东南亚国家联盟正在成为一个日益壮大的文化贸易地区，尤其在文化出口方面，其中音像制品和图书出口发展最显著，年增长率分别为8.9%和4.2%。在文化贸易发展较好的国家中，2002年，英国、美国、中国是世界前三大文化产品制造国，而美国、英国、德国则是最大的文化贸易进口国。[①]随着世界经济结构的进一步调整，这一趋势还将进一步深入发展，国际文化贸易在全球经济中的占比将越来越成为世界经济发展的主要力量与形态。

① UNESCO. *International Flows of Selected Cultural Goods and Services* (1994-2003) [R], 2005.

# 第二节　文化产业与全球国际文化贸易体系

文化产业是当今世界中最集中地反映了世界的政治、经济和文化存在状况及其关系型张力的存在形态。在文化产业的这种内在张力中，其中的任何一种力的运动形态的变化都会引起其他形态更大的变化。因此，从某种意义上来说，文化产业的这种力的构成形态和变化实际上是世界政治、经济和文化运动关系的一种表现。在一个国家是如此，在世界秩序构成中也是如此。关于文化产业的市场准入与否的国家文化产业政策博弈，关于知识产权之争，本质上是关于由谁来主导世界文化秩序建构的主导权之争。这恰恰是国家文化战略竞争的核心。而国际文化贸易正是这样一个全球文化产业竞争体系。

## 一、文化产业发展与国际文化分工

现代世界文化秩序是以文化产业的国际分工体系来体现的。处于国际文化产业分工体系末端的那些国家和地区，一般来说，在现代世界文化秩序的重建中所拥有的话语权往往是最低的。从现代国际文化产业分工的基本格局和基本态势来看，大多数国家均处在文化产业发展的世界体系的边缘地带。一定的世界文化秩序，既是国际文化产业分工的前提，同时也是一定的国际文化产业分工的结果。当今世界文化秩序最大的不和谐，就是国际文化分工的不和谐，极少数几个文化产业大国几乎垄断了世界文化市场 65%的市场份额。

历史文化产业运动的结果，客观上形成了文化产业的分工结构及由这种结构而形成的分工体系。东方和西方的概念，在国际政治和经济关系中的内容，同时也是关于文化的划分和分工，反映和表现了在现代世界体系中国际文化产业分工的基本状况。因此，当我们从这样一个角度来看问题和思考中国文化产业在建设和谐世界中的战略目标和战略定位的时候，就应当建立国际文化产业分工体系的这一分析坐标，也就是说，应当把中国文化产业发展战略这样的一个重大命题放到整个世界的文化产业分工体系中来考察，并且在这样一个考察中去发现和寻求中国文化产业发展与建设和谐世界的战略结合点及由这种战略结合点所确立的战略参与关系，进而在这一关系中建构与现代世界文化产业分工体系相和谐的中国文化产业发展与分工体系，推动中国文化产业的繁荣与发展。中国政府在积极履行中国政府加入世贸组织所作出的承诺的基础上，依法推进中国文化市场对外开放，同时依据一国两制的原则创造性地在中央政府和中国香港与中国澳门之

间建立起了包括文化贸易在内的“CEPA”；之后中国又在中国和东盟“10+1”的机制上，以中国东盟博览会为平台，创设“中国—东盟文化产业论坛”，积极推进中国和东盟之间在文化产业领域里的广泛合作；2007 年，在中国—东盟合作的基础上，中国广西又提出了泛北部湾区域经济与文化合作的新构想，这一构想得到了泛北部湾有关国家和地区的积极响应，并且成功举办了泛北部湾经济合作与发展论坛。旅游业作为文化产业的一个重要内容成为首次泛北部湾经济合作与发展论坛的重要议题之一。无论是 CEPA 还是中国—东盟及泛北部湾文化产业合作，都不是一般意义上的区域文化产业合作与发展模式建构，而是全球文化产业运动发展的一个重要组成部分，是全球文化产业运动的一种表现形态，也就是说，这样的合作，是全球化运动的一个结果。由于正在深刻发展的新一轮全球化正在导致新一轮的国际分工体系的形成，因此，这样的合作应当是新一轮国际文化产业分工体系建构的重要内容和表现形态。本质上，它是中国和东盟地区与国家积极探索建设和谐东亚、进而和谐世界的共同的文化努力。因此，我们不应当仅仅从一般的区域合作角度来看待中国—东盟文化产业的合作，而应当从全球文化产业运动和新一轮国际文化产业分工体系建构这样一个战略视角来界定这样的合作，从积极参与国际文化产业分工体系的建构来选择中国—东盟文化产业合作的战略定位及其合作模式与合作机制。中国和东盟各国同处亚洲地区，在文化系统方面，用美国哈佛大学教授亨廷顿的观点来看，同属于儒家文化圈。共同的亚洲价值观的文化认同和地缘政治与经济的相关性，使得中国和东盟各国在区域发展中有着许多共同的利益。共同的利益正在面临文化产业全球化和文化霸权主义的深刻挑战，这就使得中国和东盟之间都面临着一个同样的问题，那就是如何在深入发展的全球化进程中充分地参与全球化所导致的国际政治、经济、文化秩序的重建，并且在积极地参与由此而引发的新一轮国际文化产业分工体系的建构中作出中国及东盟各国的积极贡献。因此，不能把中国—东盟文化产业合作和泛北部湾文化产业合作仅仅看作是一个区域文化产业合作与发展的项目，而应当把这样的合作放到整个新一轮国际文化产业分工体系建构中来认识。只有这样，参与这一合作框架的各合作方才能超越文化意识形态局限，在寻求更多的共同文化利益过程中，开展内容更为广泛的合作领域，而不是仅仅局限于旅游这一个非常局部的领域。

媒体处在文化产业的核心部位，是现代文化产业发展最重要的形态，能否和在多大程度上建构其文化“软实力”，很大程度上取决于媒体的竞争力和影响力，取决于一个地区和国家的媒体在国际社会拥有多大的话语权。长期以来，西方发达国家和国家集团在国际文化产业分工体系中一直处于这一产业的高端，垄断着世界的话语权。要积极参与国际文化产业分工体系建构，就必须深刻关注国际文化产业运动和国际文化产业正在发生的事情，并且对于国际文化产业运动中正在发生的变化表达东亚共同的态度。而要

做到这一点，就需要整合东亚地区的文化产业资源，正如马来西亚国家新闻社总编辑翁书雄所建议的，可以考虑在“10+3”合作机制下动员各国新闻资源成立一个新闻合作中枢，以纠正国际媒体对东亚的不平衡报道，让东亚的声音更加洪亮和一致。针对西方媒体在关于亚洲地区的报道上存在的根深蒂固的偏见和误解，印度尼西亚安塔拉通讯社副总编辑阿卡迈德·库赛埃尼则进一步建议，本地区的新闻媒体应当在不同的层次上开展对话，对内求同存异，对外开展“媒体外交”。[①]首届“10+3”媒体合作研讨会的成果完全适用于中国—东盟在文化产业领域里的合作。尽管东亚各国在社会、政事、经济、文化、宗教和生活方面存在很大的差异，但是在加强文化产业领域的广泛合作和传递与表达亚洲声音和新亚洲价值观方面有着广泛的共同利益。增强亚洲文化产业在世界文化市场的竞争力和影响力，提高亚洲地区的世界文化形象，既是亚洲各国文化产业发展的共同责任，也是深化中国—东盟文化产业合作与发展的必然要求。

国际文化产业分工体系是一个在发展中不断变动的体系，具有不断增值性特征。文化产业是一个复杂的系统工程，发展文化产业需要许多资源条件，并不是所有的国家和地区都适合发展任何形态的文化产业的，同样也并不是任何一种文化产业形态都参与国际文化产业分工体系建构并影响国际文化秩序的建立。只有那些构成了当前国际文化秩序建立的重要元素的文化产业及深刻地影响了当前国际政治、经济战略运动的文化产业形态才是国际文化产业分工体系建构，才是具有战略价值的。由于不同的历史发展时期文化产业的表现形态和在国际社会生活中的影响是不一样的，因此，只有那些深刻地影响了当下文化生命形态的成长走向和世界文化秩序重构的文化产业，才构成了当下国际文化产业分工的重要内容。在当今世界，最能深刻地影响世界运动行为的就是传媒产业。传媒产业拥有话语权，而话语权是当今影响国际不同力量的建构与世界利益格局变动最重要的影响力与干涉力之一。从某种意义上来说，谁掌握了传媒产业，谁就掌握了世界发展主动权。美国之所以在全球事务中拥有如此巨大的影响力和霸权主义，除了它发达的经济之外，另一个重要的力量就是它几乎拥有了全世界最强大的媒体集团及由此而构成的传媒产业体系。国际文化产业分工体系在今天的运动很大程度上就是由美国这个“台风眼”形成的。因此，要参与新一轮国际文化产业分工体系的建构，就不能不对国际文化产业分工体系与现状有一个清醒的了解和掌握，从而在这个基础上寻找自己的战略地位，寻求最适合自己的文化方式参与国际文化产业分工体系的建构。当单一的传媒产业还构不成参与新一轮国际文化产业分工体系重建所需要的力量的时候，通过建立区域文化产业合作机制，以区域文化产业的综合力量参与文化产业的国际市场竞争，就有可能

[①] 推动合作发展的重要力量——首届 10+3 媒体合作研讨会综述[N]. 人民日报，2007-08-22.

借助于国际政治或地缘政治的力量，演绎国际文化产业分工体系重建所需要的力量形态，获得在国际文化产业分工体系新一轮的建构过程中的话语权，从而使得新的国际文化产业分工体系和国际文化新秩序朝着有利于本国、本地区文化利益最大化的方向发展。因此，从这个意义上说，中国—东盟文化产业合作与发展机制就应当在国际文化发展和文化竞争战略的层面上，寻求共同参与新一轮国际文化产业分工体系建构的共同点，并且在这样的共同点上确立合作机制与合作模式，也只有这样才能实现区域文化产业合作战略的效益最大化，进而在这个基础上实现东亚地区的文化和谐与繁荣发展。

## 二、世界贸易组织（WTO）作为全球国际文化贸易体系

世界贸易组织（WTO）是在关税及贸易总协定（GATT）的基础上，在国际分工进一步深化的情况下，为寻求国际社会新的平衡而建立起来的全球经贸组织。在多边贸易体制50多年的发展中，已经形成了一整套世界贸易组织成员共同接受的协定和协议，主要有《建立世界贸易组织的马拉什协议》、《关税及贸易总协定》、《乌拉圭回合协议》、《与贸易有关的知识产权协定》和《服务贸易总协定》等。这些协定、协议共同构成了全球国际经贸合作与竞争的“游戏规则”，构成了一个完整的国际经贸制度体系和法律体系，在当代国际经贸活动中具有普遍的约束力和强制性。由于加入世界贸易组织须经由加入国立法机构的批准，这就使得世贸组织的权威性拥有成员国的国内法依据，从而使国际法与国内法相一致。因此，这种普遍的约束力和强制性使得世贸组织拥有了一种超国家的权力，成为当今国际经贸活动中的“联合国”，即任何成员国之间的贸易争端的最终仲裁。因此，世界贸易组织并不是一个单纯的享有独立国际法地位的国际组织，实际上它是由一系列协定和协议形成的约束原则和机制构成的一种超国家形态的、具有世界体系特征的制度，是一种现代世界体系中特殊的制度形态及决定这种制度形态存在的合法性的法律系统。

世界贸易组织是在关贸总协定的基础上发展起来的。由于关贸总协定最初是为了克服和解决“二战”之后各国贸易保护主义政策和歧视性贸易政策给全球贸易发展带来的弊端和冲突，协调各国贸易政策，推行“自由贸易”，促进国际贸易发展而建立起来的一种磋商机制，因此，一开始它就是一个由金融、投资和贸易三个方面构成的国际经贸政策系统。虽然世界贸易组织无论在内容上还是在形式上都与关贸总协定之间有了很大的区别，但是并未改变它作为一个国际经贸政策系统的性质。建立管理贸易政策的评审机制，“以达到全球经济政策得以执行”，仍然是世界贸易组织的重要职能，而也正是这一职能才使得世贸组织作为一种解决争端机制拥有它的权威性。贸易自由化原则、非

歧视贸易壁垒原则、非关税原则、透明度原则和最惠国原则等都是重要的政策原则。其关于透明度原则的内容就明确规定：“不公布的贸易政策，不得实施。”政策是国家利益和国家意志的集中体现，因此，作为一个拥有超国家权力的全球性国际经贸组织，世界贸易组织也必须通过它的政策形态和政策系统来充分地表现这一点。正是由于世界贸易组织提出和确立的政策原则与政策系统体现了这一核心精神，世界贸易组织所建立起来的贸易政策评审机制才对各成员国的内部贸易政策和国际贸易政策的制定具有约束力和规范力。

世界贸易组织所形成的诸多协定、协议广泛涉及文化的各个领域，有关文化的规章条例主要包括在世界贸易组织规范服务贸易和知识产权保护的基本规则，即《服务贸易总协定》和《与贸易有关的知识产权协议》之内。因此，其基本原则规定也就自然地成为各成员方制定和执行国内文化贸易政策和国际文化贸易政策的文本基础。这就必然要给这个国家和地区的文化管理制度和文化及其产业政策制定带来制度、法律和政策影响。中国加入世界贸易组织，既表明了中国要成为世界经济的一个重要组成部分的明确目标，也意味着中国政府对世界贸易组织基本原则及在此基础上建立起来的国际贸易制度、法律体系和政策系统的接受，要按照世界贸易组织的基本原则与精神和中国加入世界贸易组织议定书所作出的承诺，对国内不符合其基本原则精神的法律、法规和政策做出调整、修改及废除，从而在一个新的制度、法律和政策系统平台上建构既有中国特点又与世界贸易组织的基本原则相一致的制度、法律和政策系统。

## 三、国际文化竞争下的国际文化贸易

一个国家的文化安全系数不仅和这个国家的文化产业化程度密切相关，而且也和这个国家文化商品的国际贸易化程度有着必然的联系。当一个国家的文化产业发展不能提供丰富的文化产品和服务满足本国人民的文化消费需求，而这种需求又必须得到满足的时候，这个国家文化商品的进出口贸易就会出现逆差。逆差越大，则对本国文化产业的发展打压就越大，国家文化安全系数就越小；逆差越小，则对本国文化产业的发展打压就越小，而国家文化安全系数就越大。这不仅是因为这种贸易逆差会造成本国大量文化外汇的流失，给国家的文化产业发展带来制约性影响，而且还因为这种逆差造成的外来文化商品大量挤占本国文化市场，会给一个国家原有的文化传统、价值观念、审美情趣和信仰取向带来严重的冲击，恶化这个国家的文化生态环境，这是一种远比一个国家文化外汇流失严重得多的文化生存威胁。正因为文化商品的国际贸易有着一般商品的国际贸易所不具有的文化力量，会对一个国家构成致命的文化威胁，所以美国贸易代表在进行贸易谈判时，特别是在涉及有关文化产品输出入的知识产权谈判时态度相当强硬，要价很高，几乎是寸土不让。同时，也正是由于文化商品的国际贸易在构成一个国家文化安全方面有着一般商品所不具有的特殊性，因此，无论是美、加在《北美自由贸易协定》的谈判中，还是欧、美在关于知识产权问题的乌拉圭谈判中，加拿大和法国等欧盟成员国都不主张将文化商品的国际贸易纳入美国的“贸易自由化”的框架中，但同时又在与美国的贸易战中，不断拓展国际文化市场，传播自己的文化和价值观念，在获得极大的外汇收入的同时扩大本国文化在国际范围的生存与发展空间，从而在积极参与国际文化市场竞争中维护国家文化安全。然而，由于长期以来为意识形态所囿，中国在对外文化交往中一直没有看到开展文化商品的国际贸易在维护国家文化安全方面的积极作用，忽视了文化商品的国际贸易所可能带来的巨大商机。1998 年，我国在高达 300 亿元以上的图书销售额中的出口额仅为 2000 万元人民币，仅仅占有世界总份额中的 0.2%，而美、法、德等国都是我国的数倍甚至上万倍。1992 年以来，中国购进俄罗斯版权为世界第一，而向俄输出版权几乎为零。如此巨大的文化贸易逆差，怎样确保国家的文化安全呢？所谓“他山之石，可以攻玉”，中国应当积极参与国际文化市场竞争，不仅要引进来，而且要“打出去”，不仅要大力出口一般商品，更要大力出口文化商品，同时要改革现有对外文化贸易管理体制，放宽文化外贸政策，推进国际文化贸易战略。在国际文化贸易中，也要遵循有所为有所不为的原则。“进”即引进要有所为，要把好意识形态关；“出”即输出要有所不为，要淡化意识形态，突出文化形态，大力传播五千年中华文明的辉煌成果，实行无为而治、寓意识形态于文化形态之中的策略；在加快文化外贸体制改革的基础上，组建和发展中国自己的大型文化集团和跨国公司。国家文化竞争力和安全保障能力，说到底取决于国家文化产业的国际竞争能力，国家文化安全体系要靠强大的文化力量来支撑。在全球化时代，只有以更加积极的态度走向世界，充分利用国际文化市场的有利资源，中国才能充分发挥一个发展中国家文化资源丰厚的优势，也才能在提高国际竞争力的同时增加全球化背景下国家文化安全的系数，否则国家文化安全的维护与保障也还是要落空的。

文化产业是一个包括文化艺术业、新闻出版业、广播电视业、电影业、音像制品业、版权业和演出业等在内的广大的产业系统。应对 WTO 的挑战，仅有国办文化产业这一股力量是不够的，尤其是在中国加入 WTO 后，在文化产业的市场准入方面将要承担巨大的市场压力及其对中国民族文化产业构成的严重威胁，而单凭政府的力量又无法解决长期困扰中国文化产业发展所需的资金、技术、人力和管理的不足问题，因此，为了与对外全方位开放相适应，对内也要实施全方位开放政策，充分整合社会的积极参与意愿，借助于民营的力量制定和实施以“非公资本进入”为政策内容的文化产业发展战略，把过

去曾经在很长时期内一直认为只有国家才能承担的责任和提供的服务放手给社会的和民营的力量去完成，通过完善以文化投资主体多元化为核心的文化产业政策体系及相应的文化投资体制改革来构筑国家文化产业创新体系。

这里一个关键的问题就是在市场准入方面，要允许各类市场主体——财团、企业、基金会及其他合法的社会集团，经营包括报业、期刊业、出版业、电影电视业等在内的文化核心产业，采取股份合作制形式或其他投资方式转让原属国有资产的部分，调整以单一投资主体为特征的文化经济利益关系，将原来属于国家控制的部分有步骤、有计划地转让给社会的、民间的资本，亦即把原来由国家掌握的那一部分文化权力、权利还给公众，从而使非公资本、民营力量和政府的、国家的资本共同组成经济利益共同体，一同参与加入 WTO 后国际文化资本对我国文化产业的冲击而形成的文化市场竞争。民间有着参与、投资文化产业的高涨热情与积极性，也有着发展我国文化产业应对 WTO 挑战的责任感和使命意识，只有让更多的社会力量、非公资本积极参与和投资文化产业，让他们把自己的利益和国家的利益结合起来，参与 WTO 后的中国文化产业制度建设和中国文化产业发展才能有一个强大的民族力量的支撑。而国有资本应当在文化产业的一般流通领域和一般竞争领域有序退出。只有挪出空间，民营才能进入。当然，实施“非公资本进入”的文化产业发展战略，并不是要实行文化产业私有化，而是要在文化产业的核心部位实行文化投资主体多元化、社会化和公共化，以公共的文化力量来构筑中国文化产业发展新格局。政府在文化产业投资领域应以投资者的身份平等地参与市场竞争，政府在文化产业投资领域可以拥有优先权，但不应拥有垄断权。只有那些涉及国家文化主权和文化安全的方面与领域，政府才应根据宪法和法律赋予的权力，坚决地控制和掌握在自己手里。而要做到这一点，就必须对现行的文化管理模式和政策理念进行全面的创新。要确立国有和民营资本经营间的伙伴关系，确立经营者和政府行政管理之间的伙伴关系。这是一种新型的，建筑在共同利益基础上的平等关系和文化民主关系。不要把政府对文化行使的权力职能只是落实在“管”上，而要体现在“理”上，即要“理顺”“理解”和“达理”“合理”，从而在政府发挥的传统性作用之外，充分发挥民营文化力量在促进国家文化产业发展中的作用。恰如中央领导人所言，在市场准入方面，能允许外国人进入的，必须首先允许中国人自己进入。这是很重要的开放度。

## 第三节　中国文化产业发展的国际化道路

中国加入世界贸易组织是一次全面的国家制度创新。它不仅将深刻地影响着中国的经济社会发展，而且也将深刻地影响着中国的文化建设与文化发展。在融入现代世界体系的过程中，积极参与现代国际文化秩序的重组，同时在这个过程中实现中国文化产业体系的全面创新，将是中国文化产业未来发展的基本特征。

中国加入世界贸易组织在为中国实现全面地制度创新的同时，也为中国文化和文化产业走向世界，积极参与国际分工和资源配置创造了条件和实现的可能。中国文化产业的国际化道路将是未来中国文化产业发展的基本道路。

## 一、中国入世与文化产业创新体系建设

中国加入 WTO，不仅仅是加入一个世界性经贸组织，成为世界经济的重要组成部分，而且还意味着对一种新的制度形态、法律文化和政策系统的接受，并按照 WTO 的原则和精神重构中国的制度形态、法律文化和政策系统，从而进行全面的制度、体制和法律的创新，建立一个完整的国家创新体系。但毫无疑问，这种创新将是革命性的，是以一种新的制度模式和政策法律系统重建中国的社会政治、经济文化制度。面对如此之大变局，制定积极的文化产业政策，构建与 WTO 原则相适应但符合中国文化国情和文化发展需要的文化管理与文化产业政策系统，将是我国今后相当长的时间内发展文化产业的一项基本国策。所谓积极的文化产业政策，就是说我国应该站在历史、现实和未来的三维空间所构成的文化平台上，全方位地推进国家文化产业创新体系建设进程，实施全方位开放的文化产业政策。

国务委员吴仪在第四届中国投资贸易洽谈会上特别指出，中国加入 WTO 后，中国的对外开放将进入一个全新的阶段：“一是由有限范围和有限领域内的开放，转变为全方位的开放；二是由以试点为特征的政策性开放，转变为法律框架下的可预见性的开放即按承诺的时间表开放；三是由单方面为主的自我开放，转变为中国与世贸组织成员之间双向的相互开放。”她特别强调“扩大服务业的对外开放是中国实现经济协调发展的一个重要举措”。文化产业属于国际服务贸易范畴，中国应当对此给予积极的回应，按照中国政府的承诺，认真履行，全面地而不是局部地，彻底地而不是有所保留地审视我国的文化产业政策和文化管理机制。该管的，坚决管住；该放开的，坚决放开。而科学、高效、公正的政策创新系统是一个必须建立的工程。其中主要包括：一是政策创制系统，必须建立一个独立于现行文化行政系统之外，没有自身利益关系的公共政策制定部门，由它来根据国家的文化利益和整个战略发展需求来制定国家文化产业政策；二是制度创新系统，必须对我国现行的文化行政管理体制进行力度较大的改革。文化管理要有体制上和制度上的保证。将政府办文化的那一部分剥离出来，按照现代企业制度实行资产重

组，区别不同情况实行事业单位企业化管理的管理体制。要从体制和制度上根除部门保护主义，没有一个创新的制度作为保障，很难面对 WTO 挑战。

改革我国的文化外贸体制，充分利用 WTO 提供的全球文化市场，大力发展我国的国际文化贸易，充分借鉴我国这些年来外贸体制改革取得的成功经验和已经实施的灵活、宽松、自由的外贸政策，放宽文化产品出口的审批权，简化出口手续，制定国家长远的实施对外文化贸易战略，尤其是在版权贸易和电影的进出口方面应该进一步放宽政策和下放相应的权限，鼓励国有的、民有的、国家的、地方的文化力量，按照国际惯例开拓国际间的文化代理和中介服务，实施文化外贸新机制。积极开展与世界跨国媒体集团的合作，利用它们的市场系统和网络系统，开拓国际文化市场，以全新的外贸体制参与国际文化竞争。制定适应新的世界文化格局变动后对文化传播提出的新要求。联合国千年首脑会议期间中国政府成功举办“中、美文化周”“走进中国”即是范例。

实施宽领域的文化市场准入原则，建立平等、公正的市场竞争机制，在做大做强的同时制定和实施“做宽做深”的文化产业政策，形成我国文化商品大流通格局。虽然现阶段我国文化产业在其核心部位的行政性垄断和行业壁垒有其产生与形成的历史客观因素，但是，在历史条件和环境已经发生了很大变化的情况下，在面对中国加入 WTO 后开始实施的有步骤全方位开放，继续实行文化产业的行政性垄断和行业壁垒，其危害是显而易见的：一是垄断在本质上排斥自由、平等的公平竞争，其结果必然侵害消费者利益和国家文化产业整体发展的长远利益；二是垄断会导致保护落后，不利于创新；三是垄断妨碍了文化多样性的发展，不利于中华文化的整体文明提升；四是垄断的最终结果必然危及我国文化产业的生存与发展。因此，制定文化产业和文化市场准入的反垄断政策，打破行业垄断，尤其是文化行政部门利用国家权力，保护下属企业利益为特征的行业垄断必须坚决革除。综观全球九大传媒巨头在国际文化市场上得以伸展、扩张的重要原因，很大程度上存在于传媒巨头企业界结构之中，即所谓“团块”式结构，你中有我，我中有你，既竞争又合作，互为补充，表现在技术手段上为大型媒体企业集团已经实现“媒体汇流”，即多种技术手段的综合使用。所有的传媒巨头几乎在媒体的各个领域都有业务，如电影制片、图书出版、音乐制作、频道经营、网络开发、娱乐公园、杂志报纸等，其整体利润要大大超过各媒体的部分之和。因此，国有文化产业在经济规模上做大做强的同时，要在社会办文化的层面上把文化产业“做宽做深”。所谓“做宽做深”，就是敞开大门，以一种宽广的胸襟，把国内市场作为国际市场做，全国各地和世界各国的文化企业家、金融家、经营家和管理家只要遵守中国的法律，都可以在中国这个大市场中找到自己的位置。

## 二、国家文化外贸制度建构

文化产业作为当代人类社会新的财富创造形态及其所产生的巨大的乘数效应，正日益引起国际社会的普遍关注，成为世界各国竞相争抢的战略高地，开始对世界格局产生前所未有的战略性影响，新的国际文化秩序的建立和文化力量格局的重组，正沿着文化产业这条中轴线展开，因而也就自然地成为中国加入世界贸易组织后必须迅速地调整自己文化战略的一项重大内容。早在制定我国国民经济和社会发展“十五”规划时就已经提出，要进一步对外开放，发展外向型经济，必须“实施‘走出去’的战略，努力在利用国内外两种资源、两个市场方面有新的突破”。这就为中国文化产业在入世后的战略调整提供了一种全新的发展思路，即“走出去”，不仅经济要走出去，文化也要走出去。因此，必须在全球化的背景下、在中国入世的背景下，重新考虑中国文化产业的发展道路和发展模式。

改革开放以来，为了尽快地消除我国文化建设与世界文明进程之间的差距，同时也为改革开放提供智力支持，我国引进了大量的国外优秀学术成果和先进技术，对推动我国思想解放、观念变革、理论创新和文化现代化程度的提高起到了重要的推动作用，尤其在文化产业领域，现代先进技术和文化产业理念的引进不仅极大地丰富了我们对于文化的理解，而且在产业形态上迅速地建立起初具规模的文化产业体系，并且在引进先进技术的过程中迅速实现文化产品，特别是文化电子产品的规模化生产，进入世界市场，与国外产品同台竞争。然而，在这个过程中也带来了巨大的文化贸易逆差，仅据国家版权局 2001 年的不完全统计，我国版权贸易的输入输出比为 10∶1。在文化电子产品贸易中，由于缺乏自主知识产权，我国至今尚未拥有自己的核心标准和主打产品，2002 年 4 月我国出口欧盟的 DVD 产品受阻于海关就是一个典型案例。而在一些西方主要国家中，以版权贸易为核心的国际文化贸易已经成为支柱产业。国际贸易结构的重大变动，不仅改变着国际贸易内容结构，而且也改变着国际文化结构原有的力量平衡，以“文化帝国主义”为特征的文化霸权正借助于在文化产业领域的强势地位迅速瓜分世界文化市场，这不仅使中国文化产业的当代发展面临着一个空间问题，而且如不迅速改变这种状况，那么入世后的中国文化产业就将处在一个严重的文化贸易入超和文化市场的不平等竞争状态之中。在这里，是引进来还是走出去，实际上都涉及关于文化商品交换中的国际平等和国际民主问题，不只是一般的所谓话语权，而是国际间文化商品交流与流通的互动性平衡程度。文化信息的不对称，必然导致文化交流的不对称，而交流的不对称所形成的文化市场的不平衡，其结果势必使得处于弱势交换中的主体丧失市场的主动权。这种

主动权的丧失必然影响到一个国家在国际关系中的权重。因此，“走出去”就不仅仅是经济发展战略，而且也是文化发展战略。适时地在中国的经济发展实施从“引进来”向“走出去”的战略转变的同时，制定和实施文化与文化产业的“走出去”战略，实行“引进来”与“走出去”并举的改革开放新格局，也就应该成为今后中国文化产业发展的进行长期的战略安排。“走出去”并不只是对当前国际文化产业发展趋势一个简单分析的结果，而是由我国国家发展的整体利益、由全球经济和文化发展规律所决定的。

不确定性在人类社会进入 21 世纪后已经获得了新的形式和范围，这种新的形式和范围已经成为当下人们存在的全球环境。如何在这样一种新的形式与范围中实现文化的有效传播或文化的有效增长，仅靠国内市场的能力是非常有限的，因此，在融入现代世界体系的过程中实施“走出去”的战略，不仅可以参与新的世界文化秩序的重建，更重要的是在这个过程中可以获得文化增长所必不可少的来自需求的动力。文化产业是经济结构调整和拉动内需的重要力量，但文化产业发展本身也需要拉动。文化产业发展不仅要有内需的拉动，而且也要有外需的拉动。用世界市场来刺激国内市场，用外需来拉动内需，用外需来推动内需的增长，用外需来影响国内市场的国际竞争，从而使引进来成为更好地走出去的能力支持。这已经成为一些国家文化产业发展战略的重要选择。对于任何一个国家来说，再大的国内市场相比较于世界市场而言都是小市场。而一个国家的文化产业的真正发展如果把眼光仅仅局限于国内市场，缺乏世界的眼光和没有世界市场的支撑，那么它的全面和可持续发展是不可能的。美国的电影业之所以能成为美国文化的一种象征，成为美国出口创汇的支柱产业之一，并且能够形成一个完整的文化产业系统，就在于全球文化市场的需求支持。这种支持不仅极大地推动了美国电影产业及其相关文化产业的发展，形成了一个庞大的文化产业系统，而且为美国的全球利益赢得了巨大的空间。好莱坞在今天已经不只是一种美国文化产业存在的同义语，实际上它已经成为一种权力、一种文化霸权的存在。因为美国的电影业已经不是一种一般大众文化的存在形式，一定程度上已经成为美国国家力量的重要的组成部分，成为美国与他国在文化市场准入方面讨价还价的砝码，并且日益在国际的政治、经济、文化生活中扮演重要角色。中国的文化产业之所以至今还没有在世界市场形成有效的竞争力，一个重要的原因就是缺乏世界市场观念，没有世界受众意识，盲目地陶醉于国内市场的庞大，结果不仅使内容的生产缺乏原创的想象力，而且使国内的文化消费资源在国际文化产品面前大量流失。有限的国内市场当然无法满足各种市场主体无限扩张的需要，文化市场的恶性竞争，不仅使我国文化产业的发展无法形成有效的伦理原则，以及对于拉动内需、促进经济增长和经济结构的战略性调整应有的张力，而且也使国家为规范市场付出了过高的管理成本。因此，实现文化的“引进来”向“走出去”的战略转变，就不仅是一般意义上的应对 WTO

挑战的被动举措，而是自觉提高自身文化原创能力和生存空间的主动选择，因而也是推进我国文化产业结构的战略性调整的迫切要求。

然而，由于长期以来我们在对外文化交往过程中比较重视政府间的文化交流，很少或基本不从市场角度去考虑中国文化产品走向世界市场的问题，因此，不仅在我国的外贸体制的总体结构中文化外贸的比重很小，而且中国文化产品在国际上的扩散很大程度上还是停留在文化的自然经济阶段，主要还是属于文化资源消耗性产品，如杂技、京剧等，影响往往局限于外交场合，并未进入世界主流文化市场。在涉外文化商贸领域制度性壁垒太多，过多地强调意识形态在对外文化交流中的重要性，不仅使文化外贸权过度地集中于中央，地方缺乏应有的文化外贸自主权，而且也没有建立起有效的国际文化外贸体系和确立国家文化外贸战略。没有培育出能够“走出去”参与国际竞争的文化产业群和大型跨国文化企业，没有一批有能力进行跨国文化生产和经营的文化大企业，我们就不能全方位地利用中国入世后国内外两种资源和两种市场，中国的文化产业就不能充分利用世界贸易组织的规则在全球范围内合理地配置资源，并且使我们的文化产品在全球市场上获得应该具有的竞争力，当然也就无法根据我国经济发展和文化产业发展的战略需要，主动参与国际文化分工和国际文化利益格局的重建，从而在世界文化多样性和文化产业全球化的过程中获得更多和更大的战略利益。因此，要“走出去”就必须要建设一批有能力参与国际竞争的跨国公司，要加快对现有我国文化外贸企业的改制，使企业真正成为享有独立法人资格的市场主体。所以，这就需要我们把实施“走出去”的战略与文化产业结构的战略性调整结合起来，把文化产业“走出去”的战略与经济发展“走出去”的战略结合起来，在实施文化产业经济结构的战略性调整的同时，调整我国文化外贸的产品结构和产业结构，应充分利用经济领域走出去已经积累起来的市场和经验，实现文化与经济的有机联动，不要停留在一般意义的文化交流和国际贸易概念上，要树立国际文化贸易的观念。

实施“走出去”的文化产业发展战略，必须根据入世后我国对外开放的整体战略需求重建我国文化外贸的政策系统和法律体系，改革我国的文化外贸体制，建立新的国家文化外贸制度，大力鼓励文化产品出口，充分利用WTO提供的全球文化市场的平台，积极参与国际文化贸易竞争。充分借鉴我国外贸体制改革取得的成功经验和已经实施的灵活、宽松、自由的外贸政策，放宽文化产品出口的审批权，简化出口手续；制定国家长远的对外文化贸易战略，尤其是在版权贸易和电影的进出口方面应该进一步放宽政策、放松管制和下放相应的权限，鼓励国有的、民营的、国家的、地方的文化力量按照国际惯例开拓国际间的文化代理和中介服务，实施文化外贸新机制。积极开展与世界跨国媒体集团的合作，利用它们的先进技术和有效的管理经验，雄厚的资金实力和全球性的市

场系统和网络系统，开拓国际文化市场，以全新的外贸体制参与国际文化竞争。制定适应新的世界文化格局变动后对文化传播提出的新要求。按照法制统一、非歧视性、公开透明的原则，规范政府行为，为文化企业创造更加公平、透明和可预见的市场环境，建立支持各类文化企业开拓国际市场的促进体系，有力地实施“走出去”的战略。

一个国家的文化发展应该以发挥自己的比较优势为战略目标，要扬长避短。中国的文化产业要走出去，就应当按照这个原则来选择属于我们自己的优势文化产业与文化产品，只有这样，企业才可能在国际市场上具有竞争力，“要素禀赋”的结构也会随着文化经济的发展不断提升，最终达到能够赶上发达国家的目标。而从目前我国文化产业发展的实际状况来看，丰富的民族文化遗产和传统文化资源仍然是中国文化产业的比较优势所在。无论是“中国京剧欧洲行”、昆曲被联合国列入“人类口头文化遗产”名录，还是《卧虎藏龙》获奥斯卡奖项，其吸引世界目光的地方正在于它的民族文化的独特性和不可取代性，同时也正是由于这样一种比较优势对于人类文化价值的普遍意义，因此，对这一资源的开发利用也就自然地被纳入了一些西方国家文化产业战略的视野，美国的《花木兰》就是最典型的例子。不仅如此，从近十年来中国的国际图书贸易和版权贸易的类型结构来看，属于中国传统文化内容的占据了主导地位。如果中国的文化产业在产业和产品的选择上不是立足于自己文化的比较优势，而是定位于一般意义上的赶超，那么我们就不仅不能在世界文化市场形成竞争力，而且很可能丧失我们全部的市场基础。欲速则不达，其结果必将更加拉大了与发达国家的差距。战略意义上的文化赶超，只有建立在充分发挥自己的文化比较优势上，才有实现的可能。

## 三、文化“走出去”战略创新

文化产业发展“走出去”战略是近几年来我国关于文化发展最突出的主题之一。文化产业发展“走出去”战略是在我国入世过渡期结束之后、文化产业开始深度参与国际文化产业分工与国际文化市场的竞争中提出来的。它是我国“走出去”战略在文化产业发展领域的必然延伸，同时也是我国文化市场对外开放的必然结果。但是如何克服入世后我国文化产业被动挨打的局面，变消极应对为主动出击，通过积极扩大国际文化贸易、克服巨大的文化贸易逆差，维护国家文化安全，是我们需要应对的问题。

文化产业“走出去”战略首先是作为面对 WTO，中国文化管理与文化产业政策选择提出来的。[1]改革我国的文化外贸体制，建立新的文化外贸制度，制定和实施“走出去”

[1] 刘玉珠，金一伟. WTO 与中国文化产业[M]. 北京：文化艺术出版社，2001.

战略，大力鼓励文化产品出口，充分利用WTO提供的全球文化市场，参与国际文化市场竞争，是它的主要内容，并且首次提出了“制定国家长远的实施对外文化贸易战略”。这也是有关文化产业“走出去”战略研究的主要内容。服务于国家整体战略需求，并且随着国家相关战略的提出而提出文化产业发展的战略问题和战略问题研究，既是我国文化产业发展战略研究的特点，同时也是我国文化产业发展研究的局限性所在。在关于文化产业“走出去”战略的研究中，存在的一个最显著的特征，就是与这一战略本身的规定性相关的“单向性”，缺乏关于我国文化产业发展国际化战略的整体性思考。这既反映了我国关于文化产业发展国际化战略研究的现状，同时也反映了我国在文化产业发展战略思路上的一个局限。

文化走出去，不只是文化产品走出去。文化产品的走出去，只是整个文化“走出去”战略的重要组成部分，但是，不能把文化“走出去”战略理解为就是文化产品走出去，就只是文化产品的国际贸易。在我国一系列积极倡导文化体制改革，大力发展文化产业的研究文章中，西方国家的文化经验是所有这些文章观点的重要的理论依据。在所有这些论据中，引用最多的也是影响最大的就是西方国家关于文化产业发展的一系列组织、制度与体制安排，以及依此为核心而形成的文化法律体系。也就是说，我们在介绍和引进西方的经验作为倡导我国发展文化产业的参照的同时，也使得西方国家的文化体制和文化制度的理论主张与安排模式，在“借鉴”的名义下“走进了”我国的文化产业发展和文化产业制度的建构之中。西方国家的文化“走出去”战略，不仅仅是文化产品对中国的大量出口和“贸易顺差”，而且也包括文化制度理论和制度模式的“对华出口”与“贸易顺差”。中国已经走过了加入世界贸易组织的后过渡期。在今后漫长的中国文化复兴的道路上，中国文化“走出去”战略所遭遇到的不仅仅是好莱坞式的文化产品市场的巨大挑战，更为重要的是文化产品市场背后所蕴藏的整体性的国际文化战略竞争的制度性挑战。

哥本哈根全球气候大会关于碳排放问题之争，是一次重大的关于未来人类命运和世界发展的新价值观之争，是一次新的全球国际文化战略竞争的预演。低碳问题不仅是经济战略问题，而且也是文化战略问题。话语权和道德高地在今天和未来全球经济发展中具有文化制高点的战略主导作用。因此，面对国际文化战略低碳竞争时代的到来，中国的文化产业发展不能仅仅停留在文化产品的国际文化贸易上，不能仅仅停留在对中国对外文化贸易“逆差”的扭转上，尽管这些对于提高国家文化软实力都是极其重要的。中国要在未来的国际文化战略竞争中真正获得文化战略竞争优势，就必须在文化产业走向世界的进程中实现战略创新，建立起国际文化市场规则的中国标准和文化产业发展的中国经验与中国观念。文化制度和文化标准的国际化，才是文化“走出去”战略的核心与

根本。创建不同文明的平等对话和共同发展是建设和谐世界的需要，其中包含着巨大的国际文化新秩序和国际文化产业制度创新机遇。谁能够在这一巨大的历史机遇当中率先获得创新的成功，谁就能形成和拥有巨大的“软实力”和“文化核心竞争力”，谁就将占领未来全球文化产业发展的高地，影响世界文化整体发展的走向，就可以形成新的巨大的话语权和文化资源优势。

文化产业属于低碳经济范畴，但是文化产业也有“低碳”和“高碳”之分，也有“碳排放”问题，也存在着严重的资源消耗和环境污染等问题。文化产业在转变经济发展方式的同时，其自身也有转变发展方式的问题。“低碳”问题具有全球问题的普遍性价值取向，具有广泛的国际共识和认同。低俗问题、互联网监管问题既是意识形态问题，也是国民基本权益、国家形象、国家主权利国家文化安全问题。已经有英国研究小组对每一张光盘生产所产生的二氧化碳排放问题进行研究，这意味着文化产品生产在一般经济学意义上的“碳排放”问题已经被纳入了像英国这样的“碳主导”战略的大国时间表，一旦这样的研究成果发布，并且成为西方大国用以制定新的国际文化贸易的“碳排放标准”并以此来建构新的国家文化商品的交易秩序，对于像中国这样的一个音像制品出口大国来说，不能不说是一个极其严峻的挑战，中国的文化产业“走出去”战略就将在“碳”问题上遭遇西方的战略堵截。一个时期以来，中国文化产业的粗放式发展所暴露出来的一系列问题，不仅一再受到国内舆论和公众的严肃批评，而且也受到国际社会的非议甚至抵制。因此，面对正在重构中的国际文化新秩序，在文化资本利用、文化资源项目引进和开发上，在国际文化贸易等方面，中国应当着手建立自己的基于“低碳”标准的“定价权”机制，明确以万元产值能耗为标准的“节能减排”指标，并且以此为基础建立起关于发展“低碳文化产业”的中国标准和中国话语，在积极的文化战略创新和制度创新中缔造中国话语权和国家文化安全。在“低碳”问题上，中国不仅要保发展，也要保主导。不能保主导，就不可能保发展。经济上是如此，文化上也是如此。早在2005年美国国会就先后通过了《2005年广播电视反低俗内容强制法》和《净化广播电视内容执行法案》等法律，来净化社会文化环境，促进文化产业的绿色发展，我们完全有理由引进“低碳”价值观，以为中国文化产业新发展战略的基础。

全球低碳时代的到来和文化更深入地与经济发展融合在一起，原有的经济基础和上层建筑的关系正在被互相重构。基础具有建筑性和建筑具有基础性，在现代人们的经济生活和文化生活中正在生动地体现出来。创意产业的提出和文化产业的跨界发展，不仅使得原有的刚性的经济结构朝着更为弹性的“文化经济”和“创意经济”方向发展，而且也使得传统的三次产业划分边界正在被新的经济基础和上层建筑关系消融，产生于一种建筑性基础和基础性建筑的新的社会结构形态正在形成。它既是物质的，又是精神的；

精神物质化和物质精神化，物质和精神各自互置在对象之中，正在演变成人类社会新的发展趋势。“低碳”的提出是这一正在建构中的新社会结构形态的显著特征。这是人类社会走向生态文明的一个标志。人类社会结构的每一次重大重构都是首先在价值观上实现的。因此，要建构中国与低碳时代的国际文化关系，就需要超越基于经济基础和上层建筑二元思维模式的“文化走出去”和“文化产业走出去”战略。在经济交往中，更深刻地表现和体现对共同市场原则的尊重；在文化交流中，更深刻地表现和体现对共同市场原则的文化应用。把物质发展的精神原则深刻地体现在精神和文化发展的交往原则当中，并且在精神和文化发展的交往原则中创新基于前者的交往原则，从而在这个创新过程中实现新的话语权重构和转移，应当成为中国文化实现从“走出去”战略向“国际化战略”转型的重要思想。“低碳”是当今国际社会正在积极建构的物质发展的精神原则，把这一原则应用和运用于文化建设尤其是在文化产业发展战略中，应该成为我们实现文化“走出去”战略“国际化”转型的文明起点。

中国拥有发展“低碳文化产业”和积极参与国际文化产业战略竞争的资源优势和市场优势。但是，中国在文化产业发展的许多方面和领域都还没有形成比较科学、成熟和稳定的可供其他国家认可的、进而成为国际标准的、定型化的制度性架构，并且没有在文化产业发展的知识产权制度建设、文化市场管制创新等方面取得创造性文明成果。现在世界所需要的不只是中国向世界提供的电视机，而是能够吸引世界和感召他人的思想理念与价值体系。文明上的先进性应该成为中国文化走出去和文化产业发展战略的新定义。唯有文明上的先进，才是决定性力量。因此，调整全球化背景下我国文化产业发展的战略思路和战略观念，从文化产业“走出去”战略向文化产业发展的“国际化战略”转型与跨越，实现文化产业发展战略价值目标的战略性转型，进而在走向世界、进一步融入现代世界体系的过程中，在大国全球战略竞争的文化博弈中，就不再是一个全球化大国成本转移的承担者、制度和标准的接收者与遵循者、廉价和低端产品的提供者，而是一个积极的国际文化秩序重建的参与者、新文明形态的缔造者，“低碳”文化战略也就成为我国文化产业发展战略转型的重要选择。

## 本章小结

文化贸易是文化产业的重要实现方式和组成部分，没有文化贸易，也就没有文化产业的现代发展。文化贸易的发展水平不仅一般地反映了文化产业的发展水平，而且还集中地反映了人类不同文明间的交往程度。文化贸易不只是一种文化交流形态，而且还是

现代经贸构成的制度形态和体系形态。

现代世界文化秩序是以文化产业的国际分工体系来体现的。处于国际文化产业分工体系末端的那些国家和地区，一般来说，在现代世界文化秩序的重建中所拥有的话语权往往是最小的。一定的世界文化秩序，既是国际文化产业分工的前提，同时也是一定的国际文化产业分工的结果。当今世界文化秩序最大的不和谐，就是国际文化分工的不和谐，极少数几个文化产业大国几乎垄断了世界文化市场大部分的市场份额。

国际文化产业分工体系是一个在发展中不断变动的体系，具有不断增值的特征。并不是任何一种文化产业形态都参与国际文化产业分工体系建构，并且影响国际文化秩序建立，只有那些深刻地构成了当前国际文化秩序建立的重要元素的文化产业，并且深刻地影响了当前国际政治、经济战略运动的文化产业形态才参与国际文化产业分工体系建构，才是具有战略价值的。只有那些深刻地影响了当下文化生命形态的成长走向和世界文化秩序重构的那些文化产业，才构成了当下国际文化产业分工的重要内容。

世界贸易组织并不是一个单纯的享有独立国际法地位的国际组织，实际上它是由一系列协定和协议形成的约束原则与机制构成的一种超国家形态的、具有世界体系特征的制度，一种现代世界体系中特殊的制度形态及决定这种制度形态存在的合法性的法律系统。世界贸易组织（WTO）及其由它所建构起来的现代国际文化贸易制度构成了当代文化产业与文化贸易最重要的全球文化关系。

中国是在加入世界贸易组织后开始了它的国际文化贸易现代化的进程的，正是这一进程带动和推动了中国文化产业的快速发展。文化产业“走出去”战略是中国国际文化贸易战略最形象的表达。中国加入世界贸易组织，不仅促进和推动了中国文化产业的发展，丰富了国际文化贸易多样性，同时也深刻影响和改变着国际文化产业的格局。

## 思考题

1. 怎样认识和理解文化交流与文化贸易的关系？
2. 文化贸易在现代文化发展与经济发展的价值是什么？
3. 国际文化分工与现代国际文化贸易体系是如何互相建构的？
4. 世界贸易组织的本质是什么？在国际文化贸易中有着什么样的作用？
5. 怎样认识和理解我国文化产业“走出去”战略与国际文化贸易制度改革？

## 参考书目

1. 联合国教科文组织. 世界文化报告——文化、创新与市场（1998）[M]. 北京：北京大学出版社，2000.

2. 联合国教科文组织. 世界文化报告——文化的多样性、冲突与多元共存（2000）[M]. 北京：北京大学出版社，2002.

3. 联合国开发计划署. 2004 年人类发展报告：当今多样化世界中的文化自由[M]. 北京：中国财政经济出版社.

# 第七章

# 文化产业发展与国家文化安全

## 学习目标

通过本章学习，学生应了解和掌握以下内容：

1. 全球化及其与国家文化安全的关系；
2. 全球软实力竞争与国家文化安全形势演变；
3. 中国加入世界贸易组织与中国国家文化安全的矛盾与冲突；
4. 文化产业发展与国家文化安全的关系。

## 导言

当文化产业改变着文化存在方式和生命运动形态的时候，文化产业也改变着国家文化安全的存在方式和形态。尤其是在文化产业正日益成为国际政治、经济和文化竞争的重要争夺领域，成为国家综合国力较量的重要领域的时候，文化产业对于国家文化安全的重要性便历史地凸现在我们面前。

## 第一节　全球化与国家文化安全问题的增生

全球化是我们讨论当代中国一切问题的前提和基础。这不仅仅是因为全球化作为一种语境正在深刻地影响和改变着我们思考问题的维度，更重要的是全球化正在现实地影响和改变着人类历史的发展进程。世界体系正在这一过程中经历着前所未有的巨大变革。

一切既定的观念、制度和原则，都在这一进程中遭遇到了最严重的挑战。对于中国来说，全球化就是当代中国开放的时代特征。虽然已有的研究表明，全球化的进程早已开始，但就中国的发展和中国国家文化安全形成机制的转型来看却是在“冷战”结束后开始的，具体地说，是在改革开放、中国开始进行复关谈判后，以一种新的国家形象融入现代世界体系才开始深度地构成影响的。因此，要对当代中国国家文化安全新的形成机制有一个符合时代特征的判断，首先就必须对全球化给予现代世界体系的影响有一个扼要的文化分析和文化判断，并从中揭示出全球化与中国国家文化安全之间存在的内在关联性，为分析当前及未来一个时期内中国国家文化安全提供一个理论框架。

## 一、全球化是一种改变世界的力量

什么是全球化？或者说怎样理解、认识和把握全球化的性质及其本质特征？这是我们讨论全球化与当代国家安全形成机制之间的相互关系的一个重要前提。我们的结论应当建立在这样一个分析的基础上。

从不同的学科背景和不同的角度出发，人们关于全球化的阐释是不相同的。全球化作为人类社会历史发展的一种具体存在是从近代以来才开始出现的。虽然在具体的时间划分上还存在分歧，但在我们所能见到的几种代表性的观点中（见表 7-1），近代是全球化发生的起点可以说是理论界的一种共识。

表 7-1　几种关于全球化开始时间的代表性观点[①]

| 作　　者 | 全球化开始的时间 | 体现的形式 |
|---|---|---|
| 马克思 | 15 世纪 | 现代资本主义 |
| 沃勒斯坦 | 15 世纪 | 资本主义世界体系 |
| 罗伯逊 | 1870—1920 年 | 多维度的 |
| 吉登斯 | 18 世纪 | 现代化 |
| 波尔穆特（Perlmutter） | 东西方冲突的结束 | 全球文明 |

正是由于人们所站的角度不同和学科背景的差异，因此，人们关于全球化的理解与定义也是不一样的。对此，我国全球化研究学者杨雪冬在他的《全球化：西方理论前沿》一书中为我们进行相当清晰的梳理：①全球化被认为是地球上人类可以利用先进的通信技术，克服自然地理因素的限制而进行信息的自由传递。马歇尔·麦克卢汉（Marshal Mcluhan）在其 1960 年出版的《传播探索》一书中提出的“地球村”理论是这一理论的

[①] 转引自杨雪冬. 全球化：西方理论前沿[M]. 北京：社会科学文献出版社，2002：4.

主要代表。②全球化被认为是经济活动在世界范围的相互依赖，特别是形成了世界性市场，资本超越了民族国家的界限，资源实现在全球范围内的自由配置。这种认识把经济全球化的动力归结为市场的发展，从而把国家在理论上推到了全球化障碍的一面。③全球化被视为人类在环境恶化、核威胁等共同问题下达成的共同认识。罗马俱乐部是这方面的突出代表。④全球化是资本主义的全球化或资本主义的全球扩张，沃勒斯坦的世界体系理论是这一理论的代表。⑤全球化是现代性的各项制度向全球的扩展，英国学者吉登斯是这方面的突出代表，认为全球化不过是现代性从社会向世界的扩展。⑥把全球化看作是人类各种文化、文明发展要达到的目标，是未来文明存在的形态。全球化不等于或不能被看作是随意考虑中的现代性的直接后果；全球文化的相互联系状态的扩展也是全球化进程，它可以被理解为导致了全球共同体——“文化持续互动和交流的地区”——的出现。罗伯逊·费舍斯通是这一理论的代表。⑦从社会过程的角度来界定，认为全球化是一个社会过程，在这个过程中地理对社会和文化安排的约束减弱了；在这个过程中，主权受到具有不同力量、前景、去向、认同及网络的跨国行为体的困扰和削弱。[①]全球化在这里表现出了它的全部丰富性和复杂性。

我们则把全球化看作是一种改变世界的力量。这种力量不仅一般地改变了世界的经济结构，而且从某种程度上来说也更为深刻地改变了世界的政治结构和文化结构。由于这种改变所显现出来的张力将对整个人类社会现存一切秩序的合法性提出全面挑战，整个人类社会的生存方式与发展模式都将面临一个根本性的转型，因此，它在给整个世界带来人类文明进步所必需的变革动力的同时，也给整个人类社会文明进步所需要的文明遗产（包括政治文明、精神文明和物质文明）构成前所未有的威胁。正是这后一个问题使全球化本身构成了当今全球发展的一个安全问题，从而使之具有安全性质。全球化进程绝非是一种自然发展的结果，科技的进步和生产力的提高加速并强化了国际之间的交往。但是，全球化现象的形成，则主要取决于现存国际力量的关系，是这种力量关系的矛盾运动对全球社会造成的一个直接结果。这种力量关系的对比性结构的差异，构成了处于不同力量关系影响之下的不同国家安全性的差异。

## 二、全球化是现代国家关系中新的国家安全机制

全球化作为一种推动世界历史发展和改变人类社会存在面貌的力量，形成于资本主义在全球的扩张。早在一百五十多年前，马克思和恩格斯就对全球化及其与资本主义的

[①] 杨雪冬. 全球化：西方理论前沿[M]. 北京：社会科学文献出版社，2002：9-12.

关系给予了深刻的预言和揭示："资产阶级由于开拓了世界市场，使一切国家的生产和消费都成为世界性的了。……新的工业的建立已经成为一切文明民族的生命攸关的问题；这些工业所加工的，已经不是本国的原料，而是来自极其遥远的地区的原料；它们的产品不仅供本国消费，而且同时供世界各地消费。旧的、靠本国产品来满足的需要，被新的、靠极其遥远的国家和地带的产品来满足的需要所代替了。过去那种地方和民族的自给自足与闭关自守状态，被各民族的各方面的互相往来和各方面的互相依赖所代替了。物质的生产是如此，精神的生产也是如此。各民族的精神产品成了公共财产。民族的片面性和局限性日益成为不可能，于是由许多种民族的和地方的文学形成了一种世界文学。"[①]这一著名论断被普遍认为是对全球化及其对世界影响的最早解释。在这里，马克思不仅揭示了世界经济的全球化和资本主义全球扩张之间的必然联系，或者说，揭示了世界经济的全球化正是资本主义本质合乎逻辑的展开这样一个资本主义运动的规律，同时也对资本主义主导下的全球化所给予世界发展的负面影响深表不安。因为在这个过程中，资本不仅把所有的社会关系和意识形态不断地进行有意识的重构，而且在这个重构过程中还会阻碍整个世界的民主、平等和自由的历史运动。而这种阻碍是通过消除由"民族的片面性和局限性"所构成的"民族的和地方的文学"的多样性来实现的。文化的多样性是民主的一种自然形态，是各民族平等创造的产物。而恰恰在这一点上，资本使它成为一种"世界文学"，也就是今天所谓的"文化全球化"。这是资本运动的一般特性，同时也是全球化给世界带来的影响。这种影响对于整个人类社会的发展来说，是不符合人类社会对于安全的文化诉求的。正如物种的安全性是由物种的多样性所决定的一样，人的安全性也是由人的属人的文化的多样性决定的。

我们今天所融入的是世界经济而不是国际经济。国际经济是指在国家经济范围内保持其全部特性的国家经济之间的活动，而世界经济则是指具有全球特性的经济。这种经济具有一种内在的驱动力。这种内在驱动力是一种能够使自己内在发展的力量。正是这种力量改变了国际经济的存在形态和存在方式，把国家之间的经济活动转变成全球经济活动的一部分，成为全球经济运动的存在形态和存在方式。也正是在这个意义上，华勒斯坦在世界体系理论中关于核心国家、半边缘国家、边缘国家的划分也才具有空间动力学的意义。它在这样一个运动空间，由于全球化作用于不同国家之间的半径大小是不一样的，因此，他所带给不同国家的利害关系也是不一样的。同时又由于这种利害关系直接反映了一个国家在全球化过程中国家利益的损益程度，因而这种利害关系的大小与一个国家在全球化中的国家安全程度存在着正相关关系：获利程度越大，安全系数越大；

① 中共中央马克思恩格斯列宁斯大林著作编译局. 马克思恩格斯选集（第一卷）[M]. 北京：人民出版社，1995：276.

获利程度越小，安全系数越小。其函数关系是：离中心位置越近，获利越多，则安全系数越大，不安全系数越小；离中心位置越远，获利越少，则安全系数越小，不安全系数越大。安全系数随获利水平与能力的上升而上升，随获利水平与能力的下降而下降。当今世界不同国家间的安全关系正是在这样一个力的运动关系中被规定了的。那么，根据华勒斯坦的划分，核心国家就是世界经济最发达国家，半边缘国家就是发展中国家，边缘国家也就是最不发达国家。迄今为止，几乎所有关于全球化的研究成果都告诉我们，全球化是由发达的资本主义国家发动和主导的，而这些国家恰恰都处在现在世界体系的核心国家的位置上，边缘国家和半边缘国家则是被动地被这一力量所形成的涡流卷入其中。根据上述的安全函数关系，全球化带给发展中国家和最不发达国家的不安全系数远远超过全球化带给它的利益。联合国 1996 年的人类发展报告指出，将近 90 个国家的经济状况比 10 年前更糟。在穷国与富国之间，全球化导致了“全球性两极分化”，[①]这成为构成这些国家安全危机的重要动因。因此，如何在全球化过程中建立起新的国家安全机制和安全体制，也就自然地成为这些国家在维护国家安全过程中一个不容回避的重大课题。然而，问题正如日本学者所指出的那样，在全球化过程中，“并非只是发展中国家才承受不安全和经济上的威胁，而发达国家却安然无忧。只要不平等的全球经济体系继续存在下去，……第三世界的不安全状况，尤其是贫困，会引发发达国家的不安全。因为经济停滞、贫穷、生态破坏、市场缩小不可能使发达国家继续从发展世界获得廉价劳动力和自然资源，累计赤字会随之上升。这些因素会对发达国家的经济活动产生重要影响，引发经济不安全状况出现。”[②]因此，对于发达国家而言，如何把不平等的不对称的经济体系转变为平等对称的体系，消除国家经济的不安全因素，也就成为无法回避的国家安全政策的重大课题。全球化也正是在这个意义上成为现代国家关系中新的国家安全机制。

1998 年，诺贝尔经济学奖获得者阿马蒂亚·森（Amartya Sen）曾指出，全球化的真正挑战并非来自全球化本身，而是常常与全球化联系起来讨论的一些敏感话题。主要问题或多或少都与不平等有关，尤其与在财富、政治、经济与社会权力方面的不平等有关。今天全球化的影响已经涉及政治、经济、文化等广泛领域，但令当今国际社会最为关注的还是全球化所带来的不平等和非均衡的社会后果。这种不平等和非均衡并不是指某个方面或者某个领域，而是指整体性。全球化虽然促进了世界社会经济的发展，但是全世界至少有 2/3 的人被排除在全球化之外，受到全球化伤害或被全球化所忽视。全球化是广

[①] 杨佰溵. 全球化：起源、发展和影响[M]. 北京：人民出版社，2002：6.

[②] 星野昭吉. 全球政治学——全球化进程中的变动、冲突、治理与和平[M]. 刘小林，张胜军译. 北京：新华出版社，2000：146.

泛而深入地构建国家、公民社会、政治、经济、文化及它们之间的关系的过程的基础。它是经济全球化的一个结果。全球经济把世界变成了一个经济单位。全球经济正在整合，向单极化方向发展。这种影响和能力如此之大，以至于我们的生活质量、行为方式、国家和人民的民族倾向都难以抗拒它的支配，任何人、任何事情都不能回避或削弱全球经济。世界的全球化既深受经济全球化的影响，也是它推动的结果。经济全球化带来的一个主要特点就是对世界体系的本质、内容、结构及其发展的影响。

一定的国家安全机制是一定历史时期各种世界力量关系运动的一个结果。当这种力量关系集中地反映了世界政治、经济和文化关系的时候，那么占主导地位的世界政治经济力量，同时也是决定和影响全球安全机制的主导力量。世界各国的安全问题和安全机制的形成，进而国家安全观念和国家安全制度的建立，就是建筑在这样的力量关系的基础上的。无论是维斯特法利亚条约的签订，还是雅尔塔体制的形成，最终都成为一个时期国家安全体制和机制形成的依据。只要这种力量关系不被破坏，那么由此而形成和建立起来的国家安全机制也就会保持它的稳定性。因此，这一主导性力量的任何变动都会引起全球安全机制的更大变动。全球化作为一种新的全球安全机制形成力量，与以往人类社会自有国家以来所形成的国家安全机制构成力量的最大差异，就是它第一次通过建立全球经济体系及现代世界体系的方式使得全球经济安全成为一个整体。国家之间在经济上的相互依赖性，使得任何国家都不可能独立解决自身发展中所面临的经济安全问题。任何国家的安全都可能引发成为全球安全问题，并且都将对国家关系和世界进程产生重大影响。文化安全机制的变迁就是它影响的一个结果。

## 三、入世与中国国家文化安全战略变化

世界贸易组织是在全球经济进入 20 世纪 90 年代后，随着科学技术的迅猛发展，贸易自由化进一步深入，国际分工出现新的趋势，世界各国、各利益集团为了更好地维护自己的利益，参与新的国际竞争、国际分工和协调各自立场，应乌拉圭回合谈判参加方的共同要求而产生的，其成员方迄今为止已有 140 多个国家和地区，因此，世贸组织所确定的原则和建立的国际法体系与政策系统，不仅在整体上反映和代表了当今世界经济在全球化背景下的发展趋势，而且也反映了在这一历史进程中新的国际关系的构成，以及新的国际文化关系和国际文化秩序建构的特点。由于世贸组织在同文化产品有关的政策系统和法律体系中几乎涉及了当下所有的文化产业形态，而也恰恰是这些领域构成了当今国际文化交往中的最一般的秩序和最一般的关系，因此，世贸组织所确立的不仅仅是一般的国际经贸原则，进而一般的国际文化贸易原则，而且也是当今国际社会一种新

的国际文化关系准则，成为处理国与国文化贸易关系和争端的准则。国际文化贸易所从事的是一种关于文化精神产品的国际交换，其中涉及意识形态内容的诸多领域，这些意识形态和文化内容所体现的不同价值观念有许多方面就是根本对立的。通过向他国输出自己的文化产品，传播自己的文化观念和意识形态是当代国际社会斗争与较量的重要形式和手段，个别大国依仗其强势文化产业试图利用世贸规则强行要求“市场准入”，实行文化产品贸易自由化，以服务于本国的全球战略利益，就是最典型的表现。因此，世贸组织在它的政策系统中，就不仅包括了市场准入、透明度、非歧视和最惠国等原则，而且也在“涉及保持传统文化的艺术品和文物”“允许例外和实施保障措施”“维护国家安全”方面进行了规定。这就可以使任何一个成员方，尤其是一些发展中国家从维护自己国家的根本文化利益和文化安全出发，制定相关的政策、建立相关的制度来保护自己国家的文化安全不受侵犯，而这种保护性政策与制度是应当而且必须得到所有成员方尊重的，从而使各成员方都可以在一个尊重文化多样性的平台上平等地开展国际文化贸易。正是这种关系准则的建立，使得原来的以双边关系为特征的国际文化关系格局发生了变化，处理国与国之间的文化关系，意识形态与社会制度差异已不再是国际文化贸易的障碍，是否符合本国人民的根本文化利益和是否符合国家的根本文化利益成为国际文化交流的新的准绳。意识形态相似的国家也有不同的国家文化利益。国际文化关系原则在国际经贸法律体系和政策系统的形势下发生了重大变化，这种变化是革命性的，原有的关于文化产品的贸易壁垒将随着世贸组织原则在全球范围里的普遍实施而被消解。不论是大国小国、穷国富国、强国弱国，都可以在世贸组织确定的原则框架内开展自己的国际文化贸易，同时也可以根据本国文化发展的需要充分利用例外条款制定文化安全政策保护本国的文化利益。这样一来，世贸组织的基本原则、制度政策系统和法律体系，以及在此基础上建立起来的文化价值系统就具有了普遍的国际文化关系意义。因为它不仅规定了义务，而且还规定了权力，在这样一个基础上建立起来的国际文化关系和国际文化秩序，显然具有普遍的规范行为的约束力。中国加入世贸组织，不仅使中国的对外经贸关系从双边走向多边，并进入全方位、多层次、宽领域的对外开放新格局，随之而来的以开展国际文化贸易为新特点的对外文化开放也将是全方位、多层次和宽领域的。尽管为了保护中国的国家战略利益这种开放会需要有一个过程，中国的文化市场和文化产业还会受到不同程度的保护期，但是，中国的文化产业和文化产品面对开放了的国际市场，在服务贸易和投资领域与世贸组织成员方开展全面、多样、深刻而复杂的竞争与合作中，中国的有关对外文化贸易的文化关系政策必然受到严峻的挑战和考验。按照世贸组织的原则和中国做出的承诺，调整、修订我国的国际文化关系政策及其相关制度，既构成了中国加入世贸后的国家文化安全困境，同时又必然成为中国政府调整国家文化安全政策和对外文化关系的重要改革，构成了当下中国国家文化安全政策选择和制定的两难。从我国加入世贸组织以前的适应封闭经济条件下的国家文化安全战略转向新的适应开放条件下的国家文化安全战略，加入世贸组织以后的国家文化安全本质上是在完成这种转变过程中的国家文化风险所形成的国家文化安全。

世贸组织的原则是保护本国文化的个性化，支持各国文化的多样并存，维护世界文化的丰富性和多样性。因此，中国加入世界贸易组织并不必然构成对中国的国家文化安全，不能把入世后在文化市场准入方面形成的挑战片面地看成是对我国文化安全的威胁。简单地把入世后国际传媒业和国际文化产品进入中国文化市场作为国家文化安全的一个指数，会使我们偏离应对入世挑战的理性判断和对开放承诺的自信。我们不能把承诺及对承诺的履行看作是一种安全问题，那样会造成文化保守主义倾向，因为就对外关系而言，国家安全首先是就国家主权而言的，只有牺牲主权或主权受到侵犯才会构成国家安全问题，而从理论上来说，没有任何一个国家会以牺牲主权为代价去换取对于本国的不安全。政治上是如此，文化上也是如此。这是因为承诺是对等的，开放是双向的。我们能否把中国的文化产品、中国文化产业按承诺进入他国的文化市场也看作是对他国构成国家文化安全呢？如果是这样，那么世界各国就没有实现贸易自由化的必要了。因此，中国入世并不是为了制造不安全，恰恰相反，是为了在融入现代世界体系的过程中，更好地借鉴、消化、吸收人类社会所创造的一切优秀的文明成果，更快、更好地发展自己，在新的更大的安全中实现中华民族的伟大复兴，而从现阶段来说则是中国改革开放的又一次历史性突围。因此，从某种意义上说，中国不入世，才会现实地构成中国文化最大的不安全。

## 第二节　当今世界的软实力竞争与国家文化安全主题

文化产业是世界文化战略竞争的重要载体和力量形态。它不仅一般地改变了世界竞争的方式和形态，而且极大地改变了全球文化安全的格局与力量对比。知识经济在全球的兴起和物质经济向非物质经济的全球性战略转变，以及人类社会正在遭遇的资源和环境发展危机，都使得大力发展文化产业，并把文化产业发展作为今后长期的国家发展战略，成为国际社会广泛的战略选择、国际战略竞争新形态和国家文化安全的新主题。

### 一、国力理论的演变与全球化时代的新国力观

一个国家的安全度和一个国家的实力即国力有着必然的联系。一般来说，国家实力

强，国家不安全的系数就小；国家实力弱，国家不安全的系数就大。国家之间的竞争实际上就是国家实力之间的竞争，而在国家实力上的任何较量都是为了最大限度地降低国家不安全的系数以求得国家最大限度的安全保障。由于人们对于国家安全的关注总是和一定历史发展阶段上社会的生产力水平及人们对于财富的要求存在着正相关关系，因此，不同历史时期人们的国力观不仅是不一样的，而且始终处在一个不断发展的历史进程之中。

早在两千多年前，我国古代的大军事家孙子就提出了“兵者，国之大事，死生之地，存亡之道不可不察也”[①]这种以军事力量为首要国力的理论。在西方，重农主义学派和重商主义学派可以说是西方最具有代表性的古典主义国力理论。

发展到了近代，西方开始比较明确地研究综合国力问题。1890 年，美国的马汉发表了《海权对历史的影响》，提出了著名的“海权论”是一个标志。进入 20 世纪后，第一次世界大战前，西方的政治理论家们就提出了“国家权力—国力”的概念，即以军事实力为中心的国力论。1948 年，德裔美国学者汉斯•摩根索发表了《国际政治权力与和平》一书，对国力的构成要素进行了比较全面的研究。他认为，国际政治就是各国依托其综合国力所进行的利益搏斗，所谓国家权力就是“人对他人的意志与行为的控制”，[②]各国发展的实质就是综合国力的进步与增强。由于他明确地提出了综合国力的概念，并主张把国力作为一个国家推进其对外政策的基础，因此，人们把他看作是现代综合国力研究的奠基人。[③]

“二战”以后，随着国际格局的变化和力量的转移，国力研究开始进入了一个新的阶段。1965 年，联邦德国柏林技术大学物理学教授威廉•富克斯出版了《国力方程》一书，认为国力发展过程类似于自然过程和生物过程，总是朝着消除和克服差异的方向发展，社会制度方面的差异也倾向于被克服和消除，并且依据物理学和生物学常用的科学方法提出了计算国力的数学公式。1966 年，法国的雷蒙•阿隆出版了《和平与战争——国家关系理论》一书，提出在国际舞台上国家权力就是“将自己的意志强加给其他政治单位的能力”。[④]1980 年，美国前中央情报局副局长、现任美国乔治敦大学战略与国际研究中心主任 R.S.克莱因出版了《80 年代世界权力趋势及美国对外政策》，明确表示“在国际舞台上的所谓实力，简而言之，乃是一国之政府影响他国政府去做本来不愿意为之的某一件事情之能力，或者使他国不敢去做本来跃跃欲试的某一件事情之能力，而不论其

---

[①] 吴九龙. 孙子校释[M]. 北京：军事科学出版社，1991：3.

[②] 转引自黄硕风. 综合国力新论[M]. 北京：中国社会科学出版社，1999：2.

[③] 李方. 中国综合国力论[M]. 合肥：安徽科学技术出版社，2002：4.

[④] 转引自李方. 中国综合国力论[M]. 合肥：安徽科学技术出版社，2002：5.

影响方式是利用说服、威胁或明目张胆的诉诸武力。”[①]这是一种典型的以强权政治为基石的国力论。继德国物理学家威廉·富克斯提出了“国力方程”后，克莱因在《世界权利的评估》及《80年代世界权力趋势及美国对外政策》等书中也提出了一个“国力方程”，被称为“克莱因方程”。在这个方程中，克莱因把国力要素分为物质要素和精神要素两大类。物质要素有三个：一是基本实力C（Critical Mass），包括人口与领土；二是经济能力E（Economic Capability），包括国民生产总值GNP、能源、矿物、工业生产、粮食、世界贸易；三是军事能力M（Military Capability），包括战略力量和常规力量，其中常规力量又包括战斗能力、战略抵达能力和军备努力程度。精神要素有两个：一是战略意图S（Strategic purpose）；二是国家意志W（Will to Pursue National Strategy）。即：

$$综合国力（P）=(C+E+M)\times(S+W)$$

在这个方程式中，克莱因引人注目地把“精神要素”作为综合国力的一个重要组成部分，并且赋予和物质要素同等重要的地位。1964年，约瑟夫·弗兰克尔在他的《国家关系论》中已经突出了社会心理对综合国力的影响，克莱因的“国力方程”明确提出了“精神要素”的概念则是国力理论研究的一个发展。然而，尽管如此，西方关于国力的研究仍然没有脱离强权政治的色彩。军事安全是国家安全的最主要的内容。

全球化时代的国力观同以往国力观相比最大的发展就是不再把某一领域里的单项国家实力作为决定国家安全的唯一因素，文化已经成为人类社会财富创造的崭新形态，成为综合国力的重要指标体系之一，文化国力作为软权力已经成为国际力量平衡对比的重要因素。文化国力的强弱具有双重安全意义。1999年，美国的小约瑟夫·S.奈提出了将国家实力分为硬实力和软实力两大类的观点。所谓硬实力是指支配性实力，包括基本资源、军事力量、经济力量和科技力量；软实力是指具有弹性的实力，包括国家凝聚力、文化被普遍接受的程度、参与国际机构的程度等。他用强、中、弱三个等级对世界上的几个主要大国的国力进行了比较，如表7-2所示。

表7-2 几个国家的硬实力和软实力比较

| 国家 | 硬实力 | | | | 软实力 | | |
|---|---|---|---|---|---|---|---|
| | 资源 | 军事 | 经济 | 科技 | 国家凝聚力 | 国民文化程度 | 国际机构 |
| 美国 | 强 | 强 | 强 | 强 | 强 | 强 | 强 |
| 苏联 | 强 | 强 | 中 | 中 | 弱 | 中 | 中 |
| 欧洲 | 强 | 中 | 强 | 强 | 弱 | 强 | 强 |

① 转引自黄硕风. 综合国力新论[M]. 北京：中国社会科学出版社，1999：2.

续表

| 国　家 | 硬　实　力 | | | | 软　实　力 | | |
|---|---|---|---|---|---|---|---|
| | 资源 | 军事 | 经济 | 科技 | 国家凝聚力 | 国民文化程度 | 国际机构 |
| 日本 | 中 | 弱 | 强 | 强 | 强 | 中 | 中 |
| 中国 | 强 | 中 | 中 | 弱 | 强 | 中 | 中 |

这个划分明确地把文化作为一种国力形态纳入到关于国家综合实力的总体研究之中，这不仅改变了传统的国力理论研究的思维模式，而且极大地肯定了文化在整个国家大战略中的地位，从而使关于综合国力的研究与评估有了一个新的价值体系。

## 二、软实力的提出与世界竞争战略形态及安全重点的转移

软实力的概念是美国前助理国防部长、哈佛大学教授约瑟夫·奈率先提出来的。1990年，他在与海军上将威廉·欧文斯合著的书中写道："软权力是通过吸引力而非高压整治在国际事务中达到索要结果的能力。他通过说服别人追随自己，或是别人同意自己的规范和制度，来使别人产生自己所想要的行为。软权力存在于使别人被某种观念吸引或者能够决定别人喜好的能力。"这是约瑟夫·奈在分析了世界 500 年以来霸权国家主要权力变化（见表 7-3）后得出的结论。他认为，当今世界力量的性质正在发生变化，无形的权力资源即价值观的力量越来越重要，霸权愈来愈靠"硬力量"和"软力量"的共同支撑才能维持。

表 7-3　主要国家及其实力资源（1500—2000 年）[①]

| 时　期 | 国　家 | 主 要 资 源 |
|---|---|---|
| 16 世纪 | 西班牙 | 黄金、殖民地、雇佣军、王朝纽带 |
| 17 世纪 | 荷兰 | 贸易、资本市场、海军 |
| 18 世纪 | 法国 | 人口、农业、公共管理、军队、文化（软实力） |
| 19 世纪 | 英国 | 工业、政治凝聚力、金融和信贷、海军、自由准则（软实力）岛屿位置（易于防守） |
| 20 世纪 | 美国 | 经济规模、科技领先地位、地理位置、军事力量和盟国、普及的文化和自由的国际机制（软实力） |
| 21 世纪 | 美国 | 技术领先地位、军事和经济规模、软实力、跨国通信的中心 |

2004 年，约瑟夫·奈发表了《美国霸权的悖论：为什么世界上唯一的超级大国不能

① 转引自胡鞍钢，门洪华. 解读美国大战略[M]. 杭州：浙江人民出版社，2003：4.

自行其是？》，进一步从“重新定义美国的国家利益”的角度论证软实力对于“处于十字路口的美国巨人”的重要意义。他说：“一个国家可以在国际政治中得到所希望的结果，因为他国想追随他，欣赏其价值观，效仿其模式，可望达到其繁荣水平和开放程度。从这个意义上说，**在国际政治中通过制定议程来吸引他人，与通过威胁或使用军事或经济手段来强迫他人改变立场同等重要**。我把实力的这一方面称为软实力。”[①] 软实力依赖于制定政治议程并使之成为他人所喜好的议题的能力。而这种能力往往同无形实力资源联系在一起，如有吸引力的文化、意识形态和制度等。软实力在很大程度上来自我们的价值观，这些价值观通过我们的文化、奉行的国内政策和在国际上的所作所为表现出来。约瑟夫・奈认为，硬实力和软实力是通过影响他人的行为方式来实现我们目标能力的两个侧面。“简言之，一个国家文化的多样性及其建立在国际活动领域的有利国际规则和机构的能力是实力之源。德国新闻记者约瑟夫・奈认为，美国的软实力‘比它的经济和军事资产看起来还要突出。美国文化的强度只有在罗马帝国时期才可以看到。罗马帝国和苏俄的文化影响只能达到其军事边界线，而美国的软实力却统治了一个日不落帝国。’”

约瑟夫・奈认为，硬力量是一个国家经济购买力和军事胁迫的能力，而软力量则是通过文化和意识形态来吸引的能力。在国家力量中，软力量和硬力量是相辅相成的。一定的硬力量是软力量得以存在和发展的基础，软力量的强弱又会影响硬力量作用的发挥。两种力量形式都反映了通过影响和控制他国的行为来达到对外政策、意图和目标的能力。随着信息革命的展开，文化获得了前所未有的生产和传播形式，文化对于世界进程的影响比历史上任何一个时期都大，因此，约瑟夫・奈在《重新定义国家利益》中特别强调指出，“在信息时代，软力量正变得比以往更为突出。”约瑟夫・奈是从“在过去几百年里，随着技术的发展，实力的来源已发生改变”这样一个历史性角度来提出他的观点的。他认为“在一个经济全球化的世界里，所有国家在某种程度上都依赖他们直接控制的市场力量”，因此，对于美国来说，“美国想保持强大，就必须关注软实力。”[②]

约瑟夫・奈的理论一方面反映了世界竞争战略由于国家实力来源已经发生了变化而出现的战略重点转移的趋势，另一方面集中反映了美国在文化上的国家战略意图和国家安全战略变动的特征。1989 年，当时的美国总统布什坚持与中国保持贸易接触的理由就是认为，“世界上还没有哪个国家发现一种方法既进口世界的产品与技术，又能把国外的思想阻止在边界。”1995 年 7 月，美国负责东亚和太平洋事务的助理国务卿帮办韦德曼在参议院对外关系委员会上明确指出，“贸易不仅是知识创造财富的手段，还是美国

---

① 胡鞍钢，门洪华. 解读美国大战略[M]. 杭州：浙江人民出版社，2003：44.

② 胡鞍钢，门洪华. 解读美国大战略[M]. 杭州：浙江人民出版社，2003：43.

思想和理想借以渗透到中国人意识中的渠道；从长期来看，它为美国的意识形态产业（诸如电影、激光唱盘、软件、电视）和使国际交流更为便利的产品（诸如传真机和互联网计算机）开辟市场，这些有可能使中国的人权状况得到改善，从而发挥我们所有直接的和政府之间的努力加起来一样大的促进作用。”20世纪90年代以来的美国历届政府在制定美国的国家安全战略时，都无一例外地把美国的民主和价值观作为美国国家战略的重要内容。因此，从这个意义上来说，软力量理论的提出，一方面反映了世界战略形态变动的趋势，另一方面也突出了国家安全形态内在结构的转移，国家文化安全战略随着软力量的提出而进入到了一个更加重要的位置——国家安全战略层面。对此，约瑟夫·奈曾联系美国发动的伊拉克战争特别强调，要“把软力量看作是实施新的国家安全战争所能够运用的最重要的工具和手段，因此绝不能低估软力量在国际机制和维护国家安全方面的作用”。[①]

文化已经成为人类社会财富创造的崭新形态，综合国力的重要指标体系之一，文化国力作为软实力已经成为国际力量平衡对比的重要因素。文化国力的强弱具有双重安全意义。文化成为一支重要的世界力量，文化战略成为国际社会重要的国家战略需求，形成了对世界文化发展影响深远的软力量理论。

在长期的占主导地位的国际战略理论中，评估一个国家力量强大的指标总是经济和军事。虽然在中外战略思想史上，中国的战略家孙子早就发现了文化作为一种国家力量在克敌制胜中的作用，提出了“不战而屈人之兵”的大战略理论，但是，把文化作为综合国力的一个重要组成部分，把它看作是一种影响国家盛衰和世界进程的重要的力量，并且把发展文化、提升文化的国际吸引力作为提高国家的综合实力和国际竞争力的一种国家战略，形成关于文化的“软力量”理论，确实应当引起我们高度重视。世界文化是世界各国各民族文化的总和，地球上任何一个民族和国家文化的变化，都会给世界文化带来变化。在当今世界处于强势文化和弱势文化非对称发展阶段的时候，强势文化的任何变化都会引起世界文化较大的变化，“冷战”时期的世界文化的发展变化就是一个典型案例。文化战略是一个国家在全球的背景下对本国文化发展与世界战略的一种长远考虑和谋划，集中反映了一个国家的文化意志和对于世界的文化意图。因此，软力量理论的提出，不仅揭示了文化在当今世界发展中的地位和作用，而且更重要的是它为国际社会制定国家文化战略提供了理论根据。文化战略成为一种国家战略需求。文化本身不再是手段，而是一种目的，从而引发了全球性的文化竞争。由于当今的世界文化已经不能脱离文化产业这样具体的文化形态而存在，因此，对于文化产业的开发和市场的争夺，

① 约瑟夫•奈. 伊拉克战争之后的美国霸权与战略[N]. 参考消息，2003-09-08.

也就成为当今世界文化发展变化和软力量竞争的重要内容与领域。

## 三、WTO与中国国家文化安全规制的冲突

WTO体制本质上是一种全球性经济安全体系，是按照西方发达国家关于世界秩序和经贸制度的理念建立起来的，因此，它还是一种文化，一种意义世界和价值取向，具有鲜明的软实力特征。世贸组织原则的形成是一个世界历史过程，反映和体现了战后世界各国普遍要求建立一个平等、公正、互惠、和平共处、共同发展的环境的愿望。这种愿望是当代世界精神的文化意义。因此，世贸组织所确定的原则虽然究其规定的内容来说仍是国际贸易行为的规范，但是，这种规范一旦成为政策和法律，就会上升为一种普遍的行为交往理念和经贸道德信条，就会演化成为人们在交往过程中衡量和判断交往行为所达到的现代文明程度的标准，成为一种价值观念和价值系统，成为一种新的意义世界。成员方的任何包括文化贸易在内的经贸行为与其加入世贸组织所作出的承诺和世贸组织原则相违背，都可能会遭到世贸组织争端机制的干预乃至制裁。尽管这种争端解决机制有着许多不尽合理与公平之处，但是在没有一个更为合理与公平的争端机制形成之前，就必须接受由此而形成的结论与政策。这时候，世贸组织的原则及它所体现和反映出来的交往行为理念和价值取向，就成为具有普世性的文化存在。这种存在究其意义而言是人类文明在相互交往过程中所寻求和达到的一种新的意义高度的结果。其实质是努力规避文明冲突，寻求各个文明互相融合的结合点，达到共同发展的目的。因此，加入世界贸易组织，不仅是对一种法律体系、经贸制度和政策系统的接受，而且也是对一种法律文化、经贸制度文明和政策价值的接受，更是对一种在现代条件下对交往行为理念和文化价值观的认同。

毫无疑问，这种接受与认同既包括了对本民族文化所体现的价值系统的充实、提高和发展，同时也必然地包含着对现存的交往行为理念和交往行为秩序的否定。当只有通过这种否定才能实现两种行为交往原则的对接且在一个新的平台——全球化平台上实现“双赢”的时候，这种否定作为对于一种文明的现代跨越和提升是必需的。这种否定包含着对一种新的价值的肯定。在今天，这对于中国进一步深化改革和扩大对外开放都是一种必不可少的动力。没有这种动力，中国的改革开放也就缺乏它在前进过程中应有的一种战略机制，中国的改革开放就会在融入世界体系的过程中迷失方向，从而也可能使得中国失去在经济全球化过程中，在又一次深刻的国际分工过程中，在抓住机遇积极参与世界经济重组过程中发展自己的机会。加入世界贸易组织，对中国来说，并不是一次被动的文化接受，而是经过深思熟虑、反复权衡之后，为了自身发展的客观需要而做出

的一次重要的战略选择与战略抉择。它不仅是对一种国际经贸制度的选择，而且在文化上也是一次世纪性的文化选择。这种选择与其说是痛苦的和悲壮的，不如说是凯旋式的。它不仅为中国彻底摆脱和走出近代以来的闭关锁国状态、树立世界体系重新复归它应有的文化位置，奠定了全面开放的基础，而且还为实现中华民族的伟大复兴创造和提供了一种世界的可能，其对中华文明形态的未来发展将可能产生的作用难以估量。

加入世贸组织后，随着我国国内相应法律、法规的变动，以及由此而带来的我国经济生产结构和交往关系的深刻变动，必然会对我们现有的建筑在传统生产关系和社会生产方式上的价值观念、行为方式和交往理念产生巨大的冲击，原有的建筑在计划经济体制上的制度形态和管理模式及与之相适应的观念形态和理论形态，都将遭遇到前所未有的巨大挑战。其结果必将有力地影响中国自“五四”运动以来关于重建机制系统和意义世界这一文化努力的现代化进程，从而使中国文明的增长与现代化获得世界文明又一次强有力的整体性支援，并以一种全新的具有可持续发展特征的文化形态丰富世界文明的当代内容，推动世界历史的发展进程。然而，在这背后也必然蕴藏着关于国家文化安全的利益冲突，包括政治的、经济的、文化的。因此，必然会在中国遭遇体制、机制、制度和观念等各个方面的阻击。这种阻击既包括对落后文化体制和观念的保护，同时也包括对国家文化主权的捍卫与维护。中国加入世界贸易组织后，其所形成的一系列行为方式和交往理念必然要对我国现有的文化产业生存状态和文化管理结构及整个国家文化秩序和文化安全观念带来很大的冲击和深刻的变革，现存的一切关于文化管理、文化产业和国家文化安全的政策与制度都将在这个平台上在激烈的对撞过程中实现重组，而所有这些方面的终极形态都将在国家文化安全政策与规制建构的运动过程中全面而生动地表现出来。

## 第三节　文化产业具有特殊的国家文化安全意义

国家文化安全是在经济全球化的背景下被提出来的一个重要的文化命题。由于这一命题深刻地揭示了包括文化产业在内的国家文化主权在经济全球化背景下所遭遇到的严重威胁和挑战的本质情况，因而引起了人们的广泛关注和认真研究。然而，中国入世之后，扩大对外文化开放，发展文化产业是否必然地构成对国家文化安全的威胁，这不仅涉及如何正确地认识和对待中国入世，扩大对外文化开放和发展文化产业，而且也有一个如何科学地理解与把握国家文化安全的内涵、外延及当前我国面临的国家文化安全，正确地制定国家文化安全政策问题。

## 一、国家文化安全的内涵与外延

国家文化安全首先是就国家主权意义而言，主要是指一个国家的文化主权神圣不可侵犯，一个国家的文化传统和文化发展选择必须得到尊重，包括国家的文化立法权、文化管理权、文化制度和意识形态选择权、文化传播和文化交流的独立自主权等，这是国家文化安全最核心的内容。维护国家文化安全，就是保障国际文化主权，捍卫国家文化主权的独立性和自主性。国家文化安全在国家安全中的特殊作用在于，文化是维系一个国家、一个民族团结和稳定的重要基础，是一个国家综合国力的重要组成部分。文化的强盛、安全不仅可以形成一个民族巨大的民族凝聚力和文化认同感，而且由这种认同感和凝聚力所形成的安全屏障可以极大地提高国家整体安全度，由此而赢得的良好的国际安全环境将成为国家稳定发展的重要力量。然而，正如人类生态环境的恶化常常是由人类自身造成的一样，一个国家的文化安全并不都是由外部文化力量的威胁造成的，自己的文化战略的重大位移也可能导致文化危机的发生，有的是由国内政治危机造成的文化安全，有的则是由经济与社会发展政策的重大失误而造成的，还有的直接就是由于文化政策本身的重大决策失误造成的。因此，国家文化安全还包括非主权内容的意义项，如国家的政治经济环境、文化生态质量、文化资源保护、文化技术的自主知识产权的拥有能力及文化市场的占有率等，也都会产生文化安全问题，影响国家文化安全。国家文化安全是一个有着丰富内容的意义系统，主权与非主权相互交叉，并且由此而构成了意义结构。在国家经济发展和政治稳定的情况下，国家文化安全的核心是国家文化主权和国家文化生态平衡，这是决定一个国家合法性与合理化存在的全部文化基础和依据，这两个方面中的任何一个发生危机，都会构成国家文化安全问题。由于不同的时代有着不同的文化安全主题，造成一个国家文化安全的原因和构成时期国家文化安全的内容并不是一成不变的，而是在发展中不断演化的。因此，国家文化安全不是一个静止的概念，而是一个动态的内容世界。这就为我们正确分析和看待中国加入世贸组织、文化产业发展与国家文化安全的关系提供了一条分析的技术路线。

当我们把文化看作是人们的一种存在方式，并且以这种方式精神地和艺术地把握世界才能完整地确定人类社会的存在性的时候，构成这种方式的有机组合便形成了它的结构状态，这就是文化结构和文化生产力结构。在人类文明发展的不同历史阶段，作为社会生产力结构的文化结构是不一样的。由此而形成的文化生产力结构所表现出来的文化性力量关系，是和它所处的经济地位关系相适应的，并由此而构成了不同阶段的人类社会的文化生产力性质。正是这种文化生产力结构在不同的文明阶段上的独特性，才使得

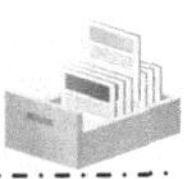

它在不同的社会生产力的发展水平下具有不同的价值和意义。因此，当不同的文化架构成为不同的社会区别的重要标志的时候，文化结构，特别是作为人们精神和艺术地把握世界生产力结构的时候，文化生产力的结构就成为社会生产力结构的重要组成部分，是它的一种体现；当文化产业的出现以一种全新的文化方式打破了原有的生产力构成的社会生产力结构，并且日益表现出它在这个变化过程中的不可抗拒的作用的时候，即没有它现代社会生产力的进步就会失去它的前进动力的时候，文化产业的发展就成为社会生产力进步的一种动力项和现代国力形态的重要存在被置于社会发展的重要位置，列入国家的发展战略。

文化产业已经成为国家综合国力新的国力形态，而这种国力的强弱程度又与一个国家现代文化安全程度存在密切关系，具有特殊的国家文化安全意义。文化产业在整个现代国际事务中权重的增加诱发了全球性的文化“军备竞赛”。

## 二、当代社会存在的新政治经济方式和文化形态

文化产业结构是社会组织结构的文化关系反映，动态地表现一个国家的文化权利关系——文化经济关系和文化政治关系，表明什么样的人群所处的文化位置、拥有的文化权、掌握的文化资源、可动用的文化资本及文化消费能力。而正是这些，清楚地描绘出不同人群之间的社会关系和文化关系以及一种新的政治经济方式和政治经济学关系。文化产业的出现，实际上意味着人类存在方式的变革和政治经济关系转移。传统的、经典式的、属于少数人的精英文化对话语权的垄断和对大众文化的一种霸权，在当代国际关系中已经演变成一种少数文化产业大国对其他国家的文化霸权。为了实现对这种霸权的消解和获得自我存在方式的肯定，在满足和肯定国家不分大小都发展自己的文化的同时，实现对于发展文化产业的愿望，从被边缘化了的文化地位回归主体，也就成为当下社会进步和人类社会存在方式的一次重要革命。因此，作为一种文化现象和文化存在，文化产业在经历如同一切新生事物的成长所必然要遭遇到的命运过程之后，便获得了它的全部合法性存在。中国的文化产业在20世纪80年代至90年代的历程，以及它在21世纪初所获得的合法性地位，清楚地证明了这一点。这是一种关于生存方式的认同，很难设想，进入21世纪后倘若没有作为文化产业具象化的大众传媒，今天的人们又该是怎样的一种生活方式。因此，无论是广播、电视、电影、报纸、光盘还是互联网，它们都是以一种重要的方式存在于人们的生活之中的，而正是这种生活方式和样式的存在构成了当下人们生活方式的现代性。因此，对于这种现代性的主导也就成为全球性文化争夺的重要内容。

世界文化正在经历一场以数字化、信息化为内容的深刻革命。据美国普华永道国际会计师事务所2004年6月发布的《全球媒体和娱乐业前瞻》的年度报告中预测，全球2004年增长率，媒体和娱乐业为5.7%，电影业为9%；今后5年，媒体和娱乐业年均增长率为6.3%，电子游戏为20.1%，网络接入服务的营业额为17.3%，网络广告为12.7%，广告业为5.3%；到2008年，媒体和娱乐行业营业额为1.67万亿美元，年增长率亚太地区为9.8%，美国为5.4%，电子游戏产业营业额为556亿美元，广告收入4120亿美元，电影业增长率 5.9%。[①]文化产业数字化、信息化和全球化趋势将给整个世界文化发展带来革命性变化，传统意义上的文化形态、文化生态和文化存在都将在这个过程中转型并获得全新的生命形态，人类社会关于世界的价值观念及其价值系统都将在这个过程中完成历史的必然要求所带来的全面革命。文化产业发展的现代化程度成为衡量大国文化地位和国际文化影响力的重要标志。

在全球范围的经济结构的战略性调整中文化产业的比重日益增大，文化产业大国正在向文化产业强国发展，美国的文化帝国主义正在影响世界文化力量结构的变动，主导着世界文化的发展和国际文化秩序的重组。据联合国教科文组织统计，1993年，世界范围内50个大型视听产品生产企业的总销售额是1180亿美元，但是四年以后，仅世界七大视听产品生产企业的销售收入已经达到这一数字。1993年，美国在这些唱片公司中占36%，而在1997年50%以上都是美国公司。[②]文化产业成为美国对外贸易的主导产业和经济发展的国家战略。在这里，一个最为典型的案例，就是美国迫使任何一个与之建立最惠国经贸关系的国家开放它的国内文化市场，美国对中国是如此，即便对他的盟国也是如此，韩国就是其中最典型的例子。而美国对于文化产品实行自由贸易政策与法国的文化里外的冲突，则更在全球文化体制中，影响了国际文化秩序的重建。国际文化贸易在国际贸易中的比例成倍增长，正在改变国际贸易结构和世界文化产业力量的重组。据联合国教科文组织统计，从1980年到1998年，印刷品、文献、音乐、视觉艺术、电影、摄影、广播、电视、游戏和体育用品的年度贸易额从953.4亿美元增长到3879.27亿美元。但是，大部分文化商品的国际贸易只在相对较少的几个国家之间进行，日本、美国、德国和英国是最大的文化商品出口国，占世界文化商品出口总额的55.4%。1996年，文化产品（电影、音乐、电视节目、图书、期刊和电脑软件）成为美国最大的出口产品，第一次超过了包括汽车、农业、航空和国防在内的所有其他的传统产业。根据1998年“国际知识产权联盟”（IIPA）的报告，1977年到1996年间，美国核心版权产业的增长速度

---

① 转引自美报告看好全球媒体和娱乐行业前景[N]. 光明日报，2004-07-05.

② 联合国教科文组织. 文化、贸易和全球化（Culture,Trade and Globlization），2001年。转引自《中国出版》2003年第1期。

是经济增长速度的三倍，其海外销售和出口贸易在 1996 年达到 601.8 亿美元。[①]20 世纪 90 年代以来，新兴数字技术的应用及国家、地区和国际管理政策的变化，使世界范围内文化产业的产业结构发生了巨大的变化。这些因素彻底改变了当今文化商品、服务和国家间的投资贸易格局，影响和导致了国家间的文化发展战略的转移。1997 年布莱尔当选英国首相后在文化上所做的第一件事，就是成立“创意产业特别工作组”，分析英国创意产业的现状并提出发展战略，在新编制的《文化创新十年规划》布莱尔政府明确把发展创意产业和提高全民文化与艺术创新能力确定为今后十年的英国国家战略。1998 年，新加坡将创意产业定为 21 世纪的战略产业，出台了《创意新加坡计划》，又在 2002 年 9 月全面规划了创意产业的发展战略，提出要成为“全球的文化和设计业的中心”。1998 年，日本政府经过多年论证，提出了“文化立国战略”，制定《文化振兴综合计划》，“文化立国战略”已经成为 21 世纪日本的国家发展战略，成为日本在新世纪里的立国与强国之本。韩国在 20 世纪 90 年代提出文化产业振兴行动计划后，又于 2001 年提出“先占战略”，把发展网络游戏也作为韩国文化产业发展的国家战略。20 世纪 90 年代以来的美国历届政府都把文化问题纳入《美国国家安全战略》内，在全球范围内从推行美国的价值观和文化贸易自由化两个层面实施美国的全球文化战略。

## 三、现代国际社会重要的意识形态霸权和重要的较量形态

跨国文化产业集团和国际文化组织的影响日益增大，已经成为影响国际文化关系和国际文化秩序重建、世界文化产业格局变动和世界文化市场走向的重要力量。媒体产业是文化产业的核心表现形态。由于广播电视具有天然的整合不同消费群体的文化功能，因此，把它当作一个国家对另外一个国家在文化上进行整合，也就成为资本在全球扩张过程中，在利用飞机、大炮进行军事占领的同时，利用文化进行扩张并维护扩张者的利益的重要战略。在这里，任何一个层次上的整合都是在社会上占主导地位的阶层对其他阶层的整合。美国传播学教授格商指出：“电视已经成为世界人口中很多人的娱乐和信息源泉。在塑造当代主流文化方面，它已成为今天世界上最具有影响力的因素。电视触及人类体验的所有方面，其中包括音乐、服装、食品、运动、政治和宗教。”由于西方国家的电子媒体早已成为当代资本主义经济的有机组成部分，成为世界上娱乐和文化产品的主要输出地，因此，当那些媒体在为跨国公司的产品进行广告宣传的时候，它实际上也就把资本主义的意识形态和文化传播到产品到达的每一个地方。对于这种意识形态

---

[①] 联合国教科文组织. 文化商品国际贸易研究 1980—1998.2000.

霸权，国际传播学家巴格笛坎早在1991年就指出，“跨国公司对世界上不同的种族在思想、文化和商业上行使着在历史上前所未有的权力。无论凯撒、希特勒、富兰克林、罗斯福或任何教皇都没有像媒体跨国公司那样能左右传送给民众的信息。”①

文化已经成为国际政治、经济和军事斗争重要的外交领域，关于文化市场准入和国际文化贸易规则与自由化问题，深刻影响着世界文化产业利益格局的变动和国际文化新秩序的建立；争夺世界文化战略资源的斗争已经并还将表现得空前激烈，标准、规则、人才将成为最主要的战略资源；经济全球化与世界文化多样性要求之间的矛盾和冲突进一步加剧，弱势文化的极端边缘化和极端贫困化将导致世界文化发展的不安全因素进一步增大，世界文化市场将出现被少数文化产业强国垄断的情况。2000年，美国控制了全球75%的电视节目生产和制作；美国影片只占全球电影产量的6.7%，却占据了全球总放映时间的一半以上。

硬实力和软实力相互作用并相互加强。相比较于中国文化崛起的硬实力的提升和受重视程度，软力量的滞后可能成为中国文化振兴过程中被忽视的重要内容。而正是后面这个内容才是最容易构成国家文化安全的因素。因此，在中国文化振兴的大战略中，应当形成硬实力和软实力平衡协调发展的总体框架。青年一代的价值观具有世界性，在未来中国的整体发展进程中，中国与外部世界的文化摩擦有可能集中表现在这一代人身上，也是推动中国内部变革的重要力量。因此，应当把青年一代的精神状态变化看作是中国社会整体变化的组成部分，是我国软力量建设具有战略意义的重要组成部分。我们的决策层和舆论必须特别高度重视精神产品的质量和文化氛围的培养对于青年一代价值观形成的全部重要性，把这一部分的软力量的建设放到国家整体战略的高度加以重点发展，并形成和制定具有中国文化思维特点的“创意规划”。

“一个国家的国家潜力取决于该国现有的政治、经济和军事能力的总量、相关性、效果、不可抵抗性和持久性，取决于可用于加强和扩大这些能力的人力、自然资源的数量和质量”，②更取决于该国的文化能力。美国和西方控制了当今世界几乎所有的软力量资源，如自由、平等、民主、人权等。不仅如此，它们还以此为手段不断攻击中国的人权状况，用已经拥有的软力量资源打击中国软力量的建立，即对中国国际形象进行“妖魔化”，并通过这种“妖魔化”打压中国的生存与发展空间，进而消解中国国家潜力的增长，实现其永久称霸世界的目的。中国当然也要发展这些方面的软力量，并且在发展中丰富中国对这些内容的理解，建立起中国在现代国际较量中足够的软力量平台。但在

① 转引自杨伯溆. 全球化：起源、发展和影响[M]. 北京：人民出版社，2003：382，390.

② [美]傅立民. 论实力——治国方略与外交艺术[M]. 刘晓江译. 北京：清华大学出版社，2004：15.

很长的一段时间里，这些都不能成为中国的主导因素。在今天和今后相当长的一段时间内，中国都应当把国家制度建设、民族文化精神重铸、新的社会伦理培养和国家信仰体系作为中国文化力量养成的主导因素和主导政策，并以此建立中国的软力量。没有软力量，中国就不能成为大国。中国的和平崛起不仅是个概念问题，更重要的是个实践问题。以美国为首的大国围堵中国的声音不断，一旦条件出现就会对中国进行围堵。文化力量是中国冲破其他大国围堵的最强大、最有效的力量。文化力量是一国激发他国仿效、钦佩其成就和使用其语言的吸引力，是为国家的政治、经济、军事力量增添分量的力量。[①]思想文化的扩张是任何力量都阻挡不住的，只要中国文化经济、文化产业是世界文化经济体系的一部分，就没有国家能够围堵中国文化和阻挡中国文化力量的增长。

在当代社会，人类文明和文化的发展与传播已经到了不能脱离文化产业这样具体的文化存在方式而抽象地谈论文化的繁荣与发展的历史新阶段。在今天，一切优秀的人类文明成果，都只有获得它的当代形态，通过并借助于文化产业这样的媒介系统才能实现它的价值存在和有效传播。在不到一年的时间里，文化产业所创造的巨大的文化生产力，比过去一切社会所创造的全部文化生产力还要多、还要大。文化产业已经成为当代人类社会发展的重要组成部分和存在方式，它正以其独有的生命形态和创造力深刻地影响和改变人类社会的文化面貌、生态结构和生存方式。在某种意义上，今天的人类社会已经不能脱离文化产业这一社会系统而存在。正如人类历史上任何一种崭新的文化媒介和文化形态的出现，都必然要构成对于一种文化的创造性破坏一样，文化产业的迅速发展和优化升级，不可避免地将对现成的文化结构、存在方式和生态系统带来“破坏”。这种“破坏”是人类社会进步必然要付出的一种新陈代谢的代价，因为如果破坏原有的文化状态人类文明便不能进步的话，那么破坏就成为一种历史发展的必然要求，从而也就使破坏具有了革命的意义，成为一种文化创新和一种人类实现对于自身不断超越的肯定。在迄今为止的人类历史上，还没有哪一种文化的意义载体系统像文化产业那样迅速地推动着人类文明的历史进程，像文化产业那样迅速地改变着人类社会的存在方式，像文化产业那样把各民族创造的不同文化成果迅速地传播给全世界，在极大地推动不同文明成果快速交流的过程中，推动着人类文明整体的全面进步。尤其是对于信息技术的广泛采用，文化产业及其数字化已经使得人类在把握世界上拥有了一种全新的形式和力量。它不仅使得时间和空间作为阻隔文化传播的自然力量失去意义，而且使零时空跨越成为现代文化传播重要的战略资源性力量。因此，这就决定了发展文化产业并不是一般地满足经济文化发展的需要，而是对一种新的战略资源的掌握，是对一种战略市场的争夺，是

① [美]傅立民. 论实力——治国方略与外交艺术[M]. 刘晓江译. 北京：清华大学出版社，2004：13.

一种对于新的文化存在的主导权的争夺。由于这种争夺的结果将直接决定一种文化在经济全球化背景下的前途与命运，因而也就成为当前条件下维护国家文化安全的核心内容。因为对当下民族与国家文化安全构成威胁的主要方面，正是通过和借助于文化产业这样具体的现代文化传媒形态和系统来实现的，因此，文化产业是把双刃剑。在今天，文化产业已经成为一个国家特殊的文化主权形态，当不发展文化产业便不能有效地维护国家文化主权的时候，发展文化产业就成为一个国家维护国家文化主权和文化安全的必不可少的战略需求和战略选择。因此，发展文化产业不仅不会必然地构成对国家文化安全的威胁，相反，只有大力发展文化产业，国家文化安全才能得到有效的保障系统。

由于文化本身已经成为国家利益均衡的一个重要参数和力量，对文化产业、文化市场的开发、控制、垄断和利用，文化的渗透和反渗透、入侵与反入侵，已经成为全球化背景下国家间利益争夺的重要内容。实施我国文化产业对外开放的全方位政策，并不等于我们可以不设防。对本国根本文化利益，尤其是那些涉及国家文化安全和民族文化传统的内容实施必要的保护，同样也是WTO的原则精神。因此，中国必须充分、合理地运用WTO有关文化的例外条款，制定适合中国特点的文化安全政策，建立科学的国家文化安全预警系统，并且把它作为中国国家安全的一项重要内容纳入法制化轨道，通过建立完整、科学、高效的国家文化安全体制，完善文化商品进出口市场及其市场监督机制，建立文化产业投资安全风险评估和风险管理体系；通过分析国际文化商品的流动趋势及其以各种渠道影响和进入我国文化市场所可能导致对中国文化产业、文化市场发展构成的威胁等，把中国文化产业牢牢控制在安全警戒的红线之下。

## 本章小结

全球化影响和改变着人类历史的发展进程。世界体系正在这一过程中经历着前所未有的巨大变革。一切既定的观念、制度和原则都在这一进程中遭遇到了最严重的挑战。

全球化是一种改变世界的力量。它不仅一般地改变了世界的经济结构，而且在某种程度上更为深刻地改变了世界的政治结构和文化结构。这种改变所显现出来的张力对整个人类社会现存一切秩序的合法性提出全面挑战，整个人类社会的生存方式与发展模式都将面临一个根本性的转型，因此，它在给整个世界带来人类文明进步所必需的变革动力的同时，也给整个人类社会文明进步所需要的文明遗产（包括政治文明、精神文明和物质文明）构成前所未有的威胁。正是这一问题使全球化本身构成了当今全球发展的一个安全问题，从而使之具有安全性质。

软实力理论是影响当今国际社会关于国家战略选择与制定最重要的战略理论之一。这一理论的核心价值是在传统的以军事力量为依据衡量一个国家战略竞争力的基础上，提出了把包括文化在内的一个国家在政治、制度和文化上的影响力与吸引力也作为衡量和评估国家战略竞争力的新理论，揭示了文化在国家战略竞争力中的重要价值，因而成为一个国家综合国力的重要指标。无论是大国还是小国都把培育、建立和提升本国文化的软实力作为国家文化战略的重要战略选择。

世界贸易组织（WTO）本质上是一种全球性经济安全体系，是按照西方发达国家关于世界秩序和经贸制度的理念建立起来的，因此，它还是一种文化和一种意义世界和价值取向，具有鲜明的软实力特征。中国加入世界贸易组织，其所形成的一系列行为方式和交往理念必然要对我国的文化产业生存状态和文化管理结构及整个国家文化秩序和文化安全观念带来很大的冲击和深刻的变革，现存的一切关于文化管理、文化产业和国家文化安全的政策与制度都将在这个平台上在激烈的对撞过程中实现重组，而所有这些方面的终极形态都将在国家文化安全政策与规制建构的运动过程中全面而生动地表现出来。

文化产业是世界文化战略竞争的重要载体和力量形态。它不仅一般地改变了世界竞争的方式和形态，而且极大地改变了全球文化安全的格局与力量对比。知识经济在全球的兴起和物质经济向非物质经济的全球性战略转变，以及人类社会正在遭遇到的资源和环境发展危机，都使得大力发展文化产业并把文化产业发展作为今后长期的国家发展战略，成为国际社会广泛的战略选择、国际战略竞争新形态和国家文化安全的新主题。

发展文化产业是对一种新的战略资源的掌握，是对一种战略市场的争夺，是一种对于新的文化存在的主导权的争夺。由于这种争夺的结果将直接决定一种文化在经济全球化背景下的前途与命运，因而，也就成为全球化条件下维护国家文化安全的核心内容。对当下民族与国家文化安全构成威胁的主要方面，正是通过和借助于文化产业这样具体的现代文化传媒形态和系统来实现的。文化产业已经成为一个国家特殊的文化主权形态，当不发展文化产业便不能有效地维护国家文化主权的时候，发展文化产业就成为一个国家维护国家文化主权和文化安全的必不可少的战略需求和战略选择。

## 思考题

1. 全球化与文化产业发展是怎样一种关系？
2. 怎样认识和理解全球化进程与全球化理论？
3. 全球化之于国家文化安全的意义是什么？

4. 中国加入世界贸易组织在什么样的意义上构成了与国家文化安全的矛盾与冲突？
5. 为什么说不发展文化产业就不能真正维护国家文化安全？

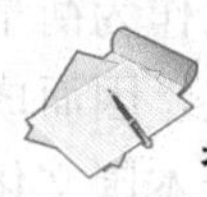

## 参考书目

1. 杨雪冬. 全球化：西方理论前沿[M]. 北京：社会科学文献出版社，2002.
2. 胡惠林. 中国国家文化安全论[M]. 第2版. 上海：上海人民出版社，2012.
3. [美]大卫·赫斯蒙德夫. 文化产业[M]. 张菲娜译. 北京：中国人民大学出版社，2007.
4. 郑涵. 文化创意产业读本[M]. 上海：上海交通大学出版社，2013.

# 下　　编

# 第八章

# 文化产业结构

## 学习目标

通过本章学习，学生应了解和掌握以下内容:

1. 文化产业结构的内涵与研究的意义;
2. 文化产业结构与产业价值链的关系;
3. 文化产业结构与其他产业结构之间的关系;
4. 文化产业结构变动与产业增长的关系;
5. 优化文化产业结构的内容及其与制度创新的关系。

## 导言

文化产业结构是现代文化产业运动最基本的运动形态，也是最重要的理论与政策内容。文化产业结构的构成与运动，不仅一般地反映了一个国家或地区文化产业发展的现代化程度，而且还深刻地反映了一个国家国民经济和社会发展的现代化程度，而文化产业结构的完善性程度又取决于文化市场的完善和发育的成熟性程度，因此，作为文化市场成熟性程度的重要标准之一的文化产业组织发育的成熟性程度，就与文化产业结构的运动和变化之间存在着内在的逻辑联系。分析和研究文化产业运动这一对最基本的运动形态及其相互之间的关系，对于我们掌握现代文化产业运动和发展的一般关系与基本规律具有特别重要的意义，同时也是现代文化产业理论与政策研究的重要课题。

# 第一节 文化产业结构与产业价值链

文化产业结构首先是文化结构，是一种文化存在结构，然后才是经济结构，是文化生产、文化消费与文化需求结构的社会文化形态的经济方式体现。同时，它又是一定社会制度的文化反映。是社会生产关系的文化反映；它既和一定的社会生产力水平相适应，同时也是一定社会的文化生产力达到的高度的一种秩序性和关系性体现，因而是一种社会文化关系结构，是文化经济关系的社会存在形态，反映了一个国家文化经济的发展方向和发展总水平，制约着国家文化发展创造性能力的大小。因此，文化产业结构是指社会发展到一定阶段所形成的、反映着一定社会文化生产关系的文化再生产过程中文化产业间的相互联系和比例关系。

## 一、文化结构与文化产业结构

文化是由物质文化、精神文化和制度文化构成的一个系统。这三个方面是文化结构最主要的方面，是一个稳定性结构系统。现代文化产业的运动就是在这个结构系统的作用下形成和发展起来的，并且仍将在这个结构系统的作用下进行自己全部的生命运动形态。因此，要对文化结构与文化产业结构的关系有一个比较准确的了解，就应当从文化结构的具体方面，也就是说，从物质文化结构、精神文化结构和制度文化结构与文化产业结构之间的三组不同关系的角度，分析文化结构与文化产业结构之间的关系，进而在这个基础上得出结论。

物质文化结构决定文化产业结构作为一种经济形态存在的业态发展水平。物质生产力的发展水平决定文化产业发展的现代化程度。落后的生产力不可能提供先进的文化产业生产手段和传播手段。物质生产的技术手段的变化，推动了文化产业结构的升级换代和转型。物质生产手段的任何进步和变化，都会给文化产业结构变动带来更大的进步和变化，在这里，科学技术作为第一生产力具有决定性的作用。印刷术的发明使得现代出版业的出现成为可能，而数字技术运用于文化产品的生产和传播只能首先出现于已经作为一种生产力被广泛推广的国家。

人类的物质生产劳动，在改变自然对象的同时也创造了一个新的自然。人的对象化，不仅为人类社会提供了一个肯定自己属人的人化系统，而且正是这个系统造就了现在的文化生态存在与文化遗产资源结构，并且成为人们从事文化经济活动的对象，成为文化旅游产业的重要组成部分。精神文化结构决定文化产业结构作为一种意识形态存在的时代内容。它与文化产业结构的关系主要表现在以下三个方面。

（1）观念结构制约文化产业的发展。观念问题涉及对文化产业的整体认识和价值判断。中国在很长的一个时期之所以没有形成完善和发达的现代文化产业，一个重要的原因就是片面地理解和认识文化的社会功能和社会价值，没有认识到文化在提供和积累精神财富的同时也可以提供和积累物质财富。只看到了文化的意识形态属性，而忽视了文化产品的商品属性；只看到了文化的事业性，而忽视了文化的产业性。这就使得中国文化产业的发展长期滞后于国民经济和社会发展的整体进程。因此，当代中国文化产业发展要获得一个应有的预期，很大程度上取决于我们对于文化产业认识的观念进步和思想解放的程度。

（2）意识形态结构影响文化产业结构。对文化价值与社会功能的判断包含着对文化产业运动的深刻理解。国家意识形态不仅决定了国家治理的价值取向，而且决定了国家的社会制度选择。在这里，文化产业制度和文化产业政策作为国家意识形态结构的重要存在方式和体现，直接影响和决定文化产业在一个国家的开放性程度，包括对内和对外两个方面。

（3）文化消费结构变化推动文化产业结构变化。文化消费趋向作为意识形态的一种精神满足实现程度和方向性表现，以市场的方式刺激文化产品的盈利模式进而导致文化产业结构向盈利化运动，最终推进了文化产业结构变革。

制度文化结构规定了文化产业结构作为政治文化权利分配和权力体现的特殊安排。它与文化产业结构的关系主要表现为：文化产业组织形态与制度、行业分类标准、市场准入与政府管制涉及文化产业所有制结构、中国加入世界贸易组织对中国文化产业结构调整的制度性影响。

作为文化结构的文化产业结构，以产业形态的存在方式与运动反映着文化运动与文化结构的现代存在方式。文化是人类社会的一种存在方式，一定的文化结构反映了一定时期人类社会的存在方式。文化结构规定了文化产业结构作为这样一种生存方式的文化存在，也就是说，文化产业成为文化和文化结构的一种具体的存在样式，并且以这种样式展示着人类社会生存方式的运动。因此，文化产业发展的先进性程度和文化产业结构个性化程度，实质上反映了不同社会人类生存方式的一种具体状态。

文化产业结构是有生命的，包括有生命长度和生命周期。结构的生命性在于它的有机性和再生性。结构是一个生命系统，结构的组成部分之间是互相关联和互相补充的。一个完整的结构缺少了任何一个组成部分，这个作为生命存在形态就是另外一种生命的存在了。再生性是它的有机性的具体方式，即一种有机体在完成它的整个生命过程中具

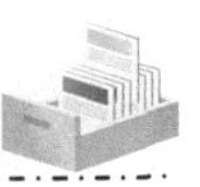

有可复制性，包括自我复制和他者复制两个方面。自我复制是生命的一种自然生命体的延伸，其中机械复制属于最典型的自我复制。他者复制属于生命存在样式的转换性复制，例如，把小说情节转换成电影情节，结构生命的有机性并没有因为这种转换而改变，电影中有一个种类叫作类型片也属于这一类。在文化产业的具体运营模式中，节目雷同、产业布局同质等都属于这一情况。尤其是对文化产业经营来说，经典的结构是有生命力的，迪士尼就是一个典型案例。

文化产业最先就是法兰克福学派用来指代一种新的文化现象而被提出来的。如果我们撇开它的批判性和否定性意义不谈，那么这一概念揭示出的一种新的文化现象的现代性存在则是一种贡献。工业文明的出现，标志着人类社会进步已经发展到一个质的转变时期。传统的文化形态和存在方式已经不能适应发展了的人们社会生活的需要，因此，需要有一种新的文化生命诞生来满足这种历史进步的要求。文化产业就是这样一种新的生命诞生。它被工业文明创造出来，就是自我生命形态的一次升华的结果。如果我们把工业革命本身看作是人类文化创造的一次生命大爆炸的话，那么我们就不会把文化工业的产生和出现看作是某种异化的产物和一种外加于文化的某种破坏性力量。恰恰相反，文化发展到了工业革命时代，犹如物种进化分裂出了新的生命形态，这种新的生命形态拥有和传统不同的基因组织，使它具有了一种特征——可复制。正是这种可复制，使得文化的跨时空传播和全球交流成为可能。这就是随着工业文明的发展而不断发展起来的现代文化产业，这种发展为文化形态的不断升级提供了无比的丰富性和生长空间，并且由此而产生了不断延伸的文化产业链。

## 二、产业结构与文化产业结构

文化产业结构不仅是文化结构的表现形态，而且也是产业的表现形态。只有把文化产业结构放到整个产业结构系统中去，才能对文化产业结构有更加完整的把握。

### （一）产业分类与文化产业

产业分类是建立产业结构概念和进行产业结构研究的基础，是产业经济理论研究的重要前提，也是产业政策制定和国民经济宏观管理的重要依据。没有对产业的科学划分与分类，不仅无法建立起科学的产业发展规划，而且也无法进行科学的国民经济统计和建立起科学的统计指标体系。多年来，我国之所以一直缺乏对文化产业发展的全面系统的统计数字，一个重要的原因就是没有建立起一个与国民经济其他产业门类相对应和相一致的统计指标体系。因此，要对研究对象有一个科学的认识，首先就必须对对象所属系统及所在范畴有准确的认识。

三次产业分类法，是国际经济学界进行产业结构研究最重要的分类方法之一。所谓三次产业分类法，就是把全部经济活动按照人类经济活动客观序列与内在联系划分为第一产业、第二产业和第三产业。这是一个涵盖全部经济活动的产业结构系统。其具体内容是：第一产业为农业，通常包括种植业、林业、畜牧业和渔业；第二产业为工业和建筑业，主要包括制造业、采掘业、煤气、自来水和电力等；第三产业为除了上述一、二产业之外的其他各业，包括金融、运输、商业和保险。我国于1985年开始建立第三产业的统计制度。根据1985年国务院办公厅转发的《国家统计局关于建立第三产业统计的报告》，文化、艺术被纳入第三产业统计指标体系之中。由于第三产业包括的行业多、范围广，根据我国实际情况，第三产业又可分为两大部分——流通领域和服务领域，具体又可以分为如下四个层次。

第一层次：流通部门，包括交通运输业、邮电通信业、商业饮食业、物资供销和仓储业、现代物流业。

第二层次：生产和生活服务的部门，包括金融业、保险业、地质普查业、房地产业、公用事业、居民服务业、旅游业、咨询服务业和各类技术服务业等。

第三层次：提高科学文化水平和居民素质服务的部门，包括教育、文化、广播电视事业、艺术、科学研究事业、卫生、体育和社会福利事业等。

第四层次：社会公共需要服务的部门，包括国家机关、政党机关、社会团体及军队和警察等。

根据这一划分，文化产业属于第三产业，处于整个产业结构的高端。从整个产业运动的历史发展过程来看，文化产业是工业文明的产物。现代机器制造业是文化产业诞生的文明基础，现代信息技术的出现又成为网络文化产业的基础。因此，从整个产业结构的演变过程可以看到，文化产业随着产业分类的不断演化而呈现出同步进步的发展规律。产业分类不仅是人类经济活动自然分工的一个结果，而且直接导致了文化产业的诞生。没有产业的自然分工和人类社会进步的需要，也就没有文化产业。产业分类既是建立产业结构概念和进行产业结构研究的基础，同时也是建立文化产业结构概念和进行文化产业结构研究的基础。

文化产业的类型划分应该是多角度、综合性的，而不是单向度、简单的。从不同的标准出发，自然会有不同的划分方式。但问题是在目前的文化产业划分中，主要存在标准不一与逻辑混乱两个致命的问题。但是，由于影响文化产业发展的诸多主导要素是升降起伏和变动不安的，因而也很难从统一的标准出发而形成划一的分类方式。从现实的角度看，只有从科学发展观出发，做出适应不同需求的划分，才是具有切实意义的。这

里分别从文化产业的实体结构、形式结构、地域结构、发展结构、生产要素的技术组合及区域类型等不同的角度对文化产业进行适当分类。

（1）根据文化产业的实体结构来分类，可以分为市场型文化产业与公益型文化产业。市场型文化产业是指可以通过市场经济的方式，主要以营利为目的的文化产业，但也有一定的社会效益，如出版传媒、体育竞技和网络电视等。公益性文化产业是指通过政府或赞助商推动、投资或捐助等方式，主要以社会效益为目的，兼有宣传、广告等附带作用的文化产业，如社区文化产业、大型社会捐助活动和个人捐资兴义学等。

（2）依据文化产业的形式结构来分类，可以分为部门文化产业与空间文化产业。部门文化产业是指以行业分类为特征的产业分类，如教育、科技、旅游和出版等。在各部门产业之下还可进一步再分，例如，教育产业可以分为第一产业教育、第二产业教育、第三产业教育等。空间文化产业是指以空间地域划分为特征的产业分类，可以有多种划分类型，比如巴黎、好莱坞、韩国、城市和社区文化产业等。

（3）依据文化产业的地域结构来分类，可以分为局域型文化产业与全域型文化产业。局域型文化产业强调以有限视觉对特定空间为主要特征的部门性文化产业分类。全域型文化产业强调以系统论的观点对文化产业发展进行总体分类的一种方法。局域型与全域型文化产业是相对而言的，主要是强调两者在局部与全局、有限性与系统性方面的差异。局域型与全域型文化产业之间的关系是相对的。在某些情况下，一个局域型文化产业也可以看作是全域型的，一个全域型的文化产业也可以看作是局域型的。

（4）依据文化产业的发展结构来分类，可以分为基础型文化产业与特色型文化产业。基础型文化产业是指相对于整个文化产业而言带有普遍意义的文化产业，基础型文化产业的发展对其他文化产业的发展具有一定的基础作用，如高科技产业、教育产业、旅游产业和民族文化产业等。特色文化产业是指具有地域特色、发展前景、丰厚资源和比较优势与很强的区域竞争力的文化产业。

（5）依据文化产业的生产要素的技术组合来分类，可以分为技术文化产业与创意文化产业。技术文化产业主要是指对制作硬件设施和技术条件要求很高、制作成本的投资很大、回报也相应丰厚的文化产业，如世界级的电影与影视制作、网络传输、出版传媒、大型体育运动会、航天航空表演等。创意文化产业主要是指以知识、智力、经验、智慧等为核心，以金点子、发布会、研讨会、会展、论坛等形式，通过策划、包装、设计、宣传、推销等产业行为，以期获得生存与发展的文化产业。技术文化产业主要以硬技术为支撑，而创意文化产业是以软技术为核心的文化产业类型。

（6）依据文化产业的区域类型来分类，以国家为划分单位，可以分为跨国文化产业、国别文化产业；以行政区划为单位，可以划分为省域文化产业、市域文化产业；以形态来划分，可以划分为跨区域的文化产业和区域文化产业；根据功能来划分，则可以分为社区文化产业、开发区文化产业、风景区文化产业、旅游区文化产业、休闲度假区文化产业等为地域功能单元的文化产业。[①]

不同的分类标准得出的文化产业分类是不一样的。按照市场准入制度的高低和审查制度的宽严，文化产业还可以分为意识形态产业、娱乐产业和艺术产业。这种分类是从内容出发的，是从内容所构成的国家文化安全程度出发的。世界各国普遍对广播电视、新闻出版及电影等文化产业制定了市场准入制度和文化审查制度，虽然各自执行的标准不一样，但是根据本国的意识形态和文化传统建立这样的制度体系却是一致的。如果把意识形态产业、娱乐产业和艺术产业看作是文化产业的一个系统构造，那么在这个结构中意识形态产业处于文化产业的高端，依次是娱乐产业和艺术产业。一般来说，对艺术产业设置的市场准入门槛是最低的，审查制度也是较宽的，而意识形态产业的准入门槛则是比较高的，审查制度也是比较严的。我国关于非公有资本和外资进入文化产业的制度性和政策性规定，就是按照这样的标准设定的。

### （二）文化产业形态与文化产业结构

工业文明的发展不断地为文化产业的发展提供新的技术手段和发明空间，同时，现代工业文明的不断发展又推动了现代城市和城市阶层的大量出现，由此而形成的社会分层造成了不同的阶级和文化拥有的差异，进而又造成了不同文化产业形态的出现。这种形态的出现及它们与其他行业的关系、对于这种关系的理解和管理也就自然地成为政府管理的重要内容。不同的理解导致了不同的政策，形成了不同的产业制度，不同的产业制度深刻地反映了一个社会和国家的文化生产关系。

文化产业形态是文化产业在文化市场中存在的生命样式。它们是以各自的生命个性为其主要特征的。电影和电视虽然都是主要诉诸于消费者视听的，但是无论是其产品的生产方式还是传播方式，都有着根本性的区别。电视借助于有线或无线传输系统，不受时间和空间限制，而电影则必须在一定的时间（场次）和空间（电影院）范围内完成自己的传播使命。电影消费必须经过购票行为过程，消费者才能实现其消费欲望。虽然也有付费电视，需要以付款方式购买电视节目，实现消费满足，但是前者是群体性消费，消费具有共享性，而后者是个体性消费，消费具有单享性。具体的生命存在和价值实现方式，决定了电影和电视具有完全不同的市场存在特征。正是由于这种差别的不可替代

---

① 陈占彪. 区域文化产业发展的要素分析与空间布局[J]. 叶取源等. 中国文化产业评论（第四卷）. 上海：上海人民出版社，2006.

性，因此，虽然电视的诞生在一定的时候给电影产业带来了冲击，但是，作为一种具有完全独立的生命存在价值的产业形态和人们的文化消费对象，在电视已经实现了巨大的普及的时候，电影依然是一种具有旺盛的生命力的文化产业形态，具有为电视所无法取代的价值。同样电视也有其传播方式上的优越性，而为电影所无法替代。这不仅形成了巨大的互补优势，而且共同推动了文化产业结构的优化升级和不断地向高端方向发展。

关于文化产业形态的划分，人们还没有一个统一的标准。从现阶段人们关于文化产业形态的划分的概念来看，有的是反映对象的功能的，如娱乐业；有的是反映对象的传播方式的，如广播电影电视业；有的是反映对象的存在样式的，如演出业，有的是反映对象的物的存在名称的，如唱片业、图书业；还有的是反映权利关系交易的，如版权业。这种划分实际上反映了现代文化产业结构构成在美学上的等级性。

文化产业结构之间存在的等级关系，一方面反映了不同的文化产业之间文化权利资源和能力的分配，另一方面也反映了国家在建立这样的等级关系的过程中，对于不同文化产业之于国家文化安全不同重要性的认识和判断。在中国，广播电视新闻出版等产业之所以被称为核心产业，其他社会资本和外资均不能获得市场准入，一个重要的原因就是这些领域相比较于娱乐产业更直接地与国家文化安全相联系。开放与准入的标准是视安全与利益的相关性程度而定的。长期的权力安排和安全考虑，成为产业等级划分的一个重要依据，并且造成了轻文化艺术而重传媒产业的局面。尤其是传媒产业在现代市场经济条件下具有巨大的获利能力，这就更导致了文化产业等级在我国的严重倾斜，由此而形成的巨大的利益结构，成为利益最丰厚的领域，同时也成为准入与反准入竞争最为激烈的领域。一个重要的原因就是它处在整个文化产业的高端部位，而其他的文化产业形态则处在这一高端之下。这既可以从 2000 年来我国文化体制改革进程中出台的一系列文件所颁布的政策中看出，也可以从各种社会资本及外资迫切希望能够进入这一领域的竞争激烈的程度看出，传统文化艺术在中国的式微，传媒产业压倒文化艺术的成长空间，就是这种等级制的产物。国家着眼于文化安全，而利益集团主体则极力使之成为垄断的借口，加强了这种等级化机制的存在。

从历史发展的角度来看文化产业结构的这种等级性，是不同文化产业形态及作为战略资源的重要性，在不同的历史发展阶段对于国家和社会的重要性在人们头脑中的一种反映结果，尤其与人们关于思想和文化的传播理解密切相关。书作为最早的出版物，有史以来就一直是国家政权机关查禁的主要对象之一，当然也是国家政权机关最早控制的产业之一。随着现代传播产业的出现和发展，广播电视不仅延伸了图书的传播空间，而且在传播时间上有着图书所无法比拟的便捷性，尤其是当广播作为一种舆论工具在战争中的作用被发现以后，广播及其产业也就自然地成为一种战略资源而被国家和各种利益集团争夺，直接关系到国家安全。如果我们把文化产业结构比作一个金字塔的话，传统意义上的文化艺术恰好就是整个金字塔的底座，而现代传媒产业恰好处于它的高端。

2004年3月，我国国家统计局发布了《关于印发〈文化及相关产业分类〉的通知》。这是我国第一次制定关于文化及其相关产业的分类。这一分类规定的文化及相关产业是指“为社会公众提供文化、娱乐产品和服务的活动，以及与这些活动有关联的活动的集合”。这些活动主要包括：①文化产品制作和销售活动；②文化传播服务；③文化休闲娱乐服务；④文化用品生产和销售活动；⑤文化设备生产和销售活动；⑥相关文化产品制作和销售活动。分类“以《国民经济行业分类》为基础”，“根据文化活动的特点”，“兼顾部门管理和文化活动的自身特性”，是“将行业分类中相关的类别重新进行的组合”的结果。它集中体现和反映了现阶段我国对文化产业形态和文化产业结构及其相互关系的认识和理解，同时也反映了各个不同的文化产业之间的关系。这种关系是同各种不同的文化产业在我国整个国家生活中的重要性程度相联系的。

在这一分类中，我国将文化产业划分为文化产业核心层、文化产业外围层和相关文化产业层，并由此而界定了我国文化产业结构体系。文化产业核心层包括新闻服务，出版发行和版权服务，广播、电视、电影服务和文化艺术服务。文化产业外围层包括网络文化服务、文化休闲服务及其他文化服务。相关文化产业层包括文化用品、设备及相关文化产品的生产，文化用品、设备及相关文化产品的销售。在这个体系的设计中，国家统计局在《文化及相关产业分类编制说明》中明确指出，现在的这个分类“反映党中央关于文化建设和文化体制改革的要求”，因此，对于文化产业结构的认识和划分，体现了一定时期政策主体对于文化产业及其在整个国家生活中的重要性的关切和国家文化管理的意志。

2012年，国家统计局根据中国文化产业发展实际对2004年的分类进行了修订，不再使用“核心”、“外围”和“相关”这样一种等级划分法，而是根据文化产品生产的主体功能划分为“文化产品的生产”和“文化相关产品的生产”两部分。然后再根据不同行业进行划分，如将“文化产品的生产”分为“新闻出版发行服务”、“广播电视电影服务”、“文化艺术服务”、“文化信息传输服务”、“文化创意和设计服务”、“文化休闲娱乐服务”和“工艺美术品的生产”，既充分继承了2004年版本的长处，同时又吸收在实践中积累起来的新型业态的发展，增加了“文化创意和设计服务”类，从而消除了多年来在“创意产业”还是“文化产业”问题上的概念之争，而把“文化创意与设计服务”列为“文化产品的生产”的一个门类，更符合文化产业的本质属性与特征。文化创意产业属于文化产业的一个部分在产业价值链中的位置也就获得了统计学的规定。

## 第二节　文化产业结构的变动与增长效应

文化产业结构变动是文化产业间相互联系和比例变化的力学系统。文化产业结构的变动不仅会改变文化产业自身的比例与结构状态，而且由于产业的相关性还会导致其他产业的变动，进而带动进一步的产业分工和产业结构优化。它既包括产业内部细划的专业部门之间的相互关系，也包括社会再生产过程中大类产业之间的相互关系。因此，文化产业结构是一个立体的结构系统，它的任何变动都会引起这个立体系统的变动，文化产业的增长效应就是在这个运动过程中呈现出它的生命运动的。

### 一、文化产业结构的变动

文化产业结构的变动是文化产业运动的一种基本形态和规律，是一种力的多元共振的结果。因此，影响文化产业结构变动的因素是多方面的。

#### （一）经济增长和经济结构的变动

经济增长和经济结构的变动是影响文化产业结构变动最重要的因素之一。文化产业及其结构的形成是建立在一定的经济基础之上的，不仅一定的经济的发展和增长可以为文化产业的形成和发展提供资本基础和技术装备，为文化产业的发展和结构的变动提供直接的经济动力，而且文化产业的发展及其结构的变动也会给经济产业结构的调整和经济增长方式的转变提供空间形态。2002 年，中国政府在提出要推动和实现经济结构的战略性调整时，就同时提出要“大力发展旅游业和文化产业”，把发展文化产业作为克服经济结构的结构性矛盾的一个重要方面。只有在经济增长达到一定程度，不调整经济结构便不能实现经济的可持续增长，而经济增长所积累的能力也已经足以提供文化产业发展所需要的资源，尤其是市场和资本的时候，文化产业承担的这种经济改革成本转移的责任才是可能的。

#### （二）收入需求结构的变动

经济的发展和增长还将提高国民收入，改变人们的收入需求结构，可供支配收入的提高和人们用于物质消费需求比例的下降必然刺激文化需求的增长，导致需求结构的变化。文化需求的丰富性，要求文化产品的生产和提供与之相适应。需求增长的丰富性，以及这种丰富性的必然要求的不可逆转性，成为文化产业结构变动的巨大推动力量。在这里，经济增长和经济结构的变动是最后起决定作用的力量。无论是文化产业规模、文化消费水平，还是文化生产力的发展程度，都直接反映了经济增长及其对文化产业投入与需求的状况。在一国的文化力和拥有的文化资源总量不变的条件下，经济增长水平的高低在相当大的程度上直接决定了需求变化和部门间资源向文化产业部门流动的数量程度，而正是这种数量程度的变化率决定了文化产业结构的变动率。产业经济学的研究成果已经表明，“经济增长是生产结构转变的一个方面，生产结构的变化应能更有效地对技术加以利用”，[①]因此，“劳动和资本从生产效率较低的部门向生产效率较高的部门转移，能够加速经济增长。”文化产业是高文化与高经济相结合的部门，它作为一种新的产业形态，本身就是现代工业文明的产物，是一个需要较高劳动力素质和较高资本形态来创造较高生产率、较高经济效益的部门。

### （三）技术进步与技术革命

技术进步与技术革命是直接推动和影响文化产业结构变动的又一个重要因素。每一次技术进步和技术革命都会给文化产业的发展提供新的技术装备和传播手段，在提高文化产业生产力的同时提高文化产业的竞争能力。尤其是在每一次深刻的国际分工之后，一个国家的文化产业要获得比其他国家的文化产业发展更大的优势，赢得更大的市场份额，就必然要推进文化产业技术的现代化。由于每一次这样的推进都极大地改变了传统的文化产品的生产力、表现力、传播力和市场占有率，因此，新兴的技术创新会迅速转变成现实的生产力，并由此而推动整个文化产业结构的调整。新型的生产门类迅速的取得行业发展的优先权，如网络游戏产业和动漫产业所带来的文化产业数字化和信息化革命就是现代技术进步的直接产物。

### （四）国际文化贸易

国际文化贸易对文化产业结构的影响是与一个国家的对外开放程度联系在一起的。开放程度不同，文化产业结构的变动会呈现出不同的特点。由于国际文化贸易的运动和发展实际上反映了一种国际文化消费的供求关系运动，这种供求关系运动的结果必然的要在一个国家的文化产业结构上表现出来，因此，一个国家的文化贸易结构是一个国家的文化产业结构的国际文化市场表现，并且国际文化贸易品种及其结构的任何变动都会造成一个国家文化产业结构的相应变动。拥有庞大的国际文化市场的那个文化产品所属

[①] 钱纳里. 工业化和经济增长比较研究[M]. 上海：上海三联书店，1989：22.

的文化产业，同时也一定是那个国家文化产业结构中的支柱产业；反之亦然。通过发展国际文化贸易推动国内文化产业结构的调整，是当今国际社会，尤其是西方发达国家重要的文化产业政策。

### （五）文化产业政策的调整

文化产业政策是政府根据文化经济发展的要求和一定时期内文化产业的状况与变动趋势，以市场机制为基础，规划、引导和干预文化产业形成与发展的重要手段。目标是要引导社会资源在文化产业部门之间及产业内部的优化配置，建立高效的文化产业协调发展结构，促进国民经济的持续、快速、健康和协调发展。因此，一定的文化产业结构实际上就是一定的文化产业政策运动变化的结果。文化产业政策的任何变化都会导致文化产业结构的变动。

造成文化产业结构变动的因素还包括国家发展战略调整，经济制度变革，文化体制创新和国际政治经济文化关系变革等。

## 二、其他产业结构变动与文化产业结构变动的关系

文化产业是一种综合性与交叉性很强的现代产业形态。从我国关于文化产业形态的划分与分类来看，文化产业几乎涉及一、二、三产业的全部形态。因此，其他产业形态的任何变动都会给文化产业结构带来变动，区别只在于变动规模的大小与程度的深浅。

### （一）三次产业结构的变动与文化产业结构变动的关系

三次产业结构是一个涵盖全部经济活动的产业结构。它把全部经济活动按照人类生产活动发生和发展的历史顺序划分为第一产业、第二产业和第三产业。农业属于第一产业，在我国关于三次产业的划分中还包括林业、牧业和渔业。工业属于第二产业，主要是指各类制造业和建筑业。第三产业是指上述产业之外的其他行业。文化产业属于第三产业。

第一产业与文化产业结构构成上的最大的产业关系是为文化产业提供文化旅游产业构成的资源要素和市场空间，这种资源要素和市场空间的任何变化都会引起文化产业结构的较大变化。例如，农村聚落、水乡景观、山野梯田等旅游价值的被发现和相应旅游产品的开发，关联旅游工艺品产业的形成，以及在城市现代化的进程中传统文化生态环境的改变和资源的退化带来的地区文化旅游产业的萎缩，就是构成 20 世纪 80 年代后中国文化旅游产业结构变动的重要因素。

一方面，以现代制造业为核心的工业是现代文化产业结构现代化进程的重要装备来

源与核心要素。电影、电视、唱片、动漫等现代文化产业形态的出现，无一不是现代工业化的成果。然而另一方面，文化产业的发展又为现代工业走集约型发展道路提供了产业转型和经济增长方式转变的产业形态和市场空间。从文化产业发展的历程来看，以现代制造业为核心的第二产业的任何一次产业结构的变动，都会给文化产业结构带来更大的变动，并且由于这样的变动属于更深层次的创造性变动，拓宽了第二产业升级换代的价值空间，因此，它会反哺于第二产业，为第二产业结构的战略性调整和增长方式的革命性转移提供新的产业升级形态和方式。

这就说明，随着文化产业发展水平的提高，亦即社会文化生产力水平的提高，出现了第一产业向文化产业发展提供资源要素的转移。这种转移不仅改变了文化产业结构，而且也改变了农业产业增值方式的转变，进而促进了农业产业结构的转变。由于这种转变最终表现为人们分配收入结构的转变，因此，随着这种收入结构的转变，社会的劳动力必然朝着更加有利于增加收入的部门流动，这就促进了文化产业结构的快速变化和迅速增长。同理，当文化产业进一步发展成为一种独立形态的经济增长方式和分配方式时，整个经济结构便出现了二次产业向第三产业——文化产业的转移，社会劳动力向能够产生和带来高收入的高附加值产业转移。

### （二）服务业结构的变动与文化产业结构变动的关系

服务业属于第三产业。但是服务业又是一个产业结构更为丰富复杂的现代产业，包括金融、物流、信息化服务、管理与法律咨询、战略规划与营销策划等。金融涉及文化产业的投融资政策和投融资能力；物流涉及文化产品和服务流通的速度及产品价值实现的深度与广度；信息化服务则直接关系到文化企业和文化产品开发的领先性程度。在这里，生产性服务业的任何变化都会造成文化产业结构的更大变化。2005 年，中国在文化产业领域里放宽了非公资本进入文化产业的市场准入，不仅改变了我国比较单一的文化产业所有制结构，更为重要的是现代金融业的迅速发展和我国投融资政策的巨大调整使文化产业所有制结构的变动成为现实。现代服务业的增长，是以生产性服务业的增长为主要表征的。生产性服务业正日益成为文化产业增长必要的中间投入，它投入的数量、质量和方式越来越代表着文化产业增长的现代化程度。金融业、制造业中包含了文化产业所必须具备的产业技能，如设计、市场营销、品牌宣传等。因此，在建立关于文化产业与现代高新技术产业的关系性概念的同时，必须研究文化产业同传统经济部门的关系，以及传统经济部门及其产业形态与文化产业发展和产业结构变动的关系。在这里，还要注意中等教育和高等教育，尤其是与文化产业发展和结构变动密切相关的艺术设计和传媒等专业对文化产业结构运动的需求和变化。人才结构的战略性变化将在很大程度上影

响和决定一个地区和国家文化产业结构的运动与变化。因此，发展文化产业就不能没有与之相配套的文化产业专门人才培养的教育体系和制度。

## 三、文化产业结构的增长效应

经济增长是生产结构转变的一个重要方面，生产结构的变化能更有效地对技术加以利用，因此，劳动和资本从生产率较低的部门向生产率较高的部门转移能够加速经济增长。也就是说，经济结构（主要是产业结构）随经济增长和发展而变动，反过来又作用于一个国家或地区的经济增长。[①]这一关于经济增长的重要理论不仅揭示了产业结构的变动与经济增长的关系，而且也为文化产业结构的变动和调整提供了理论分析工具。

如何实现和完成文化资源由低效率生产部门向较高生产率的部门转移，是文化产业发展过程中的一个带普遍性规律的问题。由于市场在资源配置过程中并不能解决市场失效的问题，而市场失效所产生的结果不可能继续通过市场的作用解决，因此，发挥政府所拥有的配置社会资源的权威性的职能，通过制定产业政策和文化产业政策，推动产业和文化产业结构的变动与调整，鼓励和限制某一产业的发展，用非市场的手段补充市场和校正市场，实现文化经济的持续增长，就成为经济和文化经济增长的合乎逻辑需求的选择。我国在进入 21 世纪后，在面对改革开放和经济结构的调整过程中的结构性矛盾和体制性障碍的时候，提出要大力发展文化产业和完善文化产业政策，把发展文化产业作为实现经济结构的战略性调整的重要手段，以此来克服和解决我国在发展社会主义市场经济中的结构性矛盾。调整文化产业政策，发展文化产业，推动国民经济的可持续增长，所依据的就是产业发展过程中的这一基本规律。当不调整产业结构和文化产业结构就不能实现经济和文化经济的持续增长的时候，通过政府宏观调控手段，即通过新的产业政策和文化产业政策的制定，推动资源和文化资源的重新优化选择和配置，也就成为现代文化产业结构运动过程中的一种合理选择。

由于文化产业和所有产业相比的一个最大特点就在于它不只是一种经济形态，而且还是一种文化载体和文化形态，因此，文化产业结构的变动与调整，不仅推动了文化经济的增长，而且还带动了文化的增长与发展的转型。这是其他产业结构所没有的增长效应。也就是说，文化产业结构变动和调整在推动经济增长的同时也使得文化运动发展的曲线变化开始了由停止的状态转为向上运动发展的变化，这种变化是在满足人们文化消费多样性的需求的同时带动了人们的新的文化创造力的发展而表现出来的，最后表现为

---

[①] 霍利斯・B. 钱纳里等. 工业化和经济增长的比较研究[M]. 吴奇等，译. 上海：上海三联书店，1989：22.

新的文化形态的产生和新的文化积累的形成，最终形成新的文化资源，进而又进入了一个新的发展阶段。因此，“认识资源再分配的潜力（即产业结构变动的经济增长效应）对于发展中国家比发达国家似乎更为重要，因为发展中国家的市场的非均衡现象表现得更为突出，生产结构的变化速度也更快。”[①]不只是一般地具有经济增长理论的意义，也具有文化增长的实践意义。20 世纪 80 年代中国文化产业结构状况与文化状况和中国提出要大力发展文化产业并出台了新的文化产业政策后给中国文化经济的发展带来的变化，就是一个真实的案例。

## 四、文化产业价值链与授权产业

文化产业价值链是一个关于文化产业间存在的相互依存关系的概念。它所揭示的是在文化产业运动过程中不同的文化产业形态间相互作用的价值关系。在一般的产业经济学中，这种关系称为“产业关联”。文化产业与一般产业关联的一个最大区别，就是它有着一般产业所不具有的文化的、精神的、知识的和意识形态的属性。因此，它所体现出来的产业关联问题更主要的表现为一个以产业的形态所展开的价值运动关系，以及由这种关系所反映和体现的某种文化产品的生命的成长性程度。但是，产业关联理论仍然是我们的分析工具。

根据已有的产业关联理论，文化产业价值链主要表现为以下几种形式。

### （一）后向关联和前向关联

后向关联和前向关联是美国发展经济学家赫希曼在其《经济发展战略》一书中强调产业关联在不同经济发展战略选择中的重要作用时提出来的。

后向关联是指某一产业在其生产过程中需要从其他产业获得投入品所形成的依赖关系。例如，从物质技术价值关联来说，现代电影产业取决于现代机器制造业工业和化学感光工业，没有现代机器制造业和现代化学感光工业，现代电影产业的发展就缺乏它在电影产品生产过程中所必不可少的材料和技术装备的支持，而这种对材料和技术装备的依赖和要求又进一步产生出建造或提高现代机器制造业和化学感光业的需求。从文化价值关联来说，电影产业的发展取决于电影表演人才和电影剧本，而电影表演人才和电影剧本又需要专门培养机构和文学创作的支持，因此，建立或增加电影表演人才的培养，将产生培养或增加电影教育、培训业和电影文学剧本创作业的需求。我国高校之所以在一段时间内会出现包括电影表演专业在内的艺术特招的火爆现象，其原因就是由文化产

[①] 霍利斯·B. 钱纳里等. 工业化和经济增长的比较研究[M]. 吴奇等，译. 上海：上海三联书店，1989：23.

业这种关联性所造成的。

前向关联则是指某一产业的产品在其他产业中被利用而形成的产业关联，即一个产业的产品成为其他产业的投入物，这样该产业就有一种前向关联作用。所谓电影的衍生产品或者叫后电影产品所形成的产业就是属于这一类。例如，美国的迪士尼游乐业就是在开发卡通电影《米老鼠和唐老鸭》资源的基础上建立起来的。这种产业价值链的形成不仅增加了原创产品的价值，而且还进一步丰富和扩大了文化附加值。

产业关联是产业增值和产业进步的一种动力。产业的增值性在某种程度上决定了这个产业在整个文化产业发展中的市场竞争力。越是能够更宽地推动和促进其他产业发展的文化产业，越是具有它的扩张力；反之则反。一个文化产业的价值链运动是由不同的文化产业的产业特点决定的，但是这一文化产业能否得到发展还取决于其他相关条件是否具备。

### （二）单项循环关联与多项循环关联

单项循环关联是指产业关联链条从某一产业开始，沿单一方向向前延伸，而最后又回到这一产业。例如，出版业的发展带动和促进了文学创作业的发展，而文学创作业的繁荣又反过来成为出版业进一步发展的推动力量。出版业的发展提高了文学作品的传播能力和消费需求，而消费的需求又进一步刺激了文学创作的繁荣，最终这种繁荣又对提高出版能力提出了新的更高的要求，正是这种要求推进了出版业的扩张。

多项循环关联是指一个产业的产业关联链条同时指向许多方向，以至于形成一个立体交叉的产业关联网络。现代动漫产业可以说是较为典型的多项循环关联产业。不仅可以是电影、电视产品和电子产品，而且还可以形成游乐业产品及其他游戏产品和授权产品，如服装和玩具，而动漫产品的设计与制作又可以催生创意设计产业和现代信息产业，如软件设计产业等。这一方面是由于随着文化分工与专业化向纵深方向的发展，文化生产变得比以前更加“迂回”了，而另一方面是由于文化生产本身的性质，即任何一种文化产品的产出都是由许多不同的投入物“联合”生产出来的。现代动漫产业与传统意义上的美术片的一个最大区别就在于它不是单一的产业运动的结果，而是多项产业协同合成的产物。在现代文化生产和消费的生态环境下，任何一种文化产业的生存与发展，都只有和其他产业的发展有机地结合起来，最大限度地展开自己的产业价值链，才能获得核心竞争力。现代文化产业已经发展到了一个无法脱离其他产业而独立发展的新的历史时期。无限延伸的投入产出链条已经把文化产业的各个部门紧密地联系在一起。如何最大限度地实现产业关联度是实现文化产业最大限度的价值的关键。

与其他产业相比，要实现文化产业价值链就必须建立关于知识产权的概念和制度体系。动画形象承载的是一种文化品质，作为一种媒介，如同其他媒介形式一样，必须把握形象的内核，并将之转化进产品中进行衍生，知识产权保护也要延伸到相应的产业链中去。例如“蓝猫”的形象，不仅整合了图书、音响、玩具等传统行业，同时吸纳了软件、动画、游戏等新兴行业，从而形成了一个广义的、一体化的产业概念，具备了嫁接文化和产业的双向能力。而只有在产品开发的同时建立起完善的知识产权保护体系，相关文化产品开发才有可能最大限度地实现其价值延伸，形成完整的产业链。

### （三）授权产业

授权产业是以版权转让为核心而形成的文化产业形态。它是由版权所有人授权使用其版权而形成的产业。它可以是纯粹意义上的文化产业，也可以是其他产业，如食品和服装产业，因而是一种文化产业价值链实现的典型产业形态。

授权产业的种类很多，主要有艺术品授权和品牌授权两大类。授权商品的上游产业包括动漫、数字娱乐、电影、电视、出版和艺术等文化产业；中游产业包括品牌中介、版权代理和行销推广；下游产业就是由授权而产生的制造业。授权产业的关键是对版权的法律尊重。例如，你可以用 100 万元买下一幅徐悲鸿的画，但并不等于你就拥有了把它做成艺术衍生产品的权利。只有经过徐悲鸿著作权人的授权同意，你才可以根据授权范围将其艺术品做成授权范围内的衍生产品。在这里，授权艺术产业与传统艺术产业的一个重要区别就在于传统艺术产业由于艺术作品只是单件原作，无法形成规模经济，而艺术授权产业的核心是复制，可以形成规模经济。由于复制技术是建立在数位技术的基础上的，因此，艺术授权产业就使文化产业向传统产业大大延伸了，而这种延伸也正是传统艺术产业价值链的延伸，是这种延伸使原有的文化产业的价值实现可以超出它的本身。授权产业也正是在这样的意义上成为现代文化产业的重要组成部分。[①]

授权产业被认为是 21 世纪最有发展前途的产业，全球年销售额达2000 亿美元。美国是世界上授权产业最发达的国家，授权产品年零售额为 1050 亿美元左右，占世界授权产业市场的 65%，其中仅卡通类的授权商品零售额就达到 600 亿美元。资料显示，全球共有 3000 家厂商生产迪士尼 1.4 万种授权商品；日本三大卡通偶像之一的皮卡丘，其衍生产品在国内外共有 1122 家公司在制造销售；而中国内地所占的授权产业市场份额还不到 0.5%。仅以《宝莲灯》为例，《宝莲灯》票房收入达 3000 万元人民币，而其授权收入不过 300 万元，[②]与迪士尼和时代华纳等动漫产业所形成的巨大的授权产业链相比，在文

① 郭羿承. 国际艺术授权及其发展趋势[C]. 张晓明. 2004 年：中国文化产业发展报告.北京：社会科学文献出版社，2004：290-295.

② 授权产业：我们能分那杯羹[N]. 解放日报，2004-10-22.

化产业价值实现的关联产业方面存在着巨大的差距。

授权产业的发展拉动了一个庞大的文化中介服务产业。目前，全球进入国际授权业协会的共有 200 多家艺术授权公司，活跃在中国内地操作授权业务的绝大多数是来自中国的港、澳、台地区的代理商，内地品牌总代理企业几乎为零。随着入世后中国零售业的全面开放，这一悬殊差距还将进一步拉大。因此，发展中国的授权产业，不仅能进一步扩大文化产业价值实现的链接长度与宽度，而且从产业关联效应来说，只有那些能够产生巨大的授权产业的文化产业才能够在产业多项循环关联中不断地获得成长性空间和巨大的市场潜力。巨大的利润必然带来巨大的产业发展动力，巨大的市场必然导致各种文化和品牌形象的巨大传播。文化产业的核心竞争力和综合竞争力只有在文化产业价值链的充分展开和实现中才能形成。

授权产业和所有的文化产业一样，当它在创造着一个新的经济形态和财富增长的新的渠道的时候，它仍然是为消费者提供内容的，区别只在于提供内容的方式、载体及实现的模式不一样。授权产业使艺术通过授权机制回归生活和大众，实现从作品到产品、从产品到产业的转换，实现从精英欣赏到大众共享优质生活的转换，实现从孤本到无穷复制、从传统向流行的转换，实现从艺术作品向艺术产业的转换。这种转换本质上是文化生产力形态的转换。通过和借助这种转换，艺术在以生活的方式提高人们的艺术与审美能力和审美境界的同时，也提高了人们的文化再生产能力。而正是这种能力的提高和扩张，才使得人们的不断的文化创造成为可能，才使得文化产业的价值链的不断延伸成为可能。

## 第三节　中国文化产业结构的调整与创新

优化文化产业结构，在经济结构的战略性调整过程中实现文化产业结构的战略性调整，在深度参与国际文化分工的同时提高中国文化产业结构的整体效率，将是今后中国文化产业发展的主要趋势。随着经济全球化进程的不断深入，世界文化产业日益成为国际文化、政治和经济生活的重要力量，通过实现文化产业结构的战略性调整来进一步提高本国的综合文化竞争力，实现从促进总量增大转向产业结构的优化和文化产业增长方式的转变，已经成为世界文化产业大国发展的共同趋势。因此，实现文化产业结构的合理化和高度化，也就成为中国文化产业发展必须解决的重大命题。

## 一、文化产业结构的合理化与高度化

文化产业结构的合理化和高度化是文化产业结构优化的两个发展阶段。产业结构调整和经济增长方式的转变，必然同时提出文化产业结构优化和增长方式转变的问题。文化产业结构的合理化与高度化程度直接规定和影响了一个国家与地区文化产业的竞争力程度。

### （一）文化产业结构的合理化

文化产业结构的合理化是一个动态的过程系统。它是指在一定的国民经济和社会文化发展战略目标的要求下，实现文化产业和社会发展的供求结构均衡、各文化产业部门协调发展并取得最佳结构效益的产业结构优化过程。由于各国、各地区国民经济和社会发展不平衡的差异，文化产业结构的优劣程度是不一样的。同时，还由于不同国家和地区在发展过程中的动力机制的区别和文化资源禀赋的差异，因此，文化产业结构的运动形态也是不一样的。这里既涉及文化产业结构的合理化标准，也会涉及供求结构均衡的标准。结合产业经济学关于产业结构合理化的理论和中国文化产业结构优化的要求，文化产业结构的合理化应当体现下列要求。

第一，能够充分有效地利用一个国家或地区的文化资源，参与全球条件下的世界文化资源配置，并使其在各文化产业之间得到合理的分配和使用，具有较大的市场竞争能力和较高的财富增值效益与文化扩张能力。一种结构形态是否优化，一个重要的标准就是看它是否具有增值能力和扩张能力。由于这种增值能力和扩张能力是建立在对文化资源的合理配置和充分利用的基础上的，因此，一般来说这种结构形态具有可持续的发展空间和竞争能力。中国是文化资源大国，但却是文化产业的小国。其中一个重要的原因就是对本国文化资源的充分利用和对世界文化资源的有效配置能力较弱，正是这种能力结构影响了中国文化产业的整体竞争能力。国际分工是一种资源配置的不间断的过程，每一次的国际分工都是一次对全球资源的再分配。这种再分配的结果反映在文化产业结构上，就是又一次世界文化产业结构的战略调整和战略升级。已有的经验已经证明，越是具有较好的世界文化资源配置能力的国家和地区，越是能够较好地实现文化产业结构的战略调整和产业升级，在世界文化市场上越是具有竞争力、增值力和扩张力。中国的文化产业要获得在全球的竞争力和扩张力，就只有在参与经济全球化过程中不断地进行文化产业结构的合理化进程，在实现文化资源优化配置的进程中实现中国文化产业综合实力的整体性提高。

第二，与国民经济和社会发展的总体需求结构相适应，在实现社会文化需求满足的同时，实现文化产业的供给结构与国民经济和社会发展的需求结构的均衡发展。在这里，供给与需求不仅是文化产业和人们的精神文化消费需求之间的关系，而且也是文化产业发展与国民经济和社会发展之间的关系。经济结构的战略性调整过程中，必然要实现产业结构和产品结构的调整，实现经济增长方式的转移。尤其是在实现从粗放型经济结构向集约型经济结构的转移过程中，文化产业无论在产业结构升级方面，还是安置就业人口方面，都有独特的优势。一个地区或国家文化产业的发达程度和一个地区或国家经济结构的现代化程度成正比例关系。也就是说，投资与消费的比例及由此派生的需求一旦形成和确立，文化产业结构就必须与此相适应，以满足经济和社会发展的需求，并且在这个过程中实现发展中的均衡。

第三，不断推进文化产业自身的产业结构调整，使文化产业结构朝着高度化、现代化发展，提高文化产业的高关联度和文化经济增长的质量与效益。产业关联度是一个反映产业体系内在质量的概念，它不仅是指一个经济体系中各产业之间的相互依存程度，更主要的是这种依存度在转变和提高经济增长质量上所达到的一种高度。它包括对资源有效和充分利用的程度，同时也包括在创造和形成新的资源力量方面所作出的贡献。这对于文化产业结构的合理化而言是一个更为重要的衡量指标。任何会对文化资源构成巨大浪费而又无法形成新的巨大的文化再生产能力的文化产业结构，都是应该被调整和优化的结构。中国在文化产业结构上的条块分割所造成的一个最大弊端就是割裂了文化产业之间的相互依存、相互促进和相互补充，文化产业建设项目上的重复建设一哄而上就是文化产业关联程度低的集中表现。由此而造成的文化产品质量的长期低下及形成的在国际文化贸易领域的巨大逆差，构成了中国文化产业进入国际文化市场的困难。特别是在文化产业的高端领域，一方面中国缺乏具有国际竞争力的原创产品，另一方面在技术领域中国缺乏拥有自主知识产权的标准。中国要克服在文化产业高端领域的弱势，就必须全面推进国家文化产业创新战略，在技术领域里鼓励竞争的同时，积极整合各种社会资源和力量，着力打造文化产业的国家标准，努力克服在文化产业的低端产品上消耗大量的文化资源。只有提高整个文化经济增长的质量，才能形成文化产业的综合竞争力。在这里，中国国家统计局公布的文化产业统计指标体系中关于文化产业的分类就应超越现行文化产业管理制度体系的局限，而从文化产业结构应有的合理化进行再分类。

### （二）文化产业结构高度化

文化产业结构的合理化，必然指向文化产业结构的高度化。所谓文化产业结构的高度化是指文化产业结构随着现代科技发展和国际分工的深化，产业结构不断向高附加值化、高技术化、高集约化演进，从而更充分、更有效地利用文化资源，更好地满足文化建设和文化经济发展需要的一种趋势，是从低度水平向高度水平的发展过程。文化产业结构高度化是文化产业发展的一条基本规律。现代文化产业的发展历程揭示了这样一个特点，那就是文化产业每一个新的产业门类或行业的出现都伴随着新一轮的文化复制技术的革命而诞生，如从电影的诞生到网络文化产业的出现，没有现代高新技术的发展就没有现代文化产业的当代形态。即便是就电影产业这一个个案来说，从默片到数字，世界电影的发展所走过的路程就是一个不断地从低度向高度发展的过程。在整个文化产业的发展过程中，文化产业结构的高度化运动就是一个不断地从传统文化产业向新兴文化产业演进，从劳动密集型占优势的产业逐级向资金密集型和技术知识密集型占优势的产业演进；由制造初级文化产品的产业逐级向制造中间产品和高端产品的产业演进过程。美国的文化产业之所以能够形成以版权为核心的现代文化产业体系，并且在世界文化市场上占有最大的市场份额，其中一个重要的原因就是它已经成功地实现了文化产业高度化转移。因此，输出版权和输出标准也就自然成为美国在全球实行文化霸权主义的重要战略。也正是由于美国文化产业在文化产业结构上占领了文化产业的高端市场，所以无论是美国的唱片业、电影业还是娱乐产业，它都在世界文化产业格局中占有绝对的优势。相比较于美国的文化产业结构，中国的文化产业结构总体上还是处在文化产品的初级生产阶段，还不能生产能够在世界市场上与美国同类文化产品同台竞争的高端文化产品。这是摆在中国文化产业结构高度化面前的一个需要解决的难题。

从产业结构高度化的程度来看，文化产业结构高度化主要有四个方面的内容：一是产业的高附加值化，即产品价值中所含文化价值和剩余价值比例大，具有较高的绝对剩余价值率和超额利润，是企业自主创新程度不断累积知识产权的过程，在创造剩余价值的同时还形成新的文化资源积累，为新的文化创造提供资源和遗产准备；二是产业的高技术化，即在产业发展中普遍应用高新技术手段和成果，在实现现代高新技术转移的同时，创造和形成新的文化再生产能力；三是产业的高集约化，即产业组织实现了对各种文化生产要素和文化资源的合理配置，具有较高的规模经济效益；四是产业的高关联度化，即衍生产品深度化，在形成良好的产业链的同时，还形成了良好的文化资本循环系统，具有较大的文化资本的增值能力。

文化产业结构高度化的充分实现，一般来说只有在科学技术相对比较发达、市场环境比较优良、文化产业信息交流充分和文化产业的基础设施比较完善的国家和地区才能做到。文化产业结构的高度化既是经济发展的现代化的一个结果，同时又是推进现代经济不断实行结构转移和升级换代的重要条件。但是，这并不等于说，经济发展等条件相对落后的地区就不能推进文化产业结构的高度化进程。美国经济学家罗斯托在研究产业

结构演变规律的过程中发现，在任何特定时期，不同部门的经济增长率存在着较大的差别；在特定时期，总的经济增长率是某些关键部门迅速增长所产生的直接或间接的效果，而这些部门的创新往往是拉动产业发展的主要动力，由于各产业部门之间存在着关联效应，因此，它们在社会经济产业群往往起着引领产业发展的先导作用和带动作用，这样的产业罗斯托称之为“主导产业”。罗斯托认为，主导产业与其他产业相比具有明显的产业优势：一是主导产业引入了一种与新技术相关联的新的生产函数；二是主导产业具有大大超过平均增长率的部门增长率；三是主导产业部门的产业效果超过该部门本身，即存在由产业的回顾效应、旁侧效应和前向效应组成的产业的扩散效应。回顾效应可以促进投入品产业的发展；旁侧效应可以通过主导产业发展引起周围地区经济的发展；前向效应则为更大范围的其他产业的发展或者为下一个主导产业的发展提供基础。罗斯托的主导产业理论为我们思考和研究文化产业高度化提供了一个新的参照系和理论模型，也就是说经济水平相对不发达的地区仍然可以通过发展适合于本地区的文化“主导产业”来创建本地区文化产业体系，使文化产业成为本地区国民经济和社会发展的支柱产业。

## 二、世界文化产业结构变动的发展趋势

世界文化产业结构的变动是造成和影响一个国家与地区文化产业结构运动变化的重要的引力。这种引力场的大小、强弱不仅直接决定了世界文化产业结构变动的形态和走向，而且直接影响和决定了不同国家与区域文化产业结构之间的力的分布形态和分布状况。这种分布形态和分布状况的差异性，造成了世界文化产业结构的现代体系。

### （一）世界范围的经济结构调整与文化产业发展

当今世界体系是一个以资本主义发达国家主导的体系。进入 20 世纪 90 年代后，以发达的资本主义国家主导的经济全球化已经成为当今世界的发展潮流。随着经济全球化迅速地在全球展开，第四次国际分工便开始深刻地影响着新的世界经济秩序的形成和全球经济结构的转变。不断地开发和占领影响经济增长模式的高新技术领域并以此实现本国的经济结构调整和经济增长方式的转变，并且在这个过程中把传统的机器制造业及高能耗、高污染、低产值的行业向发展中国家转移，通过实现产业形态和产业结构的战略性调整及对产业高端的控制来继续保持和实现对于世界市场的控制，可以看作是资本主义发达国家的主要目的。由于文化产业作为一种现代科学技术与现代文化内容相结合的全新的产业形态，与其他产业形态相比，它在许多方面都符合与满足全球性的产业转移过程中的新的分工要求，再加上它具有其他产业形态所没有的文化意识形态属性与功能，

尤其是在20世纪90年代，以网络游戏业为核心的韩国文化产业在摆脱20世纪90年代爆发的那场金融危机的过程中所发挥的特别重要的作用，以及美国以版权业为核心的文化产业所创造的价值在美国整个国民经济中所占的比重对于美国整个经济增长方式的影响，使得文化产业发展成为世界范围的经济结构战略性调整中的重要战略。自20世纪90年代英国政府开始提出并制定《创意产业政策》之后，澳大利亚、新西兰、加拿大、日本、韩国、中国台湾与香港等国家和地区都纷纷把发展文化产业决策作为实现经济结构战略性调整的最重大的战略选择之一。

### （二）经济增长方式的战略性转变与文化产业增长方式的转变

经济增长方式从粗放型向集约型转变是全球经济发展的大趋势。相比较于一般的经济形态而言，文化产业属于知识经济，属于集约型经济形态。文化给其他产业带来的附加值，不仅改变了一般产业的增长结构与盈利模式，而且也带动了新的工业革命。创意产业和创意经济的提出及其战略实施，清楚地勾勒了全球性经济结构调整中增长方式战略性转移对于全球经济革命的深远影响，从而也凸现了文化产业发展在全球经济结构战略性调整中的革命性意义。全球经济增长方式的战略性转移带来的全球性经济结构的战略性调整，同时也提出了文化产业增长方式转移的新课题。以版权业为核心的文化产业是美国经济增长的主要模式。美国在其文化产业增加值在国民经济所占的比例中，突出强调了“版权”的作为统计学的标准，实际上揭示了文化产业增长方式的本质，即文化产业是以其自主知识产权的建立为核心确立自己对于经济增长的价值和意义的。如果说经济增长方式的战略性转变是以文化产业的发展为主要内容的话，那么文化产业增长方式的战略性转变则以建立以版权为核心的盈利模式为主要内容。以音像产品的国际贸易为例，我国是以成品贸易的方式通过远洋船队输送到欧洲大陆，而美国则用一张随身携带的拥有著作权的光盘以版权转让的方式实现交易。相比较而言，我国在文化贸易盈利模式上的粗放型和美国人的集约型构成了鲜明的对照，成本与效益之比不用计算就已经显而易见。在源头上建立和开发能够影响与决定文化产业增长方式和生命周期的高端内容与高端技术手段，已经成为一些文化产业大国的主要的产业战略。开放的全球文化市场由于文化产业增长方式的根本性差异而出现两个极端，即极端的高端市场和极端的低端市场。

### （三）文化产业集团跨国化与社会化的互动增长

经济全球化趋势一个最突出的文化表现就是文化产业集团的跨国化和文化产业发展的社会化互动。这一方面是全球化战略的一个必然结果，同时也是国际大型文化企业集

团谋求全球文化利益的必然结果。通过对全球文化市场的瓜分，最大限度地实现文化资本和金融资本的扩张，推进文化企业的国际化进程，是当今文化产业发展的一个基本的国际逻辑。文化企业国际化的实质是通过世界贸易组织所提供和开通的全球经贸平台与机制，最大限度地实现本体文化利益最大化，并且通过文化利益的最大化来获取更多的全球利益。文化企业国际化实现的一条最主要的途径，就是通过和借助于本国政府在国际政治与经济关系中所占有的，充分利用世贸组织制定的原则，合法地进入别国文化市场，以资本为纽带、以项目合作为切入点，建立地区文化企业总部。文化企业国际化的经济与文化动因集中表现为文化经济的开放与现代国家关系的转化。大国间的文化关系已经不再是决定世界文化格局的唯一力量，一种更为复杂的政治文化形态正日益深刻地影响着世界文化格局的变动与重组。国家与跨国文化产业集团存在某种重叠，国家间的政府与非政府的文化交流与冲突并存，跨国文化产业集团作为一种文化力量正日益取得与政治力量同样重要的地位。国家和国际间的非营利文化组织对于全球文化政策和文化产业政策制定的影响，使得文化产业的全球发展正在呈现出一种社会化互动的新态势。影响世界文化产业政策和产业结构变动的市场力量日益多元化。由文化产品与服务的生产商和提供商所造就的跨国文化力量正在对世界文化产生重要影响，文化跨国公司和非营利国际文化组织正在成为影响世界文化发展和文化力量格局变动的重要力量。通过对本国跨国文化产业集团的支持来实现国家在全球的文化扩张，已经成为国际竞争的新形势。

## 三、中国文化产业结构的调整与制度创新

### （一）中国文化产业结构的制度性特点

当代中国文化产业的制度结构，是从计划经济体制下政府文化行政管理模式中演变而来的。所谓演出业、文化娱乐业、新闻出版业和广播电影电视业这样的一种文化产业结构成分的划分，实际上是我国政府根据文化意识形态在产业形态上的不同表现方式所作的一种划分，反映的是对我国政府文化行政管理权限分工的一种行业范围的表述，带有明显的中国文化行政的特点。尽管这种划分并非完全没有产业经济学的行业分类依据，但是，无论是《服务贸易总协定》中涉及的有关文化产业的行业分类，还是美国1998年颁布的《北美行业分类系统》中关于文化产业的分类，都和我国现行的文化产业分类之间存在着很大的差异。这里固然涉及文化产业行业分类执行标准的区别，但是，像中国这样分别由几个政府机构分管文化产业的情况在国际社会上也不多见。因此，中国文化产业结构具有明显的中国文化行政管理制度色彩，反映的是政府从意识形态管理需要出

发，对文化产业资源配置的一种权力安排与部署。进行文化产业结构的战略性调整，实际上首先是对一种文化权利结构的调整。由于政府拥有对社会文化资源进行权威性分配的权力，这种调整同时又意味着是对原有的文化权利结构在文化资源权威性分配的调整与重组。我们不能在整个国家的制度之外去理解和把握中国文化产业结构的形成史，因为正是这个制度体系赋予了中国文化产业的生命形态。因此，只有对中国文化产业制度和管理的结构性依赖关系进行历史分析，才能有准确的把握。所以，在中国，要对文化产业结构战略性调整，就必然要涉及文化体制的改革，必然要涉及文化体制改革到位所要求的文化行政体制改革，必然要涉及文化权力的变动及由此而来的文化利益的重新分配。只有进行这种调整，才能克服和解决由行政条块分割的管理模式而导致的行业壁垒，文化产业机构才能满足经济结构的战略性调整所带来的改革成果和改革成本的转移，也才能从根本上克服我国文化体制改革与经济体制改革、经济结构的战略性调整与文化产业结构的战略性调整之间所存在的非对称结构性矛盾，从而达到整体协调发展的目的。因此，这种关于文化权力的重新配置是要在制度经济的层面上，实现对于文化生产力的制度性解放，从而在根本上克服长期以来一直困扰我国文化产业发展的条块分割和行业壁垒的弊端，真正实行放松管制和市场准入，而这恰恰是当前中国文化产业结构的战略性调整在制度方面遭遇到的最大障碍和挑战。因此，在文化产业结构的战略性调整中，关于制度结构的调整就成为必须跨过去的一道坎。不跨过去，既无法建立一个实践中国入世承诺的制度保障系统，也无法实现入世的目的，文化产业结构其他方面的调整也就成为一句空话。

### （二）文化产业制度创新的价值和意义

制度是决定长期经济绩效的基本因素。由于不同的制度安排会导致和产生不同的理性经济反映与不同的经济绩效，因此，关于制度创新的路径选择就具有特别重要的意义。同时，任何制度的安排和选择总是主体对总成本收益进行权衡的结果，总是倾向于用相对收益较高的制度安排和制度结构来取代原来的制度选择，以取得最大的制度净效益。也就是说，制度创新的路径选择的主要目的就是能够最大限度地直接或间接地促进经济系统的绩效增长。而我国文化产业存在的低水平供求关系与非对称性结构性矛盾，产业经营单位众多但产业组织的集约化程度不高，正是由于制度创新滞后而导致的。因此，在经济结构的战略性调整这样一个整体性的经济转型的背景下，文化产业结构的战略性必须克服对原有体制的路径依赖，不能仅仅停留在一般意义上的机构合并的层面上，而是要从国家创新体系建设及国家文化产业创新体系建设的高度出发，对中国文化体制改革的方向和整体定位在入世后的背景下进行新的路径选择，从有利于建立完整的市场体系和公平竞争的机制及提供更为有效的文化经济组织出发，最大限度地降低绩效损失，重构中国文化产业结构的制度体系。只有这样，文化产业结构的战略性调整，才会适应、满足和接受经济结构的战略性调整所带来的成本和成果转移的要求，才会有效地推进文化体制改革，也才会与文化产业应有的经济绩效之间构成正相关关系，从而通过文化产业制度创新来拓展文化产业的发展空间，形成文化产业结构的战略性调整与经济结构的战略性调整的互动效应，拉动社会对文化产品和文化服务的有效需求，把经济体制改革的巨大成果转变为文化产业发展和经济绩效增长的强大动力，消解经济和文化两种不同形态体制改革之间的制度鸿沟，以及由于改革成本转移而可能带来的边际报酬的递减。

### （三）文化产业结构战略性调整的内容

文化产业结构战略性调整的制度层面，必然涉及文化产业的所有制结构的调整。长期以来，由于偏重于文化的意识形态职能，因此，在文化产业领域实行国家专营一直是我国文化产业所有制结构的制度特征。改革开放后，这种局面有所改变，但并未从根本上得到有效解决。“解决经济发展的结构性矛盾和体制性障碍”，就是要使文化产业成为当代中国经济发展的一个重要组成部分，成为整个中国产业结构的组成部分。通过大力发展文化产业，提高文化产业在整个经济结构中的比重，带动对传统产业结构的改造。这里面既涉及机器制造业、信息业和一般服务业，还涉及通过文化产业对其相关产业的整体需求来改造传统文化产业，实现人力资源、资本和技术结构的变动和流向，因此，这就需要改革一系列与之不相适应的体制，实现体制和制度创新，消除妨碍经济体制改革和文化体制改革的制度性障碍。

文化产业结构的战略性调整必然包括文化产业生产力结构的调整。生产力是影响文化产业发展且起决定性作用的因素。制度结构调整是为了解放文化产业的生产力，但不能代替文化产业生产力结构的调整。制度结构的调整只是消除了文化产业发展的体制障碍，制约文化产业发展的结构性矛盾只有通过文化产业的生产力结构进而产业形态的调整和产业结构的优化升级，才能获得有效的克服和解决。制度创新不会自然导致文化产业绩效的增长，只有在文化产业生产力结构同步的创新性变革下才能导致文化产业的绩效增长，也只有在技术等要素资源并不发生重大变化的情况下才能导致文化产业的绩效增长。在这里，科学技术作为要素对于文化产业的快速增长具有特殊的意义。我国的文化产业诞生于计划经济之中，初始路径的制度选择导致了我国文化产业发展的路径依赖，即只是把文化看作是一种意识形态，而没有把它看作是能够创造和带来巨大财富的生产力形态，因此，不论在关于产业形态的划分还是关于产业发展规模的投入上，都严重滞后于国际文化产业发展的实际。文化产业本来就是现代科技的文化产物，是高科技与高文化的结晶。然而，由于长期路径依赖的束缚，我国传统文化产业结构的比重过大，产业结构布局不合理，结构性矛盾相当突出。仅据有关方面的不完全统计来看，截至1999年底，文化部所属文化产业机构有33.07万个，文化娱乐业机构有17.47万个，从业人员有90.3万人，其他文化经营机构有9.7万个、23万人，而全国的出版社只有500余家，报纸有2038种，期刊有8187种，电台、电视台有3000余座。如果说原有体制下的文化产业生产力结构是与"事业"的要求相适应，或者说也曾满足了在原有体制和文化生产力状况下人民群众文化消费需求的话，那么当中国已经开始全面推进社会主义市场经济，文化产业已经成为人类社会一种新的财富创造形态，文化产业已经成为一些西方发达国家扩大对外贸易的主导型产业和社会发展的支柱产业，信息技术和网络手段更为深入地用于文化产品的开发与传播，人类社会已经进入所谓"第二媒体时代"，文化产业数字化趋势正在迅速地改变和重塑文化产业的存在形态，数字电视、数码电影、数字娱乐和数字出版等正在改变着人们的文化消费习惯与方式，原有的文化产业边界正在被消解，互联网正在把世界文化联系在一起的时候，我国文化产业发展的结构性矛盾就不仅与我国市场经济体制改革之间存在着较大的鸿沟，而且显然与国际文化产业优化升级的发展趋势形成鲜明的对立与冲突。因此，要形成我国文化产业的国际竞争力，就必须从根本上调整我国文化产业的生产力结构，通过对文化产业结构全面的优化升级来实现文化产业结构的战略性调整。

文化产业发展要在经济结构的战略性调整中承接解决制约我国经济发展的结构性矛盾的责任，不仅要接受它的作为改革深化的成本转移，而且也要接受它改革成果的放大效应。也就是说，如果我们把我国经济结构的战略性调整看作是先进生产力的发展要求在当代中国经济生活中的全面贯彻和必然体现的话，那么，作为本来就是高科技与高文化联姻产物的文化产业，就更应该在克服自身的结构性矛盾中主动地在现代高新技术的平台上实现与先进生产力发展要求的对接，尤其是在与信息产业的结合上，要通过对文化产业的数字化全面实现文化产业生产力结构战略性调整，并以此为基础来推进国家文化产业战略。因此，只有把制度结构与生产力结构的调整统一起来，才能真正从根本上解决制约我国文化产业发展的结构性矛盾。近几年来，我国相继成立了各个行业的文化产业集团，但是，由于这种组建基本上都是在现有体制内进行的，只是在形式上成立了一个新的机构，在本质上并没有实现制度结构的战略性调整，也就是说，并没有通过调整制度结构的构成成分而实现制度创新，仍然停留在体制内循环的层面上，因此，不仅很难接应经济结构的战略性调整所带来的改革成本的转移，而且也无法使文化产业的生产力获得预期中的解放。制度结构的调整倘若不能上升到战略的层面，不能与经济结构的战略性调整形成互动效应，不能推动文化生产力结构的解放，那么这样的集团组建作

为一种存在并不具有制度创新的意义，所以体制性障碍依然存在，预期的改革效果和乘数效应当然也就无法实现。条块分割与行业壁垒不仅没有得到解决，反而在新的利益集团下得到了强化。现阶段有些文化产业集团公司与政府文化行政当局的矛盾就是一种典型的表现。

在今天，美国推出的“北美行业分类系统”关于“信息产业”的分类，已经打破了传统意义上的文化产业的分界，特别强调在信息化的平台上的文化产业融合。这种融合在文化产业结构构成的生产力方面带来的革命性变化，将从根本上改变传统文化产业的存在方式和结构形态，世界上一些全球性的文化产业集团正在寻求从“规模优势”向“范围优势”的转化，深刻地反映着这种发展趋势。人们已经看到，文化产业集团的强大并不一定反映在它数量规模特别大，而是体现在它在相关产业范围中占有内容和推广的优势。因此，对于数字化的技术优势的争夺，将成为全球文化产业发展和文化产业结构的战略性调整的焦点，而所有这些深刻的变化都预示着一个全新的文化产业生产力空前扩张时代的到来。面对这样一种不可逆转的全球发展趋向，中国文化产业发展只有重新建立关于文化产业生产力解放的全新内容，才能实现我国文化产业结构的战略性调整，承担起在经济结构的战略性调整中的重大责任。文化产业结构的战略性调整，由于是在中国加入世贸组织的背景下展开的，所以，中国文化产业结构的战略性调整被赋予了国际性的内容。在很长的一个时期内，中国文化产业是疏离现代世界市场体系的，因此，中国的文化产业虽然弱小，但却也在“冷战”时期成为世界文化秩序和文化格局均衡中的一支重要力量。随着中国的文化市场按照中国政府入世承诺的时间表对外开放，中国的文化市场同时也就具有了世界市场的意义，成为世界文化市场的一个重要组成部分。国际文化产业集团进入中国，参与中国文化产业的市场化和现代化进程，它们所带来的绝不仅仅是资金和技术对于中国文化产业的改造，尽管这种改造可以加快中国文化产业结构调整的现代化进程和减轻中国文化产业结构的战略性调整所需资金的巨大压力，而是它们对中国文化产业结构调整从理念到制度形态的整体性影响，不仅打破了中国文化产业结构的原生态，而且也使得中国文化产业结构的战略性调整具有参与国际文化产业竞争的性质。由于文化产业已经成为现代国家利益构成中的重要组成部分，成为国际间利益均衡的一个重要变数和力量，因此，围绕着对文化产业、文化市场的准入与反准入，不仅成为国家间利益争夺的重要内容，而且影响和决定着全球文化秩序的走向与国际文化力量格局的重组。中国要在入世后的世界文化格局中重新确定自己作为国际文化力量的重要意义，就必须把对中国文化产业的战略性调整与重组纳入到国际文化产业结构的战略性调整中去。

自 20 世纪 90 年代起，美国和欧盟已经基本解除了通信业、传媒业和信息产业之间的行业壁垒，完成了以传媒手段汇流的第一次革命，消除了制约文化产业发展的结构性矛盾，目前正在进行针对内容产业的第二次文化产业结构的战略性调整与重组。既然文化市场的保护能力已经受到信息技术的全面挑战，那么迅速提高对数字化进程的快速反应能力，打破传统的文化产业的分工方式，以争取夺得在国际文化竞争中的领先地位，也就自然地成为当下许多国家尤其是西方国家文化产业结构调整的战略选择。因此，要把中国文化产业结构的战略性调整置于经济全球化的宏大背景下，中国文化产业结构的战略性调整的路径选择与目标定位，不能只有国内市场这一个向度，还必须有对于国际文化产业结构变动趋势的观照。而失去国际市场和全球化趋势这样一个向度，完全可能使中国文化产业结构的战略性调整失去它的战略性内涵和要求。缺乏宏大的视野不可能实现对自我的超越。因此，中国文化产业结构的战略性调整应当在多元多重结构的路径选择和制度变迁中实现。

## 本章小结

文化产业结构是现代文化产业运动最基本的运动形态，也是最重要的理论与政策内容。文化产业结构的构成与运动，不仅反映了一个国家或地区文化产业发展的现代化程度，而且还深刻地反映了一个国家国民经济和社会发展的现代化程度。

文化产业结构首先是文化结构，是一种文化存在结构，然后才是经济结构，是文化生产、文化消费与文化需求结构的社会文化形态的经济方式体现。同时，它又是一定社会制度的文化反映，是社会生产关系的文化反映。它既和一定的社会生产力水平相适应，同时也是一定社会的文化生产力达到的高度的一种秩序性和关系性体现，因而是一种社会文化关系结构，是文化经济关系的社会存在形态，反映了一个国家文化经济的发展方向和发展总水平制约着国家文化发展创造性能力的大小。因此，文化产业结构是指社会发展到一定阶段所形成的、反映着一定社会文化生产关系的文化再生产过程中文化产业间的相互联系和比例关系。

文化产业结构变动是文化产业间相互联系和比例变化的力学系统。文化产业结构的变动不仅会改变文化产业自身的比例与结构状态，而且由于产业的相关性还会导致其他产业的变动，进而带动进一步的产业分工和产业结构优化。它既包括产业内部细划的专业部门之间的相互关系，而且也包括社会再生产过程中大类产业之间的相互关系。因此，文化产业结构是一个立体的结构系统，它的任何变动都会引起这个立体系统的变动，文化产业的增长效应就是在这个运动过程中呈现出它的生命运动的。

优化文化产业结构，在经济结构的战略性调整过程中实现文化产业结构的战略性调整，在深度参与国际文化分工的同时提高中国文化产业结构的整体效率，是中国文化产业发展的主要趋势。随着经济全球化进程的不断深入，世界文化产业日益成为国际文化、政治和经济生活的重要力量，通过实现文化产业结构的战略性调整来进一步提高本国的综合文化竞争力，实现从促进总量增大转向产业结构的优化和文化产业增长方式的转变，已经成为世界文化产业大国发展的共同趋势。因此，实现文化产业结构的合理化和高度化，也就成为中国文化产业发展必须解决的重大命题。

## 思考题

1．文化产业结构对于文化结构的价值和意义是什么？
2．怎样认识文化产业分类与文化产业结构的关系？
3．如何认识文化产业结构变动的基本动因与增长效应？
4．文化产业结构调整与制度创新的关系是什么？
5．优化中国文化产业结构需要如何创新？

## 参考书目

1．林毅夫. 新结构经济学[M]. 北京：北京大学出版社，2012.
2．胡惠林. 中国文化产业发展战略论[M]. 北京：经济科学出版社，2014.
3．[美]大卫·赫斯蒙德夫. 文化产业[M]. 张菲娜译. 北京：中国人民大学出版社，2007.
4．郑涵. 文化创意产业读本[M]. 上海：上海交通大学出版社，2013.

# 第九章

# 文化产业组织

## 学习目标

通过本章学习，学生应了解和掌握以下内容：

1. 文化产业组织及其运动的构成内容；
2. 文化市场结构与市场形态；
3. 文化企业行为与市场绩效；
4. 中国文化产业组织的合理化与创新；
5. 文化产业结构与文化产业组织互动理论。

## 导言

产业组织理论是现代西方经济学用以分析现实经济问题的重要理论。文化产业组织理论研究是关于现代产业组织理论在文化产业研究中的应用，主要研究文化企业结构与行为，文化市场结构与组织，以及企业与市场的相互关系。关于它的理论是在古典主义经济学理论关于劳动分工和市场机制的作用等理论的基础上逐步形成和发展起来的。产业组织研究的主要目的，是考察某一产业的经济绩效状况，以寻求提高产业经济绩效的对策。现代产业组织理论的基本范畴和主体框架就是建筑在这样的目的性基础上的。

## 第一节　文化产业组织及其运动

文化产业组织是现代产业组织的一种特殊形态。它之所以存在一种特殊性，是因为

无论是作为市场行为的主体构成，还是作为市场结构的关系性构成，都有作为一般意义上的产业组织所不具有的个性，即它的文化和意识形态性，因而关于市场绩效的评估也是不一样的。这是由于文化产业组织在不同的国家制度形态下的存在呈现出很大的差别性，这种差别性的存在是由文化产业组织所承担的和一般的产业组织完全不同的社会责任与社会功能所决定的。而对文化产业组织承担的社会功能和社会责任的规定，则完全取决于构成不同国家制度形态的文化背景和文化形态，以及对于文化的不同理解和不同态度。我国强调一切市场主体都要把社会效益放在首位，主张经济效益和社会效益的有机统一，就是由中国的国情决定的。因此，在思考和研究文化产业组织问题，特别是中国的文化产业组织问题的时候，就不能不采用两种技术路线，即一般产业组织理论技术路线和关于文化分析的技术路线。

## 一、文化市场结构与市场形态

现代产业组织理论主要有三大基本范畴——市场结构、企业行为和市场绩效，并且由此而建立了现代产业组织的主体框架和分析系统，即 SCP 分析系统。这三大范畴的关系表现为：市场结构是决定企业行为和市场绩效的基础；企业行为受市场绩效的影响，反过来又影响市场结构，同时它又是市场结构和市场绩效的中介；市场绩效受市场结构和企业行为的共同制约，是市场关系或资源配置状况的最终成果标志，同时市场绩效的状况和变化趋势又影响未来的市场结构和企业行为。

### （一）市场结构与文化市场结构

在现代产业组织理论框架中，市场结构是最重要的范畴和因素。所谓市场结构，是指在特定的市场中，企业与企业之间在数量、规模上的关系及由此而决定的竞争形式。文化市场虽然是一般市场的特殊形态，但是作为文化产业的空间存在形态，一般来说市场结构的基本要素和特征也是决定文化市场结构的，也就是说，文化市场结构本质上也是文化企业与文化企业作为市场主体在数量和规模上的关系及由这种关系所形成的竞争形式及其存在方式。在不同的社会制度形态下，由于经济制度和文化制度的差异性关系，不同国家的文化市场结构的运动是不一样的。由于我国实行计划经济体制，国有文化企业的经济行为都是由国家按照计划经济的要求规定的，无论是文化企业的生长还是数量规模的变化，都不是由市场决定而是由政府决定的，因此，文化企业和文化企业之间在很大程度上并不存在由这种关系形成的竞争形式。单一的文化市场结构不能适应和满足文化企业市场化发展的需要。要建设社会主义市场经济体制，就必须对原有的文化企业

作为市场主体地位的缺失进行复原。正是在这个意义上，重塑文化企业的文化市场主体身份，也就自然地成为中国完善文化市场结构、培育社会主义文化市场所必须进行的一场革命。这就是文化体制改革。

### （二）文化市场形态

文化市场形态是文化产业存在于文化生命竞争样式上的空间表现，如演出业、娱乐业、电影业、电视业、出版业、唱片业、广播业、版权业和网络游戏产业等。不同的文化产业生产不同的文化产品，提供不同的文化消费选择，满足不同的文化消费需求，形成不同的消费方式、买卖关系与竞争关系，由此而形成不同的文化市场形态。所谓演出市场、电影市场、唱片市场等都是由不同的文化产业的生命竞争样式决定的。由于不同产业的文化市场形态所涉及的国家文化主权及其在国家文化安全中的地位和作用是不一样的，不同社会制度环境下的文化市场条件的发育程度存在差异，不同国家对于文化市场的管理系统和管理体制及其法律和政策也是不一样的。正是由于这些差别，因此，不同国家对文化市场形态的划分也是不一样的。在同一个国家，由于地区发展存在差别，所以不同地区的文化市场形态发育的成熟性程度也是不一样的。另外，在同一地区也还存在着不同认识主体对文化市场形态认知上的差别。例如，传媒市场就同时包括报刊、广播、电视、出版等文化市场形态。由于在现阶段，中国还是一个市场经济建设中的国家，前市场形态、市场形态与后市场形态仍同时存在，中国的文化市场形态还处在发育和培育的时期，不仅整体文化市场形态发育不成熟，而且还存在文化市场形态区域发展的不平衡，因此，建立统一的全国文化大市场还有待中国文化市场形态的完全发育成熟。发展文化产业也就自然地成为建立成熟的中国文化市场形态的必要前提。

### （三）文化市场结构类型

市场结构类型主要是指市场竞争或垄断类型。根据市场主体在某一商品市场中的数量比例和竞争程度，可以把文化市场结构类型划分为四种类型，即完全竞争性市场结构、完全垄断性市场结构、垄断竞争性市场结构和寡头垄断性市场结构。

1. 完全竞争性市场结构

完全竞争又称纯粹竞争，是指丝毫不存在垄断因素、竞争完全不受任何阻碍和干扰的市场存在形态，文化市场主体依据市场经济规律自由地进行竞争。完全竞争性市场结构一般应具有以下条件：①有众多的市场主体，即大量的文化产品的买者和卖者。卖者数量多，每个卖者在市场上占有的份额很小，所以个别卖者所提供的文化商品的销售量不会影响文化商品的市场价格；同时，众多买方中的任何一个都无法以自己需求量的变

化对文化市场价格产生影响。②市场客体是同质的，即不存在产品差别。买方对于具体的卖方是谁没有特别的偏好，不同的卖者之间能够进行完全平等的竞争。③资源完全自由流动，每一个市场主体都可以根据自己的意愿自由地进出市场。④文化市场信息是充分的，即文化消费者充分了解文化市场的价格、文化产品的功能特征和供给状况；文化生产者充分了解投入品的价格、产成品的价格及生产技术状况，对产品和价格掌握完全的信息。

在所有的文化市场形态中，娱乐市场可以说是最具备完全竞争性市场结构要求的。因为就娱乐市场的运动特征来看，它的市场价格的变化完全取决于整个娱乐市场的供求关系，整个市场的规模结构随供求关系的变动而变动，市场经济的规律主导着整个娱乐市场的资源配置即资本运动走向。娱乐市场结构随这种供求关系的变化而呈现出娱乐行业内不同行业之间的此消彼长峰值运动现象。

完全竞争市场是一种最理想的市场类型，价格在其中可以充分发挥其调节作用。它可以使文化消费者以可能的最低价格来购买文化商品，使文化生产者确保得到正常的利润。而从整个社会来看，它可以使总需求与总供给相等，使资源得到最大配置。

2. 完全垄断性市场结构

完全垄断性市场又称独占性市场，是指完全由一个企业独家控制某一种文化产品的生产和销售的市场。这是一种与完全竞争性市场结构相反的市场结构。这种市场的特征是不存在丝毫的竞争因素。它具有以下条件：①卖方是“独此一家，别无分店”，而买家则很多。在本行业内完全垄断了文化商品市场的生产和供应。②新企业进入该行业受到很大限制，存在着很高的进入壁垒，包括技术专利、著作权保护、准入资格等。③市场客体是独一无二的，没有接近的替代品，买者想购买性能接近的代用品不可能。例如，在很长的一个时期内中国电影总公司对于中国电影进出口市场的独家垄断就属于这一类。

形成完全垄断性市场结构的原因是多方面的。有的是由于存在着明显的规模经济效益，例如有线电视业，它的固定成本大大高于可变成本，存在着规模的报酬递增，因而供给随需求的充分扩大才是经济的，而在一个地区性市场上有几个有线电视公司提供产品就不经济了。有的是一种制度性安排的结果，例如在电影进出口方面，中国政府授予中国电影总公司以特许权，在电影贸易领域对外行使国家文化主权和维护国家文化安全，不允许其他企业进入该市场，以确保国家对该领域的主导地位。这种制度性安排还表现为地方政府出于对某种市场结构的保护，赋予某企业以独家经营权，不允许本地或外地其他企业进入某一文化市场，如对电影发行市场的垄断。还有的是企业受到著作权法的保护，对某项文化产品的知识产权垄断，其他企业因难以获得此项知识产权而难以进入

市场与之竞争。

在完全垄断市场上，由于只有一家卖主，因而这一卖主就可以操纵价格。操纵价格必然高于竞争价格，垄断企业又是垄断市场的价格制定者，因此，它就会通过限制产量来控制价格，从而把价格保持在一个较高的水平上，以获取最大的利润。一般来说，完全垄断性文化市场的运行对整个文化产业发展是有害的。因为垄断的价格会损害文化消费者的利益，不能使文化生产者在最佳规模上进行生产，因而会造成有限的文化资源的浪费，而长期的超额利润又会形成文化分配上的不公，影响相关文化产业的健康发展。当然，在文化产业领域里对有些确实关系到国家文化安全的行业和领域实行完全垄断，由于其很大程度上具有公共性，其利润所得属于公共财政收入，而且又是国家文化建设和人民文化权利保障所必需的，所以由政府垄断经营会产生外部效益而给全社会带来好处。问题是如何防治与克服由此而产生的官僚主义和效率低下等弊端，以及由此而造成的体制性障碍和结构性矛盾。

3. 垄断竞争性市场结构

垄断竞争市场也称不完全竞争和不完全垄断市场，是 1933 年美国经济学家张伯伦和英国经济学家洛宾逊夫人提出来的。垄断竞争市场存在的条件是：①文化产品之间存在差别。由于存在差别，不同的文化产品就可以以自己的特色在一部分文化消费者中形成垄断地位；同样，由于差别只不过是同类文化产品之间的差别，同类文化产品的使用价值可以互相替代，替代又会引起文化产品之间的竞争，所以文化产品差别会形成一种垄断和竞争并存的状态。②市场上存在较多的文化产品的供应商，并且没有一个施展明显优势的，因而相互之间存在着竞争。③进入或退出市场的障碍较小，交易双方都能够获得足够多的文化市场信息。这种情况在报业、影视业、娱乐业等文化产业形态中普遍存在。

垄断竞争市场的主要特点在于，文化市场既存在有限度的垄断，又存在不完全的竞争。在这种市场中，对文化消费者而言，不同的文化产品可以满足其不同的文化消费需求，这种文化消费需求的差别化满足与消费者支付的文化商品价格成正比例关系；对文化产品的生产者而言，短期超额利润的存在可以激发他们进行文化产品创新的内在动力，但垄断竞争又会增加销售成本，主要是广告成本的增加。如何趋利避害，实现理想的双赢，始终是文化产业在市场发展中需要解决的大问题。

4. 寡头垄断性市场结构

寡头垄断是指几家大企业生产和销售了整个行业的极大部分产品。在这种市场中，竞争只在几家大企业之间展开。寡头垄断是最主要的一种市场结构模式。在整个现代文化市场中，最典型的寡头垄断市场是电视产业、唱片产业和艺术品拍卖业。全球的电视

与音像制品的生产实际上就在十家大型的传媒集团之间进行，而全球艺术品拍卖业则基本上被嘉士德和苏富比两家公司所垄断。

形成寡头垄断性市场结构的主要原因是企业规模经济水平。寡头垄断市场的存在，主要是因为这类市场存在着较大的进入障碍。这些障碍有的是由规模经济产生的，即在许多文化行业中单位文化产品的平均成本随着企业规模的扩大而降低；有的是由于这些行业中存在着资源的垄断，或者由于政府和企业设置了某种限制或障碍（市场准入壁垒），阻碍了其他企业的进入。在寡头垄断市场上，每个厂商（文化企业集团）的产量都占有相当大的份额，从而每个厂商对整个文化行业的价格都有举足轻重的影响，而每个厂商在做出某一文化产品的价格与产量的决策时，不但要考虑到本身的成本与收益情况，而且还要考虑到该决策对文化市场运动的影响，以及其他厂商可能做出的反应，即如何防止陷入“产品和价格战略困境”。

寡头垄断市场可以实现规模经济，同时价格比较稳定，便于政府对行业的管理。寡头垄断还有利于促进文化科技进步，因为寡头之间的竞争为产业升级和产品升级换代提供了不断创新的压力和动力，它们的雄厚实力可以为文化产品的不断创新和产业升级提供巨额的资金。这就是在文化产业的现代发展进程中，一些新技术和新产品总是首先在那些跨国文化产业集团中被开发出来的原因。从这个意义上来说，中国能否在现在世界文化市场的条件下，开发出属于自己的文化产业领域里的新产品和新技术，影响世界文化市场变动的走向与格局，很大程度上取决于中国能否形成寡头垄断性市场结构。从整个世界文化市场的发展历程来看，只有那些具有足够的能力形成寡头垄断市场的文化产业集团，才具备作为文化战略投资主体的资格，形成在世界文化市场上的远距离战略投放能力。毫无疑问，寡头垄断会在某种程度上损害文化消费者的利益，垄断限制了竞争，不利于文化资源的自由流动和优化配置，因此，必须建立健全的文化市场监管制度和监管体系，寡头垄断性文化市场结构的形成不能以牺牲国家文化利益和国家文化安全为代价。对寡头垄断实现有效的法律监管和政府文化行政控制，是在培育有限程度上的寡头垄断文化市场的重要机制。

文化市场结构的形成很大程度上取决于造成这种市场结构形成的社会经济制度和政治制度选择。文化市场结构在一定程度上是一个国家文化制度和文化体制选择的结果。不仅不同社会制度下的文化市场结构是不一样的，相同社会制度的国家由于历史文化传统和对于国家文化利益关切的程度不一样，也会有不同的文化市场结构。大陆法系国家和英美法系国家之所以会存在文化市场结构上的差异，很大程度上就是由这个原因决定的。因此，纯粹从经济学的角度有时候并不能完全解释文化市场结构存在的差异性。研究文化市场结构及其运动，必须结合一个国家的政治、经济和文化制度的综合因素，只有这样，对一个国家文化产业结构的选择和运动才能有一个科学的认识。

### （四）反映文化市场结构的基本因素

从现代产业组织理论出发，反映文化市场结构的基本因素主要有市场集中、文化产品差别化、规模经济水平、产业进入与退出等。

所谓市场集中，是指文化市场上卖方和买方各自的数量及其在市场上所占的份额。这是一个确定文化企业与文化企业即买卖双方之间竞争程度的概念。市场集中度主要反映市场垄断程度或竞争程度的高低，是决定市场结构的基本因素。一般来说，如果某一卖方集中度较高，则说明少数企业的市场占有率较高，表明在某一百分比的市场占有率之内的最大规模企业的数目少。由于为数较少的文化企业可以凭借所占有的较高的市场份额来左右市场上文化产品的价格，这就造成文化市场上的垄断因素增强，而市场竞争程度下降，由此而形成的文化市场结构就是一种典型的卖方垄断性市场结构；反之则反，市场集中度低所决定的市场结构则具有较为典型的竞争特征。在文化市场的运动过程中，不同文化产业在文化市场上的集中度运动是不一样的，正是这种不一样的矛盾运动推动着文化市场结构的矛盾运动，并使之呈现出各种不同的运动形态和运动状况，文化产业的市场运动就是在这样的一个过程中不断创新与发展的。

文化产品差别化是指文化企业在该企业提供的文化产品实体要素上，或在提供文化产品过程的诸条件上，造成足以区别于其他同类文化产品以吸引买者的特殊性，使买者将它同其他经营同类产品的企业相区别，从而使企业在市场竞争中占据有利地位。例如，中华书局在古籍图书整理与出版领域形成的竞争优势，就是在与其他出版社同类图书的比较过程中所显示出来的特殊性而决定的，并且由此而形成了它在该文化产品领域里的权威，而这种权威则是由买者在购买行为过程中、消费结果后建立起来的。能否形成文化产品差别化，也就是说能否形成自己的文化品牌，是一个文化企业能否在文化市场竞争中赢得有利地位的决定性因素。

文化产品差别化对文化市场结构的影响主要表现在：产品差别化可以使同一产业内不同企业的产品之间减少可替代性，并导致文化消费者对该企业文化产品的市场需求相应增大，从而使该企业在与同一行业其他文化企业的竞争中保持较大的市场份额，处于市场竞争的有利地位。而要真正在战略上实现这一目的，对于文化企业来说，一个最大的战略途径就是必须最大限度地拥有自主知识产权的文化产品。这在网络游戏市场里表现得尤为突出。没有拥有自主知识产权的网络游戏产品或者说拥有了自主知识产权而创新性程度又不足以取代市场上的同类产品，那么文化产品差别化就没有完全实现，依然不能达到文化产品差别化完全实现所占有的市场份额，也就无法从根本上形成一个企业的核心文化竞争力。文化产品差别化既是企业参与文化市场竞争的一种有效手段，也是影响文化市场结构变动的重要因素。

规模经济又称规模利益，是指由于生产经营规模扩大，企业的经济收益增加的现象。一般来说，企业的生产经营活动总是在一定的规模条件下进行的，对于同一种产品的生产经营，企业的规模不同，年均成本水平和收益水平也不同。但是，企业追求利润的内在发展需求，总是不断地刺激着企业增加各种生产要素的投入，以扩大企业的规模。由于规模的扩大是一个由量变到质变的过程，因此，企业规模的扩大并不是一下子就能完成的，而是必然要经历若干个发展阶段。在企业规模扩大的不同阶段，企业收益增加的幅度是不一样的。如果规模扩大的幅度与收益增加的幅度相同，则规模收益不变；如果收益增加的幅度大于规模扩大的幅度，则称为规模收益递增；如果收益增加的幅度小于规模扩大的幅度，则称为规模收益递减。就生产规模与企业经济收益之间的关系来说，随着规模的扩大，企业的收益逐渐增加，规模收益递增；规模扩大到一定程度，会转入规模收益不变；规模继续扩大，就会出现规模收益递减。因此，对于文化企业来说，如何选择使文化产品平均收益最大，或者以平均成本最低的规模进行生产，在相同的资源条件下，比采用其他规模更经济，从而使得生产要素得到最佳组合与有效利用，则是中国文化企业发展的战略性命题。长期以来，中国的国际商业演出票价居高不下的一个最主要的原因，就是由于演出的市场规模不大而使平均成本太高，导致规模经济收益不大。为了降低风险，演出只能通过抬高票价、转移风险来实现规模经济收益的视线，然而，这却导致了中国国际商业演出产业在国内市场空间的萎缩。因此，要扩大文化企业的规模经济收益就必须有效地扩大经济规模，在扩大规模经济的过程中，实现规模收益的增长。但是，由于文化企业具有其他企业所不具有的特殊性，因此，当我们在追求企业的规模经济和规模经济收益的时候，还必须充分考虑这种规模经济收益的其他内容，如文化的创造与积累等。因此，这就需要有对文化企业规模经济和规模经济收益评估的指标体系与价值标准。只有这样，才能在实现经济增长的同时，实现文化的同步增长。

产业进入、退出壁垒是指企业进入或退出某一市场的时候所遭遇到的障碍。任何一个企业要进入一个新的领域，都必将构成与已有企业的竞争。在竞争过程中，新企业将遇到许多阻止其进入的障碍，这些阻止新企业进入的障碍被称为“进入壁垒”，通常所讲的“市场准入壁垒”就是其中一个最主要的形态。同样，任何一个企业要退出市场，由于受到各种条件的制约，也会遇到一定的障碍，由此而形成了退出壁垒。进入和退出是两种不同形式的市场行为，它们的不同运动结果是造成文化市场结构不同形态的重要因素。进入壁垒是构成现阶段我国文化市场结构运动的主要因素，主要有规模经济壁垒、绝对成本壁垒、产品差别壁垒和政策法律壁垒。当前，在计划经济体制下形成的文化市场准入制度，构成了我国文化产业准入壁垒的最主要的壁垒。因此，中国文化体制改革就包括对文化市场准入制度等一系列文化产业组织的改革。

由于包括市场结构在内的各产业组织的基本要素都是在现代世界体系中运动的，国际和国家行为及其运动是现代世界体系运动的重要因素，因此，现代产业组织各基本对象的运动都不可能完全超脱于政府作用之外，尤其是作为政府干预资源配置基本条件的公共政策，从某种意义上说，产业组织本身就是一定的公共政策的产物。这就是不同国家会有不同的经济体制和制度形态的原因。中国的产业组织之所以与西方发达国家之间会存在较大的区别，其中一个重要原因就是公共政策的差异。

在决定文化市场结构诸要素中，一个国家的政治和经济制度选择是决定市场结构其他所有要素的关键。不同国家的文化市场结构要素运动之所以会在整个世界市场结构的要素运动中产生矛盾和冲突，甚至引发不同国家之间的贸易纠纷，其中一个重要的原因就是不同国家的政治、经济制度所决定的市场结构的要素构成与运动存在差异性。一般的产业经济学理论中关于市场结构的理论并不能解决文化市场结构要素运动的全部问题。因此，我们必须在产业经济学关于市场结构的理论的基础上，建立关于文化市场结构的理论及其概念系统。这是文化产业理论与政策研究的一项重要任务。

## 二、文化企业行为与市场绩效

企业行为和市场绩效是产业组织理论中的两个核心概念和重要研究内容。文化企业行为具有和一般企业行为相同的市场目的，虽然它有着其他性质的企业所没有的社会责任，但是作为经营性市场主体，一般来说，产业组织理论关于企业行为的学说也是适用于文化企业行为的。

### （一）文化企业行为

所谓文化企业行为就是指文化企业在市场条件下有目的的生产经营活动，是企业为了获取更多的利润和更大的市场占有率，适应市场要求而采取的战略性行为。这些行为通常包括企业的制定价格战略、产品战略（新产品的开发、质量等）、营销战略、投资战略及企业并购与集团化战略（兼并、集团化等）。

1. 价格战略

价格战略是指包括定价行为、定价方法、价格差别和价格协调等几种定价策略在内的行为系统。价格战略核心是指企业为了获得更多的利润和更高的市场占有率，在制定价格时所追求的目标和采取的策略。由于这样的策略具有维持市场占有平衡或打破市场

占有平衡的性质，因此，这样的策略在企业行为的整体性意义上就属于企业的战略行为。所谓定价行为主要是指阻止竞争者进入的定价行为和驱逐竞争对手的定价行为。二者都是为了垄断文化市场，以实现利润最大化。但是，必须注意的是，市场经济是竞争经济，市场竞争的原则是公平竞争。在我国，除了涉及国家文化安全的那一部分文化产业由国家实行专营以外，国家反对一切违法的市场行为。我国人大常委会通过并于 1993 年 9 月 2 日公布的《中华人民共和国反不正当竞争法》第十一条，“经营者不得以排挤竞争为目的，以低于成本的价格销售商品”，所指的就是驱逐竞争对手的定价行为。

2. 产品战略

产品战略一般指文化产品差别化的竞争策略系统。核心是新文化产品的研究与开发。文化消费需求的多样性和不同文化产品寿命的差异性是决定企业产品战略的根本性因素。一个文化企业要长久地占有文化市场的庞大空间并一次获得巨大的利润，就必须要有具有竞争力的文化产品。一般来说，娱乐性较强的文化产品由于其获利能力较强，因此往往会造成市场主体的激烈竞争，因而相对寿命较短。因此，为了保持市场占有的绝对或相对优势，就必须投入大量的人力和物力进行新产品的开发，通过产品的不断更新来保持自己的战略利益，而不使原有的市场利益平衡被打破。然而对于要进入这个领域里来的市场主体来说，情况正好相反，就是要通过产品战略的实施在获得市场占有率的同时获取企业的利润最大化。

3. 企业并购与集团化战略

企业并购与集团化战略是文化企业为了提高自己的竞争能力，追求规模经济和技术进步，从而通过文化资源重组实现产业规模和市场规模扩张而采用的一种导致竞争力量格局变动的企业组织调整行为。

企业并购是资本集中的一种形式，在产权关系上表现为两个或两个以上的独立企业合并成一个独立的经济实体的过程。它的目的是通过兼并推动企业存量资产的合理流动，促进文化生产要素向优势文化企业集中，产生规模效益和专业化协作效益，提高文化企业扩大再生产的能力和文化资产质量。在世纪之交发生的美国在线和时代华纳的并购，就是一个典型案例。并购还能促进衰退产业的收缩和新兴产业的壮大，实现文化产业结构的调整，进而通过产业结构调整使得衰退产业重新获得生机与活力。

所谓集团化就是通过兼并与并购等多种资本集中行为，以股份制形式和结构建立有共同利益和特殊关系的企业群的产业组织调整、扩张行为。在现代市场经济条件下，企业集团是生产和资本集中的一种基本形式。组建企业集团是企业最重要的市场行为，对企业的市场地位及经济的集中程度等具有重要影响。企业集团的组建有多种形式：①资本结合，是指集团企业有所有权关系的结合。其基本形式是相互购买股份或资产，表现为控股和相互持股两种基本形式。②资金结合，是指集团企业融通资金，即集团内工商企业向集团内金融机构借贷或委托发行债券所形成的市场关系。资金结合不影响企业之间资产所有权关系，但会影响实际的资产经营权限的大小和资本收益。现阶段我国文化企业的集团化进程主要还是在政府主导下开展的，市场在其中的作用并不明显。这种情况一方面和我国文化企业中的文化资产的国有属性具有很大关系，另一方面也同我国相关文化产业政策还不完善相联系。因此，如何按照市场经济的规律推进我国文化产业集团的现代发展，是我国文化产业组织理论研究面临的一个重大课题。

市场结构是决定企业行为进而决定市场绩效的基本因素。在现实的文化经济活动中，企业的定价、生产行为之所以发生了不同于自由竞争条件下的变化，是由于市场结构变化的结果。但是，企业并不是完全被动的，市场结构也受企业行为的影响。企业行为对市场结构具有反作用，市场运行状况对企业行为进而对市场结构会产生反向作用；在价格、产量、利润、广告和竞争等市场经济的变量之间，企业行为是头等重要的因素。在可竞争市场中，由于潜在进入厂商的威胁致使已存在的厂商不得不降低成本，增加创新，扩大规模，从而改变市场结构和市场运作的结果。

### （二）市场绩效

所谓市场绩效是指在一定的市场结构下，通过一定的市场行为使得某一产业在产量、价格、利润、产品质量和品种及技术条件等方面达到的现实状态。市场绩效是以市场结构为基础、由企业市场行为形成的资源配置和利益分配的状况，反映市场运行的效率。评价文化市场绩效的好坏，主要涉及以下几个方面。

1. 文化资源配置效率

文化资源配置效率是衡量文化市场绩效的最重要的指标。它强调有限的文化资源应当被有效地分配到特定文化产业的各文化企业间并被充分利用，如果某些文化企业不能充分利用有限的文化资源，就必须迅速调整文化资源分配布局的机制，以使有限的文化资源能够得到充分利用。文化资源配置效率一般反映在两个方面：一方面反映在产业和企业的利润率上，由于文化市场结构和文化企业行为变化必然引起文化生产者利润的变化，因此，产业和企业的利润率水平也就成为衡量文化市场绩效的重要指标之一；另一方面，由于文化资源的配置与一般资源配置相比在构成属性上具有巨大的差异，因此，在衡量文化市场绩效文化资源配置效率时，就必须建立起文化资源再生率这一新的衡量指标。所谓文化资源再生率就是指新文化资源形成的比率。其他形式的资源再生可以建立起关于循环经济的指标体系，唯独文化资源再生要求再生新的精神性的资源，以为今后文化资源配置新的资源来源。这和知识产权相关，也就是说，与能够在多大程度上形

成知识产权有关。而知识产权是能够作为文化资源的要素参与文化资源配置的。利润率和文化资源再生率两项指标共同构成了文化资源配置效率。

2. 文化产业的技术进步水平

文化产业的许多方面，无论是产业形态还是市场形态，其发展变化都与技术进步水平有着密切的关系，如文化产品差别、经济规模水平、必要资本量壁垒、企业集团化及系列化发展等。文化市场绩效在产业技术进步方面主要体现在三个方面：一是技术进步的资源、资本、人才、机构的文化企业和文化产业分布及影响分布的市场结构及其他因素；二是文化创新与创意及文化生产率水平提高的文化产业分布及分布的市场结构及其他因素；三是文化企业集团、企业系列化及中小文化企业的技术进步、技术传播过程与文化产业组织的关系，技术转移的价格、交易条件、交易利润率与文化产业组织的关系。

一般来说，大企业由于在人力资源等各个方面都有着比小企业更多的优势，因此，大企业对技术进步的推动作用大于小企业。为了确保市场的垄断地位，保证企业的市场占有率，追求技术进步往往是垄断竞争的客观需求，正是这种需求推动了企业的进步和产业水平的提高。在这方面，美国电影在全球电影市场的成功不得不说与好莱坞的整体技术进步水平有着极大的关系。但是，这并不等于说中小企业在文化产业的技术进步水平的提高上就是无能为力的。已有的实践证明，在文化产业领域里，有些重大的技术突破和技术发展往往是由中小文化企业率先实现的。对于大多数中小文化企业来说，资金不足往往构成了企业发展的瓶颈，因此，它们选择实施产品差别化战略，以较少的资金集中投入新的文化产品和新的文化产业领域的开发和拓展，在这个过程中不仅获得了企业发展的成功，而且促进了整个产业的发展。上海盛大网络有限公司的成功就是一个典型的案例。它不仅取得了企业发展的成功，而且带动了中国网络游戏产业技术进步的发展水平。可见，大企业与小企业在推动技术进步方面的作用大小，与产业类型、技术进步阶段与水平、产业组织状况（特别是文化产业的专业化分工程度）等因素，都有密切的关系。如果简单地认为大企业一定比小企业对产业技术进步的作用更大，往往会忽视中小文化企业在产业技术进步中大企业所无法替代的作用。在文化产业的发展中，大型文化企业和中小文化企业在推动产业技术进步过程中的作用互相补充、互相联系、共同推动，则是一个比较合乎逻辑的存在。

3. 文化产业的规模结构效率

文化产业的规模结构效率也称产业组织的技术效率，是指文化产业经济规模和经济效益的实现程度。它主要包括三个方面：一是经济规模的实现程度，表现为企业的经济规模是否与企业的规模效率呈正相关关系，企业规模扩大的同时是否带来了企业规模效率的同步增长，特别是它在整个文化产业产量中占有的比例；二是在具有连续流程特点的相关文化产业中，文化经济的合理垂直结合及实现程度反映文化经济规模的纵向实现状况，主要表现为产业的纵向关联度；三是文化企业规模能力的利用程度。有些文化企业特别是大型国有文化企业有效资源利用不足，造成有效资源闲置和企业能力过剩，如电影制片厂，企业规模和企业规模效益之间不成比例，规模结构效率低下。文化体制改革，特别是经营性文化事业单位的转企改制，其目的就是要解放文化生产力，提高文化产业和文化企业的规模结构效率。一个成熟的文化产业组织，应该是产业内的各文化企业的生产规模能够使其生产与流通费用水平达到企业长期平均费用曲线的最低点，从而实现对企业规模的充分利用。

4. 文化产业组织结构的社会公平

合理的文化产业组织结构不仅应该具有产业内文化企业生产经营活动的效率性，而且应该有助于配合政府的宏观经济政策。例如，充分就业即充分利用劳动资源；公民文化权利的充分实现，即社会办文化产业所需要的市场准入壁垒的克服及国民待遇的充分实现。在这里既涉及对文化资源的公平分配，也涉及国家保障的充分享有。

市场结构、企业行为和市场绩效是产业组织理论的核心内容。产业组织理论研究的主要目的是通过考察某一产业的经济绩效状况，来寻求提高产业经济绩效的对策。因此，以产业组织理论为分析工具来研究文化产业的运动，其目的就是要有助于文化产业的运作绩效。从产业组织的基本理论出发，市场结构、企业行为和市场绩效三者的关系是：市场结构是决定企业行为和市场绩效的基础；企业行为受市场绩效的影响，反过来又影响市场结构，是连接市场结构和市场绩效的中间环节；市场绩效受市场结构和企业行为的共同制约，是市场结构和市场行为作用的结果，同时，市场绩效的状况和变化趋势又影响未来的市场结构和企业行为。因此，完善市场结构、优化企业行为和提高市场绩效也就成为文化产业组织政策的基本目标。

## 三、文化产业组织的运动与发展趋势

文化产业组织运动是指文化产业内部的各企业相互关系所构成的组织结构状态及其发展变化的过程。它的运动形态和运动结构及其发展趋势，对于文化及其产业发展的综合竞争力运动具有特别重要的意义。

### （一）文化产业组织与一般产业组织的区别

文化产业组织与一般产业组织的最大区别就在于文化产业组织的文化性、政治性和意识形态性，具有直接影响和干预国家文化行为的力量与手段。产业组织是市场经济最

主要的存在形态，虽然一般的产业组织发展到寡头垄断阶段也具有一定的政治性，具有直接干预和影响国家经济行为的力量和手段，但是这种干预和影响与文化产业组织相比是间接的。文化产业组织直接和文化产业形态即所谓意识形态国家机器联系在一起，掌握着意识形态国家机器，可以直接对国家文化行为如文化产业政策、文化产业制度等的制定或更改进行舆论干预，使之朝着有利于自己文化利益实现的方向发展，甚至可以直接干预国家的政治行为以维护文化集团利益，而这对于国家行政来说不能不说是一种巨大的“意识形态国家机器”的力量。而在多大的程度上以多大的宽度实现文化产业的市场准入，不仅体现和反映了一个国家的文化产业政策，还反映了一个国家实行文化民主和落实公民文化权利的程度，因此，它是一个国家政治民主和民主政治实现的标准之一。一个在经济上实行完全开放的国家，并不一定在文化产业的市场准入领域里实现同样的政策，其原因就在这里。

### （二）文化产业组织作为社会组织形态的意义

文化产业是现存一切文化生产关系的总和。一定的文化产业组织反映了一定的社会历史条件下人们的文化生产关系，这种关系包括文化分配关系及由文化分配关系所表现出来的人们之间的文化权利关系，当这种文化生产关系以文化产业组织的形态表现出来的时候，文化产业组织也就成了人们的一般社会关系的社会组织的反映，具有了一般社会组织所具有的属性。也就是说，它是人们在一定历史条件下占有和利用文化生产资料来实现和享受文化权利的一种政治经济形态。人们的政治经济和文化权利的享有与实现程度是可以通过文化产业组织的方式表现出来的。人们关于文化权利诉求的实现程度是以文化产业组织的方式来确证的。由于文化产业具有“意识形态国家机器”的性质特征，文化产业组织还是文化民主落实程度的一个标志。因此，无论是利用还是控制文化产业组织运动，本质上不是对一种经济组织和产业组织的利用与控制，而是对一种社会组织的利用与控制。阿尔杜塞提出的“意识形态国家机器”命题和葛兰西关于“文化霸权”或“文化领导权”的命题，就包含着这样的片面的深刻性。

### （三）文化产业组织的发展趋势

文化产业组织在中国作为市场主体身份的确立与国家和社会的变革存在着内在联系。文化企业结构与行为深刻地体现着国家的文化意志和承担者严肃的社会责任。同时文化产业组织在中国的发展，也将进一步推进公民文化权利的实现和社会文化民主的实现。各种社会主体办文化产业，将成为中国文化产业组织发展的必然趋势。与此同时，随着中国进一步融入现代世界体系，中国文化产业发展与世界文化市场之间的相互依存关系进一步加强，各种国际文化产业集团深度参与中国文化产业竞争，也将为中国文化产业组织的变化带来新的动力来源，由此而形成的中国文化产业组织形态和结构都将出现前所未有的崭新变化。集团兼并、跨国文化企业集团的形成、文化产业组织更多地参与国家事务并影响政府的文化产业政策决策，将越来越成为中国文化产业组织发展的一个重要趋势。

随着中国文化体制改革的进一步深化和文化产业结构的优化调整，作为文化产业空间存在形态的文化市场结构也将随着文化企业的多元化发展而呈现出多种市场结构并存的局面。但是，随着中国深度融入现代世界体系和与世界文化市场联系的依存度进一步加深，中国文化市场结构运动将更深入地影响新的国际文化分工且被其影响。历史发展的根本趋势和文化产业组织应该承担的责任和任务之间，存在着不可避免的矛盾与冲突。如何使二者实现高度的和有机的统一，从而使文化产业组织真正成为中国新文化变革的主导性力量和中国新文化建设的主体性力量，将是中国文化产业组织在未来发展中始终面临的历史性考验。

## 第二节　中国文化产业组织分析

中国文化产业组织是中国文化产业研究领域里的一个极其重要的问题。中国文化产业组织的发育和成熟程度，既是有中国特色的社会主义文化市场发育成熟的标志，也是中国文化企业现代化成熟程度的标志。这两个标志将最终反映中国文化产业综合实力结构和参与世界文化产业竞争的能力。

### 一、中国文化产业组织的构成与运动

中国的文化产业组织构成是一个历史过程，大致分为了三个不同的历史发展阶段。

第一个阶段是1840年近代工业革命的成果逐渐被输入到中国后出现的中国早期文化产业组织形态。这一时期以1949年的结束为标志。虽然在这一时期中国的文化产业已经出现了现代文化产业的绝大多数形态，如现代出版业、电影业、唱片业、娱乐业和新闻传播业等，但是无论就市场发育的成熟程度还是现代企业制度的建立而论，中国的文化产业组织都还处在培育期。半封建半殖民地社会制度的性质，造成了中国文化产业组织形态的畸形发展和构成的半现代性特征：一方面现代文化产业在上海等个别大城市迅速发展；另一方面传统的以农耕文化为主流的前文化市场仍然是中国文化市场结构的主要

构成。但是，文化产业的现代发展已经成为中国现代文化形态建构的主要路径选择和制度设计。

第二个阶段是在中华人民共和国成立之后至20世纪末以计划经济为主要形态的文化产业组织建构时期。这一时期中国文化产业组织构成与运动的一个最显著的特征就是文化的意识形态化与经济制度和经济体制的计划性，使得中国文化产业组织的形态和构成成为国家政治制度和经济制度的组成部分。由于文化产业组织被纳入了国家意识形态领域里的阶级斗争和经济领域里的计划经济体制，因此，不仅不存在所谓现代企业制度，也没有科学意义上的文化市场。尽管文化领域里的许多文化产品也还是通过流通的形态来实现交易，但是，由于所有这些流通和交易是在计划经济体制的制度和模式下进行的，市场并没有在文化资源的配置中发挥基础性作用，因此，从这个意义上说，这样的文化市场结构只是一种特殊的文化制度在文化产品流通领域里的安排形态，体现的是政府的文化主观性，对于文化理想的追求压倒了对于文化产业发展规律的认识，从而使中国文化产业组织在缺乏市场竞争的条件下获得了自我发展，同时由于这种发展是脱离文化产业自身运动规律下的发展形态，因此，这种产业组织和制度形态无法克服和解决由此而产生的结构性矛盾和体制性障碍。中国文化产业组织革命就成为一种历史性的必然选择与安排。

第三个阶段是进入21世纪后以建立社会主义市场经济体制为目标的现代文化产业组织建构时期。这一阶段中国文化产业组织的构成与运动，一方面要克服计划经济时期形成的结构性矛盾和体制障碍，实现文化产业结构的战略性调整和制度创新，为最终形成有中国特色的现代文化产业组织制度奠定良好的基础；另一方面要在实行体制和机制创新、建立现代文化市场和文化企业制度的同时，创造性地继承和发展在社会主义计划经济时代创造的一系列被证明的、对发展有中国特色的社会主义文化行之有效的成功经验和制度设计，因此，这一阶段既是改革与开放并举的阶段，同时也是继承与革新并存的时期。这样的一个特征将决定中国未来文化产业组织构成与运动的全部特征。

## 二、中国文化产业组织运动的问题

当代中国的文化产业组织形成于中国社会主义的政治制度、经济制度和文化制度的建构过程之中。中国文化产业组织是从计划经济体制中发展过来的，在从计划经济向市场经济的转型过程中，中国文化产业组织不仅一般地带有其他产业经济组织在计划经济体制下形成的所有弊端，而且还带有其他产业经济组织所不具有的意识形态和政治体制方面的问题。分析这些问题的成因对于重建中国文化产业组织的现代体系具有特别重要

的意义。中国文化产业组织与文化产业结构的矛盾与冲突主要表现在以下几个方面。

**（一）文化市场结构的非对称性**

市场结构是企业与企业之间在数量、规模上的关系及由此而决定的竞争形式。文化市场虽然是一般市场的特殊形态，但是作为文化产业的空间存在形态，市场结构的基本要素和特征一般来说也是决定文化市场结构的，也就是说，文化市场结构本质上也是文化企业与文化企业作为市场主体在数量和规模上的关系及由这种关系所形成的竞争形式及其存在方式。所谓文化市场结构非对称性矛盾就是指这样的一种关系中的矛盾和冲突。这种冲突的一个最集中的表现就是国有文化企业和非公有制文化企业在数量和规模上的不想协调，以及这两种不同性质的文化企业在不同文化产业形态中所占的比例不相协调。非公有制文化企业绝大多数集中在演出、娱乐、艺术品、电视制作、图书零售及网络游戏等文化产业，而国有文化企业尤其是大型国有文化企业则主要集中在新闻传播业和图书出版业等文化产业的核心产业。在文化市场结构的文化力学分布上存在着一种明显的文化生产力和文化资本分布不均的现象，正是这样一种文化市场结构在文化力学分布上的不均衡状态构成了我国文化产业组织发展中的结构性矛盾。文化市场结构非对称性矛盾和冲突的另一种表现就是文化市场分割和统一的文化大市场之间的冲突。传统的文化行政区划是造成这种矛盾和冲突的主要原因。由于在我国的文化行政管理中存在着中央和地方两种文化管理模式与体制，国有文化企业也因此而被区分为传统意义上的“国营”和“地方国营”两种模式，即存在“地方国营”这一“块”的文化管理模式的同时，还存在“国营”的“条”的管理模式。当这两种模式受制于各自的文化经济利益的时候，局限于“条”和“块”的利益及由此而形成的地方保护主义和部门保护主义，便成为导致文化市场结构非对称性矛盾和冲突的最直接的体制性障碍。

**（二）文化企业行为的非主体性**

当代中国的文化产业组织与它的产业形态一样，正处在发育的过程当中。文化企业作为文化产业组织的核心要素，在当代中国文化产业的发展中，在一段相当长的时间内，并没有获得它应有的市场主体的地位和身份。福利性文化产业政策和政治意识形态的要求，不仅使得中国文化产业在过去几十年里没有获得健康的发展，而且也没有培育起真正意义上的文化产业组织。中国的文化产业组织大多数属于国家文化事业单位，即便是属于经营性文化产业的那些文化企业，如出版社、电影制片厂等，也是实行事业单位企业化管理的制度模式，也就是说，中国一直以来就没有培育起真正意义上的文化产业组织。政企不分和政事不分成为中国文化产业组织运动最主要的特征。政府办文化、办文

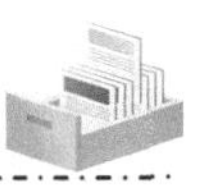

化产业，使之成为文化产业组织的唯一主体。由于政府过多地承担了文化产业组织的责任和风险，文化企业成为政府办文化的工具，企业行为实际上成了政府文化行为的替身，社会效益或者说意识形态满足成为企业唯一的绩效，而只讲投入不讲产出成了国家财政的无底洞。单一的文化企业组织和国家统包统揽的组织行为，不仅使得文化企业无法形成企业生长所必不可少的市场竞争能力，而且使文化企业长期以来得不到应有的企业扩张已形成的战略投资能力。中国文化企业做不大和做不强的状况与中国文化自立于现代世界文化之林的历史发展的必然要求之间构成了很大的矛盾，当不克服这种矛盾，中国的文化产业就不能发展的时候，解决这种矛盾，进行文化体制改革，重塑文化产业组织的微观主体，也就成为中国文化产业组织运动的历史使命。

### （三）文化市场绩效与政府管制的非兼容性

文化市场绩效与政府管制的非兼容性主要表现在以下六个方面。

（1）文化产业发展与国家战略需求之间缺乏整体性创新联动，体制性障碍成为我国文化产业发展突出的战略性矛盾。文化产业发展作为一个战略问题是在2002年中共十六大上提出来的。中共十六大的政治报告在提出了要“积极发展文化事业和文化产业”的同时，还提出了要“进一步深化文化体制改革”的要求，揭示了发展文化产业与改革文化体制之间的内在的逻辑关系。但是，问题的提出和问题的解决是不一样的。当前和今后中国文化产业发展的一个最关键的问题就是文化产业发展和国家整体战略需求之间的互动关系。改革开放所创造的巨大的经济成就与文化产业发展所应当提供的文化财富不能满足国家需求之间的巨大的不适应，构成了文化产业组织和文化产业结构与国家战略需求之间整体性创新联动不相适应的矛盾，尤其是文化体制性障碍已经成为我国文化产业发展最为突出的战略性矛盾。这个矛盾将长期影响我国文化产业发展运动的走向，影响我国文化产业结构调整的动力机制。文化产业组织与文化产业结构的良性互动关系成为必须实现理论创新和观念解放的关键。

（2）传统文化产业结构比重过大，产业结构布局不平衡，文化体制改革的路径依赖与文化产业组织政策和文化产业结构政策创新缺乏整体配套，条块分割、行业壁垒矛盾依然突出。产权结构和文化产业所有制结构，在条块分割和行业垄断的原有的结构性矛盾之后形成了新的结构性矛盾。我国的文化产业结构是在计划经济体制下形成的。传统文化产业结构比重过大和产业结构布局不平衡是它的一个主要特点。所谓传统的文化产业结构比重过大，不仅反映了原有的我国文化资源分配的一种状况，也反映了产业结构调整的难度。产业结构布局不平衡也反映了两个方面的问题：一是在历史的既定条件下形成的文化产业空间布局在东西部之间巨大落差；二是改革开放以来，由于改革的先后与开放的先后所形成新的文化产业结构布局存在不平衡。这里既有政府的行为，也有市场选择的结果。所以文化体制改革不仅要改革计划经济时代留下来的不适应市场经济发展要求的那部分文化产业组织，同时也要对改革开放以来新形成的不合理的文化产业结构进行改革。但是，文化体制改革的路径依赖与文化产业组织政策和文化产业结构政策创新要求之间又形成了新的矛盾。所谓文化体制改革的路径依赖，就是片面地套用经济体制改革中的局部经验来解决文化发展中的一系列的根本性的问题。在产权结构和文化产业所有制结构的改革与创新问题上，忽视了社会主义市场经济条件下，中国文化产业组织与文化产业结构变动中的特殊规律，结果导致在试图解决条块分割与行业壁垒的体制性困境的过程中造成了新的结构性矛盾和体制性困境。新旧矛盾与冲突互相交织，成为中国文化产业组织与文化产业结构新的矛盾生长点。

（3）区域文化产业竞争全面展开，地方保护主义在地方战略利益的驱动下和国家文化产业整体利益之间的矛盾进一步加剧，各地文化产业的“圈地运动”将与国家文化产业发展的整体战略思路构成较大矛盾。无论是在文化产业组织还是在文化产业结构问题上，中国都存在国家与地方文化产业发展中的利益关系及由此而形成的竞争。因为就市场总量而言一定条件下的文化市场及其利益总量是不变的。在总量不变的前提下，利益的追求和政绩的价值导向必然导致地方对自身文化利益的关怀和维护。在计划经济条件下，一切是由国家统购统销，并且区域分工是国家根据计划实行的，地方上拥有的自主权是有限的，从而造成有市场却没有竞争的现象。但是，市场经济本质上就是竞争的。社会主义市场经济体制改革目标的设定和文化体制改革的深化，原有文化利益格局的调整和社会文化资本力量的进入，不仅使文化市场结构发生了巨大的变化，而且也使文化产业结构发生了巨大的变化，尤其当文化产业作为新的财富增长的能力被发现之后，人们关于文化的观念发生了巨大的变化，由此而产生了各种力量对原有文化资源的控制和争夺特别是在各地纷纷把文化产业纳入国民经济和社会发展的总体发展规划之后，文化产业在地方经济发展中的战略地位凸显出来了。在这种情况下，正当的地方利益追求被扭曲了，文化领域里的地方保护主义在地方利益的驱动下和国家整体文化利益之间的矛盾进一步加剧，各地文化产业的“圈地运动”与国家文化产业整体发展战略思路之间构成了较大的矛盾。这不仅会使国家推动的文化体制改革遭遇更大的改革成本风险，而且会使通过文化产业结构调整实现经济结构的战略性调整和经济增长方式的转变的预期面临更多的不确定因素。

（4）宏观管理体制职能交叉、管办不分，产业政策缺乏透明度，市场准入歧视和国民待遇不平等造成市场预期不确定，加剧了人民日益增长的精神文化消费需求同落后的文化生产力发展水平之间的矛盾。

（5）文化产业发展缺乏国家战略指导方针，提高文化产业整体实力和综合竞争力的战略目标与我国文化产业国家规划之间存在矛盾和脱节。大力发展文化产业的国家战略需求与我国文化产业人才严重匮乏之间形成了突出的战略性矛盾，国际文化产业资本和集团进入我国引发了文化产业人才争夺战，文化产业人力资源战略准备不足，构成我国严重的文化产业人才安全问题。

（6）国际文化贸易严重逆差，文化产品结构不合理与文化产业结构不合理形成恶性循环，缺乏核心竞争力和国际文化品牌。文化产业投融资和文化市场发展在资本问题上的对外依存度加大，文化产业发展与国家文化安全矛盾形势更加严峻。

文化产业组织政策与文化产业结构政策相脱节，产业组织政策实施的体制和机制基础不完备，文化产业组织政策至今尚未形成一个内容完善的政策体系，构成了中国文化产业组织与文化产业结构矛盾与冲突的最基本的现实关系。

## 三、中国文化产业组织的合理化与创新

单一市场主体与条块分割的管理体制，行政性垄断与市场准入壁垒和文化产业政策滞后与产业制度障碍是我国文化产业组织发展过程中主要的制度性问题。这些问题是历史地形成的，有它的历史合理性。但是正如一切历史的合理性同时又都包含着深刻的历史局限性一样，当这种历史局限性发展成为一种历史发展和前进的障碍的时候，克服这种历史局限性和建立起新的历史合理性就成为中国文化产业组织创新的重要价值取向。

### （一）文化市场主体的多元化建设与文化产业组织结构合理化

文化市场结构的合理化是文化产业组织合理化的核心内容。由于文化企业是文化市场结构的核心要素之一，因此，所谓文化市场结构合理化最主要的内容就是文化企业的合理化。文化企业及其规模和结构是衡量一个国家和地区文化产业发展程度与文化市场结构合理化的重要指标。建设市场经济制度下的文化市场结构是实现中国文化产业组织合理化的一项重要内容。计划经济制度下的中国文化市场结构是单一的、以政府办文化为主体的文化产业组织。要实现中国文化产业组织的合理化与制度创新，首先必须实现从单一的文化市场主体结构向多元的文化市场主体结构转移，形成以国有文化企业为主导、多种所有制文化企业并存的文化经济制度，通过文化经济制度创新实现文化市场结构的多元化改造和转型。同时，在确保国家文化主权和文化安全的大前提下，实现在法律制度安排下的非公资本在文化产业核心部门的市场准入，从而克服在核心文化产业部门存在的非公资本文化产业准入障碍和制度性困境，消解由于制度性困境而造成的国有

资本经营风险和安全危机，在文化产业的核心部位实行社会资本和非公资本适度准入的文化产业政策，从而通过建立一个在文化企业结构上的适度比例来实现文化市场结构的合理化。

### （二）统一的文化大市场与区域文化产业结构的有机互动

统一的文化大市场的形成和建立是一个国家和地区成熟的文化产业组织发展的重要标志。这一市场的形成不仅克服了由文化行政区划所造成的文化市场割据，降低了交易成本，而且还是真正从制度上消除行业壁垒和部门保护、扩大成本收益的根本途径，同时也是衡量一个国家和地区文化产业组织合理化程度的重要尺度。在这里，所谓统一的文化大市场是相对于国际文化市场而言的国内文化市场的统一性。国内文化市场的统一性是一个国家参与国际文化市场竞争的重要前提和条件，没有统一的国内文化市场，缺乏健全的文化产业组织，很难在国际文化市场竞争中取得理想的成果，尤其是在参与国际文化市场资源的配置中，割裂的国内文化市场由于无法形成一种健康合理的文化产业结构，势必造成在市场竞争中被对手各个击破，二者恰恰是现代文化产业组织结构不合理带来的必然结果。因此，建构统一的文化大市场，是从制度上实现文化产业组织合理化的一个重要保障。产业组织结构的创新有赖于制度形态的创新。

建立统一的文化大市场并不等于说取消区域文化市场形态。统一的文化大市场只有在成熟的区域文化市场发展基础上才是可能的。区域文化市场的发展程度集中反映了区域文化产业结构的发展程度。区域文化产业结构的合理性程度如何，不仅反映了一个地区的文化产业在该地区国民经济和社会发展中的地位与作用，而且还反映了该地区国民经济和社会发展的现代化程度。区域文化产业结构现代化程度的差异是统一的文化大市场运动的重要力量因素。在一定条件下，先进的区域文化产业结构很可能成为未来统一的文化大市场的目标形态。因此，当我们强调文化市场统一性的必要性的时候，并不是要否定区域文化产业结构及由此而构成的区域文化市场的重要性，而是要在强调统一的文化大市场对文化产业组织合理化进程中的全部重要性的时候，辩证地分析和正确地对待区域文化产业结构的合理性对于统一的文化大市场建立的重要性。统一的文化大市场只有实现与区域文化产业结构的有机互动，才是具有规范性力量的；同样，区域文化产业结构的合理化运动也只有在统一的文化大市场的规范下，才是具有活力的和可持续的。这就需要我们在推进中国文化产业组织的合理化进程时，既要克服文化产业发展的结构性矛盾和体制性障碍，为建立统一的文化大市场创造良好的市场环境，同时又要防止和克服形成新的文化产业发展的计划经济模式，尤其要防止和克服形成文化产业的垄断集团和寡头经济。

### （三）文化企业规模结构的动态优化与文化企业规模效益的合理增长

企业结构规模是产业组织结构的重要组成部分。文化企业组织的合理与否不仅直接影响文化产业组织的合理化程度，而且还直接影响文化企业规模效益的增长及其增长方式。优化企业规模结构的经济学路径选择主要有两种模式——存量资产调整和增量资产调整。

存量资产调整是企业规模外部型增长的一种方式，主要是建立和完善企业破产、兼并机制和产权交易市场，通过企业的破产、兼并和产权交易，促使一批破产企业的资产尽可能快地进入效益较高的企业，盘活国有资产存量，以提高企业规模效益的增长。增量资产调整是企业规模内部型增长的一种方式，主要是通过股份制改造来进行。对于文化企业来说，要实现文化企业规模的优化与合理化，还必须建立第二种模型，那就是赋予存量资产和增量资产以文化意义，提出文化存量资产和文化增量资产的概念。前者是一般资本意义上的，后者是文化资本意义上的。文化企业和一般企业的一个最大区别就在于它以版权为核心而构成的无形资产。无形资产是一种巨大的资本形态。虽然一般的企业商标也可能构成无形资产，但是以丰富的文化产品作为文化企业存量资产的一个重要组成部分却是文化企业所独有的资产形态。文化产品存量和质量则可能在资产调整过程中盘活成一种重要的资本形态而具有资本投资价值，并且由于这种价值的被重新发现和开发而形成新的企业规模经济效益和文化企业新的规模结构，尤其是出版社、电影厂、电视制作公司和唱片公司等文化内容企业。因此，文化企业结构的优化与合理化必须超越一般企业优化模式的路径选择，建立文化企业规模结构动态优化与文化企业规模经济效益的合理增长相结合的模式。文化企业规模结构优化不能仅有一般资本意义上的关于存量和增量资产的概念，而且还应当建立关于“文化存量资产”和“文化增量资产”的新概念，在实现文化企业结构合理化的进程中，建立起关于文化企业的新资产概念和新产权概念，以及由此而形成的关于文化企业合理化与文化企业制度创新的动态优化的新理念。由于在文化企业中存在着以内容生产为主和以内容的产品形态的销售与流通为主的不同性质与职能的文化企业，因此，在实现文化企业规模结构优化与合理化的进程中就应当采取不同的模式，以文化内容的产品形态的销售和流通为主的文化企业可以运用一般经济学意义上关于存量资产和增量资产的理念推及企业规模结构的调整，例如 2004 年上海新华发行集团通过关联交易的方式实现了股权的转让和股权结构的优化组合，从而实现了国有文化资产的保值增值，而以文化内容的生产为主的文化企业规模结构的优化与合理化则应当引进“文化资本”的概念，以二者的有机结合推进文化企业规模结构的优化选择和规模效益的合理增长。

### （四）科学的文化产业政策与文化产业发展的科学化

科学的文化产业政策应当科学地反映和揭示文化产业发展的科学化进程。它既应当是政策主体产业战略意图的科学体现，同时也应当是和主体的文化理想追求相协调的价值体系。文化产业政策应当是政策主体关于国家文化建设整个价值体系的有机组成部分，而不应当是和政策主体关于国家文化建设整体价值追求相冲突的纯粹的产业政策安排。科学的文化产业政策应当贯彻和体现国家关于文化建设与发展的科学态度和科学精神。在这里一个重要的原则就是必须遵循文化产业发展的基本规律和科学发展文化产业的基本要求。文化产业本质上是文化的。自由与和谐是人类生存方式的本质特征，也是文化存在的本质特征。科学的文化产业政策就是要在现有的社会文化生产力的发展条件下，最大限度地克服和消除一切妨碍这种自由与和谐实现的内容与形式，包括文化产业结构、文化产业制度、文化产业环境，以及与之相应的文化意识形态理论等。

文化产业发展是社会发展的一种重要特性和机制。由于文化产品的生产、传播和消费，文化市场的准入与控制和地方经济发展模式和意识形态等问题广泛地涉及一个国家民族经济和社会发展中的一系列制度性安排和变动，因此，文化产业发展在任何时候都不是文化产业自身的问题。一个国家和地区选择什么样的文化产业发展道路和发展模式，选择什么样的文化产业作为自己的文化战略和产业战略，都必须而且应当和自己的文化特性、文化背景、文化要素禀赋、文化传统、社会文化制度、国民经济制度和国家政治制度相适应，离开本国和本地区的国民经济和社会文化发展的实际去追求脱离自身能力的文化产业发展目标，不仅会造成巨大的经济损失，而且还会造成巨大的文化损失，尤其是对包括文化创新能力在内的文化生态造成巨大破坏。20 世纪 90 年代，我国不少地方的主题公园建设热所造成的巨大的损失就是一个典型的案例。

## 第三节　文化产业结构与文化产业组织互动

文化产业结构与文化产业组织是文化产业学理论建构中的一对基本范畴。这是从产业经济学理论中借用过来的。但是它有不同于一般的产业经济学关于产业结构与产业组织的理论，这是由它的文化属性决定的。在整个文化产业运动中，文化产业结构与文化产业组织具有直接规定着文化产业运动形态和运动走向的作用。这种作用不是这一对范畴中某一对象的单独运动，而是这一对范畴矛盾运动的结果。认真研究文化产业结构与文化产业组织互动发展的规律，是文化产业学理论建构中的一个重要命题。

## 一、文化产业结构与文化产业组织的一般关系

### （一）文化产业与文化产业组织的同构关系

文化产业结构是文化再生产过程中形成的文化产业间的相互联系和比例关系。文化产业结构是一个立体的结构系统，具有多层次、交织共生的特征。它既包括文化再生产过程中大类产业间的关系，也包括某一产业内部细划的专业产品生产部门之间的相互关系。正是文化产业结构的这一特征，造成了现代文化产业组织的矛盾运动。文化产业组织的产生是文化产业运动的一个结果，并且与生俱来的与文化产业结构之间存在着一种对位性关系，这种对位性关系就是存在于二者之间的一种力的同构关系。也就是说，有什么样的文化产业结构就有什么样的文化产业组织，文化产业组织随文化产业结构运动的消长而消长。例如，电影制片厂是随着电影的诞生而诞生的，电影产业结构的变化如数量的变化必然导致电影企业作为文化产业组织数量和质量的同步变化。电影产业在发展过程中的任何扩张或萎缩，都会导致电影企业的扩张或缩小。当电视作为一种全新的产业形态出现而给电影产业带来新视觉文化的冲击并影响电影产业结构运动的时候，电影企业（包括电影院）作为文化产业组织的运动就面临前所未有的挑战，电影企业的兼并重组也就成为电影企业作为文化产业组织形态的重要变动方式之一。中国在文化体制改革过程中突出强调文化产业的集团化改革，就是由于国际文化产业结构变动中所呈现出来的竞争特点所引发的中国文化产业组织的一场革命。

### （二）文化产业组织发展推动文化产业结构转型

从文化生产力和文化生产关系的角度来说，文化产业组织可以看作是文化生产关系的一种存在形态，而文化产业结构则是一种文化生产力的表现形态。作为文化生产关系的存在形态，文化产业组织的存在和运动状况是文化生产力在文化制度形态上的一种反映。但是，对于文化产业结构的变动来说，文化产业组织作为文化生产力的反映并不是完全被动的，而是具有反作用的，正是这种能动的反作用力推动着文化产业结构的变动与转型。这是由于文化产业组织的构成决定了文化产业组织内在的革命性因素，而这种革命性因素与生俱来的以文化企业竞争形态所表现出来的否定之否定不断地给文化产业组织带来运动的动力，才使得文化产业运动能够不断获得发展与增长的社会机制。中国文化体制改革的一个重要内容，就是在文化产业准入领域放松管制，允许各种社会资本投资国家没有明令禁止的文化产业领域。这就从根本上改变了国有文化企业为唯一主体的文化产业组织内容，文化产业组织结构的多元化在解放了文化生产关系的同时也改变

了文化生产力的构成结构，崭新的文化生产关系给文化生产力带来了全新的创造性机制，从而推动了文化产业结构的创造性转型。

## 二、文化产业结构变动中的部门文化产业差别

### （一）文化产业结构演进与部门文化产业体系的形成

文化产业结构的演进是经济增长的文化形态表现，是社会一系列不平衡发展的结果。它既是部门文化产业差异的形成动因，又是部门文化产业差异发展的内在逻辑，同时还是部门文化产业体系形成的原动力。各个不同文化区域的文化资源构成是不一样的。对于欠发达地区来说，由于各种发展文化产业所需要的资源的有限性和稀缺性，以及一个繁荣的市场建立的过程性，因此，这样的地区就不要同时发展各项文化产业，而应当集中力量首先发展某些具有明显地方优势的特色文化产业，并以它们为动力逐步扩大对其他文化产业的投资。这是因为不仅文化产业的成长是不平衡的，而且不同区域的文化产业的成长也是不平衡的，也就是说，在一定的时间内，各个不同的文化产业部门的增长率是不一样的。文化产业发展往往都是通过文化产业中的主导产业部门的成长带动其他产业部门的成长，由一个行业或厂商的成长引起另一个行业或厂商成长的方式进行的。近几年来，网络游戏产业和文化信息产业的发展就是一个典型的案例。一般来说，由于新型文化产业往往具有变革与创新的特点，而这种变革与创新又满足了人们不断追求新的文化消费和审美的需求，因而具有特别强的生命力，可以在短时间里迅速形成产业规模和产业气候，从而造成文化产业结构的演进。在这个过程中，一方面造成了产业部门差异，另一方面也导致了新的文化产业体系的形成。文化产业体系运动就是在产业结构的不断演进过程中，由平衡向不平衡的发展过程中实现的。由于文化资本尤其是金融资本相对不足和扩大文化金融资本形成能力的需求在整个文化产业发展中相当迫切，因而，集中力量把有限的文化资源投入到连锁效应较大的产业部门，在迅速获得和形成文化投资品的同时，通过连锁效应带动其他产业部门的成长，进而克服部门产业的发展差异也就成为文化产业结构变动的重要选择，而这样选择的一个发展结果就是主导文化产业及其产业部门的诞生。因为在不同的时期国民经济中的不同部门的增长率都存在着广泛的差异，其中一些关键部门的迅速增长会对整个经济的增长率产生直接或间接的效果，而这些关键部门就叫做主导部门或主导产业。虽然不同时期的主导产业是不一样的，但是主导产业的形成往往是一个地区和国家文化产业体系形成的标志。

### （二）各文化产业内部结构的变化与部门文化产业运动

文化产业结构变动中的部门差异，首先表现为文化艺术、广播电视、电影、唱片、

新闻出版等大类文化产业之间的消长。文化产业结构变动的部门差异的另一个重要方面是各文化产业内部的结构变化。根据中国国家统计局2004年下达的《文化及相关产业分类》关于文化产业的划分，现阶段中国文化产业分为三类：文化产业核心层、文化产业外围层和相关文化产业层。

1. 核心文化产业内部结构的变化

核心文化产业包括通常所讲的新闻出版、广播电影电视、文艺表演等。在文化产业结构变动中，由于这些文化产业在国家文化安全中重要性的不同，再加上市场盈利能力的强弱也不同，因此，它们在整个国民经济体系和国家文化建设中的重要性是不一样的。例如，文艺表演是最为原生态的文化产业，但是比起新闻出版和广播电影电视在整个国家文化安全中的重要性和市场的盈利能力来说，其重要地位显然没有它们突出，在整个核心文化产业中所占的比重相比较其他两个方面而言呈下降趋势。而同样是文艺表演，传统形式的文艺表演与现代形式的文艺表演相比，其在整个文化市场中所占的比重也呈下降趋势，正是这种内部结构的变化导致了传统文化产业发展的危机和部门之间的差异。

2. 外围文化产业内部结构的变化

外围文化产业包括网络游戏业、文化旅游业、广告会展业、休闲娱乐业和文化中介代理业。在整个外围文化产业结构的动态变动中，网络游戏业又处于最为活跃的增长期，并且带动了相关产业的发展，所占比重呈上升趋势。

3. 相关文化产业内部结构的变化

相关文化产业主要是文化产业的制造业。由于其中有不少产业在我国的传统产业分类分别属于手工业、轻工业和机器制造业，因此，这类文化产业内部结构的变动对于以内容为主的文化产业结构之间的部门差异影响不是很大。由于它们之间的可比性较差，一般来说，这一层级的文化产业的结构变动不会带来另一文化产业的更大变动。只有那些具有产业相关性的产业门类，才会产生关联影响。

4. 三类文化产业之间内部结构的变化

现代文化产业的变动发展的一个显著特点就是传统文化产业比重逐渐下降，新型文化产业比重迅速上升。反映在中国现行文化产业分类指标体系中，一些核心文化产业在整个文化产业中的比重呈现出下降趋势，而一些外围文化产业不仅在整个文化产业中的比重呈现上升趋势，有的正在改变整个文化产业内部结构的比重，如网络游戏业、文化创意与设计产业。文化产业部门差异随着文化产业内部结构的战略性变动，正出现自电影和电视出现以后新一轮的差异化进程。中国文化产业分类将会随着文化产业内部结构的调整及其在整个国家文化安全中的比重和盈利能力的变化而重新划分。部门差异也会出现新的格局并由此推动文化产业的不断发展。2012 年中国国家统计局颁布了新的《文化及相关产业分类》，就是这一变动的表现。

### （三）开放条件下的文化产业结构变动与文化产业结构的区域差异

不同条件下的文化产业结构变动是不一样的。一个封闭的市场环境下生存的文化产业结构是一种以自我循环为特征的文化产业系统。这样的系统虽然也有它存在的可能，但是一个自我封闭的文化产业结构如果缺乏与外部文化市场运动的联系，必然很难满足文化产业整体性发展的可持续和可增长需求。因此，建立起与世界文化产业的广泛联系，在开放的条件下实现推动自身文化产业的增长与发展，也就成为全球化背景下世界上大多数国家文化产业政策的选择。一个开放条件下的文化产业结构所受到的力的作用与封闭条件下的文化产业结构所受到的作用力是不一样的，因此，其运动变化的走向也是不一样的，由此而导致的文化产业结构的区域差异也就不同于封闭条件下的区域差异。

从文化产业结构变动的一般发展规律来看，一个地区或一个国家的开放性程度或者说与世界市场联系的紧密性程度和一个地区或国家文化产业结构的先进性程度成正比例关系，而和一个地区或国家文化产业结构差异成反比例关系。即开放性程度越高，文化产业结构性区域差别就越小；开放程度越低，文化产业结构性区域差别就越大。现在世界上几个文化产业最发达的国家，同时也是世界上全球化程度最高的国家。我国东部沿海地区与西部内陆省份相比文化产业结构的现代化程度要高，这是同东部沿海省份对外的开放性程度相一致的。虽然同处于开放的时代，但是，由于历史的局限，再加上进入现代市场体系时间的先后与程度的深浅不同，文化市场的成熟性程度直接影响和决定了文化产业结构变动的差异，而正是这种差异直接决定了我国不同地区文化产业结构的差异。

## 三、中国文化产业组织与文化产业结构的互动

中国文化产业组织与文化产业结构的互动是在文化体制改革和文化产业在中国的深入发展的进程中提出来的。它不仅关系到中国文化产业现代体系的科学建立，而且还关系到整个中国现代文化产业制度和现代世界文化产业体系之间的建构。因此，建立文化产业组织和文化产业结构之间的良性互动关系，对于中国文化产业的未来发展具有特别重要的意义。

同样，中国文化产业结构也是计划经济条件下的产物，社会主义市场经济体制改革

目标的提出，不仅涉及了文化体制改革中的文化产业组织问题，而且也涉及了文化产业结构的调整问题。在这里，文化产业组织如何重组与文化产业结构如何调整之间不可避免地存在着矛盾和冲突。这些矛盾和冲突，既是我国文化产业发展面临的问题，同时也为中国文化产业的发展和建立全新的体系创造了条件。中国文化产业组织与文化产业结构的互动，只有在这样一个矛盾与冲突被不断解决与克服的过程中，才能形成一个良性的机制。

中国文化产业组织与文化产业结构互动主要有三种形态，即系统互动、结构互动和差别互动。

所谓系统互动就是中国文化产业组织与文化产业结构的整体性互动。系统互动的实质是整个国家文化产业制度的创新，包括文化产业政策、文化产业发展战略、文化产业制度改革和文化产业结构的调整等一系列事关全局的国家文化产业系统的重组与创建，广泛涉及文化市场准入和文化市场开放等一系列国家文化主权和文化制度安排等问题。文化体制改革在某种程度上就是属于这样的一种系统性互动。这种互动的结果是国家全面的文化创新体系的建立。

所谓结构互动就是文化产业组织与文化产业结构的局部性互动。结构互动的实质是国家文化产业运行机制的创新，包括体制和机制创新。结构互动涉及的更多的是文化市场微观主体的培育及其相关的文化产业政策和文化产业结构的调整。它要解决的问题是通过文化产业组织与文化产业结构的结构性互动，更大地发挥市场在资源配置中的基础性作用，按照文化市场和文化产业运动发展的基本规律和特殊规律，推进文化产业组织与文化产业结构的有机和动态运动，提高市场绩效。

所谓差别互动就是从中国文化产业组织和文化产业结构的实际出发，实行差别变革。差别互动的实质是以局部、分类改革推进整体改革互动的实现。中国文化产业组织和文化产业结构无论在系统的完备程度上，还是在建设的成熟程度上，都存在着巨大的差别。这种差别既反映在系统整体上，也反映在单体的局部上。虽然文化产业组织和文化产业结构之间有着密切的联系，但是文化产业组织和文化产业结构终究不是同一个事物，二者都有着自己运动和发展的特殊性，并且正是这种特殊性规定和影响着各自的发展形态。因此，中国文化产业组织和文化产业结构的良性互动必须遵循二者运动和发展的特殊规律，既不能相互取代，也不能相互偏废。

中国文化产业组织与文化产业结构互动，将是一个长期的历史发展过程，直到全面建立这种良性互动关系为止。这也就决定了科学的、现代的、具有中国特色的文化产业组织和文化产业结构的完全建立，是中国文化产业发展的一个重大课题。

## 本章小结

文化产业组织是现代产业组织的一种特殊形态。它的文化和意识形态性是它区别于一般产业组织的根本属性。文化产业组织在不同的国家制度形态下的存在呈现出很大的差别性，这种差别性的存在是由文化产业组织所承担的社会责任和社会功能所决定的。对文化产业组织承担的社会功能和社会责任的规定，则又完全取决于构成不同国家制度形态的文化背景和文化形态，以及对于文化的不同理解和不同态度。中国强调一切市场主体都要把社会效益放在首位，主张经济效益和社会效益的有机统一，就是由中国的国情决定的。思考和研究中国文化产业组织的问题，应当采用一般产业组织理论技术路线和关于文化分析的技术路线相结合的双重复合路线。

在决定文化市场结构的诸要素中，一个国家的政治和经济制度选择是决定市场结构其他所有要素的关键。不同国家的文化市场结构要素运动之所以会在整个世界市场结构的要素运动中产生矛盾和冲突，甚至引发不同国家之间的贸易纠纷，其中一个重要的原因就是不同国家的政治、经济制度所决定的市场结构的要素构成与运动存在差异性。一般的产业经济学理论中关于市场结构的理论并不能解决文化市场结构要素运动的全部问题。必须在产业经济学关于市场结构的理论的基础上，建立关于文化市场结构的理论及其概念系统。这是文化产业理论与政策研究的一项重要任务。

市场结构是决定企业行为和市场绩效的基础；企业行为受市场绩效的影响，反过来又影响市场结构，是连接市场结构和市场绩效的中间环节；市场绩效受市场结构和企业行为的共同制约，是市场结构和市场行为作用的结果，同时，市场绩效的状况和变化趋势又影响未来的市场结构和企业行为。因此，完善市场结构、优化企业行为和提高市场绩效也就成为文化产业组织政策的基本目标。

一定的文化产业组织反映着一定的社会历史条件下人们的文化生产关系，这种关系包括文化分配关系及由文化分配关系所表现出来的人们之间的文化权利关系。当这种文化生产关系以文化产业组织的形态表现出来的时候，文化产业组织也就成了人们的一般社会关系的社会组织的反映，具有了一般社会组织所具有的属性。它是人们在一定历史条件下占有和利用文化生产资料实现和享受文化权利的一种政治经济形态。人们的政治，经济和文化权利的享有与实现程度是可以通过文化产业组织的方式表现出来的。因而，文化产业组织是文化民主实现程度的一个标志。

一个地区或国家的开放性程度或者说与世界市场联系的紧密性程度和一个地区或国

家文化产业结构的先进性程度成正比例关系，而和一个地区或国家文化产业结构差异成反比例关系，即开放性程度越高，文化产业结构性区域差别就越小，开放程度越低，文化产业结构性区域差别就越大。由于历史的局限，再加上进入现代市场体系时间的先后与程度的深浅不同，文化市场的成熟性程度直接影响和决定了文化产业结构变动的差异。

## 思考题

1．现代产业组织理论能被应用于文化产业组织分析吗？

2．现代文化企业行为与市场绩效之间是否具有不同于一般企业与市场的特殊性关系？

3．中国文化产业组织问题与产业组织之间的关系是什么？

4．文化产业结构与文化产业组织互动理论的内容是什么？

5．中国文化产业组织与文化产业结构怎样才能实现良性互动？

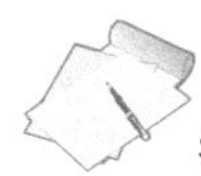

## 参考书目

1．[美]大卫·赫斯蒙德夫. 文化产业[M]. 张菲娜译. 北京：中国人民大学出版社，2007.

2．吉尔特·霍夫斯泰德. 文化与组织[M]. 第 2 版. 李原，孙健敏译. 北京：中国人民大学出版社，2010.

3．[澳]哈特利. 创意产业读本[M]. 曹书乐等，译. 北京：清华大学出版社，2007.

4．胡惠林. 胡惠林论文化产业[M]. 昆明：云南大学出版社，2014.

# 第十章

# 文化产业运行机制

## 学习目标

通过本章学习，学生应了解和掌握以下内容：

1. 文化产业运行市场机制的基本内容；
2. 文化产业运行与政府宏观调控机制的关系；
3. 文化产业运行中的市场失灵与非市场失灵；
4. 现代企业制度与文化产业运行机制间的关系；
5. 现代企业制度与文化产业运营机制创新。

## 导言

充分发挥市场在资源配置中的基础性作用，是建立社会主义文化市场经济体制的基本要求。要使我国的文化产业发展富有活力和效率，必须在继续发挥政府作用的同时充分发挥市场机制的作用，加快文化市场体系的培育，使市场真正成为配置文化资源的主要力量。同时，国家必须对文化市场活动加以正确的指导和调控，弥补市场机制的缺陷，实现文化体制转化、文化产业结构的战略性调整和机制创新。

## 第一节　文化产业运行的市场机制

文化产业运行的市场机制是文化产业运动规律和内在工作方式及其相互关系的空间存在方式。也就是说，文化产业的生命运动是以怎样一种方式和形态存在并且发展着的，

是什么样的力量制约和影响着文化产业运行和发展的轨迹。因此，必须对所有这些内容和一般原理有一个基本的了解。

## 一、文化市场主体与市场经济结构

文化市场主体和一定的市场经济结构是文化产业运行市场机制最基本的形态。主体在一定的经济结构中活动，而一定的市场经济结构又与市场主体的发育和成熟性程度密切相关。二者相辅相成共同构成了文化产业运行的市场机制。

### （一）文化市场主体

文化市场主体是文化市场运行过程中具有自我组织、自我调节、自我约束能力的经济体，即介入文化市场运行的有关当事人或实体。它包括两大类：一是决定市场供求的主体，包括文化产品的生产者、销售者和消费者；二是接入文化市场运行的主体，包括政府管理机构和文化中介机构。

从文化市场发展的过程来看，文化市场主体可以分为以下三大类。

（1）文化消费者。消费需求是文化市场的主导需求和最终需求，它的扩大和缩小决定着文化市场规模的扩大和萎缩。文化消费结构的任何变化都会导致文化市场内容结构的更大变化。因此，能否满足文化消费需求，引导文化消费和培育新的文化消费需求趋向，是决定一个文化企业能否在文化市场竞争中获得利润最大化的关键。培育文化消费市场是培育文化市场主体的重要内容之一。

（2）文化企业。在现代文化市场经济中，文化企业是文化市场最重要的市场主体，文化企业需求作为企业生存与发展实现的存在方式，它的满足和实现程度决定了一个国家或地区文化市场发育的成熟性程度。因而文化企业需求是一种重要的文化市场需求，只有这种需求满足得到充分实现，文化消费需求满足的充分实现才是可能的。在现代市场经济条件下，现代企业制度的建立是文化市场经济体制确立的重要保障和标志之一。

（3）政府和文化中介机构。在现代市场形态下，不仅具有组织和管理文化产业的职能，同时也是重要的采购者。在中国，在一定条件下、在一定的文化领域，政府还是主办文化产业的具体行为者。文化中介机构，特别是文化经纪人、版权代理公司、文化创意和策划公司、文化行业协会与文化经纪人协会等，则直接参与了文化市场运行的过程，是文化市场运行中不可替代的纽带和桥梁。长期的计划经济体制造成了我国文化市场的发育极不成熟，由于政府承担了办文化的主要角色，不仅在宏观文化经济制度方面形成了政府办文化的单一的市场主体体制，而且在微观文化经济方面，文化企业由于过多地

承担了政府办文化的义务，缺乏作为市场主体应有的自主权，因此，根据文化市场经济发展的客观规律，改革我国的文化体制的一个重要内容就是恢复企业作为文化市场主体的本来身份，参照现代企业制度重塑文化企业的市场主体身份。

#### （二）文化经济结构

文化经济结构是指在市场经济体制中，构成文化经济整体的各种经济成分和各种产业形式及其相互关系，主要包括文化产业结构和文化企业的所有制结构。文化产业结构是指各文化产业之间和产业内部各文化行业之间的数量对比关系。所有制结构是指文化经济整体的经济成分，即各种文化生产资料的所有制形式在整个文化市场体系中的地位、作用及相互关系。现阶段我国文化经济的所有制结构是以国有文化经济为主体，多种所有制形式并存的文化经济制度，包括非公有制文化经济、外国在华投资的文化经济体和股份制经济联合体等。

### 二、文化市场规则与机制

#### （一）文化市场规则

文化市场规则是政府文化主管部门、立法机构和文化行业组织按照文化市场运行的客观规律制定或沿袭下来的文化行为准则。它是一个由文化法律、法规、制度、政策和惯例组成的文化市场行为约束力体系，要求每个参与文化市场活动的主体必须遵守。

文化市场规则主要包括制度性规则和运行性规则两大类。制度性规则主要是指包括知识产权在内的产权法律制度，用以保证文化市场主体的财产所有权不受侵犯；运行性规则主要是指关于文化市场活动的文化政策、法规和条件，用以保障文化市场的平稳运行。

文化市场规则的主要内容包括市场准入规则、市场竞争规则和市场交易规则。

文化市场准入规则是指市场的准入应遵守一定的法规和具备相应的条件，包括准入的文化产业领域、被准入行业的外资进入的标准、企业进入该行业必须具备的注册资本金等。例如，在新中国成立以后相当长的一段时间内，我国的图书分销市场一直没有对外开放，对内基本上也只有新华书店一家包揽全国的图书分销市场。文化产业准入管制一直是我国文化产业准入的大原则。加入世界贸易组织后，根据中国政府入世议定书的规定，我国将从加入世贸组织的第一年起，用三年的时间逐步在图书分销领域放松产业准入管制，在书报刊分销领域的过渡期结束后，外资进入我国书报刊分销领域的限制将基本取消。再如，中华人民共和国文化部 2004 年 7 月 1 日发布的《营业性演出管理条例实施细则》规定，演出公司申请取得承担涉外演出业务资格，应当具备“有 500 万元以

上注册资本”。

文化市场竞争规则是指市场主体在平等的条件下开展竞争的行为标准，主要包括各市场主体在采购文化生产要素和出售文化产品时价格的公平和税赋的公平。2000年以后，我国多次关于电影票价过高的讨论和批评，关于图书价格放开后虚高的批评，都是着眼于文化市场竞争的公平性问题。为了推进文化体制改革，实现从原有的事业单位向经营性企业单位的平稳过渡，我国政府专门制定了过渡时期的文化体制改革单位在改革中实施优惠的税赋政策。这种短期政策在某种程度上的不公平本质上是为了克服由转制而带来的企业发展的成本负担，目的是要为建立长期、稳定、公平的文化产业的税赋政策提供扎实的基础。

文化市场交易规则是指交易行为的规范和准则，如公开交易、交易自愿、等价、互惠、禁止欺行霸市行为等。尤其是艺术品拍卖等交易活动，完善和健康的市场交易规则显得特别重要。在我国文化体制改革过程中，一些地区利用政府行政权力来强行并购地方文化资产所引发的争执，就是违反了交易自愿的原则造成的。交易规则背后有着市场主体深切的利益所在，只有互惠才能互利和双赢，零和游戏不符合市场交易规则。

### （二）文化市场机制

文化市场机制是市场经济中各市场主体、客体要素之间的以文化经济联系为主要存在形态和方式的基本经济联系和相互作用，及其对文化资源配置的调节功能。它是价值规律规定和影响文化市场供求关系、价格运动和市场竞争等要素相互关系和相互作用的过程系统与方式系统。文化市场机制充分发挥作用的关键是确定市场主体的独立性，使文化产业经营主体真正成为自主经营、自负盈亏、自我约束、自我发展且享有民事权利和独立承担民事责任的经济实体，能够对市场信息作出及时灵敏的反应，并以此来调节企业的文化生产经营活动。要充分发挥文化市场机制作用，在我国还取决于政府文化管理职能的转变，关键是实行政企分开，使文化企业真正享有市场主体的地位。这也是我国文化体制改革的一项重要内容和目的。

## 三、文化市场体系

市场机制作用的充分发挥有赖于统一的市场体系的建立。没有一个统一、完备和有机协调的文化市场体系，就不可能有文化产业健康全面的发展。统一、完备、有机协调的文化市场体系是文化产业繁荣与发展必不可少的文化生态环境。所谓文化市场体系就是指这样一个各类文化市场有机联系的文化生态运动系统。一个完备的文化市场体系包括文化商品市场、文化生产要素市场、文化技术和信息市场等。这是文化市场体系的基本结构。

### （一）文化商品市场

市场是商品交换的空间运动系统。商品作为市场主体的对象，属于市场客体构成系统。文化商品市场主要包括文化消费品市场和文化生产资料市场。

消费品是满足人们消费需求的商品，也称最终产品。所谓文化消费品市场，就是提供最终文化产品直接满足人们文化消费需求的文化消费品市场。

生产资料是劳动过程中使用的劳动资料和劳动对象的总称。所谓文化生产资料市场就是文化生产资料的交易和流通系统。

与文化消费品市场相比，文化生产资料市场的一个最大特点就是关于文化生产资料的交换主要是在文化生产企业之间进行的，其目的是扩大文化商品的再生产。文化消费品市场的运动是为了最大限度地满足消费主体的精神文化需求，因此，文化消费品市场的结构随着社会文化消费需求的变化而变化，需求弹性大，而文化生产资料市场的结构则随着文化产业结构的变化而变化，具有相对的稳定性。一般来说，一旦一种文化生产资料市场由于相关文化产业的诞生而形成，那么非等这个文化产业在产业结构的调整中解体而不会结束，因而具有需求弹性小的特点。

### （二）文化生产要素市场

文化生产要素市场是指文化生产过程中的最基本的要素运动所构成的系统，主要包括文化资本市场和文化人才市场。

文化资本市场主要是指以货币资本为主要内容的用以发展文化产业的金融资本的投资和融资流通系统。文化投资是指货币资本直接用于文化产业的开发与发展；融资是指通过证券市场以发行债券或股票的方式进行文化投资，增强和提高企业的综合实力用于发展文化产业。由于货币在现代经济中是所有资源的一般表现形式，资源的分配首先表现为资金的分配，因此，文化资本市场及其发育程度在整个文化市场体系中占有极为重要的地位，是文化市场体系成熟性程度的重要标志。在计划经济体制下，我国基本上没有现代经济学意义上的文化投资市场，政府是文化产业唯一的投资主体。改革开放后，随着我国证券市场的开放，通过组织股份制上市公司，利用证券市场融资，克服文化产业发展的资金短缺问题，逐渐地成为我国文化体制改革的一项重要内容。2004 年 12 月 22 日，北青传媒发展股份有限公司（简称“北青传媒”）在香港 H 股上市，共发行股数 4774 万，集资 9.0467 亿港元。“北青传媒”的母公司是北京青年报社，控股 65.8%，是

"北青传媒"的大股东。[①]"北青传媒"成为首家在内地之外的市场上市的国有媒体公司，它的上市不仅可以通过直接融资壮大自己，更重要的是通过资本市场走出了一条中国传媒产业走向国际的发展之路。2004 年，随着中国文化体制改革的不断深入和国家投融资体制的改革，允许外资和私营资本进入文化产业正成为中国文化资本市场发育的巨大政策动力。如何培育和发展成熟的文化资本市场，已经成为完善、统一的中国文化市场体系的重要课题。

文化资本市场是现代文化经济发展的重要推动力。文化资本市场的发展既受国民经济发展的制约，又有其相对的独立性。这就决定了文化资本市场在推动文化产业发展的同时，自身也存在较大的系统风险。如果对文化资本市场与文化产业发展的相对独立性认识不足，就把握不好文化资本市场的健康发展与我国文化产业和文化市场安全发展的关系。作为在由计划经济体制向社会主义市场经济体制转变过程中形成的新兴市场，我国的文化资本市场还存在许多影响其功能正常发挥的问题。这些问题主要表现在：一是制度缺陷，如股权分置问题；二是市场结构亟待优化，如债券市场没有与股票市场协调发展，也没有形成满足不同投融资者需求的多层次的文化资本市场；三是金融产品单一，如缺乏能用于防范文化投资风险的衍生产品，包括文化保险。加入世贸组织后，我国文化产业和金融服务业正逐步融入经济全球化进程，文化资本市场的改革要求随着文化体制改革的进一步深入和文化产业的加速发展，将变得越来越迫切。

中国文化资本市场是在中国资本市场的形成过程中逐步形成的，它的许多问题有的是资本市场本身发育不完善的问题，有的是文化产业、文化市场发展不成熟的问题，还有的是国家宏观金融政策和金融制度创新不到位的问题，因此，要解决文化资本市场的问题，就必须运用科学的方法去观察和分析整个资本市场的运动形态和运动结构，运用总揽全局的战略思维去把握整个资本市场的改革进程，在这个过程中去分析和解决文化资本市场中的具体问题和特殊问题。文化资本市场的改革应着眼于促进文化产业制度和文化市场制度建设、市场结构调整和文化产品创新，以充分发挥文化资本市场的资源配置功能。在这里，必须科学地把握文化资本市场改革发展中的"度"：一是微观层面即投资回报层面，这是文化投资者个体概念中的度，它要求有一个合理的投资回报；二是中观层面即结构制度层面，这是市场概念中的度，它要求完善文化资本市场的结构和制度；三是宏观层面即社会和谐层面，这是社会稳定与发展概念和国家文化经济安全概念中的度，它要求有利于促进社会和文化的稳定、安全与发展。

人才是对一切产业发展最终起决定作用的因素。没有人才，任何文化资源都无法获

[①] 北青传媒："中国报业第一股"[N]. 第一财经日报，2005-02-16.

得有效的配置和实现效益的最大化。文化人才市场，也称文化劳动力市场，主要是指文化劳动力在市场机制的作用下进行文化人才的合理配置的系统。它的作用是运用市场机制调节文化劳动的供求关系，推动人才的合理流动与人才培养结构的有序调节，实现文化人力资源的合理配置。推动文化人才市场运动的最基本的动力，是产业结构调整所带来的新的文化产业的增长。网络游戏产业是21世纪兴起的成长性最强的新型文化产业。高新技术要求的特点决定了传统的人才资源储备结构无法满足网络游戏产业发展对网络游戏开发人才的需求。据国家新闻出版总署和信息产业部发布的《2004年度中国游戏产业报告》显示，2005年初，我国主要的73家自主研发公司正在开发的原创网络游戏共有109款，从2005年至2010年，我国将至少有300余款自主开发的大型网络游戏上市，而相关的网络游戏专业开发人员仅有几千人，缺口达一万五千多人。网络游戏研发人才匮乏，特别是中高级人才奇缺的情况，已经成为严重制约产业持续发展的"瓶颈"。[①]因此，加快开发网络游戏人才市场，迅速形成高素质网络游戏人才培养机制，就成为我国网络游戏产业发展的一项战略需求。

### （三）文化服务市场

文化服务市场主要包括版权交易、文化资讯服务、艺术设计和文化中介服务等文化服务业。文化服务强调为生产者服务。服务的一个基本分类是追加（附加）服务和核心服务。追加服务同产品与贸易密不可分，它本身并不像文化消费者直接提供独立的服务，而是作为产品核心效用的派生效用。例如，时装制作中的设计服务等，主要功能和作用是提高产品的文化附加值。它的结果是使人们可以明显感受到产品中追加服务价值的大小，并由此而决定了该产品的质量和档次。这种文化服务可以表现在某一个单项的商品上，同时也可以体现在整个产业上。例如创意产业，它可以为制造业厂商提供高品质的追加服务，以提高商品的整体竞争能力。现代文化服务业具有一对一的个性化特点，很难体现规模效益。现代文化服务业知识含量高，无法判断是否存在"暴利"，它的一个重要标准就是看市场和客户是否接受。有的时候一个创意和策划的巨大的价值所可能给企业和产品带来的巨大的经济利益，常常是很难具体量化的。所以一个完善和成熟的文化市场体系，必然有一个完善和成熟的文化服务市场体系，并且通过建立现代文化服务业集聚区来推动文化资源的有效配置、文化产业链的形成和专业水平的提高。

---

[①] 网络游戏开发人才缺口1.5万[N]. 新华每日电讯，2005-02-15.

## 第二节　文化产业运行与政府宏观调控机制

市场是产业存在的一种空间生命形态和运行方式。市场是一种无政府形态。市场运动的规律必然导致发展的无序和失衡，进而造成经济危机。因此，要防止和克服市场发展无政府主义状态，就不能没有政府的宏观调控。一般的商品运行是如此，文化商品运行更是如此。文化市场既是文化产业空间存在形态的运行方式，同时又通过市场获得它的生命存在的全部价值。由于文化产业作为精神产品的生产和流通涉及一个社会的终极关怀，对一个社会形态中一定的人群存在来说具有身份认证的意义，因此，自从有了文化产品和文化产品的交易及其市场形态之后，关于它的运行从来都不是放任自由的，而是始终处在某种力量的调控之下，即宏观调控。

### 一、文化产业运行中的市场失灵与非市场失灵

市场对文化资源的配置有着灵活而有效的导向作用，在价值规律的支配下，可以实现高效、合理、优化组合的文化资源配置目标。但是，市场不是万能的。作为一只“看不见的手”，市场存在着一系列自身难以克服的缺陷，即所谓“市场失灵”问题。文化市场作为市场经济的一种存在形态，也同样存在这个问题，主要表现在以下几个方面。

#### （一）文化市场功能的缺陷

把追求利润最大化作为目标，开展市场竞争，是文化市场主体的集体无意识。因此，在利益的驱动下，文化市场主体行为往往产发生经济效益和社会效益、整体利益和局部利益、长远利益和眼前利益很难有效地结合起来的矛盾。这些矛盾是市场经济运动的一种客观存在，靠文化市场本身的作用无法自行解决，如提供公共文化产品和公共文化服务问题、有关国家文化积累的大型原创性文化项目的开发建设问题等。再如，像淫秽书刊、色情电影和游戏等，对经营者来说可以获得暴利，但是对公民的精神健康、未成年人的成长、公共文化安全和国家文化安全则会造成巨大损害。所有这些市场本身都无法通过自身的功能解决。因此，依法整顿文化市场，取缔各种形式的非法出版物和打击盗版，也就自然地成为政府为适应文化市场健康发展的内在需求，规范文化市场秩序而采取的重要内容。

### （二）文化市场竞争机制缺陷

文化竞争是文化市场存在和运动的精髓，但是有竞争就会有失败和胜利，结果必然会造成文化市场垄断。所谓垄断就是市场主体为了自身的利益试图独占市场，以获取额外利润。文化垄断排斥文化竞争，阻碍技术进步和文化多样性发展，其后果是束缚文化市场功能的发挥，阻碍文化生产要素的合理流动和社会文化资源的优化配置。世界文化市场存在的由几个跨国公司垄断就是属于这种情况。

### （三）文化市场的分配不公

市场交易在原则上是平等和等价的。但是，由于一定的文化市场利益格局是一定历史条件下社会文化分配的结果，因此，由此而形成的人们所拥有的禀赋不同，文化分配水平就会有差距，而且由于文化市场价格随文化供求关系的波动而上升和下降，而这种运动关系又会造成进一步的分配不公，所以市场的自发调节不仅不会自觉地平衡文化收入的矛盾，相反还会使文化分配不公的差距扩大，从而偏离社会所追求的最基本的原则，引发社会矛盾。中国普遍存在的城乡文化分配不公既有历史形成的原因，也有近几年来实行市场经济体制后扩大的因素。

### （四）文化市场调节缺陷

市场机制的作用主要是依靠灵敏的市场信号和优胜劣汰的市场竞争。但是，市场价格信号是在文化商品投放文化市场以后形成的，因此，市场调节是一种事后调解。这种事后调节有两个弱点，即滞后性与盲目性。一方面，任何文化产品的市场运动从价格形成到信号反馈再到商品生产，都会存在一个时间差，而调节总是在信息反馈之后的主体行为，因此，这种滞后性不可避免地会造成文化损失。另一方面，文化市场主体是以分散自主决策为特征的，在市场自发性的基础上，对文化市场的供求关系的变化趋势往往缺乏科学的预测，在市场化过程中往往带有很大的盲目性。在我国文化市场的发展过程中，之所以会出现图书出版和电视剧拍摄一哄而上，造成投资过剩、市场过度饱和，从而导致投资失败的现象，其原因就在这里。虽然现在也有不少大型文化企业进行文化市场发展趋势预测，但是，文化市场发展的不确定因素及文化市场的特殊性规律，都可能使这种盲目性放大，2003年突发“非典”事件给我国文化娱乐市场造成重大打击就是典型案例。因此，单靠市场调节并不能保持文化经济总量的综合平衡和文化经济的稳定增长。

市场调节本身存在的缺陷和消极方面，是导致市场经济国家出现周期性经济危机和其他经济与社会矛盾的一个重要原因，也是国家实行和不断完善政府对经济的宏观调控的重要原因。在现代世界体系中，那种完全由“看不见的手”自发调节市场运行的经济模式已经不存在了，而普遍采用的是政府宏观调控这只“看得见的手”和市场机制这只“看不见的手”的有机结合。即便是像美国这样的所谓完全市场经济国家，在涉及市场安全的时候，也常常实行政府干预。经济领域里是如此，文化领域里也是如此。美国商务部当年对美国在线和时代华纳并购案的审查就是一个典型案例。

市场缺陷是造成市场失灵的主要原因，正是为了纠正市场失灵才会由政府干预。我们把这种政府干预行为称为“非市场”行为。市场会失灵，非市场也会失灵。市场缺陷是政府干预的必要条件但不是充分条件。也就是说，在有些失常的领域，简单地置换为政府干预并不一定解决问题，有时甚至造成更坏的结果。造成非市场失灵的一个重要原因是成本与收益相脱离。在市场活动中，生产成本与收入是密切相联系的，否则生产就无法继续进行下去。一般的物质生产是如此，文化商品生产也是如此。但是在非市场活动中，由于成本来自公民的税收和其他非市场资源，经济核算与利责机制因缺乏底线标准而难以衡量，结果导致成本和效率评估标准难以把握而最终使非市场行为失败。长期存在于我国国有文艺院团体制中的弊端就是其中最典型的表现。这也就是我国在开始建设社会主义市场经济体制的过程中要进行文化体制改革的一个重要原因。

## 二、文化产业运行中的宏观调控与政府职能

当今的市场经济是一种现代市场经济。现代市场经济与自由放任的市场经济的一个根本的不同就是它包含着对市场的宏观调控。因此，宏观调控不是外在于现代市场经济的一个内容，而是现代市场经济不可分割的组成部分。宏观调控有两个基本特征：一是从宏观整体考虑问题；二是有很大的不确定性。特别是在经济全球化背景下，一方面，资源是在全球市场内配置的；另一方面，影响全球经济运动的因素太多，混沌学的“蝴蝶效应”时有发生，正是这种情况导致了宏观调控的不确定性。一般来说，宏观调控是政府运用经济的、法律的和必要的行政手段，对市场经济的运行从总量上和结构上进行调节、引导和控制的行为，以实现市场的相对平衡和国民经济持续、快速、健康发展。但是，现代市场经济意义上的宏观调控不只是政府行为，而且还包括社会行为，或者说更主要的是社会行为。例如，作为宏观调控手段之一的信息发布，在很大程度上就是由社会进行的，包括行业协会、金融机构、学术机构乃至咨询公司等。我国第一个关于中国文化产业的发展形势分析和预测报告——《文化蓝皮书：中国文化产业发展报告》（简称“文化产业蓝皮书”）就是由中国社科院文化研究中心和上海交通大学国家文化产业创新与发展研究基地联合组成的研究机构发布的，它的分析和对策研究及其提供的信息

对政府、企业和社会都起到了巨大的指导作用，直接影响了中国文化产业的市场发展。正是现代市场经济本身的内在需求催生了文化产业蓝皮书，并且给中国文化产业的发展带来了巨大的影响。2012 年，上海交通大学国家文化产业创新与发展研究基地在多年研究的基础上，运用大数据对中国文化产业发展进行新的宏观理论与政策分析，发布了中国第一个《中国文化产业发展指数报告》（CCIDI），[①]其得出的新的研究成果经新华社和《人民日报》等主流媒体发布之后，在全国产生了极大的影响，使得不少省市据此而重新修正了文化产业发展指标，完善了对文化产业发展的“文化审计”。由于在现代市场经济条件下，充满活力的市场无时无刻不在变化之中，因此，宏观调控也无不是在无时无刻之中进行的。也就是说，现代市场经济宏观调控没有一个专门的宏观调控时期或阶段，而是根据市场修复机制本身提出的要求随时进行的。一段时间内我国对文化市场进行比较频繁的治理整顿就属于这种情况。

在所有的宏观调控机制中，政府始终是实现宏观调控的最主要的行为者。与社会主义文化市场的发展要求相适应，政府作为宏观文化管理和社会文化生活的调节者，它的主要职能和内容是经济调节、市场监管、社会管理和公共服务。

### （一）保障职能

这一职能的根本作用在于为文化市场的健康和有序发展提供一个良好的政治、经济和社会环境。这一职能主要包括以下几个方面。

（1）保障和维护一个安全的文化环境。它包括对内和对外两个方面。对外主要是维护国家文化主权和文化安全，开展积极的国际文化交流和推动积极的国际文化市场竞争，鼓励发展国际文化贸易，努力创造和维持一个有利于中国文化发展的和平的国际环境。对内主要确保公共文化设施建设的需求，向社会提供充分的公共文化产品和公共文化服务，规范和引导文化市场的健康发展，确保国家和广大人民群众的根本文化利益和文化权利的充分实现。

（2）进行文化管理和市场监督，维护文化市场秩序。政府通过文化立法和执法来规范各类文化市场主体的行为，限制各种不正当的文化活动，打击各种非法文化行为，尤其是各种形式的盗版，切实维护文化市场竞争的公平、公正和有序。

（3）保护文化环境和文化资源。健康的文化环境和循环增长的文化资源积累是确保文化市场可持续发展的重要保证。因此，对任何毒化文化环境和破坏文化资源包括掠夺

① 值本书修订再版之际，《中国文化产业发展指数报告》已连续发布三个年度报告，分别为2012年、2013年和2014年，均由上海人民出版社出版。

性开发和利用文化资源的行为，都要通过建立有效的保障体系和文化制度系统予以遏制。

### （二）调节职能

这一职能主要指政府运用各种经济的、法律的和必要的行政手段，对文化市场的经济运行进行间接的调节和干预，确保文化市场的运行方向和发展趋势有利于整个社会发展的文化需求和民族与国家的文化安全。经济的手段包括金融、税收、价格、利率和收入分配等，法律的手段主要指国家立法机关和政府行政机关通过制定有关文化法律和文化法规来实现政府的宏观调控，规范文化市场竞争秩序，以维护国家和公民的文化利益与权利。法律的手段主要包括制定和完善文化市场宏观调控体系的文化法律、法规，如文化法、文化产业振兴法、著作权法、文物保护法、出版法和电影法等；制定规范各文化市场主体行为的法律，如文化市场法等；制定规范文化市场竞争秩序的法律，如反垄断法、反不正当竞争法等。

### （三）辅助的资源配置职能

辅助的资源配置职能主要包括三个方面。

（1）政府通过制定国家文化产业发展规划和产业政策，引导文化生产力的合理布局和文化经济结构的调整，促进文化产业结构的优化和国家文化产业整体素质的提高。通过提高文化产业质量来增加文化产业的存量，扩大和丰富文化资源的积累。

（2）保持文化产业发展和文化产品的市场供应的总量平衡，保持文化市场价格的稳定运行和文化分配的公平性。

（3）直接参与某些重大文化经济活动，投资建设社会无力创办或事关国家文化安全或国家文化发展所必需的大型文化建设项目，如大型文化基本建设（国家图书馆）、重大图书出版项目（《中国大百科全书》），以消除国家文化发展的障碍。

从计划经济实现向市场经济体制的全面转型，是一个相当长的历史过程。在这个过程中，对于像中国这样一个经济文化和社会发展极不平衡的国家来说，政府的职能会在不同的问题层面上发挥不同的作用。在文化市场的建设中，中国政府的职能主要有三个方面：一是由市场固有的缺陷决定的政府一般性文化经济职能，主要是保持文化与国民经济的综合平衡和社会的协调发展，遏制文化市场竞争走向垄断，划定文化市场主体的产权边界和利益边界等；二是由文化体制转型决定的政府阶段性文化经济职能，主要是部分地替代市场、培育市场、推进市场化改革。在这个过程中，政府不可能从一切文化市场的竞争性领域退出，还有相当一部分文化产业由政府来办；三是由文化国情决定的政府特殊的文化经济职能，主要是对涉及国家文化安全的那些核心文化产业部门实行刚性控制，强化对文化市场的综合管理和文化污染的防治，加大对基础文化设施建设的投入。

## 三、文化市场宏观调控的目的、原则与手段

宏观调控的主要主体是政府，调控的对象是市场经济的运行，调控的内容包括总量和结构两个方面。从文化市场与政府的一般关系来说，一方面，市场处于基础地位，政府宏观调控的目的在于弥补文化市场自身运动的不足，而不是代替或取代文化市场运动。政府的宏观调控要建立在市场经济规律充分发挥的基础上，否则就会出现政府干预过多甚至发生政府代替文化市场、取消文化市场的现象。另一方面，政府对文化市场运行的调控不是被动和无能为力的，而是主动和积极的，否则就会处于放任状态，导致文化市场发展无序。因此，宏观调控的目的不是限制市场，更不是削弱市场，而是为了让市场更健康、更健全地发展，保证市场持续发展的活力。

文化市场宏观调控所要解决的是文化产品的供给与需求的关系，是产业结构与产业组织的关系，是大众文化消费需求的健康度关怀与国家文化安全的需求度关系。根本问题是要保证文化经济运行的总供给与总需求的平衡。

任何内容的政府宏观调控总是在一定的原则指导下进行的，这些原则不仅一般地反映了政策主体的文化意旨、文化理想和文化追求，而且还反映了政策主体对文化市场发展规律的把握，以及这种把握在实际运用中所达到的智慧性程度。宏观调控共三个基本原则。

### （一）宏观间接调控原则

这一原则要求政府实现以下三个方面的职能转变。

（1）由以直接管理为主转向以间接管理为主，即主要运用经济手段，以市场为导向，通过市场机制引导文化企业的发展，使文化企业的经营活动符合国家文化发展要求和文化产业发展目标。凡是市场机制能够解决的问题，都应该由文化市场主体在市场的发展中获得解决，政府不要干预。

（2）由以微观管理为主转向以宏观管理为主。在社会主义市场经济中，市场是全部经济活动的基础，企业的经营活动以市场为中心。文化企业是自主经营、自负盈亏的文化市场主体。政府对文化市场的调控主要是宏观产业政策调控和市场导向调控。微观决策包括生产什么、怎样生产等，应该由文化企业根据文化市场的需求自主决定。在这里，政府当然有关于文化生产和市场运动的总量调控，但是这种总量调控对于文化企业来说仍然是必须掌握的文化市场变动与发展的信息。政府宏观调控的任何信息对于文化企业

的微观决策来说，都不是可有可无的决策之外的某种存在因素，在某种程度上，政府的宏观调控尤其是有关文化产业政策方面的政府信息对于文化企业适时地调整文化产业结构，实现产品的升级换代具有特别重要的意义。

（3）由管项目审批、管钱、管物转向制订规划、提供协调、监督和服务。这就是要求政府要从办文化向管文化转变。制定规划一方面是要通过规划体现国家文化意志，公开表明国家发展的需要，另一方面也是引导文化企业行为，培育新的市场发展增长点，克服市场在发展过程中的盲目性，协调文化市场主体之间的利益关系，调整利益格局，完善文化市场机制，对市场运行进行监督，同时为文化市场健康有序地发展提供服务。

### （二）国家文化安全控制原则

政府的宏观调控不可能实现对所有的文化经济的控制，而是着重控制那些事关国家文化主权和国家文化安全的重点文化部门、资源、产业和产品，根据各文化部门在国民经济和国家文化安全中的地位及重要性，采取不同的宏观调控政策和建立不同的市场准入制度。例如，国家对核心出版领域的控制和对新闻媒体准入的控制就体现了这一原则。在某种程度上，这也是国际普遍使用的原则。这种控制更多的是通过制定文化产业政策和文化法律法规来进行的。

### （三）多种宏观调控手段综合运用原则

文化市场是一个综合系统，涉及国家的文化政治和文化经济的各个方面。由于市场发育的成熟性程度的差异，因此，在不同的文化市场的发展阶段，市场所反映和暴露出来的问题是不一样的，文化市场主体对于政府的文化需求也是不一样的。根据不同的市场需求和国家总体战略，政府在实现对文化市场的宏观调控过程中也不能以不变应万变，而必须从文化市场运动本身的特殊性出发，在中国就必须从中国文化市场发育、发展的实际情况出发综合运用各种调控手段。在文化领域里，政府宏观调控手段主要有文化经济政策、文化产业政策、文化法规和必要的文化行政管理。只有实行综合宏观调控，才能防止和克服政府在文化管理上的简单化和片面性。

现代市场经济宏观调控的手段都是宏观经济要素，一般不直接涉及中观区域经济，更不直接涉及微观企业经济。宏观经济要素包括信息、汇率、税收、货币量及经济法规等。只有当这些经济和法律手段都无效时，才动用必要的行政手段。总之，现代市场经济宏观调控的手段是全面的和多渠道的，互相配合又互相制约，共同构成了一个市场宏观调控体系。

## 第三节 现代企业制度与文化产业运行机制

建立社会主义文化市场经济体制，在微观层次上实行文化企业经营机制的转换，使文化企业真正成为自主经营、自负盈亏、自我发展、自我约束的市场竞争主体和享有民事权利并承担民事责任的法律实体，按照现代企业制度进行文化企业的改革与重组，是我国文化产业发展的一个重要趋向，同时也是我国文化产业运行机制的一个重要的制度性基础。深入研究现代企业制度与文化产业发展的关系，探求按照现代企业制度的要求建立我国文化产业的制度体系和运行机制，是我国文化产业理论研究和文化产业政策建设的一项重要内容。

### 一、中国文化企业制度分析

中国文化企业制度是一种特殊的社会制度形态。由于自近代以来中国文化产业的发生和发展经历了不同的发展时期和制度形态，而且这种制度形态在今天还在运动变化之中，这就使得中国文化企业形态和文化企业制度仍然处在成长期。因此，对中国文化企业制度的分析，就必须从近代以来中国社会制度的变迁出发，大致可以划分为三个历史发展阶段和四个历史发展时期。

第一阶段是自中国近代新闻报业、图书出版业、印刷业、娱乐业为基础发展起来的以现代中国电影和唱片业的诞生为标志的中国文化产业的发生期。这个时期的中国文化企业制度经历了以单一业主企业为主、合伙企业为辅逐步向以合伙企业为主、单一业主企业为辅转变的历史过程。大多数文化企业由个人出资兴办，业主直接管理，享有企业的全部经营利润，同时业主要负无限责任。随着生产力水平的提高和城市经济的发展，文化消费市场的急剧扩张所带来的文化生产能力的扩张对资本需求的增大，使得单一的文化企业已经不能适应扩大再生产的需要，为了扩大企业的经营规模和分散经营风险，合伙文化企业应运而生。文化市场竞争的不断增强所带来的竞争压力，以及未来的不确定因素的增大，使得企业的经营风险也增大，为了克服由此而带来的企业发展困境，于是出现了以公司制为新企业制度形态的文化企业，以上海商务印书馆、百代唱片公司为代表的股份制合作企业开始出现。中国文化企业总体上呈现出多元发展态势。

第二阶段是新中国成立以后至 20 世纪 60 年代中国文化企业的社会主义改造和创建时期。单一业主企业与合伙企业基本上被两种集体所有制所取代：一种被称为大集体，

另一种被称为小集体。这类文化企业形态比较集中在演艺产业和图书报刊零售、租赁业。新闻、出版、广播、电影等被收归国有，其中有一部分为公私合营企业，但大多数被改制成国有文化企业。大集体也分两种类型，即国营和地方国营。前者属中央管理，后者为地方管理。随着公私合营政策的结束，企业的所有产权全部归国家所有。直至20世纪70年代末，各种形式的文化企业基本上都归于一种文化企业制度，那就是文化领域里的计划经济体制所形成的国有文化企业制度。这一制度创建的初期，特别是在20世纪50年代通过对戏曲表演体制的改革，将民间表演团体组织起来，建立了多种所有制形式的经营性的文艺表演机构，对于整合社会文艺资源和解放文艺生产力发挥了积极作用。但是，严格的计划经济体制和文化市场的发展规律之间深刻的内在矛盾，也凸现了新的单一的以政府办文化为主要特征的文化企业制度的局限性。

第三阶段是20世纪70年代末、80年代初开始的中国文化市场复苏到21世纪初中国全面启动文化体制改革的中国文化企业的战略转型时期。这一阶段又可以分为两个时期。70年代末、80年代初是文化市场的萌发期，凸现了发展文化产业的巨大历史需求和战略性转移中国文化发展思路与政策的历史必然性。单一的市场主体已经严重不适应文化产业和文化市场发展的巨大需求。改革文化企业的巨大主题，内蕴于文化市场发展的巨大喷发之中。20世纪80年代两次启动的文艺院团体制改革可以被看作是改革中国文化企业制度的先声。但是，两次文艺院团体制改革失败的一个巨大收获，就是对中国文化体制改革的路径选择的重新思考。2002年，中国做出了大力发展文化产业的战略决策，为文化体制改革找准了战略突破口。中国文化企业制度发展进入了一个全面创新的历史新时期。文化体制改革的最终目的是解放文化生产力。中国文化企业的改革必须建立在这个基础上。而中国文化企业制度的创建这一崭新的战略命题也就历史地成为中国文化产业发展必须要解决的问题。转换体制，创新机制成为中国文化企业制度改革的政策导向和市场导向，也是这一阶段最主要的特点。

## 二、现代企业制度与文化产业运营机制创新

转换体制和创新机制是我国文化体制改革的重点，同时也揭示了体制和机制之间的内在逻辑关系。国有文化企业缺乏竞争活力，这是长期以来我国在文化产业领域里实行单一的市场主体的必然结果。借鉴经济体制改革领域里的做法，通过在文化领域里建立现代企业制度，推进文化产业的机制创新，是我国文化体制改革正在探索的发展道路之一。

### （一）企业制度与文化企业

企业是具有独立法人资格的经济组织。它是一个投入产出系统，是从事生产和经营的基本单位，其种类多种多样。按照不同的标准，可以有不同的分类：按行业划分，可分为工业企业、农业企业、交通运输企业和文化企业等；按规模划分，可以分为大型企业、中型企业和小型企业；按不同生产要素所占比重划分，可以分为劳动密集型企业和技术密集型企业；按照企业属性划分，可以分为国有企业、非公有制企业、外资企业等。所谓企业制度，是指在一定的社会制度条件下企业按照某种经济关系原则所建立起来的经济组织体系，主要包括产权制度、经营管理制度和分配制度等内容。

文化企业是以文化产品的生产和经营为主要内容的经济实体。它是现代企业存在的重要形态和方式之一。在整个企业制度体系中，文化企业不仅一般地成为投资品的主要消费对象，而且也是重要的向其他企业提供投资品的来源地。因此，文化企业既是企业制度体系中的重要内容，同时又是推动企业制度不断创新的重要动力。根据我国国家统计局颁布的《文化及相关产业分类》的划分，这类文化企业在我国主要包括以下五类：一是为社会公众提供实物型精神文化产品和娱乐活动的企业；二是为社会公众提供可参与和选择的精神文化服务与休闲娱乐服务及相关的文化保护和管理活动的企业；三是提供文化、娱乐产品所必需的设备、材料的生产和销售活动的企业；四是提供文化、娱乐服务所必需的设备、用品的生产和销售活动的企业；五是与文化、娱乐相关的其他活动的企业。国民经济行业分类是它的划分基础，而经营性是文化企业区别于文化事业单位公益性属性的本质特征。

### （二）现代企业制度的内容、特点与文化企业特性的要求

现代企业制度是一种区别于传统企业制度的经济组织体系。它既不同于计划经济体制下的国有企业制度，也不同于早期的企业制度。现代企业制度的主要特点有四个：①产权关系清晰，权责明确。②政企分开。在现代企业制度下，政府和企业是两种不同性质的组织。政府管理经济的职能，主要是制定和执行宏观调控政策，创造良好的经济发展环境，培育市场体系，监督市场运行和维护公平竞争，调节社会分配和组织社会保障，同时管理国有资产和监督国有资产经营，实现国家的经济和社会发展目标。政府运用经济手段、法律手段和必要的行政手段管理国民经济，一般不直接干预企业的生产经营活动。企业是以营利为目的的经济组织，按市场需求组织生产经营，并在市场竞争中优胜劣汰。③健全的企业经营机制，包括利益机制、决策机制、动力机制、约束机制和发展机制等。④管理科学，主要是指企业的组织结构合理，管理制度健全，管理决策层具有较高的领导素质。

现代企业制度包括三个方面的基本内容：现代企业产权制度、现代企业组织制度和现代企业管理制度。现代企业产权制度的最主要的标志和内容就是企业法人制度和有限责任制度；现代企业组织制度的本质特征就是建立企业的法人治理结构；现代企业管理制度就是企业不仅在管理思想、管理组织、管理人才、管理方法和管理手段上实现现代化，而且把这几个方面的内容和管理职能结合起来，对企业实行有效的管理。

文化企业是一种特殊的现代企业形式。虽然它在资本运作、市场营销、品牌战略等方面与其他现代企业形式存在着很大的相似性，但是文化企业与其他所有企业的本质差异是关于精神产品的生产与服务的提供，满足的是人们精神消费的需求。其他企业可以不为社会提供公共物品，但是文化企业尤其是属于核心文化产业层的文化企业，为社会提供公共文化物品却是它的重要内容之一。文化企业通过文化产品的生产与供应，直接和间接地承担着塑造公众精神文化世界的社会责任，虽然企业行业的企业也有它的社会责任，但是这种责任比起文化企业的社会责任则是间接的而不是直接的。正是由于文化企业有着为其他企业所没有的社会责任，因此，这就决定了文化企业不能一般地套用现代企业制度的所有内容和形式，而应当根据文化企业的特点创造性地运用现代企业制度中的成功经验和理论成果，形成能够满足文化企业在市场经济条件下发展的具有个性的经济组织体系。中国文化企业形态经历了多个历史变迁的改造和塑造，具有中国关于现代文化企业制度的特殊理解，社会主义的公有制曾经是它的最主要的制度形式。随着社会主义市场经济的提出和文化体制改革的不断深化，多种所有制成分进入文化产业，形成了文化产业投资主体多元化和文化企业属性的多样性格局，但是并没有从本质上消除中国文化企业的特殊责任和特殊使命。特别是居于核心文化产业层的、占主导地位的国有文化企业的改革，现代企业制度的应用推广还有许多理论和实践问题需要解决。在如何实现产权关系清晰和政企分开的问题上，已有的探索和遭遇到的新问题说明超越现代企业制度理论，探索和创造既符合文化企业发展规律又具有中国特点和满足中国文化企业建设需要的新的现代文化企业制度，已经成为当代中国文化体制改革与文化企业制度创新的重大课题。在这里，区别不同文化企业的行业特征和属性，分别对我国文化企事业单位进行现代企业制度改革，是一项基本原则。例如，云南丽江在进行文化体制改革试点时，就特别注意区分经营性文化产业和非经营性文化事业两个层次，把具有市场属性的资产从现行体制中剥离出来，分期分批推向市场，改造、改组为国有控股或多种经济成分组成的股份制文化企业，使其逐步与政府财政脱钩，实现市场主体的重新定位。国家规定外资和一般社会资本不得进入文化产业核心层的内容生产领域（出版社、报社）就是一个必须遵循的原则。也就是说，这一部分的文化单位虽然实现了体制改革，但是并不等于说这一类文化企业也完全按照现代企业制度进行重组。这里涉及的许多问题都

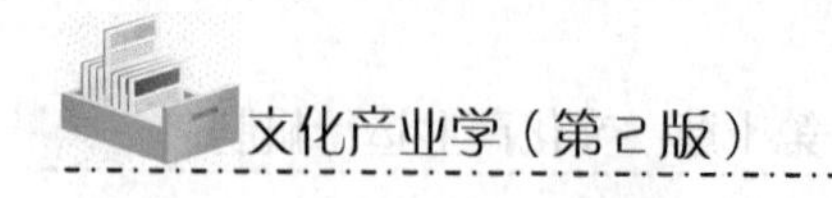



需要做进一步的深入研究。

### （三）股份制与现代企业产权制度在文化企业发展中的应用

股份制是现代企业组织最重要的存在形式之一，被认为是现代企业制度的典型形式，是一种适应社会大生产要求的财产组织形式。这种企业制度相比较于其他企业制度有三个显著的特点：①通过产权的双重化，将终极所有权与法人所有权相分离，确立企业的法人地位和法人所有权，企业成为独立的市场主体，可以决策一切经营活动，实现资产独立运行。②在企业内部形成权力制衡机制。法人所有权与经营权适度分离，实现企业内部的“三权分立”，即董事会代表法人所有权来决策企业中长期目标，经理阶层掌握和负责企业的日常经营活动，职工代表劳动者的利益参与企业的决策与管理从而形成法人所有者、经营者、劳动者的权责利统一的相互制约机制，保证企业行为的合法化。③企业具有独立的财产支配权，并对财产运营负全部责任，收益与风险、权利与义务相对称，企业自负盈亏。

现代企业产权制度是以产权关系为依托，对企业财产关系进行合理有效的组合、调节的制度安排。所谓产权就是财产权的简称，是资产所有权、占有权、支配权和使用权及其代理关系的统称。产权是若干权能的集合，而不是专指一项权能，它的核心是所有权。它是由法律规定的行为主体（所有者）对于客体（财产）的最高的、排他性的独占权。其他所有权能都是在这个基础上派生出来的。产权的各项权能既可以统一，也可以分离。在公司制企业中，产权的权能实现了分离，从单一业主的原始产权到终极所有权和法人财产权的分离，并由此产生了委托和代理关系。产权清晰的程度不仅影响企业的行为和后果，而且会减少交易成本。产权理论是在论述社会成本问题时提出来的。由于交易成本的存在且大于零，产权的明确界定可以减少交易成本，减少未来的不确定性。然而我国的产权在第一层次上，企业内部就不清晰了。企业没有法人财产权、国有资产代表缺席及出资人事实上的负无限责任，使企业不能成为独立的商品生产者和经营者，从而导致企业资产运营效率低下。这个问题同样也是国有文化企业发展的主要问题和文化体制改革的重要内容之一。

现代企业产权制度的特征是：产权关系清晰且代表明确，在现代企业产权制度下，出资人是谁和由谁来代表都十分明确；实现了原始产权和法人财产权的分离、法人财产权和经营权的分离；产权具有流动性，使出资人的资产保值与增值得到保证。

现代企业产权制度主要有以下三个方面的内容。

（1）法人财产制度。法人财产制度是指公司作为法人对公司的财产具有排他性使用权、经营权、收益权和自由处置权。它是现代企业产权制度的前提。也就是说，在现代

企业制度下，出资人只能拥有它所投资的那一部分股权，每一个股东都不能单独支配企业，无论这些出资人是自然人还是法人。尽管他们都是权利主体，但是，一旦他们共同投资、组织设立新公司，公司法人便成为主体，股东仅仅是公司成员。除了解散清理和依法转让外，他们不能抽走他们的出资。公私财产是独立的，具有排他性，这是公司活动的物质基础。

（2）有限责任制度。有限责任制度是指出资人以出资额为限对公司的债务负有限清偿责任，企业以其全部财产对其债务负有限清偿责任。有限责任制度解决了投资者的后顾之忧，企业也由此获得了自主经营的权利。有限责任制度的创立，是建立现代企业制度的必要条件，使资本的集中成为可能。

（3）法人治理结构。法人治理结构是现代企业制度的一种重要管理形式。它是由股东大会、董事会、监事会和高层管理人员组成的一种企业管理的组织结构，并通过法定的形式明确各个组成部分的责、权、利，形成了调解所有者、公司法人、经营者和职工之间关系的制衡和约束机制。在这种治理结构下，终极所有权、法人财产权、经营权各自独有人格化的代表。在法人治理结构中，股东大会是最高权力机构。股东大会选举董事组成董事会，并将财产交付他们来托管，同时还选举监事组成监事会，对公司的经营活动进行监督。高层经营人员受聘于董事会，在授权范围内对公司的日常经营活动负责，是董事会领导下的执行机构。决策机构、监督机构、执行机构构成了法人治理结构的组织体系，也是现代企业制度的组织形式。

中国的文化企业在新中国成立以后经历了一系列改造，自 20 世纪 80 年代起，基本形成了国有文化企业一统天下的局面。计划经济时期曾经有过的集体所有制文化单位，如文艺表演剧团和图书零售门市等，到了 20 世纪 80 年代以后基本上都成为国有的了，原来的企业性质也都成为事业单位。文化系统的绝大多数企业实行事业单位企业化管理，使得经营性和非经营性相混淆，政府承担着直接办文化企业的全部风险。文化体制改革的一个最大目的就是要理顺文化事业和文化产业的关系，实现政府从办文化向管文化的转变。把经营性的内容从文化事业单位剥离出来，按照现代企业制度实行文化企业制度重组，是文化体制改革的重要内容。上海新华发行集团是全国文化产业中采取挂牌竞价方式转让股权的第一家企业，也是我国出版发行界率先完成混合所有制改造的企业。2004 年 11 月，上海新华发行集团通过在产权交易市场公开挂牌、招标征集伙伴的方式与上海绿地集团有限公司签约，后者出资 3.48 亿元获得 49%股权，其余 51%股权由上海各媒体集团和政府投资公司等 5 家股东所有。

产权制度改革是我国文化体制改革借鉴经济体制改革的重要制度选择。但是，产权制度不是决定企业行为的唯一或全部因素，市场结构、企业组织、企业经营目标和国家文化产业政策等因素都对文化企业行为产生和发挥影响，有时甚至是重要影响。因此，把现代产权制度作为唯一的推进我国文化体制改革的目标取向，不仅不能解决我国文化产业发展中的一系列问题，而且甚至会造成国有文化资产流失和社会文化资源的无穷浪费并最终损害国家和公民的文化利益。特别是非公有制文化企业在文化产业领域里取得的巨大成功，有不少甚至还是那种原始的单一的企业组织形式，实行的是家族制管理体制；还有的是在集体经济的基础上建立起来的，如浙江横店集团。所有这些都说明当代中国文化体制改革和文化产业的发展，向既存的新制度经济学理论范式提出了重大的理论挑战。对文化体制改革和文化经济增长而言，制度是重要的，但不是决定性的，不能把产权和所有权简单地等同起来，也不能把所有权概念看作是隶属于产权关系之下，把所有制解释为产权关系的制度化。在这里，必须坚持生产资料所有权关系是所有制的核心理论，国有文化企业是国家文化建设的支柱、国家文化安全的保障和社会稳定的基础。国有文化企业股份制改革的实质是全体劳动者凭借国有文化资本所有权，利用股份制这种企业资本组织形式，获取自身经济利益。只有在竞争性领域搞活和发展国有控股文化企业，才能真正维护社会主义基本文化经济制度，发展社会主义文化事业。经济学家郎咸平在谈到国有企业改革时特别强调职业经理人的作用。他说，一个有信托责任的、有能力的职业经理人，在任何产权制度下都能把企业做好。企业效益的好坏，并不在于是谁来控股，而是职业经理人对成本的控制问题。[①]这种观点对于国有文化体制改革的路径选择具有启发意义。

## 三、国有文化资产管理与中国文化产业现代企业制度的建立

我国文化体制改革中最突出的问题之一，就是文化企业转制改革过程中产权划分和产权归属等产权关系，特别是关于国有文化资产的处置问题。这个问题解决得如何直接关系到中国文化产业现代企业制度的建立和文化产业运营机制的创新。

### （一）国有文化资产的内容

国有文化资产是关于国有文化单位的资产属性的概念，其范围主要包括文化、新闻出版、广播电影电视等宣传文化部门管辖的国有文化企事业单位，内容包括动产和不动产、有形资产和无形资产等。在隶属关系上，我国国有文化资产又分为中央和地方两个层次。长期以来，我国的文化企事业单位实行的基本上是财政拨款制度，也就是说，无论是中央还是地方，文化事业和文化企业单位的投资都是由公共财政实行的。这就决定

① 资料来自2005年4月29日的《新华每日电讯》。

了所有这些单位由此而形成了资产的国有性质。由于在计划经济条件下，我国基本上实行的是福利性的国家文化政策，只讲投入不讲产出，实际上在文化的生产和流通两个方面都是由国家统包统销的，实行的是政府无限责任制，不管是文化事业单位还是文化企业单位，既没有独立法人的权利，也不承担国有文化资产保值增值的义务，因此，从理论上讲，国有文化资产属全体人民所有。

### （二）国有文化资产管理

国有文化资产代表缺席是我国国有文化企业产权关系模糊的突出问题。在文化体制改革和现代企业制度建立中如何解决这一问题，也是需要我们在实践中探索的。现阶段，我国对国有资产管理实行的是国家统一所有、政府分级监管、企业自主经营的体制。由于政府既担负着社会管理职能，又担负着国有文化资产管理的职能，既办文化又管文化，所以当政府管理国有文化资产时，由谁来代表国有文化资产行使所有者的权利，并对国有文化资产保值增值，就成为一个必须逾越的障碍。为了克服政府在这个问题上的制度困境，文化体制改革的一个重要内容就是实现政府从办文化向管文化的职能转变，将政府的社会管理职能和国有文化资产管理职能分开，借鉴经济体制改革的成功做法，设立国有文化资产管理机构，其主要职能是制定国有文化资产管理的规章制度，清产核资，并授权将国有文化资产委托给各个国有文化资产的经营组织如文化投资公司、控股公司、国有文化资产经营公司等去经营，实行政企分开，并由各经营机构对国有文化资产的保值增值负责。在文化体制改革过程中，我国的国有文化资产管理主要有两种形式，一种形式是由政府国有资产管理部门授权党委宣传部门对国有文化资产经营进行监督管理，另一种形式就是成立国有文化资产经营管理公司。2005 年 5 月 26 日，经重庆市委、市政府批准，重庆市国有文化资产经营管理有限责任公司成立。新成立的国有文化资产经营管理公司对市政府负责，作为“出资人”代表市政府依法履行“出资人”职责，对授权范围内的国有文化资产经营进行监督管理，并通过制定文化发展规划，调整国有文化资产投资方向，推动文化事业布局和文化产业结构的战略性调整。但是，公司不直接参与授权范围内各单位的经营活动，以保证后者的市场主体地位。[①]

目前，非公有制文化经济已经得到长足发展，成为社会主义文化市场经济的重要力量。从发展趋势看，非公有制文化经济随着我国市场准入的进一步放开还将继续发展，但是，无论怎样，国有文化经济的主导作用仍然是我国文化产业实现长期稳定发展的客观战略需要，这是由我国社会主义制度决定的。因此，绝不能把国有文化产业布局和文

---

① 重庆成立国有文化资产经营管理公司[N]. 光明日报，2005-05-27.

化经济结构的战略性调整理解为国有文化经济从一切竞争性领域退出，也不能理解为中央“进”、地方“退”。

在市场经济条件下，国有文化经济的主导作用主要体现在控制力、影响力、带动力上。控制力主要体现在国有文化经济在关系国民文化经济命脉的重要文化产业和关键领域占支配地位，体现在一批具有国际经济实力的大公司和大型文化产业集团身上，体现在通过不断深化改革以增强国有文化经济的整体活力和竞争力上。发挥国有文化经济的主导作用必须通过不断改革、不断调整和优化文化产业结构来实现。因此，必须坚持有进有退、有所为有所不为，加快建立和完善国有文化资本有进有退、合理流动的机制，进一步推动国有文化资本更多地投向关系国家文化安全和国家文化经济命脉的重要文化产业和领域；进一步对国有文化企业进行战略性改组，加快培育和发展一批实力雄厚、竞争力强、具有国际战略投资能力的国有大型文化企业和跨国文化产业集团，使之成为我国文化经济的支柱和参与国际文化市场竞争的战略主体力量；适应社会化大生产和市场经济的要求，进一步深化文化体制改革，建立和完善现代企业制度，不断增强国有文化经济的活力和竞争力，壮大我国文化产业的综合实力和国际竞争力，从而在改革文化生产关系的过程中，实现文化生产力的巨大解放，繁荣和发展有中国特色的社会主义文化。

文化体制改革的一个重要任务就是实现文化资源配置效率的提高，通过文化体制改革来解放文化生产力。随着中国文化体制改革的不断深入和经济的持续高速增长，与发达国家相比，原有的成本上的优势将逐渐减弱。中国文化企业在继续完成文化体制改革所必须解决的提高文化资源配置效率的问题的同时，实现向提高文化生产效率的转变，这是中国文化企业的唯一出路。过去大量的成本投入消耗在生产者与生产者之间的交易上，文化产业整合就是要调整文化生产者与文化生产者之间的关系，即供应链的关系，通过形成全新的文化产业链，最大限度地降低成本和最大限度地提高效益。

## 本章小结

文化产业运行的市场机制是文化产业运动规律和内在工作方式及其相互关系的空间存在方式。文化市场主体和一定的市场经济结构是文化产业运行市场机制最基本的形态。市场主体在一定的经济结构中活动，而一定的市场经济结构又与市场主体的发育与成熟性程度密切相关。二者相辅相成共同构成了文化产业运行的市场机制。

文化市场机制是市场经济中各市场主体、客体要素之间的以文化经济联系为主要存

在形态和方式的基本经济联系和相互作用，及其对文化资源配置的调节功能。它是价值规律决定和影响文化市场供求关系、价格运动和市场竞争等要素相互关系和相互作用的过程系统与方式系统。文化市场机制充分发挥作用的关键是确定市场主体的独立性，使文化产业经营主体真正成为自主经营、自负盈亏、自我约束、自我发展并享有民事权利和独立承担民事责任的经济实体，能够对市场信息作出及时灵敏的反应，并以此来调节企业的文化生产经营活动。

市场是产业存在的一种空间生命形态和运行方式。市场是一种无政府形态。市场运动的规律必然导致发展的无序和失衡，进而造成经济危机。文化市场既是文化产业空间存在形态的运行方式，同时又通过市场获得它的生命存在的全部价值。由于文化产业作为精神产品的生产和流通涉及一个社会的终极关怀，对一个社会形态中一定的人群存在来说具有身份认证的意义，因此，自从有了文化产品和文化产品的交易及其市场形态之后，关于它的运行从来都不是放任自由的，而是始终处在某种力量的调控之下即政府宏观调控之下。

建立社会主义文化市场经济体制，在微观层次上实行文化企业经营机制的转换，使文化企业真正成为自主经营、自负盈亏、自我发展、自我约束的市场竞争主体和享有民事权利并承担民事责任的法律实体，按照现代企业制度进行文化企业的改革与重组，是中国文化产业发展的一个重要趋向，同时也是中国文化产业运行机制的一个重要的制度性基础。

## 思考题

1. 文化产业运行机制的本质属性与特征是什么？
2. 如何认识文化市场结构与市场形态的关系？
3. 怎样认识文化产业运行机制与政府行政机制的关系？
4. 我国文化体制改革与文化产业运行机制间的关系是什么？
5. 怎样才能建立现代文化企业制度、实现文化产业制度创新？

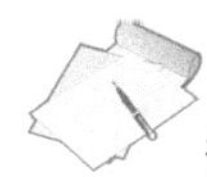

## 参考书目

1. [美]大卫・赫斯蒙德夫. 文化产业[M]. 张菲娜译. 北京：中国人民大学出版社，2007.

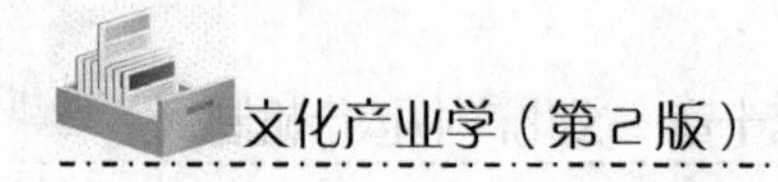


2．吉尔特·霍夫斯泰德．文化与组织——心理软件的力量[M]．第2版．李原，孙健敏译．北京：中国人民大学出版社，2010.

3．胡惠林，单世联．文化产业研究读本[M]．上海：上海人民出版社，2011.

4．胡惠林，王婧．中国文化产业发展指数报告[M]．上海：上海人民出版社，2012.

# 第十一章

# 文化产业战略与布局

## 学习目标

通过本章学习，学生应了解和掌握以下内容:

1. 文化战略发展的基本战略关系;
2. 文化产业战略与国家战略的关系;
3. 文化产业空间布局及其不平衡规律理论;
4. 文化产业规划的基本原则与战略选择;
5. 文化产业层级分工理论与文化产业集群。

## 导言

战略涉及一个国家的核心利益。战略的一个最重要的内容就是对原有利益格局平衡的破坏，通过挑战原有的战略利益格局实现自己的战略利益。文化产业战略是现代国家战略的一种重要形态。在全球化条件下，文化产业不仅一般地体现国家的文化利益，而且还包含着重大的国家政治和经济利益与国家安全利益，因此，制定和实施怎样的文化产业战略与文化产业的空间布局，不只是一个单一的战略取舍问题，而是涉及了国家综合战略和国家大战略的制定。深入研究文化产业战略运动的一般规律，把握文化产业空间布局的特殊规律及其与国民经济和社会发展战略的关系，是现代文化产业理论与政策研究的重要课题。

## 第一节　文化战略发展的基本战略关系

当今的时代是一个战略时代。战略已经成为国家发展的一个最具有活力和决定意义的主题词。在今天，一个不讨论和不思考国家与国际战略问题的国家，一定是一个在国际社会生活中被严重边缘化的国家，或者说是一个没有前途的国家。今天的中国正处在这样的一个战略时代，正处在一个国家文化战略博弈空前激烈的时代。面对这样的时代，中国该有怎样的国家文化战略，这是中国文化产业发展的基本命题。

### 一、国家文化战略发展的内外部关系

一个国家的文化战略是由它的外部性关系和内部性关系建构的。由于国家战略在任何意义上都是一个具有国家参照系统的战略，也就是说，都是相对于其他国家、以其他国家为战略对象的战略，因此，既有的国际文化战略秩序构成及其运动状况，以及本国在这个国际文化战略系统中所处的位置，对于一个国家文化战略的选择、构成与发展具有特别重要的决定性。没有这样的国际文化战略系统参照，无所谓国家文化战略。国际文化战略秩序是国家和国家集团间文化战略竞争和战略博弈的结果，是指在一定的国际环境下所表现出来的、呈相对稳定状态的国家间在世界文化事务中的发言权、话语权和主导权的国际文化权力关系。国际上一切国家文化战略的制定都是依据自己在这关系中所处的地位来决定的，直接体现于对世界文化秩序建构主导权的争夺与控制。

由于一个国家文化战略选择的任何变动都会给其他国家、地区乃至世界的文化战略格局带来更大的变动，因此，任何一个国家的文化战略选择，尤其是大国文化战略的发展走向都将深刻影响到其他国家的文化战略利益，因而必然构成文化战略发展运动中的“战略困境”，这在地区文化战略竞争和大国文化战略竞争中表现得尤其明显。所谓外部性就是一个国家的文化战略与其他国家乃至世界的文化战略关系，如何对待和处理文化战略的外部性关系，是任何一个国家的文化战略选择都无法回避的战略问题。

国家战略是一个系统，文化战略是这个系统构成中的一部分。国家文化战略运动与国家政治、经济、社会发展战略运动之间的关系，以及文化战略自身各个部分历史运动的战略构成关系，规定一个国家的文化战略之所以是这个国家的文化战略而不是其他国家的文化战略的内部性。这种内部性是由一个国家的历史性决定的。没有这样一个内在的质的规定性，也就无所谓这个国家的文化发展战略。国家文化战略的内部性规定决定

了国家文化战略发展的个性及其与他国的战略差异性。国家文化战略运动的外部性和内部性构成了整个文化战略发展的正负两极，所有关于文化战略发展的结果都是由这正负两极的对撞产生的运动态。如何处理文化战略发展这一最基本的战略关系，是一切文化战略发展的基本出发点。

1944 年 11 月 17 日，美国总统罗斯福致信时任美国科学研究发展局主任布什，要求他就“二战”结束后美国的科学发展问题提供一个研究报告。这就是一年后（1945 年 7 月）布什提交的《科学：没有止境的前沿——关于战后科学研究计划提交给总统的报告》[①]。这个报告不仅包括生物学和医学在内的自然科学，而且也包括同样重要的人文科学和社会科学。这份报告对如何在战后提高美国的国家战略能力，推进美国的国家发展中起到了不可替代的重要作用，成为“二战”后美国最重要的包括文化发展在内的国家发展战略，今天美国发展的许多成就都是这一战略的结果。半个多世纪过去了，美国的国家战略和国家文化战略已经有了很大的发展，但是，这一报告形成的战略仍然是影响美国发展最重要的国家战略之一。从这个意义上说，战略就是改变还是维持现存的科学和艺术。

进入 21 世纪以来，中国先后出台了《我国十一五时期文化发展规划纲要》和《文化产业振兴规划》，具有鲜明的阶段性和策略性文化发展计划的特征，但是不能管理半个世纪的国家文化战略，也缺乏对国际、国内两个大局的文化战略关系的准确定位，还不是用来指导中国文化战略长期发展的战略文本。文化发展在整个国家发展中的战略定位的缺乏，对文化发展在整个国家未来发展中的战略关系认识的缺乏，不仅严重制约和影响了中国文化战略力量的发展方向的选择，而且严重制约和影响了国家文化建设能力的战略性提高。制定“中国文化发展战略”，回答和阐述当前中国文化发展的基本矛盾问题和主要矛盾问题，明确根本战略目标及其制度选择，成为克服和解决当前中国文化战略发展困境的首要问题。

战略是一种长远的根本利益主张。规划是战略的实施形态和组织文本。由于任何战略都是基于维护还是改变现状的目的，必然会造成原有的文化秩序的变动与重组，从而产生再建一个社会文化秩序的合理性。一个文化规划应该正式地体现和阐明一个社会合理的文化秩序。文化发展战略就是要为这样一个文化秩序的建立提供全部合法性与合理性依据。文化发展规划只有建立在文化发展战略的基础上才具有历史合理性的。

## 二、文化产业战略与国家战略

文化产业战略与国家战略制定是我们必须首先面对的问题。现在是中国发展的一个

---

[①] 由商务印书馆出版。

关键时期。在这一时期，经济发展已经具备一定基础，制度建设正在步入全面创新的艰难历程，中国能否顺利实现向现代文明过渡的文化发展，就成为中国能否成功实现现代化转型的关键。中国的和平崛起战略则为此提供了一个极大的可能。

### （一）和平崛起与当代中国文化战略理念

"中国崛起"是人类社会进入21世纪以来最为突出的全球化现象。2003年底，中国总理温家宝访问美国期间在哈佛大学的演讲中，以中国领导人的身份第一次向国际社会郑重阐明中国和平崛起的信心与决心。和平崛起成为中国的国家意志和国家理念。1995年，中国在规划九五计划和2010年远景目标时提出了"把一个什么样的中国带入21世纪"的重大命题，这个命题是在"能否搞好精神文明建设"的前提下提出来的，是在精神文明建设"关系到我国社会主义事业的兴衰成败"这样一个文化安全事关国家安全的大前提下提出来的。这是中国政府基于中国的世界定位而确定的国家文化战略的定位。1997年，中国第一次公开宣布"做国际社会中负责任的大国"，从此确立了中国的世界大国地位的战略。2002年11月8日，江泽民在中国共产党第十六次全国代表大会上的报告以前所未有的篇幅论述了在全面建设小康社会的战略目标下中国文化发展的战略选择与战略目标。

定位是基于对本国所处形势的一种世界范围的判断。这种判断既有客观性依据，又有主观对自身所处形势的分析。早在1935年毛泽东就曾经说过："中华民族有同自己的敌人血战到底的决心；有在自力更生的基础上光复旧物的决心；有自立于世界民族之林的能力。"要自立于世界民族之林，就必须赢得世界民族对中国的尊重。这种尊重，不是单纯地体现在GDP占全球的百分比上，而是整体地反映在它的国家形象上。这种国家形象体现出一种现代文明所达到的高度，并且是以自己的完美个性体现出来的。没有一种美学意义上的理想国的魅力，不可能赢得其他国家的尊重和吸引。而这一崇高目标的实现，有赖于文化的全面繁荣、创新。和平崛起的一个最重要的本质就是它不是通过扩张这条近代以来大国崛起的欧洲之路来实现的，在这里文化将毫无疑问地发挥着重要的不可替代的作用。

大国崛起必然引起国际秩序动荡，这是传统现实主义权力政治学说的定律。这一定律是建立在军事决定论基础上的，而且也确实是被历史所屡屡证明了的。德、日的崛起引发第二次世界大战就是最为典型的案例。也正因为如此，大国崛起在必然引起国际秩序动荡的同时，也引发了国际文化秩序的动荡，在导致国际安全危机的同时也导致了国际文化安全危机。与历史上因崛起而挑战现行国际秩序甚至引发战争的大国明显不同的是，中国的和平崛起是在不挑战现有国际秩序、不给现有国际政治、经济、文化秩序带

来冲击的前提下（影响是不可避免的）实现国家综合实力的增长和发展的。

然而，我们还必须清醒地认识到，任何一个大国的战略崛起，不论其主观意图如何，客观上都会打破原有的军事格局。不挑战现行国际秩序，并不等于说不会给现有的国际秩序运动结构与运动走向带来影响。从物质运动的力学角度来说，任何一种力的张扬，必然会同时带动其他力的结构形态的变动，进而在造成整个事物的力学结构变动的情况下形成新的结构形态，这就是新秩序。如何最大限度地消除在一种力的张扬过程中其他力存在的结构性抵制和反抗，实现预期的战略意图，取决于两个方面的因素的运动：一个方面是处在张扬过程中的这种力的张扬的速度和刚性程度；另一方面是其他力的力学形态本身的刚性结构程度。这两种力量之间必然存在着一种力量比。这种力量比将直接决定和规定这两种力在运动过程中的对抗性程度。一般来说，处在张扬过程中的那种力的张扬速度越快，则其刚性程度越强，对其他力的挤压就越大，由此而造成的其他力在短时间里产生的抗性也越强。这将形成两种结果，一种结果是张扬的力由于受到整体性结构抗击被反弹回去，另一种结果是两种力量由于力量比相等而处于僵持状态。这两种结果都不是力的张扬的一方所希望获得的。因此，如何才能最大限度地实现力的如期张扬而又不导致其他力的结构形态的整体性反抗，就需要我们对构成力的双方的材料进行分析。在这里，撇开意识形态和制度分歧不谈，中国最能获得国际社会广泛共识的是周边国家对中国传统文化的认同。它们可以不接受你的意识形态主张，但却普遍接受透过中国传统文化形态所传递过来的价值理念和伦理规范。所谓亚洲价值观，在某种意义上来说，就是建立在中国传统儒家学说的基础上的。文化作为一种柔性的力量，它的润物细无声的渗透力可以消除任何形式的刚性抗力。中华民族之所以能千年历经磨难而始终生生不息、绵延不绝，就在于它的这种具有普世价值的文化力量。和亲、怀柔都是在中国历史发展过程中屡试不爽的文化举措。因此，中国的和平崛起，必须在张扬的过程中克服和消除各种不利的刚性因素。虽然历史是不能用来比较和模仿的，但历史也常常有惊人的相似之处。走文化立国的崛起之路，“亲仁善邻，崇信修睦”，[①]只有这样，中国的和平崛起才能真正在不挑战现行国际秩序的前提下得到伟大的实现。在这里，毫无疑问，文化具有安全的力量。

当今世界是和平与发展的时代，也是经济全球化深入发展的时代，各国之间相互依存性的不断增大，决定了国家之间的竞争越来越以经济、科技和文化等综合国力的较量进行，尤其是文化的“软力量”的较量。因此，和平崛起必然赋予中国国家文化安全全新的内容，成为中国国家文化安全战略理念。也就是说，在未来中国的发展中，中国国

[①] 胡锦涛. 中国的发展，亚洲的机遇——在博鳌亚洲论坛 2004 年年会开幕式上的演讲[N]. 人民日报，2004-04-25.

家文化安全的核心，将为它的和平崛起提供全新的国家文化安全思维模式和战略眼界。

**（二）战略机遇期与中国国家文化安全战略需求的调整**

21世纪的前20年被国际社会普遍认为是难得的“重要的战略机遇期”。对这一战略机遇期的判断和态度也被写进了中国共产党的第十六次全国代表大会的报告，成为对中国和平崛起时代背景的一个重要阐释：“纵观全局，二十世纪头二十年，对我国来说，是一个必须紧紧抓住并且可以大有作为的重要战略机遇期。”[①]2003年11月24日，中共中央政治局就“15世纪以来世界主要国家发展历史考察”的问题进行集体学习、探讨大国兴衰的内在规律时，胡锦涛在学习之后发表讲话说，“历史一再表明，机遇极为宝贵，稍纵即逝。在历史发展的关键时期，把握住了机遇，落后的国家和民族就有可能实现跨越式发展，成为时代发展的弄潮儿；而丧失了机遇，原本强盛的国家和民族也会不进则退，成为时代发展的落伍者。”[②]

所谓战略机遇期，是指国内国际各种因素综合作用形成的，能为国家（地区）经济社会发展提供良好机会和境遇，并对其历史命运产生全局性、长远性、决定性影响的某一特定历史时期。这一时期的一个显著特征就是同社会的大变革相联系的。这种大变革表现在不同的国家和国际社会有着完全不同的形态和过程，在中国，首先表现为中共十一届三中全会以来由思想解放而实现的国家战略重点的转移，由这种转移所开始的国家全面的经济体制改革，以及由经济体制改革所带动的社会的全面改革，包括政治体制改革和文化体制改革。这种大变革恰好正是经济全球化深入发展的时期和国际政治格局发生“二战”以来最大的变动时期。尤其是“冷战”的结束，国际关系和国际秩序的深刻变化，为中国和平崛起提供了重要机遇：全球安全威胁的来源发生的重大变化和全球市场资源配置结构的重大变化，非传统安全问题的突现，世界经济的周期性变化和市场要素的重新配置，使得中国对亚太地区乃至全球安全格局和市场拉动的能力明显发生了朝着有利于中国方向的变化。大变革伴随大转折，大转折孕育大机遇。中国与世界的相互依存无论在经济领域还是在安全领域度都达到了前所未有的程度。重大战略机遇来自中国与世界面临的共同挑战、共同利益与合作机制，这种利益合作机制正在成为各种类型伙伴关系的基础，进而成为中国和平崛起的国际平台。

对国际国内形势发展及其战略走向判断的重大转移，必然导致中国国际战略思想的重大变化，从意识形态的理想主义转向了务实的经济优先的理性主义，从意识形态的国际主义观念转向国家战略利益之上，成为它的一个显著特征。近代以来，大国争霸的历

① 江泽民. 全面建设小康社会，开创中国特色社会主义事业新局面[N]. 人民日报，2002-11-18.
② 资料来自2003年11月25日的《新华每日电讯》.

史为中国提供了经验和教训。以往大国的崛起往往带来国际体系和国际秩序的剧烈动荡，甚至于引发世界大战。靠对外扩张来争夺霸权，结果总是失败的，最终害人害己，中国今天不能重走这条错误的发展道路。历史发展的教训和全球化发展，为中国在21世纪的崛起跳出大国兴衰的循环提供了前所未有的历史机遇。然而，中国的和平崛起绝不仅仅是用GDP来衡量的，还包括人类发展指数，包括巨大的文化要求和指标体现。现在中国的情况已经证明，当我们的GDP已经达到人均1000美元的时候，国力薄弱的环节恰恰就集中体现在文化的“软力量”的各个领域。如前所分析的当前中国面临着各种文化安全问题，这种状况如不能从根本上得到改变，完全有可能使我们难以充分利用战略机遇给我们的各种有利因素。接受全球化带来的文化发展的主要瓶颈已经不是资本和世界市场资源，体制性障碍和政策性壁垒的弊端正在经历着前所未有的破除，文化人才构成和文化人力资源的质量正在日益成为阻碍中国和平崛起的重要文化因素。文化人力资源是知识经济条件下国家文化竞争力的核心。争夺高素质的文化人才，实际上已经成为当前最激烈的国际文化竞争。国家文化安全战略的较量最终都将表现为人才的较量。所有的文化战略目标的实现，离开了人，都只能是一句空话。能否最大限度地充分挖掘和发挥我国人力资源的优势，把丰富的人力资源转换成巨大的文化创造优势，既是对中国国家文化制度建设的检验，同时也是对我国的文化凝聚力和吸引力的证明。因此，在文化、意识形态和心理领域里强化吸引力、凝聚力和渗透力，是中国抓住和平崛起发展机遇的重要保证，同时也必然是中国国家文化安全的战略需求。紧紧地抓住这个难得的历史发展机遇，根据中国和平崛起的战略需求开始进行和实现一个前所未有的国家文化安全战略需求的历史调整，并以“中国的和平崛起”为战略目的，全面构建中国新的文化发展战略，应该是中国国家文化安全战略需求历史性调整的合乎逻辑的一个必然趋势。

### （三）中国和平崛起的文化使命与国家文化战略目标

要在全球化的条件下解决中国文化发展面临的严峻挑战，仅有共产党本身的建设是不够的，必须从加强国家文化基本制度建设方面入手。中国和平崛起，不能没有中华文化的伟大复兴，或者说，中国和平崛起的一个重要标志就是中国文化对于世界的影响力和辐射力的全面复兴，要使中国理念成为世界理念，中国价值成为具有普遍意义的世界价值。中国要承担起与其角色相适应的责任，发挥全球性的作用，就一刻也不能没有创造性文化的建设。

中国的和平崛起是建立在中华优秀传统文化基础上的崛起。“己所不欲，勿施于人”的价值取向，“和而不同”的宽大胸襟，是中华民族在处理国际关系问题上贡献的智慧，它在现实性上是对强权政治、文化霸权主义与“零和博弈”的批判性否定，主张在世界多样化的发展中实现人类的共同繁荣，有利于世界的和平与稳定，将使世界格局更为平衡，国际社会更为安全。中国的和平崛起是全球化发展提供的一种机遇和发展可能，既要不断地超越自己，向自己的历史、文化和实践学习，不断地对我国社会主义进行自我完善和调整，同时又要不断地汲取人类社会的一切优秀文明成果，并且在和平崛起的过程中创造出新的经验形态、知识形态和文化成果，使得人类的文明和文化因此而更为丰富多彩，为人类提供更多的模式和文化借鉴，从而在积极的文化创造中实现中国的国家文化安全。中国的和平崛起将为国际关系的历史带来新的范例和素材，证明人类可以以理智和和平的方式处理好国家冲突这一千古难题。中国的和平崛起将证明，一个落后的国家、一个有着悠久传统文化的国家，可以通过自己的努力和智慧实现有自己特色的现代化，形成和平崛起的精神支柱。

**（四）文化大国战略是中国文化产业发展的根本战略**

纵观当今世界文化安全形势，一个国家的文化安全状态往往是和一个国家的文化在世界上的影响力和吸引力的大小成正相关关系的，而这种影响力和吸引力的大小又是与这个国家给世界提供文化产品的能力相一致的，因此，一个国家是不是文化大国并不取决于这个国家历史的长短和文化资源是否丰富，也不取决于这个国家国土面积的大小，而是取决于这个国家对于世界的文化贡献力。而恰恰是这种影响力、吸引力和贡献力决定了这个国家文化安全的全部系数。三“力”越大，则不安全系数越小；三“力”越小，则不安全系数越大。因此，要提高国家文化安全系数，就必须提高本国文化在世界上的影响力、吸引力和贡献力。

中国是文化资源大国，但是在当今世界上却还不是文化大国。美国是文化资源小国，却是世界文化大国。文化大国是指那些文化综合国力对世界文化发展具有明显影响力的国家。一个国家的文化是否产生安全，一个重要的标准就是看它的文化综合国力的强弱及由此而对世界产生影响的程度。中国要成为一个对国际事务负责任的大国，获得一个大国应当拥有的文化安全度，就必须承担起一个负责任的大国所应当肩负的对于世界文化发展的文化责任，积极参与国际政治、经济和文化秩序的建设，并且在这个过程中获得国家文化安全的充分实现。当代中国不应当仅仅是五千年华夏文化传统的继承者，同时也应当是华夏文明对于当今和未来世界文化发展道路新的开拓者、创造性文化成果的提供者和新文化资源的涵养者。大国文化战略的建设目标，是实现与国家的政治经济在国际上的影响力的同步增长，拥有与一个大国地位相称的影响世界文化发展的力量，在让世界尊重五千年中华文化的同时，也尊重并倾听今天中国文化发展的态度和关于世界文化发展的意见，使文化成为中国和平崛起为一个负责任大国进程中的重要力量和重要

标志。制定国家文化总体战略是目前世界上发达国家提高综合国力和世界影响力的成功经验，中国应当借鉴国际社会的成功经验，确立建设文化大国的国家总体战略与相应的国家文化战略配套系统，从而在不长的时间内，在文化原创能力、文化综合国力和国家文化管理能力等几个方面处于国际领先地位，为最终建设世界文化强国奠定坚实的基础。

要实现建设文化大国这一大战略，必须要有相应的国家文化战略系统配套和若干指导原则，主要指以下几个原则。

（1）建立和平崛起所需要的国家文化整体态势均衡协调发展的格局。和平崛起是一种整体性国家力量的崛起。由于这种崛起以不改变现有国际秩序为策略，因此，如何使这种策略获得有效的实施就需要有文化上的大智慧。在这里首先必须改变国家的发展理念和战略思想。20世纪70年代末，在需要尽快获得增长活力和发展动力的时候，中国选择了让一部分地区和一部分人先富裕起来的不平衡的发展战略，优先发展经济，尤其是加快发展沿海地区。这一战略在迅速提高了国家综合国力的同时，也付出了区域发展不平衡被拉大了的代价，尤其是文化发展的不平衡不仅一般地表现在区域发展不平衡上，更重要的是在某种程度上是以牺牲文化发展为代价来获得经济的暂时增长的，从而出现了经济增长不仅没有实现文化的同步增长，相反却在某种程度上导致了文化衰退这样一种与社会发展背离的现象。和平崛起，首先在内容上必须着眼于政治、经济、文化和社会各个方面的均衡协调发展，不能只顾一点不及其余。尤其在文化上，不能以牺牲后代人的文化利益为代价满足当代人的物质需要。在这里，国家文化整体态势的均衡协调发展具有特别重要的战略意义。那就是必须从观念、政策与制度上确保城市与乡村、东部与西部、国内与国外、硬件和软件各个文化空间的协调发展和共同发展，既不能各自为政，更不能相互抵触。只有从文化上做到国家整体态势的协调发展，才有可能为和平崛起营造一个和谐与充满创造力的文化生态环境。“人口众多、重要资源的人均水平大多居于世界平均水平之下、地区发展严重失衡、城乡二元结构、就业……挥之不去的一系列矛盾和问题，考验着中国的‘和平崛起’。”“如不重视这些问题，就无法打消一些人对中国崛起的疑虑。”“这些问题如果处理得不好，‘和平崛起’就不可能实现。”[①] 其中任何一个问题的战略存在失误，都可能使和平崛起战略实现付出比原先更高的文化成本。

（2）确立和平崛起的最优文化战略途径。中国目前正处在重要的文化转型时期。文化体制改革引发了文化利益关系的重大调整和重组；科学技术进步促使文化经济结构和文化产业结构急剧变化；工业化和城市化进程加快了社会文化结构的深刻变迁；温饱问

---

① “和平崛起”：要科学发展观引领[N]. 新华每日电讯，2004-03-13.

题解决、人均 GDP 超过 1000 美元后社会文化需求升级并且更加多样化；文化发展滞后于经济发展所积累的社会问题；文化产业的快速增长对文化资源、文化生态和文化环境产生的严重挑战；对外文化开放和经济全球化带来的文化的巨大发展活力和冲击，以及社会经济关系变化在思想政治文化领域所产生的激荡，都决定了中国和平崛起战略的选择具有中国文化发展转型期的性质和特征。也就是说，和平崛起在赋予中国文化发展新的内容的同时，也赋予了中国文化发展新的使命。和平崛起时代的中国文化发展无论在战略上还是在理念上，都应该有别于中国历史上文化发展的任何一种模式和发展道路。确立和平崛起的最优文化战略途径，就是把和平崛起作为一种新的民族和国家的文化精神和凝聚力量，用和平崛起来涵养国家和民族新的文化气质和胸襟，从而使和平崛起对外成为中国的国家战略理念，对内成为每个公民的崇高理想和自觉的文化追求。要克服仅仅把和平崛起停留在外交宣言中的局限，使之成为全体人民的自觉行为和奋斗目标，成为一种巨大的认同力量和凝聚力量。

（3）突出中国和平崛起的文化建设战略重点。和平崛起是中国对于世界的一种宣言，是基于对周边国家，尤其是一些世界性大国对中国崛起的战略恐惧和战略威胁作出的一种具有中国文化性格的回答和承诺。我们要争取国际社会对中国崛起的认同、对中国崛起的好感、对中国崛起的支持，就必须赢得世界的充分理解和尊重。中国和平崛起所需要的国家文化整体协调发展必须有一个能够具有终极关怀意义的目标选择，或者谈一个战略灵魂，把它作为国家文化建设的战略重点，并以此去带动所有其他的文化建设与文化发展。这个战略灵魂就是在数千年中华文明的基础上，重建我们的价值体系和文化传统，重塑文化礼仪之邦的大国文化形象，从思考过去的历史中凝聚成与和平崛起的战略定位相一致、所需要且具有普世价值的中华文明新的典范，并用这新的文化典范去影响全球文化秩序的建立，参与全球治理所需要的价值理念。中国改革开放以来所创造的经济增长和发展，正在被越来越多的国家认同为是“中国模式”。然而，迄今为止我们自己还没有对此作出属于中华文化所特有的总结并使之具有普世价值的形态。中国有几千年漫长的封建发展历史，但并不是它的所有内容都是为其他文明所排斥的。我们要以文化的参与和文化的影响去消解和平崛起过程中出现和产生的各种力量，以文化全球化的形式和机制实现中国和平崛起的战略目的。

（4）着眼于文化开放与国家文化安全的有机联系。像中国这样一个有着十几亿人口的发展中国家要发展起来，不能把自己远大目标的实现建筑在对其他任何别的国家的依赖上。中国的和平崛起是在积极参与经济全球化的同时，走自己独立自主的发展道路的新选择，已有的大国崛起的历史经验不足以提供中国和平崛起的思想理论需求，而一味地照搬西方的现代化理论，则可能迷失我们自己对和平崛起发展道路的把握。文化开放是要建立起新的国家文化安全机制，是要在实现中国文化发展所需要的各种国际资源有效配置的同时提高中国的综合文化国力，为中国和平崛起的战略需要提供源源不断的文化智慧的贡献和原创能力的支持。因此，我们必须也只能把中国和平崛起所需要的智力支持放在自己文化力量的不断增强的基点上。也就是说，在扩大文化对外开放、进一步融入现代世界体系的同时，更加充分和自觉地依靠自身的文化体制创新，实现国家的全面文化创新，依靠自身的文化产业结构调整和国内文化需求与国内文化市场的开发，以及国民文化素质的整体性提高和科技的全面进步，解决中国文化开放过程中所面临的一系列国家文化安全的难题。中国的和平崛起必然同时也是中国文化能力的崛起，以走向世界为特征的中国和平崛起必然同时也是中国国家文化安全的更大程度上的充分实现。因此，文化大国战略的实现必须是文化开放和国家文化安全互动与有机联系的结果，而不是相反。

（5）建立文化大国战略实施的国家控制系统。文化大国战略的实施是中国和平崛起战略实现的重要内容，它一方面蕴含了中国文化发展的内在需求，另一方面也包含着鲜明的国家意志，必然在国内和国际两个方面同时面对政策和战略的创制与调整，涉及内外两种文化利益的重组。因此，中国在参与经济全球化进程、全面推进国家文化创新体系建设中，必须注重政策与战略的自主性与可控性，建立文化大国实施的国家控制系统。在这个国家控制系统中文化政策选择与文化战略进程是自主的而不是被动的，是立足于中国文化国情的崭新创造而不是简单模仿的；在融入和接受现行国际体系与规则，接受经济全球化机制影响的同时，保持对国家文化发展道路和发展模式选择的自主调控能力，充分体现国家文化主权；对于实现对外文化开放的过程中所带来的风险有体制和政策上的控制能力，包括国家文化安全危机管理和预警系统。只有这样，在和平崛起过程中的文化大国战略实施才不会因与世界经济的摩擦和文化的冲突而中断。

## 三、中国文化产业的战略立场

### （一）文化产业是一个国家的文化制度和国家战略

发展文化产业是文化战略创新的产物，是中国文化战略发展最重要的形态和最重要的战略思想。中国有文化产业，在计划经济时代也存在文化产业。但是，文化产业的中国式存在很大程度上只是意识形态领域里阶级斗争的工具，主要服从于和服务于意识形态领域里的阶级斗争的需要。虽然在这个过程中，作为文化产业生命存在的空间形态的“文化市场”也还存在，但是，市场并不在文化产业的发展中发挥资源配置的基础性作用，作为具体的文化产业机构——文化企业并不拥有市场主体身份，文化产业只是文化事业存在的另一种表现形式，“企业单位事业化管理”集中凸现了“中国式”文化产业的身份属性。单一的文化产业投资结构和主体构成，现实地规定了文化产业在整个国家文化建设及国民经济和社会发展中的附属地位与身份。在这样一种生命形态中，文化产业所体现的是那个时代中国的社会文化关系。政府把一切文化产品的生产、流通与分配也都纳入到了计划经济体制。这最终导致了中国文化产业发展的长期停滞不前，从而使得文化产业作为一个国家文化的战略能力没有得到应有的发挥。

社会主义市场经济体制改革目标的提出，加入世界贸易组织的国家战略选择和国民经济与社会发展制度的创新建构，必然提出上层建筑与经济基础相适应的马克思主义的制度革命和制度创新要求，从而导致中国国家文化战略的转移。中共十六大第一次在党的政治报告中明确提出了“积极发展文化事业和文化产业”的政治主张，把发展文化产业和文化事业同建设马克思主义的意识形态相提并论，并且把大力发展文化产业看作是满足人民群众精神文化消费需求多样化的重要途径。这就在中国特色的社会主义文化建设上，在坚持马克思主义在意识形态领域的指导地位不动摇和积极发展公益性文化事业的同时，非常明确地提出了第三条道路——“积极发展文化产业”，从而形成了独具中国特色的文化建设与发展三位一体的战略架构。文化产业被作为中国特色社会主义文化建设最重要的制度性建构而被写进了党的政治决议、国家战略规划和政府工作报告。

国家的进一步对外开放，各项公民权利的彰显、非公有资本进入文化产业，以及正在全面推行的文化体制改革，标志着中国文化产业正式进入了一个全新的发展时代，即公民文化权益和权利的全面保障与全面落实的新时代。在这个过程中，因为文化产业，人和社会的一切文化关系得到了全面的调整；因为文化产业，文化与经济发展的关系得到了全面的调整；因为文化产业，人与政治民主的关系得到了全面的调整。文化产业在中国成为人和社会一切文化关系重构的纽带和关键词，成为中国文化改革开放走向世界的标志，成为判断中国文化民主化进程和对外开放度的晴雨表。

无论在中国还是在其他一些发达国家，文化产业之所以能够被重视，能够得到政府的政策扶持，甚至能够被作为国家战略提出而成为国家发展战略的一个重要组成部分，其中至少有两个具有关键意义的因素：一是文化产业成为一种新的财富创造形态，因此，改变了原有的以资源消耗型和环境污染型为主要财富增长方式的经济发展道路和社会发展模式，作为一种新的生产力形式和内容，改变了原有的人类社会发展的生产力结构，从而使知识经济以文化经济的全新转变而成为现代国家发展的关键产业；二是由于文化产业是在人们购买文化产品与服务的精神消费的过程中实现财富的创造的，因此，它不只是改变了财富的创造方式，而且还改变了人们如何改变自己的精神生产和精神消费的方式，包括精神表达方式和精神传播方式，同时改变了整个现代社会的精神世界的空间

结构，因而具有一种物质性创造所不具备的解构和建构现代精神世界空间的无形力量。正是这种力量改变了人类社会和国家间的文化与精神空间的原有格局，影响和改变了人、国家与社会的发展走向及秩序建构。文化产业兼具经济和文化的双重属性、精神和物质的双重力量，使得它在世纪之交迅速成为现代国家重新安排国家产业调整和建构新的产业结构布局的重要选择。

国际政治、经济、文化及其相互关系在这个过程中被迅速重组，而“文化霸权主义”“国家文化安全”等也由于深刻地反映了在这一过程中的文化不平等关系，揭示了在这个过程中出现的超越了文化交流和文明交融的“文明冲突”，威胁到了一个国家和民族的文化生存与文化发展的现实危机性而成为新的主流词汇。文化产业的市场准入与反准入成为国际文化竞争和国际文化战略较量的重要领域而占据了新的外交空间。文化产业正是在这个过程中凸现了它在整个国家生活中的重要性和价值，从而使之具有战略性。尽管不同的国家在这个问题上的政策与战略表达具有各国政治决策的特点，但是，凡是现代文化产业发达的国家都把它放到了国家战略的位置上。在现代国际关系体系中，一个国家没有发达的文化产业，就没有它的话语权，即国际生活中的话语权因发达的文化产业而拥有。正是在这个意义上，文化产业成为一个国家的文化制度和国家战略。

### （二）文化产品生产是文化产业的主体功能和核心功能

文化产业是因其文化产品的主体功能界定的。人类自有生产能力以来，只生产了两种生活必需品，一种是物质食粮以满足人的基本生理需要，另一种是精神食粮以满足人的基本心理需要。所有其他的物品都是这两种基本必需品的衍生产品。文化产业就是精神食粮的生产系统和服务系统，因此，以满足人们的精神消费需要为目的的文化产品的生产是文化产业的主体功能和核心功能。围绕着这一主体功能而形成的生产手段系统都属于它的辅助系统。一个完整的现代文化产业体系就是由这两个系统的有机统一构成的。但是，规定和决定文化产业全部性质的不是它的辅助系统功能，而是它的核心主体功能。这是中国文化产业的战略立场。这一立场与中国坚持的要始终把社会效益放在首位的政策要求相一致。根据这一立场，中国没有必要培育一个金融资产、虚拟资产属性很强、对经济周期影响很大、对宏观经济调控有负面干扰的文化行业。也就是说，没有必要扶持文化产业的金融属性。文化产业的健康发展应该以文化精神消费品为主导，而不是以投资品为主导。文化体制改革不能以培养文化产业的上市公司为主导。中国需要一大批文化产业的战略投资主体，首先要培育和发展一大批文化战略投资主体、一大批具有文化再生产能力的战略投资主体。这不是一般意义上的再生产能力，而是那种能够改变精神文化秩序、建构社会文化秩序的核心战略能力，应当成为培育和发展文化产业战略投资主体普遍的战略追求和制度设计。

文化产业必须坚持文化产品的生产和向社会提供精神文化产品的消费服务，以满足人们的精神文化消费需求，推动社会文明进步的文化战略底线。因此，应当确立以文化消费品为主导来发展中国文化产业市场的发展方向这一基本战略准则，并以此来选择和制定中国文化产业发展战略的发展方向与发展道路。正是由于文化产业具有改变现存文化秩序和建构精神世界的价值与功能，因此，当文化产业现代发展的成熟性程度及它在一个国家的国民经济和社会发展中所处的地位与所发挥的文化作用和影响的程度，直接构成了一个国家国民文化精神和国家文化形象的关键要素的时候，文化产业的现代发展就具有了战略意义和战略价值，也就具有战略资源价值。开发这种战略资源、控制这种战略资源并且在全球垄断这种战略资源也就成为国际战略竞争的重要内容。

### （三）坚持文化产业均衡发展道路

市场经济的发展使中国面临一场严重的文化冲突，市场正在成为唯一主导文化发展的价值取向。发展什么和什么是发展好的，都由市场来界定。但是，在人们的社会生活中，真善美的抉择还有很多其他的标准。在某种程度上，市场只和资本相联系，只和利润与财富的增长相联系，而并不和真善美相联系。为了利润，资本可以不惜任何手段，包括毁灭真善美。经济的发展尚且不能以市场为唯一价值导向，更何况本身就是以文化功能来界定的文化产业。文化产业的发展需要把市场作为文化产业发展晴雨表，但是，不能把市场作为文化产业发展的唯一风向标。文化产业发展除了为社会创造出巨大的经济财富之外，更要为社会的文明进步和人的全面发展创造出巨大的精神文化财富。这就需要在发挥市场在资源配置中的主导作用的同时，发挥真善美的价值在文化资源再生产中的主导作用。没有真善美这些普世价值的主导，文化产业的发展就不可能实现促进社会文明进步和人的全面发展的战略目标。

文化产业有两种基本发展道路，一种是“经济化”的“单边发展”的非均衡发展道路，另一种是“社会化”的“多边发展”的均衡发展道路。前者以单一的市场为导向，以纯粹的GDP为衡量标准，把文化产业完全视作经济发展的一个部类纳入经济战略的发展轨道，以经济发展的指标要求制定文化产业发展战略；后者以多元的价值建设为导向，以复合的文明发展为衡量标准，把文化产业界定为文化发展的载体形态纳入文化战略的发展轨道，以市场经济的方式发展文化产业，满足人们精神文化消费需求的多样性，并以价值目标的要求发展文化产业，提升人们精神文化消费需求的文明质量。转变文化产业单边发展模式，从以单一的市场发展为导向、各种公共文化资源与生产要素向文化“产业化”领域集中配置，转向以复合的社会发展为主导、各种公共文化资源与生产要素在文化建设、社会发展和经济门类间优化配置，坚持环境友好、资源节约、人与自然和谐相处的可持续发展，更加注重用文化的精神和文明的方式引导文化产业发展的“多边发展”模式。

2008年国际金融危机爆发后，中国经济发展面临的外部环境发生了重大变化。以美国为代表的发达经济体提出了世界经济“再平衡”的要求，开始加大出口，实施“再工业化”战略。这对中国以外向型为主导的发展战略构成了直接的挑战。与此同时，由于2008年爆发的国际金融危机引发了全球生产、贸易及其他经济与金融关系的总调整，中国与世界的关系也因此遭遇“被调整”，进而导致了国内产业结构、投资消费、区域经济结构等发展战略关系的一系列调整。社会资源、生产要素、基本公共服务的重新配置与整合，成为无法回避的国家战略问题。虽然文化产业在这个过程中被赋予了“逆势上扬”的使命，并且还因国务院出台的《文化产业振兴规划》获得了“战略性产业”的战略定位，但是文化产业中长期发展战略所需要解决的一系列根本性的矛盾问题依然存在。尤其是从中国加入世界贸易组织开始，文化产业发展十年所推行的以文化体制改革为主导的“单边发展战略”，在文化产业取得巨大成就的同时，也积累了许多矛盾，包括文化产业发展与文化发展的矛盾问题、文化产业与意识形态发展的矛盾问题、文化产业与政治发展的矛盾问题、文化产业与经济社会发展的问题等一系列文化产业发展的内外部文化关系问题，文化产业内部的结构性、系统性矛盾问题。有不少矛盾问题是旧的问题没有解决，新的问题又产生了。经历了十年的大发展大繁荣，中国文化产业发展已经走到了一个新的历史节点上，不从研究和解决这些矛盾问题出发，中国文化产业就很难走上健康发展的道路。这是一个健康的文化战略的前提。

### （四）文化产业发展应当以核心价值观建设为导向

核心价值观是文化软实力的灵魂，是决定文化性质和发展方向的最深层次的要素。一个国家的文化软实力，从根本上说，取决于其核心价值观的生命力、凝聚力、感召力。培育和弘扬核心价值观，有效整合社会意识，是社会系统得以正常运行和社会秩序得以有效维护的重要途径。

1. 核心价值观建设导向是文化市场的根本导向

发展文化产业的目的是满足人民群众日益增长的精神文化需求，是提高国家文化软实力。所有这些都是属于文化和精神领域里的价值规定和价值要求。市场导向，不只是只有GDP指标这一项。满足人们精神文化需求也是市场导向，而且是最根本的价值导向。世界上没有哪一个国家的文化产业发展的政策规定和制度设计不是以本国的核心价值观为导向的，即便是文化再多元的国家，也必定有这个国家的人民所共同认同的核心价值观。因为只有这个核心价值观才能使这个国家的不同人群生活在一起，共同为这个国家的繁荣发展、国富民强而共同奋斗。一个没有以共同利益为基础的核心价值观的国家一定是一个分裂的国家。核心价值观是通过人们的共同认知建立起来的，并且以此建立起社会普遍的行为方式和行为准则。这是一个国家和社会稳定、繁荣发展的根本精神心理基础。

精神文化生产，无论是哪一种生产形式，也不管是有意还是无意，其目的都只有一个，就是表达自己的精神信仰和价值主张。它不是表达和宣传这种主张，就是表达和宣传另一种主张，而且无不认为自己的主张是正确的主张，都是用来捍卫自己的核心利益的。任何与这种核心利益相违背和相冲突的价值主张，无论在哪个国家都会受到限制。这丝毫不是什么狭隘的意识形态，而是最根本的国家核心利益。

价值观竞争是当今世界上最激烈的战略竞争。无论是“颜色革命”还是“阿拉伯之春”，一个国家或国家集团推翻另一个国家或国家集团，无不以现代文化产业的手段实行“价值观革命”。核心价值观的接受生成机制是一个长期的社会历史过程，既需要理念的灌输，也需要潜移默化的影响。思想阅读和审美享受无疑是两种最重要的渠道和方式，而正是这两种渠道和形式构成了文化产业的存在方式。

2. 以核心价值观建设为导向是文化产业发展的根本性质

文化产业是精神文化生产与表达的社会生产系统与表达机制。虽然作为一种产业形态，文化产业和其他产业形态一样，也都有经济功能并产生经济价值。但是，文化产业与其他产业最根本的区别在于，文化产业不仅生产经济价值，而且还生产文化价值；不仅生产物质价值，而且还生产精神价值。而正是文化产业生产的精神文化价值，才使得它在维护国家文化安全这一核心利益上具有其他产业形态不可替代的地位和作用。

人们通过和借助于文化产品消费满足精神文化消费需求。文化产品与其他产品的根本区别就在于，文化产品的主题功能是满足人们的精神文化消费需求，而其他产品的主题功能则是满足人们的物质消费需求。随着现代社会的不断发展，人们的物质消费需求也日益体现了一种精神文明样态，即在满足物质消费的同时也满足精神消费的需求，如物质消费中的生态文明观、物质消费中的审美观等。这种观念的发展催生了“文化创意与设计”。物质生活精神化，精神生活物质化，文化产业以它所特有的精神生产方式渗透到了人们精神生活的各个领域和各个方面。文化产业从来都没有像今天这样如此深刻与广泛地影响着人们的生活方式和存在方式。

通过文化市场（包括网络文化市场）来满足精神文化消费需求，已经成为人们价值观生成最主要的精神生活方式。文化市场是文化产业的存在方式，没有文化市场也就没有文化产业。文化市场既是文化产业发展的载体，同时也是社会价值观运动变化的晴雨表和风向标。文化产品的生产和流通在这里与人们的精神文化消费需求的满足相交汇。

人们的精神文化消费需求会通过市场将需求信息直接导入文化产品的生产，而文化市场则通过和借助于市场之手，引导和干预人们的精神文化消费需求的审美取向与价值导向。充分掌握文化市场在文化生产和文化消费过程中的规律，主动地运用这种规律发展文化产业，把推进社会主义核心价值观建设的文明目标融入到文化产品的生产、交易、流通和消费过程之中，以社会主义核心价值观建设为导向推进我国的文化产业发展和国家文化治理体系与治理能力现代化建设，应当成为我国文化产业发展坚定不移的战略方向。

3. 践行中华民族核心价值观是文化产业发展必须履行的国家文化义务

核心价值观是一个国家、民族和社会全部生活方式与存在方式的依据。它决定了人们之所以选择这种生活方式和存在方式，而不是另一种生活方式和存在方式的全部的合法性与合理性。社会主义核心价值观是当代中国生活方式和存在方式的全部的合法性与合理性。离开了社会主义核心价值观，就不是中国的生活方式和中国的存在方式。这既是中国与世界其他国家生活方式和存在方式的区别，也是世界其他国家认识中国的文明标志和价值符号。

社会主义核心价值观在今天的中国当然包含着它对中华优秀传统文化的传承。优秀传统文化精神是社会主义核心价值观的最重要的组成部分和题中应有之义。那种把社会主义核心价值观建设和传承中华优秀传统文化对立起来的认识是错误的。五千年华夏文明是今天中华民族生活方式和生存方式的全部合法性与合理性依据。正是因为有了它，全球的炎黄子孙有了共同的民族体认；正是有了它，才有了“虽然洋装穿在身，我心依然是中国心”的共同表达。没有它，当然也没有社会主义核心价值观。

文化产业是一个国家的精神生产系统和表达机制。尽管它的产品形态多种多样，审美观念和意见表达多种多样。但是，没有哪一个国家的文化产业制度设计，尤其是它的市场准入，不是以国家安全、进而以国家文化安全为根本尺度的。设计和制定这种尺度的依据就是这个国家的核心价值观。一个国家的核心价值观就是这个国家的国家文化主权。主权在国际上神圣不可侵犯，本国的每一个公民都必须捍卫、履职，因为这是公民的国家文化义务。

文化产业的核心是精神文化产品生产。精神文化产品生产是一个最个人化的过程。但是，无论这个生产需要怎样的个人聪明才智的创造发现，履行一个公民对国家的文化责任，捍卫这个国家的核心利益和核心价值观，都应该是他承担的神圣的国家义务。因此，在文化产品的精神生产过程中，自觉地履行国家文化义务，自觉地把核心价值观建设贯穿于自己精神创造和精神产品生产的全过程，丝毫也不是什么意识形态要求，而是一种觉悟了的文化自觉。

社会主义核心价值观是一个内容极其丰富的精神文化体系和社会文明体系。以核心价值观建设为导向推进文化产业发展，不是机械的、刻板的和教条主义的，而是要以文化产业形态的多样性和丰富性来生动地表现和表达这种生动性、丰富性和多样性，并且在生动、多样、丰富的文化产品的生产和供给过程中，在人们日益增长的精神文化消费需求多样化的进程中去推进和建设。文化产品生产和文化产业发展不论是以一种怎样的创作方式和模式选择，都应当有利于和有助于核心价值观的建设，有利于和有助于中国文明的发展，都应当不断地给这个国家和民族乃至个人以正能量。即便是那些对社会和历史有着深刻批判、反思的文化产品生产和精神文化创作，也要通过这种反思和批判给国家、社会和民族以精神。这种精神是通过修正和改正自己的错误不断前行的精神。这种精神就是马克思主义的精神、中华民族的精神，同时也是世界上、人类精神发展史上和文化产业发展史上的精神。这种精神就是社会主义核心价值观建设的精神，也应该是今天中国文化产业发展的精神。

## 第二节　文化产业空间布局及其不平衡规律

信息技术和通信网络的迅速发展、经济全球化和新的国际分工使得文化产业的空间布局运动和区域发展呈现出新的发展趋势。文化产业空间布局的不平衡运动规律在新的形势下形成和表现出了新的特点。研究文化产业空间发展规律对于科学制定文化产业战略规划以及它和社会发展的关系具有特别重要的意义。

### 一、文化产业布局与区域文化经济

产业布局是产业资源配置的一种空间运动状况。它既是客观存在的社会经济现象，又是人们意志，特别是产业政策作用的结果。它是随着社会经济发展和社会分工而逐步形成、发展和深化的。文化产业布局是产业布局的一种特殊形态，是指一个国家或地区文化产业各部门、各要素、各环节在地域上的动态组合与分布。一个地区文化产业布局的存在状况和运动不仅集中地反映了一定区域文化经济发育和发展的成熟性程度，而且还反映了一个地区的国民经济和社会结构的现代化程度。

#### （一）文化产业布局与区域文化经济的关系

经济区是一个国家和地区经济发展到一定阶段在区域上客观存在的或形成中的空间表现形式，同时也是文化产业布局的空间依据。一定的文化产业形态的产生总是以一定的社会存在的文化消费需求为发生动力的，而这个一定的文化消费需求则又是在一定的经济区形成和出现之后才有可能形成，也就是说只有形成了以一定的地理空间为依托的固定的生活人群，并由此形成了社会生产力，进而由这种社会生产力的运动发展形成了具有一定的经济、社会、文化功能的地理空间形态之后，才能出现文化产业发生所需要的社会文化生态条件。因此，从这个意义上说，区域经济进而区域文化经济是先于文化产业而出现的人类社会的存在方式。由于文化产业是现代工业文明的产物，因此，区域工业经济的发展程度进而是一个地区的城市发展程度在某种程度上决定了一个地区的文化产业发展程度和文化产业空间布局状态。在这里，区域中心城市的变迁往往反映了区域经济和区域文化经济变迁的历史走向，而文化产业的空间布局运动正是在这个走向中显现着自己盛衰兴亡的生命形态的。

### （二）区域文化经济存在的历史性

区域文化经济是区域经济和区域文化综合发展的一个结果，是历史运动的产物。它既反映了一个地区文明发展的水平，同时也反映了一个地区资源和要素的物质性状况以及人们对这种资源和要素的精神的把握的情况。资源和要素的不完全流动是人们选择一定的地理条件生存的客观规定，资源和要素的丰俭程度是人们选择生存空间的依据。因此，从人类运动的一般规律来说，人们总是自觉地向着资源和要素丰富的地区运动，并且随着资源和要素丰俭程度的不断递减而递减。这就自然地形成了不同区域经济发展的差异，区域文化经济差异是区域经济差异的反映，区域经济落后的地区不可能有先进的区域文化经济。区域经济的先进性程度一般来说是决定了区域文化经济的先进性程度的。历史上，扬州曾是一个东方大港和国际贸易中心，优越的地理位置给它带来了区域经济发展的先进性，也使它的区域文化经济处于全国领先地位。然而，随着现代铁路业的崛起和运河经济作用的下降，原有的资源优势和要素又发生了变动，扬州作为贸易中心地位的式微使得扬州作为全国文化经济中心的地位被边缘化了。在这里，对于区域文化经济而言，倘若资源的某一要素在这一区域是相对丰富的，那么另一区域这一资源要素必定是相对稀缺的。要有丰富的区域形成文化经济中心，而另一区域只有当这种资源要素发生变化之后才有可能发生变化。只要这种资源要素的配置状况没有发生变化，那么一般来说由此而形成的区域经济文化格局也不会发生变化。而文化产业空间布局往往就是以此为依据的。上海成为我国现代文化产业的策源地，是与上海作为我国现代城市的崛起相一致的。要素的不完全流动性是区域经济产生的重要因素，也是区域文化经济产生的重要因素。

文化生产要素的不完全流动性包括两层含义：一方面是指文化生产要素不是都能够

流动的，其中有些能够流动，如劳动力、资本、技术等，有些则是不能流动的，如土壤、地形地貌、水文、气候、海拔高度等自然条件。而恰恰是后者决定了前者流动的条件，同时也就决定了前者流向的选择和集中的程度。我国的城市发展、人口密度和经济布局呈现出由东往西梯度递减的规律，就是这些不可流动的自然条件导致的人类生存选择的结果。文化产业的空间布局正是在这样的力的作用下展开自己的生命运动的。另一方面是指能够流动的文化生产要素的流动性是有限的，是不完全自由的。这种流动约束来自许多方面，例如国家文化主权，国家文化安全的需要驱使政府对文化生产要素流动做出管制规定，限制资本进入某些文化产业的核心领域。文化利益动机是要素流动的内在原因，资本追求利润和绝对的垄断，文化劳动力向往高收入和高知名度，文化市场法则约束着这些要素的自然流动，违背这些法则，文化生产要素流动自然就会停止，文化产业空间布局也随之呈现出自己的张弛运动。

空间成本因素是构成区域文化经济存在和发展的又一重要的客观条件。空间不仅有距离，而且空间还会有阻隔和障碍。距离的长短和障碍的大小，直接关系到文化经济成长发展的成本。距离成本限制了自然要素禀赋优势的发挥和空间聚集文化经济实现的程度，使文化经济活动局限于一定的空间范围。这就是文化产业的空间布局总是比较集中于沿海大城市，比较集中于交通比较发达区域，比较集中于平原地带的原因。即便是在已经拥有先进的卫星传输系统和发达的互联网的今天，偏远地区文化经济的发展仍然不能和城市文化经济发展的现代化相比。正是这种空间成本因素的规定，使得文化产业空间布局的运动不得不以若干个大城市为中心展开，并形成相应的文化产业带。

文化经济活动是不完全可分的。这是区域文化经济客观存在的第三个条件。文化经济活动的不可分是由文化产业的规模经济和聚集经济的特点所决定的。单个文化企业生产规模在一定限度内增大，一般来说可以收到节省单位文化产品成本和提高效率的好处，这是文化企业的规模经济。如果几个文化企业集中于一个地点，能够互为因果并形成产业关联，不仅可以为各个文化企业带来成本节约等经济利益，而且还能为各个企业带来新的文化产品创新的利益预期，推动产品和产业结构创新。例如，现代创意产业园区就是这种聚集经济。规模经济和聚集经济使得各生产要素和文化经济单位集中在一个特定的空间，这就决定了现代文化产业空间布局遵循以城市为中心的运动和发展规律，并以此形成了区域文化经济和文化产业发展的差异性。

**（三）文化产业布局与区域文化经济发展的现代性**

文化产业空间运动的一个最显著的特点就是它的现代性指向。这种现代性指向集中表现在它内在的随着科学技术的发展而不断地实现自己的发展的本质要求上。这种要求

一方面反映了社会发展过程中人的现代性要求，即不断地追求文明发展的最新表现方式和存在方式，另一方面作为社会经济的一种重要的组成部分和存在形态，它总是不断地承接着经济发展和经济结构调整过程中所体现出来的增长方式转变要求而提出来的产业结构转移的任务。因此，衡量一个地区文化经济发展的现代性程度的一个重要指标，就是它的文化产业布局在内容上的先进性、完整性和在结构上的合理性程度。文化产业是不是一个地区经济发展的支柱产业，关键要看它在整个区域经济结构中的比重和贡献值。文化产业布局的空间运动主要表现在数量扩张、结构转换和产业升级三种形态上。这三种形态同时也是区域文化经济发展的三个主要方面。数量扩张是指区域文化经济各个产业的文化生产规模在原有基础上的扩大，例如20世纪80年代我国出现的出版社扩张运动，即一个总社裂变出若干个具有独立法人地位的文化经济实体。结构转换是指伴随着文化生产要素在各产业之间的转移，出现的某些文化产业相对增长较快、某些文化产业增长相对较慢甚至增长停滞的结构变动的现象。例如，电视产业的发展给电影产业发展带来的影响和冲击就是一个典型的例子。当这种结构转换表现为文化产业的所有制结构转移的时候，由此而发生的原有文化资源配置结构的变动和利益格局的变动有时甚至还会出现增长主体转移的现象，这种转移非等到这种力量出现新的平衡结构转换不会结束。产业升级是指通过技术改造和技术创新使传统文化产业向现代文化产业转变的文化产业变革，通过改变增长方式提高产业的核心竞争力，如电视产业数字化。

区域文化经济的现代性的存在方式是多样的。文化产业布局及其机构不仅最能反映区域文化经济发展的实质，而且文化产业布局中的产业结构比集中体现了该区域文化经济的发展方向。区域文化经济发展的现代性与文化产业空间布局的先进性与合理性之间存在着一种力的同构关系。然而，只有这种关系反映出了它在国家层面上的整体性，才是有意义的。因为任何区域文化经济的现代性总是国家文化经济现代性在一个特定空间的局部反映。离开国家文化产业布局的整体性，区域文化产业布局及其文化经济的现代性是不可能的。我们不能仅仅从文化企业的区位指向来把握文化产业布局的现代性和科学性。因为各个文化企业总是以追求利润的最大化为决策目标，很难实现区域乃至国家整体效益的最优，某种程度上的资源掠夺式的文化产业发展甚至导致对区域文化经济发展的破坏，因此，必须从国家战略的宏观层面和区域整体利益来考虑区域间合理的文化分工和产业布局。而要做到这一点就必须根据不同文化产业的功能，结合本地文化经济和社会发展的整体可能进行文化产业布局的可行性安排。以文化内容生产为核心的文化产业处于整个文化产业体系的主导地位，是决定一个国家和地区分工体系中的地位和作用的部门，是整个区域文化经济发展的核心，但并非所有的区域文化经济都是由相同的核心产业主导的，不同的区域有不同的核心文化产业。例如，在我国有不少地区就是以文化旅游产业作为区域文化经济发展的主导产业的。外围文化产业和相关文化产业则由于不同区域的资源禀赋和历史发展的差异，其在区域文化经济整体发展中的作用和与核心文化产业的关系也是不一样的。外围文化产业和相关文化产业在多大程度上能够与核心文化产业之间形成产业关联，则取决于原有产业结构之间已有的和潜在的关联实现程度。由于核心文化产业在区域文化经济发展中具有主导性作用，决定着区域文化经济的发展方向、速度、性质和规模，其选择合理与否不仅关系到新文化产业本身的发展，而且决定着整个区域文化经济发展和产业结构的合理化。因此，文化产业布局的空间运动，实质上是通过区域核心文化产业的确立，围绕核心文化产业的发展需要实现文化资源的合理、优化和充分配置，最大限度地发展关联产业，从而形成区域文化经济的有机整体。

## 二、文化产业布局的规律和任务

文化产业布局和其他任何产业的布局一样，它的运动和发展也是有规律的。不同的产业有它不同的产业特性，不同的产业特性又规定了这一产业区别于其他产业不同的运动特点，正是这些特点反映了不同产业运动内在联系的要求。当这些要求反映在产业布局的空间运动上时，它就是该产业布局的规律。由于不同产业部门对布局的条件和要求不同，因而不同地区适宜发展的产业部门也是不一样的，同一产业部门布局在不同地区也会产生不同的经济效果。因此，在进行产业布局时，必须全面、深入地分析影响产业布局的各种条件，因地制宜地安排各产业部门，使布局合理化，以取得最佳的经济效益、社会效益和生态效益。

文化产业是一种特殊的产业形态，具有政治的、经济的、社会的、意识形态的和文化的等多重属性，有着自己完全不同于纯粹产业经济学意义上的部门产业的发生和发展规律，因而文化产业空间布局的规律同其他产业部门相比也有着显著的个性。这种个性运动的一个最明显的规律就是它的依附性。文化产业布局不能像有的产业那样可以远离人口聚居区，凭空形成一个产业部门或类型。这是由文化产业所提供的社会文化消费品主要是为了满足人们的精神消费需求的特殊性决定的，越是人口聚居的地区也往往是文化产业布局的集聚区。文化产业的空间运动无论是文化生产还是文化服务，都必须直接面对消费者、面对市场。从一个地区的文化产业部门的形成来看，它首先是社会的文化需求的产物。由于城市是人口聚居最集中的空间存在，又是现代工业文明的人类文化学体现，因此两个方面的条件导致现代文化产业只能首先在这样的一种空间形态里出现。即便是在农业社会，人类社会早期的文化经济形态，尤其是那些被我们称为“前文化产业”形态的文化生产和服务部门的形成与出现，也只能在“集镇”或“集市”这样一种

新的人口聚居的空间形态出现之后，才能在农村人口最为集中的空间形态中出现。因为这些空间形态也往往是一定历史时期和发展阶段社会生产力水平最为集中的表现。现阶段文化产业布局主要集中在几个大城市或大城市群，这是因为大城市或大城市群往往是一个地区的政治、经济和文化中心，这些要素恰恰满足了文化产业多重属性的要求，与文化产业多重属性之间天然地存在着一种同构关系。因此，一般来说文化产业布局就是沿着城市形态的发展而发展的，城市功能定位的不同不论是在量上还是在质上，都会在文化产业的布局运动中反映出来。我国的城市功能和定位表现为三种形态——首都、直辖市和省会城市。首都是全国的政治和文化中心，对于文化产业的特殊关切和文化体制安排，使得首都集中了我国数量最多、规模最大、体系最完整的文化产业布局。省会城市是一个地区的政治、经济和文化中心，因此也是全省文化产业布局最为集中的空间存在。直辖市是介于二者之间的一种城市形态。就城市的功能定位来说，直辖市直属中央政府领导，没有省会城市与省里的隶属关系，有着省会城市所没有的自主权，因此在文化产业空间布局上有着相当大的自主性。同时由于直辖市往往是一个国家的经济中心，因此，庞大的经济基础、城市人口规模和对外交往的便利使得它在文化产业布局的发展过程中有着一般城市所没有的便利性。上海就是一个最显著的典型。上海是我国除北京之外文化产业最为集中的区域。这和上海城市的现代发展有关。上海的文化产业布局可以说是随着上海整个城市功能的不断发展、完善和调整而发展、完善和调整的。在20世纪的前半个世纪，上海是中国的文化产业中心。随着北京作为新中国首都地位的确立，在完善首都作为我国文化中心城市功能的运动过程中，文化产业空间布局同步呈现出向北迁移的运动。其中商务印书馆的北迁就是一个最典型的例子。这样的文化产业空间布局运动不仅在上海和北京之间存在，在我国的省会城市运动中也同样存在。这是由文化产业空间运动的特殊性决定的。离开了城市运动和城市发展，文化产业布局的空间运动就失去了它的整体性依托。

文化产业空间布局运动的第二个规律性现象就是趋集中性。农业社会与工业社会的一个最大的社会形态的区别，就是前者的分散性和后者的集中性。文化产业是依托于大城市和现代工业发展起来的产业形态，由于现代社会运动的城市化趋势，因此，以往分散的文化产业布局不断地朝着大城市和超大城市集中。这种集中，一方面有人为的出于某种考虑的因素而通过行政力量把原来分散的文化产业集中起来的安排，既便于加强管理，也便于集中有限的资源，做大做强；另一方面市场取向使得集中可以产生更大的经济效率和效益，同时也可以与其他产业形成关联以获取最大的边际效应。这种集中与社会生产力的集中成正比例关系。由于文化产业是高文化与高技术相结合的产物，高技术作为现代生产力水平所达到的现代化程度的反映，只有在现代科学技术力量高度集中的地方才能产生，因此，这种生产力发展水平的运动水平规律性地决定了文化产业布局的现代选择。现代文化产业空间布局不可能在生产力水平低下的区域获得自己发展的合理性与合规律性。当然这种集中是相对的，一个国家的文化产业不可能全部集中到一个地区或一个大城市，但是不同的城市或区域完全可以而且应当有完全不同的文化产业布局，从而在文化产业的空间形态上呈现出特色鲜明、布局和谐、各种文化资源有机整合的状态。

遵循文化产业布局规律的要求，人为地影响文化产业布局的主体行为就形成了文化产业规划及其政策，它的目的就是通过区域文化产业的合理布局实现空间经济的效益目标和公平目标的有机统一，最大限度地克服文化产业布局过程中的盲目性和趋同性，以及由这种盲目性和趋同性所造成的重复建设、资源浪费与恶性竞争。在经济结构的战略性调整中实现文化产业结构的战略性调整，其中就包含着对文化产业布局的重新安排。在这里，所谓公平目标就是要克服在文化产业布局中反映出来的对于文化产业的垄断，使文化产业空间布局能够同区域文化产业发展中合理的文化利益关切一致起来。

文化产业布局的任务主要有以下两个方面。

（1）促使区域文化产业与文化企业的趋集中化运动，在实现区域经济结构科学化、转变经济增长方式的同时，实现文化生产力的集约化发展，形成文化积累的现代能力，以文化生产物质载体空间集聚的效益增长实现文化的增长。文化产业的集中聚集，一是有助于形成文化产业的综合竞争力与核心竞争力，实现对各种文化资源的优化配置与有效利用；二是有利于利用市场信息，形成对于各种文化资源的吸纳能力和辐射能力，提高创意能力，节约文化资源的流通成本；三是有利于文化能力向社会能力的转化，在消化吸收现代高新技术的同时，也以产业集群实现的方式改造社会扩大再生产的方式和途径，进而达到为社会发展提供智力支持和文化生态环境的目的。从文化能力运动的历史轨迹来看，所谓“历史文化名城”往往都是文化生产能力、文化扩散能力和社会建构能力最强的空间存在。现在世界上的所谓“国际大都市”也往往是文化产业最为集中的地方和文化影响力最为强劲的地方。因此，为了实现文化产业布局空间集聚的文化和经济效益，从政策主体来说，就必须首先选择历史文化条件优越和经济发达的地区作为文化产业布局的集聚区，形成新的增长能级，在这里原有的历史文化条件具有特别重要的意义；其次，根据不同集聚点的不同核心文化产业的产业性质，确定并培育不同文化产业集聚区的产业经济功能和文化传输功能，以利于不同功能区之间的分工和协作，从而形成各种文化资源合理配置的最佳产业结构；最后，构建大、中、小规模不等的产业集中体系，实现不同规模文化产业和企业之间的优势互补，形成良性的文化产业发展的生态群落。

（2）促进区域文化产业和文化企业的合理分散，实现文化空间经济的均衡发展。文化产业的集中只有在一个适当的量度内才是有价值的，超过了一定的极限，产业生存空间的过于狭窄必然引发和导致恶性的市场竞争，由此而造成的投资环境的破坏必然导致文化资本的外流，从而最终导致整个产业发展的停滞和衰败。因此，除了市场的自发调节外，文化政策主体必须通过相应的干预手段，使得文化产业布局的空间运动朝着有利于文化产业良性发展的方向运行。在我国，文化产业布局的战略思维应当是，在实现对原有区域文化产业结构战略性调整以达到布局合理化的同时，一个特别重要的任务就是推动中部和西部文化产业的发展，尤其是西部落后地区文化产业的布局，在实现效率目标的同时实现文化产业布局的空间公平。

文化产业空间布局与产业特点是紧密结合的，只有对我国文化产业发展概况有一个清晰的认识，才能对区域文化产业空间布局有恰当的定位。一个国家或地区如果产业部门组合得当，产业地域组合科学、合理，那么它将推动国民经济和文化建设健康、快速、有序地发展。文化产业结构不是诸多文化部门的简单相加，而是文化部门或地域的组合与质态的反映。因此，其结构功能可能是乘数效应或除数效应。区域文化产业结构都是具体的，各有自己的个性与特点，它与区域的资源条件和文化环境紧密结合，与区域发展阶段相一致。因此，在共性的产业结构发展规律的作用下，必须深入探讨区域文化产业结构的个性发展规律与特点，这也是区域文化产业空间布局的重要任务。文化产业的基本细胞是文化企业，即企业是市场的主体。企业依据生产技术联系、经济联系及性质的相同性而组合为文化产业部门，由众多的文化产业部门组合而成为文化产业结构。诸文化产业部门都要落实在一定区域范围内，在该区域范围内诸文化产业部门与经济事物有机地组合则形成文化产业的空间结构。文化产业部门结构与文化产业空间结构是整个文化产业结构不可分割的两个方面，人类的文化经济活动最终要落实在产业部门和具体区域上。因此，只有对区域文化产业结构的个性发展规律和特点有一个比较科学的把握，才能科学地实现文化产业的合理布局。

## 三、文化产业布局的非均衡规律克服与区域文化产业规划选择

文化产业布局的非均衡规律是文化产业发展的基本规律。根据瑞典经济学家缪尔达尔非均衡增长理论，“市场经济的力量正常趋势与其说是缩小区域间差异，不如说是扩大区域间差异。”在发达地区和欠发达地区间的要素流动中，不仅仅是劳动，资本也会从欠发达地区流向发达地区。在市场力量的作用下，发达地区经济表现为一种上升的正反馈运动，而欠发达地区经济则表现为一种下降的正反馈运动。在这种循环过程中，存

在着扩散和回流两种不同的效应。扩散效应是指发达区域到不发达区域的投资活动，包括供给不发达区域发展的原材料或购买其原料和产品；回流效应是指劳动力和资本由不发达区域流入发达区域投资活动，它将引起不发达区域经济活动的衰退。在这个过程中，汇流效应总是大于扩散效应，因此，区域差异在市场力量的作用下会不断增大。①这就是产业布局运动的非均衡规律，这一规律反映在文化产业布局运动上就是文化产业布局运动的非均衡规律。

文化产业布局的非均衡规律是文化产业运动的一个客观化过程，虽然其中包含着深刻的主观因素，但是，即便是市场的力量它也不会任凭这种无政府主义的盲目运动发展下去，市场在某种程度上也有一定的自我调节的能力，会不断地修正这种偏向，以确保市场运动本身的协调性。问题是市场的这种自我调节能力是有限的，而且往往带有很大的破坏性。因此，这就需要政府对这种非均衡规律进行必要的克服，通过政府行为的作用实现文化产业布局的科学均衡发展。在这里，区域文化产业的规划选择具有特别重要的意义。

（1）经济活动市场化使得区域之间文化经济要素配置产生差异性，这种差异性发展过度，会引发一系列经济、社会和文化发展失衡。因此，需要通过区域规划的作用进行调节，区域规划成为政府宏观调控的重要手段。

（2）区域的开放性特点使得区域规划不能靠直接计划干预来实施，而是要通过资源共享机制和利益协调机制来发挥效应。

（3）区域政治民主化趋向使得区域规划必须充分反映区域内各利益主体的权利和区域的公共利益，区域规划也将因地方立法而获得权威性。

（4）新发展观要求经济、文化、社会、生态协调发展，强调以人为本的可持续发展，因此，区域规划不再是单纯的经济的、物质的建设发展规划，而需要将经济因子、社会因子、文化因子、环境因子综合协调，提升区域发展质量。

（5）从国家总体战略出发，明确区域经济社会发展的方向和目标，重点解决区域内各利益主体普遍关注而单一利益主体不能很好解决的主要问题，解决好区域内产业布局问题，建立促进区域发展的完整有效的政策措施。

在市场经济中，区域规划的基本功能是弥补市场机制在调节区域发展方面的缺陷，所追求的应该是有限目标，注重区域合作与协调，因而其指标尺度是有弹性的。有限目标和弹性指标决定了区域规划的有限性。区域协调机制，要注重广泛吸纳各种利益集团的参与，制定公平、公开的规划准则，寻求解决区域发展中的各种利益冲突

① 王述英. 现代产业理论与政策[M]. 太原：山西经济出版社，1999，235.

的方法和途径，提高区域规划的协调效率。在现代市场经济条件下，区域协调机制必须奉行以市场为基础、以利益协调为机制的原则，通过合作、谈判的过程来协调各利益主体的利益立场。

在规划上，要探讨和反映基于经济的、社会的、环境的综合系统的内在联系，在不同的人文地理区域尺度中使用全面综合的规划方法，提高区域在全球化经济中的竞争力。美国、日本、欧盟和中国的文化产业发展对比显示，我国文化产业增长的制高点与世界发达国家相比存在着相当大的差距，发展文化产业的巨大潜力远未释放出来，组团式发展的强力拉动有待开发，空间整合的优化能力亟须提升。为此，需要在原有区域点状发展中心的基础上实现区域经济社会协调联动，推进区域趋优调整，扩大区域规模，注入新的动力源，获取区域整合的“发展红利”。

区域规划要完全体现统筹发展的国家战略意图，成为国家新一轮财富聚集的战略平台，成为中国文化产业竞争力的主要代表。

在21世纪的国际竞争格局中，一个国家国际竞争力的主要体现就是要有若干个综合经济实力强大的区域或城市群，城市群代表国家参与国际竞争，并带动周边乃至全国经济的持续增长。例如，国际经济中心建设重在加强主导产业分工体系的能力，使长三角区域在国际分工体系中处于有利地位、国际金融中心重在培育资本流动、汇集、配置的技术条件和制度条件；国际贸易中心建设主要是进一步拓展国际市场渠道，提高区域经济国际化程度；而世博会的举办则可以成为产业区域协调和区域联动的重要战略节点。

从国际上看，随着世界城市化迅速发展及城市化水平的大幅度提高，城市群与城市体系规划日益受到重视。城市群理论认为，21世纪的国际经济竞争的基本单位不是企业，也不是国家，而是城市群。城市群之间的分工、合作与竞争将决定世界经济乃至政治格局。

## 第三节 文化产业规划的基本原则与战略选择

规划作为社会经济未来发展的空间投影，是对未来空间资源的一种配置，同时也是对现有空间资源配置的一种再认识。规划应该深刻反映社会经济的要求，尤其是发展中的要求，因此，规划一定是超前的。事物有它的发展规律，规划就是我们对事物发展规律的某种把握，就是根据规律来谋划我们对某种理想目标的实现程序和手段。科学的规划是建筑在充分的调查研究基础上的，包含着人们对事物发展规律认识局限性的反思，因此，规划从某种意义上来说具有批判性和否定性。这是一种积极的否定和批判。规划理念的发展是依托产业的发展过程自然形成的，在原来没有产业的情况下，很难对产业的空间布局考虑周到，也很难预见到今后的变化，所以规划又是在不断的运动变化中的。

## 一、文化产业规划选择的制约因素

规划具有战略的性质。它既是在原有的基础上对文化产业资源空间配置状况的调整和重新安排，同时又是根据发展了的实际对文化产业发展战略的一种新的考虑。因此，文化产业规划具有“继往开来”的双重属性。这一特点也就从两个维度上规定了影响文化产业规划的制约因素，其中一个就是历史形成的空间布局的局限性，另一个就是对未来发展认识的真理性程度。

### （一）历史形成的文化产业空间布局的局限性

1. 文化体制的制约

一定的文化产业空间布局本质上都是一定社会历史条件下文化体制的结果。它包括文化行政管理体制、文化经济管理体制和文化意识形态管理体制等方面。文化意识形态管理体制涉及对于文化产业与意识形态关系的认识，事关国家文化安全的核心利益，因此，文化产业空间布局结构的开放性程度反映了一个国家文化市场的准入程度。文化经济管理体制是关于以何种文化经济制度来建设和管理文化产业。不同的国家经济制度下的文化产业空间布局是不一样的。计划经济是政府主导，市场经济是市场主导，两种不同的主导原则必然导致不同的文化产业布局的结果。文化行政管理体制事关政府文化行政权力的范围和权力作用的大小程度。在现阶段，我国文化产业布局的一个最大特点就是文化行政分割，这是构成现阶段我国文化产业空间布局运动的最大障碍。

2. 国民经济发展基础的制约

文化产业是现代国民经济发展的产物。文化产业布局不仅是文化生产能力空间运动的结果，而且也是国民经济发展水平和发展程度的结果。一般来说，现代文化产业只有在现代工业比较发达的区域才有资本支持的可能。文化产业就其技术本质而言属于高新技术，它不仅需要有专门的文化人才，而且还需要专门的技术人才和专门的科学技术能力，包括文化产业技术装备能力。没有这两个方面的准备，不可能有现代文化产业的诞生。但是，这还不是最主要的，从产业运动的角度来说，最后决定一个地区文化产业发展水平和空间布局能力的是一个地区能够在多大的程度上为发展文化产业提供文化产业发展所需要的资本的能力。文化产业是一个能够产生大量利润且需要足够资本支持的产业门类。没有充足的文化金融资本的支持，很难形成文化产业的现代空间安排。同样，

没有一个比较完整的文化产业空间布局体系，也很难使文化产业在区域经济发展中发挥举足轻重的作用。而要发展和形成一个能在区域国民经济发展中发挥举足轻重的作用的文化产业体系，没有一个完整的文化产业投融资体系是不可能的，二者依赖于区域国民经济发展能够在多大的程度上为区域文化产业发展提供文化产业空间布局所需要的投资品。现阶段我国文化产业空间布局的结构，实际上就是历史上文化产业空间投资分布状况的一个结果。发展文化产业需要国民经济增长的积累。之所以说文化产业是综合国力发展的标志，就是因为文化产业发展与国民经济发展之间有着内在的资本支持的关系。尤其是当一个地区或国家还没有形成比较完备和比较发达的国民经济与社会发展体系之前，要在有限的资本总量中拿出相当的资本去发展文化产业，在决策上是很困难的，对于像中国这样一个长期实行计划经济体制的国家来说更是如此。

3. 文化要素禀赋的制约

文化要素禀赋在这里是一个历史性的概念，是指一个地区文化产业空间布局规划现有的文化产业基础和条件，包括它已有的文化产业结构所具有的产业关联程度、文化产业体系构成的现代性程度、文化市场的成熟性程度、文化区位优势、整个社会对于发展文化产业的集体认知程度和文化消费传统等。这是文化产业发展所需要的特殊的要素准备。这些要素的形成有一个漫长的历史过程。上海会在我国整个文化产业体系中形成一个比较完整的现代文化产业结构，是和上海所处的特殊的区位以及近代以来整个上海城市发展的现代文化、现代文化技术和现代文化消费同步发展并形成了一系列文化产业发展所必不可少的要素有着直接的关系。当这些要素成为一个地区社会发展的重要组成部分和文化资源积累的重要体现的时候，它的文化产业空间布局能力的展开显然要比缺乏这些要素的地区具有更大的现实可能性。在这里，文化要素禀赋直接制约着一个地区文化产业布局和规划过程中的文化产业发展领域的选择。不能离开一个地区现有文化要素禀赋的现实条件去选择和规划文化产业布局的选择对象。在2005—2010年的杭州市文化产业发展规划中，杭州把发展动漫产业作为自己文化产业发展的支柱产业，而不是把电影业作为杭州文化产业空间布局的核心投资领域，就是基于对杭州文化要素禀赋的科学分析做出的选择。其中，依托于中国美术学院的原创能力是最重要的依据之一。

### （二）对未来发展认识的真理性程度

影响文化产业规划的第二个制约因素，是规划主体对未来发展认识的真理性程度。这是一个属于文化产业发展主观领域里的问题，更多的是体现和反映规划主体的智慧与能力。如果说历史作为一种客观性局限是无法选择的话，那么当下主体对未来发展认识的真理性程度，将不仅直接决定了文化产业空间布局规划的绩效，而且它所形成的历史局限性也将作为文化要素禀赋，长期影响着这个地区文化产业发展的未来命运。对未来发展认识的真理性程度主要表现和反映在以下几个方面。

1. 视野的广阔度

这是指对整个国家乃至整个世界发展大趋势的熟悉和了解程度。文化产业空间布局规划本质上是一种战略性规划，而战略性规划是要能够反映事物的发展趋势的。这个发展趋势不是局部性的，而是整体性的。文化产业布局究其个别性来说是局部性的，而我国在 20 世纪和 21 世纪的世纪之交的时候提出要大力发展文化产业，并且把发展文化产业放到整个国家的国民经济和社会发展的整体性规划中去，就是因为文化产业的特殊的产业属性和产业功能在现代国民经济和社会发展中有着为其他产业所无法替代的作用，尤其是在世界范围内，它已经成为国家力量形态的崭新表现方式和较量领域。因此，是否发展文化产业已经不仅仅是现代文化建设的需要，而且是培育和形成新的国家力量的战略需求。这就在发展文化产业和国家整体利益需求之间建立起了一种逻辑关系：文化产业的发展将影响国家战略利益的全局。这就是一种视野的广阔度。没有这样的一种广阔度，就不可能有战略性的规划和选择。能否有这样的一个规划，反映了一个国家和地区的规划主体的大局观。我国文化产业空间布局长期以来始终缺乏这样一个总体性的战略性规划，一个重要的原因就是没有建立起这样一个世界性参照系，无法选择自己在世界文化产业发展格局中的战略定位和在本国国民经济与社会发展中的战略定位。

2. 观念的先进度

所谓观念的先进度是指文化产业规划主体对于文化产业认识的程度。在这里，包括对文化的理解，对文化和意识形态关系的理解，对文化产业与文化建设关系的理解，以及文化产业发展和人的主体性建设的理解等。我国在相当长的一个时期之所以没有把文化产业发展放到国家战略层面上规划，一个重要的原因就是对于文化的理解局限在意识形态功能这一个层面上，对文化表现形态的丰富性和实现方式与途径的丰富性缺乏科学完整的认识，从而使得这样的局限性在今天仍然还在不同程度上束缚着人们的思想。我国文化产业空间布局不平衡的发展状况，一方面是历史运动的结果，另一方面也是现实思想观念在文化产业发展问题上的先进性程度的差异。文化体制问题很大程度上就是一个观念的先进性程度问题。不能在一个较大的层面上思考文化产业和本地区国民经济与社会发展的关系，比较局限于本地区、本系统和本范围的既得利益，是当前我国文化产业规划中反映出来的最突出的问题，也是妨碍文化体制改革深入突破的最大障碍。视野的广阔度只有转变成观念的先进度才能形成文化产业规划的指导思想。思想观念不能获得更加开放自由的空间，视野的广阔度也有可能导致更加偏狭的地方保护主义和部门保护主义。因此，能否实现“开来”关键取决于规划主体的观念能够在多大程度上具有开

放性的战略前瞻性。所谓“高屋建瓴”，是要能够在长远的战略过程中实现自己的根本利益。

3. 理念的创新度

文化产业无论从内容还是从技术来说，本质上都是创新的。文化产业规划既然指向未来，那么在规划理念上就应该充分反映和体现文化产业这一本质性要求。从市场经济的角度来说，文化产业是竞争性的，而要能够在竞争中获得胜利，那就必须有产品优势。品牌不仅涉及质量，更重要的是它的创造性程度。只有创新的东西才是具有竞争力的东西。所谓差异性战略就是创新性战略。要素禀赋的不一样决定了各地区文化发展的差异和文化产业发展的差异。文化产业规划理念的创新度，就是规划主体在规划文化产业发展未来的时候，有多大程度上是既立足于现有条件又超越于现有局限的。这里有两个比较：一个是纵向比较，一个是横向比较。纵向比较既要看到自身条件优劣，同时又要有对历史发展趋势的充分把握，能见人所未见；横向比较既要看到其他地区和领域文化产业发展的现代性程度，同时又了解文化产业在本地区整个国民经济和社会发展中所处的位置及其发展空间需求。规划就其战略性意义来说，是要在克服文化产业发展不平衡的过程中建构起有利于自己战略利益的新的不平衡。所谓文化产业规划理念的创新度就是能否在规划中为建构这种新的战略不平衡提供一个意义蓝本。而现阶段我国区域文化产业规划中一个最突出的问题，恰恰就是雷同过多，创新不够。

4. 追求的科学度

规划是对一种目标的追求，既是对现存文化产业结构的调整，同时也是对未来文化产业空间资源配置的一种安排。这种安排和追求体现了规划主体的一种理想精神，但是并非所有的追求目标都能够如愿以偿的。除了一些不可控的因素之外，一个重要的原因就是目标追求的科学度，也就是合理性与合规律性。所谓合理性就是理想目标的追求是否建立在可行的现实基础上。脱离现有的条件和实际，片面地追求“做大做强”，利用行政手段进行文化产业结构重组与兼并，结果不仅不能达到预期的目的，实现追求的愿望，相反还会造成新的体制性障碍和结构性矛盾，影响文化生产力的综合扩张和增长机制的形成。文化产业结构的运动和空间形态的转移有它自身发展的规律。文化产业空间布局应该是一定区域内文化产业扩张所需要的各种要素合乎逻辑发展的结果。这里面不仅一般地反映着文化产业发展所需要的各文化产业间的产业关联度，而且还要有整个国民经济体系中各个产业之间的关联度，例如创意产业。从现有的创意产业成长比较成熟的地区来看，它们都有一个共同的特点，就是都是通过注入艺术产业的元素——主要是艺术设计——对已经被淘汰的工业建筑或城市建筑功能的再造，以产业集群的方式形成新的产业布局。就上海、杭州等地的创意产业形成和空间布局的过程来看，它们的产生和崛起都不是文化产业规划的结果，而是艺术创作与艺术设计所拥有的内在的、能够通过为其他产业提供文化附加值而改变原有对象功能使其产生新的价值这一规律的运动产物。它既需要有发现美的眼光和拥有这种眼光的人才，也要有这种潜在的美的事物的存在，二者缺一不可。而不具备这种美的存在关系的地区要把创意产业作为文化产业空间布局的规划对象，在理想目标的实现上就会存在许多难以逾越的障碍。这就是同样是发展主题公园，有的地区成功了，有的地区失败了的原因。因此，要获得文化产业规划的自由空间就必须遵循事物发展的规律，把理想目标的追求建筑在科学与合理的基础上，离开这个基础，任何文化产业规划都是不会成功的。

## 二、文化产业战略规划的原则与区域文化产业布局战略选择

任何一种文化产业战略规划都是在一定的思想的指导之下，为实现一定的战略目标，按照一定的准则制定的。这些原则应该是规划主体根据规划对象的客观规律性和规划目标追求的主观目的性需要确立的。因此，原则不仅规定着文化产业战略规划的内容，而且决定了战略规划实现的可能。

### （一）文化产业战略规划的原则

文化产业战略规划的不同层次所遵循的原则是有所不同的。全国性的和区域性的战略规划不仅空间存在形态不一样，而且由于规划主体战略追求和战略需求存在差异，反映在文化产业战略规划原则上的规定性也是不一样的。但是，由于规划对象的同一性，不同的规划层次也有一些共同遵循的原则。

1. 文化生产力主导原则

制定文化产业战略规划的根本目的是要提高文化生产力。这是一种整体性的文化能力，包括软能力和硬能力两个方面。所谓软能力主要是指文化的原创能力，属于文化产业的上游产业，是决定文化产业关联度的最主要的方面，也是构成文化生产力最主要的内容，是文化生产力与其他形式的生产力最根本的区别。文化产业缺乏竞争力的关键就是没有在文化产业的上游形成产业能力。这种能力最终是以拥有自主知识产权的形态表现出来的。知识产权是能够形成和积累为文化资源能力的文化经济力量，也是决定和构成文化产业链丰富程度的关键所在。我国之所以在国际文化市场竞争中所占有的份额很低，一个主要的因素就是缺乏一大批拥有核心竞争力的文化产品。我国的文化产业集团之所以缺乏远距离战略投放能力，在国际文化产业竞争格局中还不是一支举足轻重的力量，就是还没有形成能够与国际对手较量的文化产业竞争所需要的文化原创能力。市场

是通过产品去占有的，而产品是需要人去开发的。产品的竞争力就是人的竞争力，而衡量人和一个地区的竞争力的一个最重要的标准，就是在文化的原创领域里的全部创造力。文化产业战略规划应该把改变这种能力的战略格局作为规划的全部动因。如果不能改变原有的文化产业竞争的能力战略格局，那么这样的战略规划所追求的目标就不是长远的战略目标。所谓硬能力主要是指文化原创能力的规模文化经济的实现能力。文化原创能力虽然是决定文化产业发展和文化生产力的根本性能力，但是，如果这种能力不能转化为实际的、可转换的市场经济能力，那么这种原创能力就还只是文化生产力构成的起决定性作用的因素之一，只有当这种能力转化为可再生产的规模经济能力的时候，它才成为竞争力。而这种可转化的再生产能力，就是文化产业的硬能力，主要包括文化产业扩大再生产所必需的技术装备的现代化。文化产业是现代工业文明发展的一个结果，文化生产力也只有在现代工业文明的不断现代化的进程中才能够不断地获得自己的生产力发展所需要的革命形态。只有这两个方面实现了有机的结合，由此而形成的文化生产力才真正构成改变文化市场竞争力量格局的文化产业竞争力。

2. 差别化发展原则

区域文化产业战略是中国文化产业实现全面崛起的重要组成部分，也是国家发展道路的具体实现方式。中国的文化产业空间布局有着为世界其他国家少有的形态。一方面国土面积的幅员辽阔，地理空间条件的局限，使得我国区域文化产业发展极不平衡；另一方面在现代文化产业结构上又存在着小而全、整体性竞争力不强的现实问题。经济结构的战略性调整为区域文化产业发展和文化产业体系建设提供了前所未有的战略机遇。大力发展文化产业已经成为积极推动区域国民经济和社会发展转型的重要力量和因素。文化产业在区域发展道路和发展模式的重新定位中的重要影响，已经产生和发挥了深刻的影响。不少地区都已经把发展文化产业作为本地区国民经济和社会发展的支柱产业。区域发展道路正随着国家发展道路的战略转型而呈现出同步发展的态势。然而，区域文化产业战略一定是差异性战略，而不应该是趋同性战略。中国和平崛起所选择的国家发展道路是一种大国发展的差异性战略。各地区的文化国情差别很大，无论是现有基础还是资源条件，并不是所有地区发展文化产业都适合发展现代传媒产业和文化信息产业。一个地区的文化资源状况和它的区位优势很大程度上决定了它的文化产业战略选择。只有这样的选择才能成为区域发展道路的选择。脱离区域文化资源状况的现实性和一个地区在文化产业空间布局运动中的区位差异，不加分析地套用别人发展文化产业的发展模式和发展道路，是近几年来区域文化产业战略规划中存在的普遍性的问题，已经给我们的区域文化产业的发展带来不少的经验与教训。因此，在全球化背景下思考区域文化产业战略与制定规划，必须建立起与国家发展道路相适应和与区域发展道路选择相一致的概念。只有这样，区域文化产业战略才能在成为区域发展道路的进程中，成为区域发展和区域竞争中不可缺少的“软力量”，克服文化产业区域发展不平衡带来的局限性，实现区域文化产业和国家文化产业在中国和平崛起道路上共同崛起。

3. 产业结构优化原则

制定文化产业战略规划是基于对长期的战略利益的追求，这种追求包含着对现状的深刻不满和反思，是对现有文化产业结构所呈现出来的文化生产能力增长不足或负增长的否定。一定时期文化产业结构的形成，既是一定时期文化生产力发展水平的反映，而且也是一定时期整个国民经济结构水平的反映。当国民经济结构和文化产业结构运动呈现出竞争力弱化和退化的时候，它们都会形成生产力发展的阻力。制定文化产业战略规划就是要从长远的发展考虑重新安排这种结构，在原有的基础上根据新的战略需求做出战略性调整，从而使整个文化产业结构能够满足和适应新的文化生产力增长的要求，在重新安排文化产业结构的同时，承接国民经济结构战略性调整中所出现的生产要素的转移。因此，文化产业战略规划的制定，不是文化产业结构的平移，而是对文化产业结构的战略性重组，根据新的战略需求实现文化产业结构的优化组合，包括文化资源的优化组合和文化权利结构的优化组合，从而在产业组织和产业结构两个方面都能满足和适应新的战略需求对文化产业结构的要求。

4. 与社会发展相协调原则

文化产业与其他产业最大的差别就是与社会之间的紧密联系。文化产业的主要功能之一是向社会提供文化消费品，在什么阶段上以怎样的能力和提供什么样的文化消费品，不是文化产业部本身的问题，而是社会发展的问题。文化产业的多种属性和运动的特殊规律性，使得文化产业在各个不同的层面上以不同的形式和社会发展安全密切相关。尤其是当文化产业的现代发展已经呈现出数字化趋势的时候，文化产业发展形态的多样性使得整个社会文化表达呈现出多元化特征。不仅如此，由于文化产业已经成为现代财富增长的重要形式和政治民主参与的重要手段，因此，各种社会的、经济的和政治的利益要求都会在文化产业发展中表现出来，从而使文化产业成为社会运动发展的一个重要的力量领域和社会调谐器。因此，文化产业战略规划就必须考虑文化产业结构的战略性调整中各种利益结构变动可能导致社会发展走向变动的程度。文化产业战略规划应当有助于社会利益冲突的缓解，包括提供就业机会、增加社会收入、满足消费需求和营造良性的公共文化环境等，总之，文化产业战略规划就是要使文化产业的发展在为社会不断创造国民财富的同时，不断满足社会发展所需要的智力支持和和谐的社会文化生态环境。

### （二）区域文化产业布局战略选择

我国文化产业发展正处于产业结构战略性调整和发展阶段，具有明显的转型期的特

点。文化产业准入的逐步开放，多种资本和多种所有制的进入，使得在未来几十年中，我国文化产业结构与布局将发生前所未有的巨大变化，区域文化产业和文化经济将呈现出整体性混合推进的态势。前市场形态、市场形态与后市场形态将同期存在，同步发展。公有的、非公有的、中外合资的、外商独资的、混合所有制的，这五种经济形态将在同步改变中国文化产业结构的同时，对中国文化产业的空间布局产生深刻的影响。政府主导和市场主导的矛盾运动，将深刻地影响中国文化产业布局的发展走向。这是在今后相当长的时期里我国文化产业革命所呈现出的一个基本特点。在这个过程中，我国既要赶世界第五、六次产业革命的机遇，大力发展现代服务业，又要打第二、三、四次产业革命的基础，为文化产业的现代发展提供丰富的资源准备，在一些地区甚至还要补第一次产业革命的课，完成资本的原始积累和文化发展的现代转型。我国文化产业发展多元化和混合型的具体特征，决定了我国文化产业发展只能采用混合型的产业发展模式，走混合型的产业变革道路。只有认清这一点，才能制定正确的区域文化产业发展战略。文化产业作为一种新兴产业经济类型和文化建设形式，将深刻地影响国家的发展道路和发展模式。大力推进文化产业的快速发展，已经成为提高我国区域综合竞争力、调整产业结构、参与世界产业经济功能主动分工与优先发展的关键战略所在。

我国文化产业资源客观上存在着时间与空间上“双梯度”与“双倾斜”的现象，即北方与西部的传统文化资源丰富，南部与东部的现代文化资源丰富，并呈现为以黄河流域为轴心的横向轴线从西到东逐渐倾斜，以长江中下游为轴心的纵向轴线从南到北倾斜。同时，我国的文化产业又存在着政府主导和市场主导“互相反制”的倾向。这一特点既决定了我国区域文化产业布局的空间特性的矛盾运动，也决定了现阶段我国区域文化产业布局战略选择趋向。由于在现阶段政府拥有对社会资源权威性再分配的权力，文化企业作为市场主体的产业布局考虑更多的还要受制于政府宏观产业政策的约束，因此，一般所讲的区域文化产业布局战略就是指政府主导下的文化产业发展在一定地域空间上的分布与组合。区域文化产业布局战略选择也就是指政府关于发展区域文化产业的战略意图与战略安排。从这样一个基本前提出发，我国区域文化产业布局战略选择主要可以有以下几种价值取向。

1. 空间布局重组与结构性调整相结合战略

文化产业布局在任何时候都包含两个方面的内容：一个就是文化产业布局与区域国民经济发展进程中原有产业体系的关系；另一个就是文化产业布局与原有文化产业资源分配的力量分布的关系。由于在相当长的一段时间内，我国文化产业体系并没有被纳入国民经济统计指标体系，文化产业布局基本上是根据文化及意识形态建设的需要按照行政区划来布局的，因此，呈现出条块分割、党政主导与国民经济体系相分离的分布格局。

建设有中国特色社会主义市场经济体制改革目标的确定，把文化产业纳入国民经济和社会发展整体规划，以及建立文化产业国家统计指标体系的提出，使得文化产业不仅日益成为国民经济和社会发展的重要组成部分，而且成为国家转变经济增长方式和实现经济结构的战略性调整的重要领域和产业形态，已经成为国家和区域发展新的经济增长点。在这种战略背景下选择区域文化产业发展战略，就必须要充分考虑到文化产业布局与区域产业布局和区域经济运动的关系，把区域文化产业布局纳入到区域国民经济整体发展战略中去，在接应经济体制改革发展成果转移的同时，建立起文化产业发展所需要的资源准备和产业关联，克服由于缺乏与区域其他产业体系的内在关联而导致的文化产业布局与发展有效资源配置不足的矛盾，丰富文化产业布局在资源转移过程中所需要的文化投资品的供应链。只有建立起与国民经济其他产业体系的充分的产业关联，才能在接应经济体制改革成果转移的同时，为经济结构的战略性调整提供广阔的空间，进而在空间布局的过程中改变原有的战略力量格局，实现文化产业空间布局的重组与扩张。

大力发展文化产业和深化文化体制改革这一战略目标的提出，国家在文化产业准入领域里的一系列政策的颁布，不仅是我国国家文化管理制度的一次重要变革，同时也是对原有国家文化产业结构的重大的战略性调整，是国家基于对整个国家的发展目标及这个目标与文化产业发展中政府主导与市场主导关系的崭新认识而做出的战略抉择。因此，选择区域文化产业布局战略就必须和国家这一大战略相吻合，在实现区域文化产业布局重大战略安排的同时，推进和实现文化产业结构的战略性调整。特别是关于体现在这个结构中的文化产业主体结构的变动及其比例安排，不能把文化产业主体结构安排的空间变动疏离于整个区域文化产业布局的战略选择之外。从已有的区域文化产业主体结构的变动所带来的区域文化产业布局战略选择的成果来看，正是由于有了宋城集团和横店集团这两大非公有制文化产业主体所带来的文化产业结构变动效应，整个浙江文化产业区域发展格局才呈现出战略溢出效应和仿真效应，成为推动文化体制改革的典范性案例。这两个案例的成功之处，就是同时在空间布局和结构调整两个方面推动和拉动了区域文化产业战略选择的发展走向。

2. 战略产业主导与相关产业辅助相协调战略

各地区文化资源禀赋上的差异是影响一个地区文化产业和文化企业可能的获利空间的重要因素，进而制约着文化产业和文化企业的地区选择，因此，区域文化资源比较优势是决定文化产业布局的利益机制。虽然这个因素在中国由于受到了行政区划的约束和部门的限制而难以在计划经济体制下的区域文化竞争中充分地展现出来，但是，从本地区文化资源的比较优势出发，选择能够充分发挥本地区文化资源比较优势的战略产业主导战略取向，并以此带动相关文化产业的关联配套组合，则应该是区域文化产业布局又

一个战略取向。根据比较优势理论，我们知道，各个区域生产要素禀赋比率是不一样的，不同的商品需要不同的生产要素的搭配比例。如果一个地区拥有某种比较充裕的生产要素，在假定需求不变的情况下，该要素的价格必然比较便宜，该地区就能够便宜地生产利用这类廉价要素的产品，从而在该产品的生产上拥有比较成本优势。因此，如果各地区都按本地区生产要素的丰裕和稀缺进行区域分工，那么生产要素就能得到最有效的利用。在这里，我们可以把一个地区的区位优势和已有的文化产业体系的完备性程度都看作是一个地区的比较优势的构成因素。那么，能否说拥有了这些优势就一定能够在区域文化产业竞争格局中获得市场预期呢?不一定。从一些地区文化产业发展的历史进程来看，只有那些能够在全部文化产业的市场竞争中带动相关文化产业同步发展，共同形成良性的文化生产、文化消费和文化流通互动的主导产业，才能最终形成比较竞争优势。一旦这种主导产业缺位，所有其他相关产业就会缺乏“领头羊”产业，从而这个地区的整体文化产业也就要失竞争力。上海曾经是我国电影、出版、唱片、演出和娱乐等现代文化产业的策源地和中心，但是，在 21 世纪头几年上海总体文化产业竞争力开始下降，不能不说是与上海缺乏战略主导产业有着密切的联系。所谓战略主导产业就是能够在一段较长的时间内主导本地区文化产业的发展格局和行业分布，在区域文化产业竞争中具有明显的竞争优势和领袖地位，较长时期地影响该文化产业在全国的发展走向和力量格局变动的文化产业。战略主导产业是一个地区文化产业核心竞争力的标志，能否形成和拥有战略主导产业将直接决定一个地区或国家文化产业发展的综合竞争力和“文化领导权”。战略主导产业实际上也是对文化战略资源的主控。没有战略主导产业的区域的文化产业是没有竞争力的文化产业，而没有竞争力的文化产业是没有前途的，最终都将会被其他具有战略竞争力的区域文化产业所取代。因此，战略主导产业战略是当前和今后相当长的一段时间内我国区域文化产业布局的一个相当重要的战略取向。

实施区域文化产业布局的战略产业主导战略，并不等于说非战略主导产业在区域文化产业布局当中是不重要的。战略主导产业的实施需要有一个良好的文化生态环境和文化生态群落的营养，需要有相关文化产业的配套和辅助。单一兵种不可能取得大战略的胜利。多兵种联合作战和互相配合，往往是战略成功的法宝，也是区域文化产业竞争战略的法宝。因此，要长远地获得文化产业布局的战略优势，就必须把这两个方面有机地结合起来，既能够满足不同文化消费对文化产品的不同需求，同时又能够为战略文化产业主导提供市场发展的战略空间。必须看到，不同区域的文化资源禀赋是不一样的，不同地区应当选择不同的战略主导产业。现代传媒产业属于文化产业的核心部位，但是，并非所有地区都适合发展现代传媒产业并把它作为战略主导产业。不同的文化资源禀赋应当有不同的战略主导产业的安排，只有这样，我国整个文化产业布局和竞争格局才既是竞争的，又是互补的。各自都具有其他地区所不可替代的战略优势，中国文化产业发展战略才能够在国际文化产业发展格局中成为重要的变动力量。

3. 非均衡发展与区域一体化相兼容战略

一个地区的文化产业发展，由于市场的选择和产业政策的运动等不同的力的作用，它在任何时候都是非均衡的。这是区域经济运动的一个基本规律。在计划经济时代，我国区域文化经济布局的一个最大特点就是平均使用力量，结果造成了各地都有相对独立的文化产业体系，但整体实力都不强。这样布局的好处是原来的经济文化比较落后的地区，在较短的时间里建立起了初步的文化产业体系，改变了原来的区域文化产业布局差距过大的现状。而这样布局的局限性也非常突出，就是在国际上没有形成国家文化产业的综合竞争力，在国内没有形成统一的文化大市场。在一个具体的文化行政区划内，特色文化产业的优势缺乏。相同的文化产业结构与布局，形成了不同地区之间和同一区域内不同文化产业部门之间的没有增长的竞争。建设社会主义市场经济体制是要从根本上建立起通过竞争促进发展的新的国民经济和社会发展机制，在优先培育核心竞争力的过程中，推进综合竞争力的整体性实现。这就需要在选择区域文化产业战略导向时，遵循市场在资源配置中的基础性作用的规律，实行区域文化产业发展的非均衡发展战略，实现文化产业的跨越式发展。它包括两个方面的内容，优先发展文化产业基础较好、体系较为完备的地区，通过制定倾斜性产业政策，把产业政策和地区政策有效地结合起来，集中力量培育和引导文化产业核心区域的形成，以形成明显的“扩散效应”；从产业门类来说，重点发展优势文化产业，追求效率和效益的最大化，在某一两个文化产业门类实现中心突破，以尽快形成文化产业的核心竞争力和“极化效应”。

但是，非均衡战略选择在长远的利益上必须和区域文化产业一体化战略相兼容。区域文化产业非均衡战略是一个“适度”的概念。也就是说，选择非均衡战略的目的不是要无限制地扩大差距，而是在利益适度的差距内尽快形成两个效应，即“扩散效应”和“极化效应”。只有把“非均衡战略”运用在一个适当的向度之内，它才能最大限度地满足和实现战略主体的价值追求。这一方面是由于原有的文化资源禀赋的差距已经造成了客观的文化分配不公平，另一方面已有的文化产业属性所形成的市场扩张能力和壁垒，又使得不同的文化产业门类之间造成了主观的生存空间。既要实施区域文化产业非均衡发展战略，又要不造成新的文化分配不公，就必须把非均衡发展战略和区域文化产业一体化战略有机地结合起来。这里包括两个向度：一个是对内，另一个是对外。所谓区域文化产业一体化战略是内外两个方面的一体化。

区域是一个多层次的概念。从全球角度来说，区域往往是指一种地缘政治经济的关系性概念，如东北亚、东南亚等；从全国的角度来看，是指某种地理空间联系，如长江

三角洲、珠江三角洲、环渤海湾；第三个层次就是指一个具体的行政区划。我们在这里提出的区域一体化，主要指国内存在着地理空间联系的不同行政区划之间的经济文化合作的紧密型状态（在某些特殊的地区也包含他的国际区域合作）和一个行政区划内各地区、各部门、各产业之间的一体化。这就是通常所说的文化产业的跨地区、跨行业、跨媒体经营。在现阶段，区域文化产业战略选择必然包括文化体制改革的内容，并且是在改革的精神指导下选择文化产业发展战略。因此，选择区域文化产业布局战略，就必须克服条块分割所造成的文化产业布局权力分布过细、资源配置不公、产业效率低下、政府管理成本过高的弊端，使整个区域文化产业系统无障碍地运转起来。实行文化产业区域一体化战略，不仅是不同地区间的文化产业战略合作，而且也是同一地区不同文化产业部门和门类之间的战略合作，以最大限度地消除各种形式的壁垒和最大程度地建构完整、有机的文化产业关联，降低区域文化产业运行成本，提高区域文化产业战略规划效益，这应该成为区域文化产业战略规划选择的一个重要价值取向。总之，区域文化产业非均衡发展与区域文化产业一体化相兼容战略，就是既要重点发挥文化产业核心区域的作用，形成“扩散效应”，又要实现区域文化资源的有机整合，缩小各种形式和类型的文化差距，各地区、各部门、各行业之间优势互补、协调发展。

4. 增长极建构与分阶段布局相呼应战略

文化产业增长不可能以相同的强度和速度在每个地区同时发生，而是首先集中出现在某一点或某几点上，然后再通过它们的吸引力和扩散力，在不断扩张自身规模的同时向外扩散，进而对整个区域文化产业发展产生不同程度的最终影响。从文化产业发展的历程来看，在一国或一区域的文化产业增长过程中，某些主导部门或者有创新能力的文化企业在特定区域或城市聚集，往往会迅速形成一些技术和资本高度集中、经济增长迅速且有显著经济效益的经济发展中心，由于这些中心具有生产、贸易、金融、信息决策及运输等多种功能，并能够产生吸引和辐射作用，促进自身并带动其他部门和地区的增长，因而成为一个国家或地区新的文化和经济增长点，这个增长点在产业经济发展理论中也被称为增长极。这种增长极的形成具有强烈的主观色彩，或者说在某种程度上它就是政府积极干预区域文化产业布局，通过强有力的政府计划和公共财政支持主动建立的结果。在我国的一些省市创建的文化产业园区或文化产业创意园区就属于这一类。但是增长极的布局是一个建构过程，它需要许多其他的因素相呼应。它需要有主导产业和推进型企业，要有适当的文化生态环境，包括有利于增长及发展的地理位置、交通条件、地区资源及其空间组合、经济结构和经济活动、技术发展水平和国家的区域产业政策等。如果增长极中的主导产业和推进型文化企业属于技术先进的现代化大型文化工业，而周边地区又缺乏与之相适应的资源、环境和条件，那么增长极通过产业关联效应和空间扩散效应所形成的乘数效应就难以在区域内实现，并有可能形成增长极恶化，甚至还可能会引起增长极的文化产业增长和所在的地区相脱离，使增长极变成独立于周边地区的“孤岛”，难以对周围地区产生应有的扩散效应，从而造成文化产业空间布局上的二元文化经济结构。同时，它还需要一个高效畅通的区际增长传递机制，克服增长极在发展过程中所可能出现的净溢出效应负值增大，而导致的区域文化产业发展不平衡进一步扩大的矛盾。这就必须使增长极战略布局达到一定的起始规模，而且有一个空间延展战略——区域文化产业空间分阶段布局战略——与之相适应。

从区域文化经济发展的空间过程来看，文化产业的发展总是首先集中在少数条件较好的地区发展，呈点状分布。这种产业点就是区域增长极。但是，仅有一两个增长极并不能确保区域文化产业战略发展的长远利益，区域文化战略利益的实现是一个不断增长和变化的过程，正是在这个不断运动变化的过程中，才有可能形成比较科学和完善的区域文化产业体系及由此而形成的区域文化产业的核心竞争力和综合竞争力。因此，从区域文化产业发展的战略利益的时间展开来看，区域文化产业布局战略作为战略主体的战略意图的实现，在空间上并不是一次性完成的，而是多次性完成的，并且在完成的过程中要不断地进行战略性调整。这就决定了区域文化产业战略布局展开具有阶段性的发展规律，体现在增长极的建构上就是：一个地区要形成一个布局合理、规划科学的现代文化产业体系和整体性的文化产业综合竞争实力，就必须建立若干个增长极，并且使这些增长极之间建立起合理的、呈网状结构的战略关联，通过这种网状结构的文化产业系统的建设，最终形成科学、完整、合理的区域文化产业布局，而这一战略目标只有分阶段、分步骤才能完成。因此，区域文化产业布局中的增长极建构的战略选择只有与分阶段布局相呼应才能获得预期的战略成果。

文化产业布局战略具有一般的产业布局所没有的特殊规律，因此，区域文化产业战略选择不能一般地套用产业布局的现成理论，而应该借鉴产业布局理论中的积极成果，从产业布局理论中汲取智慧，选择和形成适合于符合本地区文化产业发展国情的区域文化产业布局战略，并且在这个过程中总结出符合文化产业空间布局运动自身特点所需要的文化产业布局理论作为我们战略选择的依据。

从区域文化发展战略的基本理论看，区域与区域之间必然构成一种战略竞争关系，而胜出者必然是占据相对文化中心地位的重要区域。在经济实力获得增强的情况下，以此为依托，采取主动的文化发展战略，形成区域文化中心的绝对支配地位，就能形成文化引力和同质化的效应。因此，在区域文化产业战略选择当中，有针对性地选择发展特色文化产业，就不仅具有加大区域文化经济整合的意义，而且具有提高国家整体文化产业竞争力的文化战略的意义。

## 三、以文化产业层级为分工体系，明确文化产业发展的目标定位和战略选择

文化产业是有层级的。处在不同层级上的文化产业分别标志着不同的文化生产力发展阶段和文明发展水平。以农耕文明为基础、以手工业为主要生产方式的传统文化产业，以工业文明为基础、以大规模机械复制为主要生产方式的现代文化产业，以及以信息文明为基础、以互联网和数字技术为主要生产方式的新兴文化产业，是现阶段我国文化产业结构的三个主要层级。要有一个对处在不同层级上的文化产业社会功能与作用的文化分析，作为不同地区文化产业发展规划的战略选择的依据。以层级文化产业理论为出发点提出区域文化产业发展分工体系。不同层级上的不同产业的文化功能不可替代，作用于不同人群、不同需求、不同价值满足。不同层级的文化产业发展不仅需要培育不同的文化消费人群，同时还应当采取不同的文化产业政策，如扶持政策、发展政策等等，要从文化产业的层级构成出发思考和部署不同文化产业的发展战略和政策选择。比较重视新型文化产业，片面地用经济指标和市场表现来衡量传统文化产业，并且以此为依据来实行文化体制改革和文化产业发展的差别战略与政策，是导致我国传统文化产业发展受到严重影响的直接因素。因此，传统文化产业发展步履维艰的状况及其所存在着各种问题，是与我们不加层级区分的文化产业理论和政策密切相关的。因此，对我国进一步深化文化体制改革和新一轮文化产业发展规划的战略选择，必须要有“层级文化产业”的维度和视角，在这样的视角中确立不同的文化产业立场，从而选择不同的发展战略和发展路径。

不同层级上的文化产业有着不同的发展史。不同层级上的文化产业存在的合法性依据，并不在文化产业本身，而是在由它培养起来的历史性的文化消费人群。正如80后、90后的文化新生代是跟随着网络游戏产业成长起来一样，许许多多非新生人群是随着传统的文化产品消费而形成和建构自己的审美消费文化的。更不用说，城市和农村本来就是两种不同的生活方式，因此，对于现阶段广大农村的文化消费市场以及扎根于农耕文明的传统手工业和工艺美术品业，虽然它们的文化内容已经远离现代社会，但是，它们往往是涵养文化认知和文化认同的文化生态之源。大城市里的老厂房、老仓库在被转型之后突然之间又获得了新的生机，就是因为传统的东西是有价值的。唯一区别的是在不同的人眼里这种价值是不一样的。这就是房地产开发商和艺术家的区别之所在。空间产生多样性，时间产生价值，处在不同的时间刻度上的价值是不一样的。既然如此，我们有什么理由在文化产业发展战略选择和政策选择与制定上“厚今薄古”呢？

我们国家的地区发展不平衡，文化上的发展不平衡程度比经济上更为严重。区位优势不一样，市场环境和条件不一样，发展文化产业的人力资源储备不一样，不同文化产业发展所需要的资源拥有率不一样，文化产业发展的起点不一样，为什么非要每个地方在实现经济发展方式的转型过程中都去选择发展文化产业呢？2009 年我国新闻出版产业分析报告已经指出，新疆、西藏、内蒙古、宁夏的新闻出版产业加起来还不到全国平均的 1/4 就非常说明问题。在东部地区，没有条件可以创造条件发展文化产业。在西部地区是否也能走这条路呢？这是特别需要坚持科学发展观的。有什么就发展什么，处在什么发展阶段上就选择适合这个发展阶段的文化产业。这就是从不同层级的文化产业出发建构我国文化产业的分工体系。应当提倡和鼓励各地，特别是地、县一级的制定文化产业发展的专项规划，单一的富有地方特色的专项文化产业发展规划对于一个地级市或县级市来说，远比面面俱到、大而无当的文化产业发展规划好得多。什么都想做，结果什么都做不了，规划的下场就只能是“规划规划，墙上挂挂”。因此，必须基于不同层级上的文化产业实行政策指导下的分工，在文化产业发展结构的空间组合上实现文化资源的优化配置，在克服千军万马过独木桥的同时，腾挪出广阔的空间任由不同层级上的文化产业充分发挥自己的想象力。自然界如果只有一朵花开放，会使得整个人类感到单调，同样，只有一个层级上的文化产业发展一枝独秀也不是我们发展文化产业的目的。

## 四、文化产业集群与区域文化产业发展

产业集群指的是特定行业和相关文化企业集中在某一区域内形成产业一条链的产业发展模式，或实行产业集群生产经营的方式。它有利于不断地引领产业结构的升级、企业的创新和区域竞争力的提升。文化产业集群是指几十家文化企业集中投资，分布在一定的区域内，互相协调，分工合作，以一家企业或数家企业为龙头，形成上、中、下游，从文化创意到生产复制、衍生产品开发、产品包装、销售服务形成一条完整的产业链，不仅生产规模巨大、文化市场占有率高，而且还能带动一系列的附属文化产业的发展。文化产业集群专业化链接相当紧密，在利益最大化的共同目标下，各企业之间相互靠拢、相互依托，形成强烈的产业整合，最后形成了庞大的产业基地。例如，杭州动漫产业园区是我国 9 个首批命名的“国家动漫产业基地”之一，在 1.5 万平方米里集中了创意策划、游戏研发、投资运营等一大批文化企业。截至 2004 年底，已有从事动画软件开发、二三维动画制作、动画产品设计、互动游戏开发、动画游戏运营的十多家企业集中在这里，形成动画产品年生产能力达两万分钟以上的规模。这就使杭州的动漫产业在整个区域文

化产业发展中形成了明显的产业集群效应。其中一个显著标志，就是杭州获得了“首届中国国际动漫节”的举办权。杭州动漫产业园区带动了整个区域的动漫产业的发展，成为我国重要的动漫产业基地。

文化产业集群是经济全球化的重要特征。在国际新文化产业变革突飞猛进，跨国文化产业集团抢占并垄断大部分文化产业的核心技术和国际市场的情况下，以数字化为特征的文化产业战略升级，出现和形成文化产业集群是经济全球化背景下文化产业发展的必然趋势。它可以提高文化企业的创新能力和国际化水平，完善文化企业的布局与分工，缩小企业与国际先进水平的差距，扩张企业的数量，同时提升企业的质量。文化产业集群是当今文化产业组织发展的重要特征之一，产业集群的形成对集群内企业竞争能力的提高和地区文化产业的发展有着非常重要的意义。实施文化产业集群战略，可以使区域内的文化产业资源得到优化配置，有助于银行扩展信用贷款，解决集群内中小文化企业担保不足的问题。由于产业间的密切关联及地域上的集中，文化产业集群能有效地降低产品开发和转换成本，加快技术创新改造，促进区域文化经济发展。文化产业集群不仅是一种文化产业组织，也是一种可扩展的跨越式文化产业发展模式。

文化产业集群是文化产业发展的一种内在规律，它和经济及文化产业开放的程度有很大关系。国际文化产业集群是生产要素配置国际化的结果，我国的文化产业集群则和产业政策导向、区域优势和市场供给有关，它往往直接表现为很强的文化的创意能力和文化产业关联发展能力。推动文化产业集群的发展，对于我国克服文化产业发展过程中的条块分割与行业壁垒，以及小而全、低效率的文化产业行政区划发展模式具有特别重要的意义。文化产业集群并不意味着文化企业无关联地集中在一起，而是要在充分利用市场机制和企业组织机制的基础上形成内在有序的分工体系，营造“群”和“链”的态势，才能彰显集聚效应、创新效应和制度效应。

文化产业集群是促进区域文化产业竞争力提高的重要途径。和梯度推移、增长极与地域生产综合体理论一样，产业集群也是一种重要的区域发展理论。产业集群理论是新兴的区域发展理论，文化产业集群是这一理论在文化产业区域发展战略中的运用。它在强调区域文化产业分工的重要性的同时，特别强调发挥区域内各种文化资源的优化配置和整合能力，发挥技术进步、技术创新与文化创意的作用。上海、杭州等城市出现的文化创意产业园区的出现与发展，以及政府对文化创意产业园区的政策性推动，都是对这一理论的实践性运用。随着文化创意产业的发展，文化产业集群将成为我国文化产业发展的一种全新的发展模式，并且与梯度推移和增长极理论一起成为我国区域文化产业发展的主要理论。如果说梯度推进理论及其政策更为主要的反映为我国东、中、西部文化产业发展整体国家推进战略且与经济发展战略相协调，而长三角、环渤海和珠三角分别以上海、北京、广州为核心主要体现增长极区域发展的宏观理论的战略思路的话，那么产业集群理论就是一种微观区域发展理论和发展战略。这种理论与政策更适合于在一定的地区内实现文化产业的跨越式发展，克服梯度发展理论和增长极发展理论对一个特定地区产业发展要求的局限性。高新技术产业园区对推进各地高新技术产业发展的成功经验，以及像杭州、上海等地发展文化产业创意园区的经验，都已经说明文化产业集群发展相比较于梯度发展和增长极发展而言是更具有价值的区域文化产业发展战略和发展模式。

我国的文化产业集群发展才刚刚开始，虽然各地在推动发展区域文化产业集群的过程中出台了不少优惠政策，但是如文化产业集群税收属地化问题、文化产业集群带动高新文化服务业问题、文化产品创意策划与出口问题、对周边文化产业集群研究缺乏国际眼光等问题，将会影响我国文化产业集群的发展。因此，要使文化产业集群真正成为我国区域文化产业的重要发展模式，必须加快培育竞争开放的文化市场，形成独特的区域比较优势；创造良好的社会政策与人文环境，以吸引更多的社会资本和外资的投入；加强对文化产业集群发展规律的研究，努力发掘产业集群理论在文化产业发展中的实际应用价值，在文化产业发展中综合利用梯度推进、增长极和产业集群三大区域发展理论，在充分实现宏观文化产业发展战略的同时，推进文化产业集群快速发展。文化产业集群有多种发展模式，既要发展传统劳动密集型文化产业集群，更要发展资本密集型尤其是高附加值和高关联度的文化产业集群，在扩大产业集群规模的同时，坚持集群创新方向，提高文化产业层次，创新产业成长机制，强化区域文化经济概念，营造区域内文化产业集群企业既合作又竞争的态势，使它们形成尽可能高的产业关联，降低成本，提高效率，形成创新氛围和溢出效应，实现生产环节分工社会化、专业化，放大产业集群功能。通过发展文化产业集群带动区域文化产业发展，尤其是大区域文化产业发展，反过来又可以推进文化产业集群核心作用的建立。把文化创意产业园区整合为文化产业功能区，把产业链做成文化产业集群发展的主线，使围绕文化产业价值链的中间文化企业建立紧密联系，在招商引资、文化产品创新和文化市场营销中发挥骨干作用；强化文化产业集群的内部联系，促进文化产业专业化分工和产业化配套，实行积极的财税和金融政策，促进产业集聚，实行国民待遇，创立文化产业集群所需要的多元投资体系；创新文化产业集群的体制和机制环境，加强文化产业政策的统一性和协调性，消除文化市场壁垒，打破部门垄断，规范文化市场秩序，为文化生产要素的自由流动和各类市场主体的合作与竞争提供良好的环境。只有这样，文化产业集群才能真正在区域文化产业发展中发挥主导作用。

## 本章小结

战略涉及一个国家的核心利益。战略的一个最重要的内容就是对原有利益格局平衡的破坏，通过挑战原有的战略利益格局实现自己的战略利益。文化产业战略是现代国家战略的一种重要形态。在全球化条件下，文化产业不仅一般地体现国家的文化利益，而且还包含着重大的国家政治和经济利益与国家安全利益。制定和实施怎样的文化产业战略与文化产业的空间布局，不只是一个单一的战略取舍问题，而且涉及国家综合战略和国家大战略的制定。

国家战略是一个系统，文化战略是这个系统构成中的一部分。国家文化战略运动与国家政治、经济、社会发展战略运动之间的关系，以及文化战略自身各个部分历史运动的战略构成关系，是规定一个国家的文化战略之所以是这个国家文化战略而不是其他国家的文化战略的内部性。这种内部性是由一个国家的历史性决定的。没有这样一个内在的质的规定性，也就无所谓这个国家的文化发展战略。国家文化战略的内部性规定决定了国家文化战略发展的个性及其与他国的战略差异性。国家文化战略运动的外部性和内部性构成了整个文化战略发展的正负两极，所有关于文化战略发展的结果都是由这正负两极的对撞产生的。如何处理文化战略发展的这一最基本的战略关系，是一切文化战略发展的基本出发点。

区域经济进而区域文化经济是先于文化产业而出现的人类社会的存在方式。区域工业经济的发展程度进而一个地区的城市发展程度在某种程度上决定了一个地区的文化产业发展程度和文化产业空间布局状态。在这里，区域中心城市的变迁往往反映了区域经济和区域文化经济变迁的历史走向，而文化产业的空间布局运动正是在这个走向中显现着自己盛衰兴亡的生命形态的。

文化产业规划具有战略的性质。它既是在原有的基础上对文化产业资源空间配置状况的调整和重新安排，同时又是根据发展了的实际对文化产业发展战略的一种新的考虑。因此，文化产业规划具有“继往开来”的双重属性。这一特点也就从两个维度上规定了影响文化产业规划的制约因素：一个就是历史形成的空间布局的局限性，另一个就是对未来发展认识的真理性程度，并由此而形成和规定了文化产业规划的原则。

文化产业是有层级的。这种层级是在文化生产力发展的不同阶段形成的。不同层级上的不同产业的文化功能不可替代，作用于不同人群、不同需求、不同价值的满足。不同层级的文化产业发展不仅需要培育不同的文化消费人群，同时还应当采取不同的文化产业政策，如扶持政策、发展政策等，要从文化产业的层级构成出发思考和部署不同文化产业的发展战略与政策选择。

文化产业集群与梯度推移和增长极理论一起共同构成区域文化产业发展的主要理论。如果说梯度推进理论及其政策更为主要的反映为中国东、中、西部文化产业发展整体国家推进战略且与经济发展战略相协调，而长三角、环渤海和珠三角分别以上海、北京、广州为核心主要体现增长极区域发展的宏观理论的战略思路的活，那么产业集群就是一种微观区域发展理论和发展战略。这种理论与政策更适合于在一定的地区内实现文化产业的跨越式发展，克服梯度发展理论和增长极发展理论对一个特定地区产业发展要求的局限性。

## 思考题

1．什么是战略与文化战略？怎样认识和理解国家文化战略的基本战略关系？

2．文化战略与文化产业发展战略的关系是什么？

3．怎样正确认识文化产业空间布局的客观规律及其不平衡规律？

4．文化产业布局应当遵循哪些原则？

5．文化产业层级理论在文化产业空间布局中的价值是什么？

6．如何正确认识文化产业集群、梯度理论和增长极理论在区域文化产业发展中的作用？

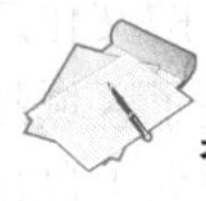

## 参考书目

1．胡惠林. 中国文化产业发展战略论[M]. 北京：经济科学出版社，2014.

2．祁述裕. 中国文化产业发展战略研究[M]. 北京：社会科学文献出版社，2008.

3．胡惠林. 我国文化产业发展战略理论文献研究综述[M]. 上海：上海人民出版社，2010.

# 第十二章

# 文化产业政策与制度

## 学习目标

通过本章学习，学生应了解和掌握以下内容：

1. 文化产业政策的性质、特征与作用；
2. 文化产业政策与文化产业发展的关系；
3. 文化产业政策的结构与内容；
4. 文化产业制度与政策创新的关系；
5. 文化体制改革与中国文化产业制度创新。

## 导言

文化产业与现代社会的政治、经济、文化和意识形态的各个方面的广泛联系，以及它对现代国家文化安全和经济安全的影响，导致了文化产业政策的产生与制度的建立。政府对文化产业政策的设计、制定与实施，不仅是政府实现国家文化意志的重要管理手段，而且直接影响到一个国家文化产业的发展程度和增长水平。

## 第一节　文化产业政策的性质、特征与作用

不同社会制度条件下的文化产业政策是不一样的，但是，文化产业政策的性质、特征与作用是相同的。作为文化产业政策运动的一般规律，正是这些共同点影响着不同国

家和社会制度条件下文化产业的发展走向。因此，科学地认识文化产业政策的性质、特征和作用，对于科学地制定文化产业政策，指导文化产业发展就具有特别重要的意义。

## 一、文化政策与文化产业政策

文化产业政策是文化政策的一部分，它不同于以往的文化经济政策，它要解决的是怎样扶持和引导文化产业稳定、持续发展的问题，是市场经济条件下政府对文化进行宏观调控的重要手段。但是，文化产业政策与文化经济政策又有着非常密切的联系，因为如果要完善文化经济政策，就要着眼于调整文化的产业结构和布局，改革文化管理体制和文化运行机制，以推动文化产业的全面发展，增强文化产业的市场竞争力。

任何国家的产业政策的基点都是两个，即以市场为基础和以政策为导向，更何况我国的文化产业是生存和成长于一个更为特殊的环境中的。在一定意义上，我们今天对文化市场和文化产业的认识，以及以此制定的文化产业政策的合理性，将影响着今后相当长一个时期我国文化产业的发展，并还会进一步影响我国整个经济产业结构的调整和升级。在中国“发展文化产业已经成为共识，但是一个真正合理的产业政策的制定过程才开始，目前我们更需要一种积极探索的精神”[①]。因此，专家学者们从文化产业的角度对政府的文化政策所作的分析、所进行的展望和提出的建议就格外值得我们关注。

中国自20世纪80年代以来开始进行文化体制改革，90年代开始确立社会主义市场经济体制的改革目标，至今已经初步建立起了由一系列行政法规和规章构筑起来的文化产业政策系统，以及由这个系统建立起来的文化管理机制，“但现有的文化产业政策文化系统，基本上都是在两种体制转型过程中制定和形成的，很大程度上带有计划体制的痕迹”，同时，“由于我国不同领域里的现行文化管理与文化产业政策主要由政府的不同行政主管部门制定并以政府的名义发布，因此行业和部门的利益保护色彩比较浓重。这样，在整个政策的价值规定、功能及政府对社会文化资源的权威性分配中，应有的公共性、公正性和公平性比较差”。对还处于不断完善、逐步发育过程中的当前中国文化产业政策而言，这一论断可以说是切中了其问题的要害。这提醒我们要进一步完善文化产业政策体系，就不仅要对原有文化政策和文化体制进行简单的结构调整和关系变动，而且要革除原有的弊端，甚至要重建一种体制。

文化产业政策是政府根据文化和国民经济发展的要求，以及一定时期内文化产业发展的现状和变动趋势，以市场机制为基础，规划、引导和干预文化产业形成和发展的文

[①] 张晓明，胡惠林，章建刚. 文化蓝皮书——2001—2002：中国文化产业发展报告[M]. 北京：社会科学文献出版社，2002：19.

化主张体系。要形成完整的文化产业政策体系必须重点考虑和解决好七个方面的问题：一是文化事业和文化产业的准确划分；二是对文化产业的重要性认识要形成全体国民的共识；三是确保相关政策的系统性和连续性；四是确保相关政策具备一定的前瞻性；五是确保国民待遇的真正实现；六是适度的倾斜政策是发展我国文化产业的重要保障；七是确保文化产业消费需求的全面释放。其中值得关注的是文化产业的适度倾斜政策。中国文化产业的实践已经证明，单纯的市场机制并不能从根本上解决文化产业的发展问题。由于不同国家之间的经济发展水平和科技发展水平存在着很大差异，从而导致不同国家的文化产品和服务的影响力也存在着巨大差异。世界上的大部分国家都对本国的文化产业政策实施了一定程度的保护和倾斜政策，因为在非对称的外部环境下，文化产业的兴盛与否并不仅仅取决于文化产品和服务的内容本身。中国虽然也开始重视对某些特定的文化产业采取一定的扶持政策，但扶持的方式和力度仍然有待改善和提高。

在现代社会，支持政策创新的理论研究日益成为一种公共产品，因此，我们特别需要建立一种文化政策创新研究的制度机制。在这方面，根据国内外经验，建立高校、学术界、政府、产业界多重资源优势的整合与联动，通过制度化操作形成国家文化产业研究思想库与人才战略资源库显得特别重要。只有这样，才能建立起主导中国今后相当长一个时期发展的文化产业政策创新体系，指导中国文化产业健康发展、顺利转型，迎来一个中国文化产业蓬勃发展的新时代。

## 二、文化产业政策的特征与作用

文化产业政策是政府在解决文化产业发展问题的过程中形成的文化政策系统。它既有一般政策的普遍性，同时也有区别于其他产业政策的特殊性。

### （一）文化产业政策的特征

1. 双重导向性

所谓双重导向性是指文化产业政策不仅具有一般产业政策都有的宏观经济战略导向，而且还包括国家文化发展宏观战略导向。核心问题是对文化在国民经济和社会发展中的定位。这是决定文化产业政策区别于其他产业政策最主要的特征。在过去突出强调意识形态领域的阶级斗争的时代背景下，文化艺术被认为是阶级斗争的工具。因此，控制文化艺术及其他文化产品的生产和流通，也就成为那个时期的国家文化发展战略政策和文化产业政策。我国长期以来实行的单一的政府办文化的体制，某种程度上就是这一文化产业政策的结果。改革开放之后，随着人们对文化理解的深入和文化以产业经济形态的存在对于文化发展重要性的发现，以及在传播文化的过程中所产生的经济财富的积累和增长，使得人们对文化的认识更符合文化发展的客观规律。正是在这样的基础上，文化是综合国力的重要标志，自然地成为人们的共识，由此而导致文化产业政策的变革也成为文化产业政策的主要内容。我国在经历了半个世纪的“文化事业”政策后，于2000年正式提出要推动文化产业的发展，并且明确提出要完善文化产业政策，这就标志着我国的国家文化发展战略进入了一个大力发展文化产业的文化战略时代。国家文化产业政策的战略性调整，迅速导致了国家关于文化发展和文化建设一系列政策的调整，包括文化市场的对外开放、鼓励非公有制社会资本进入文化产业，在改革国家投融资体系的同时改革文化产业发展的投融资体系等。明确的文化产业发展政策为多种所有制力量投资文化产业提供了新的投资方向。文化产业迅速地成为国民经济和社会发展新的经济增长点，成为经济结构战略性调整和转变增长方式的重要力量。正是在这个过程中，中国的文化建设和文化形态发生了深刻的变化。

2. 管制和规范的兼容性

任何国家的文化产业政策都包含两个内容：许可与禁止，鼓励与惩罚。文化产业发展涉及国家文化主权和国家文化安全。由于文化产业的具体存在更多的是表现为物质载体，而文化载体本身又是一种巨大的舆论和传播力量，是传播手段与工具，掌握了这种手段与工具，也就是掌握了主导舆论的巨大力量。因此，控制文化和舆论的传播渠道与传播手段，自国家起源以来就一直是国家文化政策的重要内容。这就在文化产业政策发展史上形成了管制和放松管制的矛盾与冲突。市场准入限制和行业准入限制，至今仍然是文化产业政策的重要内容之一，区别只在于不同的国家在准入限制内容上的差异。由于管制本身包含着对文化行为的规范，尽管这种规范是通过制度力量强制性进行的，但是，规范性仍然是文化产业政策的重要特征。通过规范来引导产业结构调整和企业的市场行为，实现整个文化产业的合理化与高度化，始终是文化产业政策的一项重要内容。

3. 市场功能的弥补性与主体目标的战略性相关联

产业政策之所以需要，是因为市场的无政府主义本身具有一种客观的需求，通过有形的手来克服由于周期性经济危机而给市场的发展所带来的周期性困境，从而使市场在发挥配置资源的基础作用的同时，又不造成对资源的巨大破坏。产业政策正是这样的弥补市场机制缺陷和不足的政策，而这个政策由于具有政策主体关于产业发展追求和对“市场失灵”规律的深刻认识，包含着主体目标的战略性，因此，这就使得产业政策具有市场功能的弥补性和主体目标的战略性相关联的显著特征。之所以会存在着这样的关联性，是因为政府作为政策主体和公共意志的代表，不能任凭市场的无政府主义的发展导致公平与效率失衡。对于文化产业发展来说，政府不能因为产业属性而忘了产业的文化属性，

以及由文化属性所规定的国家文化利益。因此，在文化产业的发展过程中，世界各国都有自己的文化产业政策，即便是那些主张完全市场经济的国家，也不会对本国的文化产业实行全面开放的政策和不加限制的文化市场准入。

4. 体系的复杂性和产业关系的协调性

文化产业政策是一个完整的政策系统，包含多层次、多方面的内容。文化产业属性构成的多重性，决定了文化产业政策系统的复杂性。由于文化产业及其所包含的制度内容广泛地涉及国家利益的各个方面，因此，无论是文化产业政策体系的构成，还是文化产业政策的制定，政策对象的规定性都决定了文化产业政策体系的运动不能不反映由此而产生的各个不同领域的能动性，包括政治的、经济的、文化的、社会的、意识形态的甚至是生态环境的等，都在文化产业的生命运动中顽强地表现出来，并且决定性地影响着文化产业政策的协调发展和有序运动。例如，在文化产业政策体系的文化经济政策的构成中，就包括文化产业的投融资政策、税收政策和收入政策等；在产业导向政策中，就包括培育新型产业政策、扶植战略产业政策和调整产业结构政策等；在文化产业战略和空间布局政策方面，还包括国家文化产业政策和地方文化产业政策等。由于产业和产业之间存在着各种投入产出关系，某一文化产业政策有若干项子政策，各种不同的文化产业之间也会有各不相同的政策，甚至在同一个行业里，不同的市场主体还可能享受不同的产业政策。子政策和各文化产业的政策是相互关联的，不是相互促进关系，就是相互制约关系，而一个科学有效的文化产业政策体系应该是协调的。文化产业的政策与政策之间不应该存在力量的抗衡关系，任何这样的产业政策关系，不仅会增加政策成本，而且也会增加产业成本，从而降低产业发展的效率，而这样的产业政策一定是不适合文化产业发展的政策。从科学的决策而言，这样的产业政策是不应该出台的。

5. 本国文化产业政策的国际适用性

全球化不仅使世界各国之间经济关系的依存度加大，而且在国际经贸体系的推动下，各国之间在文化贸易领域里的相互关系也越来越得到了前所未有的增强。文化市场准入和文化产业的开放随着世界服务贸易协定的签署，正在日益成为世界各国制定文化产业政策的制约性力量。世界贸易组织所规定的各项原则，已经成为其成员方制定本国文化产业政策必须遵循的重要内容。因此，中国在加入世界贸易组织之后，文化产业政策的制定就必须遵守它在加入世界贸易组织议定书中所作出的承诺，根据中国加入世界贸易组织议定书所规定的时间表开放文化市场和实行外资进入中国文化产业的有序准入。这就决定了中国文化产业政策的国际适用性。

### （二）文化产业政策的作用

文化产业政策是要使政府对文化产业的管理从更高的层次纵向深入到市场机制里

面，促进市场机制和市场结构的完善与优化，提高整个文化产业的劳动生产率和综合文化竞争能力。它的作用主要表现在以下几个方面。

1. 调整国民经济发展的产业布局，推进经济结构的战略性调整和增长方式的转变

从产业经济学的角度来看，文化产业属于现代产业经济体系。在整个现代产业经济体系的形成和发展过程中，文化产业真正作为产业体系形态而影响现代国民经济和社会发展，成为社会财富的重要增长形态，也还是世界全面进入全球化时代以后的事。全球经济结构的战略性调整和所谓第三次国际分工的展开，文化产业作为财富增长方式的重要能力的充分展开，它在消化现代科学技术以实现产业转移，以及它在吸纳就业能力和低污染方面所显示出来的产业优势，使得国际社会，尤其是欧美发达国家纷纷制定文化产业政策，把发展文化产业作为调整国民经济发展的产业布局、推进经济结构的战略性调整和转变增长方式的重要战略选择。2001 年，我国政府在《政府工作报告》中论述如何克服和解决经济结构调整中的体制性障碍和结构性矛盾的政策举措时，明确提出要“大力发展文化产业和旅游业”，第一次把发展文化产业纳入到国家战略需求的层面上，从而为我国文化产业政策的制定建立了明确的战略指导思想。正是由于国家有了明确的文化产业发展政策，规定了文化产业发展在整个国民经济和社会发展中的战略定位，因此，各地在制定新的国民经济和社会发展的五年计划时都把文化产业发展列入其中，作为重要的战略举措加以突出。特别是有些资源性省份，在制定经济结构的战略性调整发展目标的时候，文化产业被作为主要的支柱产业而成为发展战略规划的主要内容。

2. 改善文化资源的社会分配，促进社会文化资源的有效配置

文化产业作为社会资源配置的一种形式，不只是一般地对于社会物质资源的分配，而且更主要的是对社会文化资源分配的一种重要形态。由于对于文化资源的分配与人们的文化权利的实现方式和实现程度有着直接的联系，因此，一个国家的文化市场和文化产业准入政策对于市场主体资格的规定及对于准入条件的设定，实际上反映了这个国家公民享有文化权利的状况。因此，文化产业政策可以通过对文化产业准入条件的设定，调节社会对于文化投资需求和消费需求的结构，使得公民文化权利得到实现，从而保证社会文化资源的有效与公平配置。我国在深化文化体制改革的过程中不断地推进文化产业政策体系的创新，其中一个最重要的内容和目的就是要在改善文化资源的社会分配制度和方式的过程中，改善与落实公民文化权利的实现方式和实现渠道，促进社会文化资源的有效配置，从而在实现社会文化资源配置方式的改革过程中，实现公民文化权利的最大实现。2005 年国务院出台的关于非公有制经济进入文化产业的意见，就是我国文化产业政策的一项重大改革。这项政策的出台，不仅将形成我国文化体制的新的格局，而且还将形成新的文化产业发展的力量平衡，加速文化产业结构的演进和文化生产力的提高。

3. 重建社会文化价值体系，推动社会文化结构的现代变革

文化产业首先是文化，其次才属于经济。从这个意义上说，文化产业本质上还是社会文化价值体系的一种存在方式，是社会文化结构的一种表现形态。文化产业是有层次的。我国国家统计局关于文化产业三大层次的划分，就是按照不同的文化产业层次在社会文化价值体系构成上的不同的重要性划分的。核心文化产业层之所以是核心，就是因为那些居于核心位置的文化产业无论在社会文化价值的生产还是传播上都有着比其他两个层次更为突出的重要作用。在一个同心圆中，越是处于边缘地带的物质，中心对它的引力越弱，它对于中心的向心力也越弱。社会文化价值体系的构成，越是属于精神层面的东西，越是居于它的核心地位，越是属于物质层面的东西，越是居于边缘的地位。因此，在整个文化产业政策的运动过程中，对于文化产业政策所可能导致的对于文化产品内容的影响，往往成为政策变动的重要力量。通过这种调整，可以调整社会文化价值体系的变动和重构，因为在允许和禁止的内容选择中，包含着政策主体强烈的文化价值取向，这种价值取向对于社会文化价值取向的演变有着直接的作用。特别是对未成年人来说，这种影响就更大，这也是国际社会对电影普遍建立分级制度的重要原因。由于文化产业本质上还是社会文明进步程度的一种标志性形态，因此，一个国家文化产业发展的现代化程度实际上显示了文化产业在这个国家的社会文化生活中所发挥的作用和所产生的影响力的程度。当通过放松或者加强文化产业管制来调节社会文化变革步伐的时候，文化产业政策的任何调整都会成为推动或者阻碍社会文化现代变革的力量。从历史发展的进程来看，通过文化产业政策的制定或调整来推动社会文化的现代变革，始终是文化产业政策发展的主流。

4. 优化文化产业结构和产业组织体系，提高和发展现代文化生产力

文化产业是内容产业和创意产业，同时也是高新技术产业，是高文化与高科技联姻的产物。因此，在产业结构的变动方面，文化产业更容易受现代科学技术发展的影响，甚至可以说，在某种程度上，一个国家文化产业的综合竞争力很大程度上取决于它的现代科学技术水平。美国的电影产业、韩国的动漫游戏产业和日本的卡通业之所以在全球获得了巨大的成功，并占有相当高的市场占有率，和这些国家的文化产业政策鼓励文化产业的技术创新来推动产业升级是分不开的。高新技术手段在文化产业领域里的广泛运用，不仅改变了传统的文化产品的生产技术手段，提高了文化生产率，而且也为大众文化消费和文化传播带来了全新的形式和视觉文化享受。市场竞争力的迅速提高，带动了新一轮的文化产业升级运动。在这方面，日本和韩国的文化产业政策发挥了不可替代的作用。与此同时，新的文化产业结构的升级变动，必然提出对文化产业组织革命的要求。在按照现代企业制度推进文化产业组织革命的同时，不断地鼓励制度创新以寻找最适合

文化产业发展的产业制度形式，就不可避免地成为国家文化产业政策的重要政策导向，并由此带动整个文化产业的制度革命，通过解决文化生产关系来提高和发展现代文化生产力。在这里，结构效益和制度绩效作为文化产业政策的一项重要的目标追求，也就因成为推动文化产业结构与组织运动的巨大力量而发挥作用。

5. 促进文化市场结构和市场机制的完善，营造健康的文化生态环境

在市场经济条件下，产业政策一般并不能对市场主体的资源配置行为发生直接的影响，而是通过影响市场机制、改变相对成本来实现市场主体资源配置行为的调解。因此，文化产业政策不仅具有纠正文化市场缺陷、弥补市场功能失灵的作用，而且在产业组织上，能够通过旨在鼓励有效竞争、反对垄断、保护适当集中、发挥规模经济、完善市场秩序等政策的制定与实施，以适度竞争的市场结构起到优化市场机制的作用，遏制文化市场的畸形发展和恶性竞争，为发展文化产业营造健康的文化生态环境。中国政府在全力推动文化产业发展的同时，也严厉打击盗版侵权行为，对营业性网吧实施高税收政策，就是为了净化文化市场，通过对文化市场秩序的整顿，推进文化产业组织的合理化进程，确保满足中国文化产业的发展对文化生态环境的要求。

6. 保护和促进民族文化产业的发展，维护国家文化安全

任何国家的文化产业政策都是保护和促进民族文化产业发展的政策，即便是在经济全球化背景下，也不例外。即便是像美国这样的主张文化和服务贸易自由化的文化产业大国，在涉及收购与兼并美国文化企业这样的问题时，美国也会通过立法保护美国公民的优先权。其中一个重要的原理，就是不能使美国的文化产业主导权落到外国人手中。澳大利亚人默多克所领导的新闻集团进入美国文化产业所遭遇到的准入壁垒就是一个典型的案例。因此，当文化产业在一些国家还是幼稚产业，而在另一些国家已经是成熟的发展产业的时候，在发达国家和发展中国家的文化产业存在着明显的差距的情况下，如果不保护本国的文化产业它就不能获得应有的发展权利，那么保护民族文化产业的生存权与发展权，包括在一定的时间内对本国的文化产业提供补贴或禁止进口的保护，也就自然地成为发展中国家的文化产业政策的重要内容。中国政府在加入世界贸易组织议定书中关于文化市场准入方面的有关条款，就涉及过渡期的具体保护时间。一方面促进中国文化产业的迅速发展，另一方面通过有效的文化产业政策提高中国的文化产业和文化产品的国际竞争能力，改善文化产品的进出口结构，优化同国际文化产业结构之间的关系，发挥本国在文化领域里的比较优势，更好地参与国际文化分工。由于文化产业与一个国家的文化安全有着密切的关系，是一个国家文化安全的经济命脉，因此，对于事关国家文化安全的核心文化产业的保护，也是大多数国家文化产业政策的重要内容。文化市场的准入和文化产业的准入，实际上就是有关国家文化安全的文化制度设定。当然，

这种保护不是无原则的，更不是保护落后，也不是凡是本国的文化产业都属于民族文化产业的范畴。只有那些涉及国家文化安全和民族文化产业特色的文化产业才属于保护的范围。

## 三、文化体制改革与中国文化产业政策的发展

### （一）中国文化产业政策的形成与发展

中国文化产业政策的发展是随着中国改革开放的不断深入而提出来的。在计划经济时期，我国也有文化产业政策，但是，由于整个文化产业是被当作文化事业来建设的，因此，在政策学的意义上一直没有出现过“文化产业政策”这样的概念。20 世纪 50 年代，我国曾使用过诸如“电影工业”这样的政策性提法，但是随着对整个文化艺术工作的政策性定位的转移，这样的提法也被后来的“电影事业”所代替。

随着中国文化体制改革的提出和深化，国家工作重心的战略性转移和改革目标的提出与不断深化，文化产业政策问题和文化产业政策建设成为我国在进入 20 世纪 80 年代以后文化政策建设的一个重要领域。1985 年，在国务院办公厅批转的国家统计局《关于建立第三产业的统计报告》中，文化艺术被纳入第三产业范畴，第一次在国民经济和社会发展指标体系中获得了“产业”的身份。

1988 年，文化部、国家工商局联合发布了《关于加强文化市场管理工作的通知》，这是在政府文件中首次出现“文化市场”的字眼，并且对文化市场的范围、管理原则和任务等进行了界定，结束了文化市场管理无章可循的局面。

1991 年，国务院批转的《文化部关于文化事业若干经济政策意见的报告》中，正式提出“文化经济”概念。1992 年，江泽民在中共十四大的报告中又进一步提出了要“完善文化经济政策”。这里之所以提到“文化经济”这个概念，是因为中国对文化产业的研究是从对文化经济的研究逐步过渡来的。

1992 年 6 月，中共中央、国务院发布《关于加快发展第三产业的决定》，正式提出要以产业化为方向，加快发展包括文化生产和服务在内的第三产业，促进文化单位由单纯的财政消费型部门转为生产型部门。同年出版的国务院办公厅综合司编著的《重大战略决策——加快发展第三产业》一书，明确起用了“文化产业”的说法，“这可能是中国政府主管部门第一次使用‘文化产业’概念”。文化产业及由此而涉及的广泛的文化经济政策问题引起了中央有关决策部门的高度重视。

1993 年 11 月 14 日，文化部召开了部分省市文化产业座谈会。时任文化部常务副部长高占祥在座谈会上发表了《在改革开放中发展文化产业》的讲话，从概念界定、产业

政策、产业规则、人才培养和市场机制等方面较为系统地探讨了以文化产业为对象的若干重大理论问题。“这是中国政府文化行政部门领导人首次全面阐述对于文化产业的政策性意见。”同年12月8日，《中国文化报》以一个整版的篇幅发表了这篇讲话。

1994年1月，《完善文化经济政策》一书出版，此书实际上是国务院研究室根据中央提出的要“完善文化经济政策”的要求成立的专门课题组，会同中宣部、文化部、广播电影电视部、新闻出版署和国家文物局等单位，共同就此课题展开的较为全面系统的调查研究的成果。这一研究成果明确提出“完善文化经济政策要着眼于调整文化的产业结构和布局，改革文化管理体制和文化运行机制，使文化产业在政策的扶持下”，“在市场经济的竞争中赢得自身的发展”的基本原则。高占祥的讲话和《完善文化经济政策》的出版，被看作是中国认真研究文化产业的开始。这一时期，政府部门关于文化产业的政策研究开始引起学术界的关注。

1996年底，北京市委、市政府出台了《关于加快北京文化发展的若干意见》（20条），明确提出要“大力发展北京文化产业，使其成为北京的支柱产业之一，使北京成为全国重要的文化产业基地”。其后，1999年，北京市在其城市发展规划（蓝皮书）中，再次把文化产业确认为北京五个经济增长点和第三产业的重要组成部分。上海、广州、深圳、湖南等地也相继成立相应的课题组研究本地区文化产业发展战略问题。随着文化产业成为了全国，特别是文化中心城市的发展战略，全国日渐形成了一股文化产业研究的热潮，许多学术机构、政府部门和专家学者纷纷加入了研究行列。

1998年，文化部在机构改革和精简的大背景下，成立了“文化产业司”，这是当年文化部唯一新成立的部门，其任务是研究拟定文化产业发展规划和文化产业发展政策、法规，扶持和促进文化产业的发展与建设，协调文化产业运行中的重大问题。文化产业司肩负着推动、管理中国文化产业发展的重要使命。

1999年，时任国务院发展计划委员会主任的曾培炎在《关于1998年国民经济和社会发展计划执行情况与1999年国民经济和社会发展计划草案报告》中，明确提出要“推进文化、教育、非义务教育和基本医疗保健的产业化”，这是“文化产业第一次被正式纳入国家发展计划的政策视野”。

2000年10月11日，中共十五届五中全会通过的《中共中央关于制定国民经济和社会发展第十个五年计划建议》中第一次明确使用了“文化产业”一词，提出“深化文化体制改革，建立科学合理、灵活高效的管理体制和文化产品生产经营机制……完善文化产业政策，加强文化市场建设和管理，推动有关文化产业发展”。这是中央首次将文化产业发展问题列入国民经济和社会发展计划之中，并指明了文化体制改革对于文化产业发展的重要性。2001年3月，这一建议被正式写进九届全国人大四次会议通过的国民经

济和社会发展"十五"规划纲要，"从而使得文化产业作为中国当代文化建设的重要形态，获得了合法性身份"。"这不仅仅是提出一个新名词、一个新概念，而是建立社会主义市场经济体制对文化发展的必然要求，是有中国特色社会主义文化发展的必然选择，是文化产业自身实践和理论研究的必然结果。它的提出，反映了我们对精神产品与物质产品生产共性与个性认识进一步深化，反映了我们对文化发展客观规律认识进一步深化，反映了文化自身发展的多侧面和复杂性。"

2002 年 3 月，朱镕基总理在《政府工作报告》中又提出，为了"进一步解决经济发展的机构性矛盾和体制性障碍"，应该"大力发展旅游业和文化产业"。"这是我国政府对文化产业的又一次完整的政策表述，并且第一次明确指出文化产业发展在国家战略目标中的具体定位。"

2002 年 11 月 8 日，中共十六大召开，在江泽民主席所作的"十六大"报告中，不仅提出要"积极发展文化事业和文化产业"，还把"文化事业"与"文化产业"从概念上明确区分开，并更进一步对文化产业的发展给出定性分析，做出了"发展文化产业是市场经济条件下繁荣社会主义文化、满足人民群众精神文化需求的重要途径"的正面价值判断。这就为中国文化产业的发展，从理论到实践指明了方向。

2003 年 10 月 14 日，党的十六届三中全会通过的《中共中央关于完善社会主义市场经济体制若干问题的决定》中为文化体制改革指明了方向，即在文化体制改革中落实完善社会主义市场经济体制的一系列新方针、政策、措施，为我国文化产业的下一步全面发展开辟了更为广阔的前景。"《决定》为以改革推动文化产业发展提供了完整的理解背景"，"也使得我国文化发展的宏观体制和政策环境更为清晰"。

2004 年底和 2005 年初，国家统计局先后发表了《文化及相关产业分类》和《文化及相关产业分类指标体系》两个政策性文件，这两个文件的颁布标志着我国文化产业政策的建设与发展正式被纳入整个国家的产业政策系统，成为我国产业政策体系的一个重要组成部分。文化产业政策发展进入了一个新的阶段。

### （二）中共十六大与我国文化产业政策的重大发展

2002 年召开的中共十六大是一个里程碑。中共十六大的报告以前所未有的篇幅提出了中国关于"全面建设小康社会，大力发展社会主义文化"的一系列文化政策，在许多方面取得了重大突破。

"全面建设小康社会，大力发展社会主义文化"，这是在十五大的基础上的一个发展。在世界范围内，看综合国力，把文化作为综合国力的重要标志；从国际战略的高度，从国际文化力量对比的高度，全面提升文化在整个国家战略中的战略地位；既突破前人，又建立起新的文化尺度，这是十五大的一个文化贡献。在本国范围内，看文化满足人们精神需求的程度，把文化的发达程度，满足人民需求的程度，作为建设小康社会的重要标志，从国家和民族发展的高度和从文化建设的战略意义的高度明确文化建设作为国家需求在国家整体战略系统中的定位，这是十六大的发展。把这两个方面结合起来，落实在全面建设小康社会上，这就使中国共产党在全面规划和制定中国新一轮发展的文化政策时，建立起一个非常宽广和开阔的视野。

（1）首次明确确认发展社会主义文化有两大途径和存在两大形态，这在马克思主义文化思想史上是个突破，即发展社会主义文化不仅可以是文化的意识形态方面的，而且也可以是文化的经济形态方面的，即文化产业方面的。

强调文化思想内容建设，关注文化的思想内容建设对于人和社会的作用，比较忽视文化的思想内容作用于人和社会的方式与途径，因此，中国的文化政策体系在很长一段时期内都是围绕着“文艺和政治的关系”这个轴心来建构的，文化和经济的关系及文化本身的经济形态和运动方式，则没有成为制定文化政策的出发点，造成了在一段相当长的时间里中国文化政策在“文化事业”层面上的单向度发展。“积极发展文化事业和文化产业”的提出，不仅在观念和理论层面上廓清了长期以来妨碍中国文化发展的文化思想，而且在政策科学的层面上建立起了发展有中国特色社会主义文化的新的政策系统，即把“文化产业”作为文化政策的重要组成部分，从而与“文化事业”一起共同构成中国文化政策体系。因为只有建立起这样的系统，“完善文化产业政策”的努力和实现才是可能的。改革开放后，中国也曾多次在党和政府的有关文件中提出要“完善文化经济政策”，然而，由于没有从原政策的意义上承认社会主义文化形态存在的经济性身份，因此，所谓文化经济政策也还是局限在文化事业领域里的经济问题上，并没有解决中国整个文化建设和文化发展的根本经济政策问题。而能否在中国文化发展的这一根本性的问题上取得突破，关系到整个国家文化战略目标的实现。“积极发展文化事业和文化产业”，正是在这样的意义上实现了政策突破和政策创新。

（2）明确了文化产业作为有中国特色社会主义文化建设的主体性地位。把文化产业与文化事业相提并论，重点阐述，这不仅在中国共产党的报告中是第一次，而且做出这样的政策态度和理论态度也是第一次。

2000 年，中共中央在关于国家“十五”规划的建议中提出了要“推动有关文化产业的发展”，虽然在理论上还有所保留，但却为文化产业在中国合法性地位的确立提供了可能。2002 年，中国《政府工作报告》在阐述如何“进一步解决经济发展的结构性矛盾和体制性障碍”的相关政策时，提出要“大力发展旅游业和文化产业”。把“大力发展文化产业”确定为解决我国经济发展的结构性矛盾和体制性障碍的重要的战略措施，这

是继中共中央的“十五”建议和国家的“十五”规划纲要提出“要推动有关文化产业的发展”后，我国政府对文化产业的又一次完整的政策表述，并且第一次明确指出文化产业发展在国家经济战略目标中的具体定位。这就使得中国文化产业不仅获得了国家经济战略需求的政策价值肯定，而且不再使用“有关”的提法，消除了在政策解释和执行上的非确定性理论障碍，但是文化产业还是处在一个附属的位置上，还没有在理论和政策上获得主体性定位。十六大不是把发展文化产业放在“全面建设小康社会，大力发展社会主义文化”的层面上来提的，而是从整个国家战略目标的实现和文化自身的发展需求实现来提的。这就使得发展文化产业不只是手段，是满足国家经济战略需求的政策选择，而且它本身就是目的，是当代中国文化发展的目的。在当代社会，人类文明和文化的发展与传播，已经到了不能脱离文化产业这样具体的文化存在方式去抽象地谈论文化的繁荣与发展的历史新阶段。在今天，一切优秀的人类文明成果，都只有获得它的当代形态，通过并借助于文化产业这样的媒介系统才能实现它的价值存在和有效传播。在不到一百年的时间里，文化产业所创造的巨大的文化生产力，比过去一切社会所创造的全部文化生产力还要多，还要大。文化产业已经成为当代人类社会发展的重要组成部分和存在方式，正以其独有的生命形态和创造力深刻地影响和改变人类社会的文化面貌、生态结构和生存方式。在某种意义上，今天的人类社会已经不能脱离文化产业这一社会系统而存在。因此，当中国进入全面建设小康社会、重塑中国的社会结构和文化面貌的历史发展新阶段的时候，文化产业的建设和发展就不是某种外在于社会的和文化的依附性力量，而是社会和文化自身的主体性建设与发展的需求。发展文化产业是中国社会主义文化的主体性建设。文化产业回归到了它的本体，恢复了它作为文化的主体地位和主体身份。这既反映了中国共产党在文化建设问题上的与时俱进、不断创新精神，同时也反映了中国共产党在文化建设问题上的现实主义态度。

（3）提出了发展文化产业是市场经济条件下繁荣社会主义文化、满足人民群众精神文化需求的重要途径的科学论断，克服了把发展社会主义文化、坚持先进文化的前进方向同市场经济对立起来的错误倾向。

没有现代文化产业，就没有马克思主义和先进文化在中国的传播，当然也就没有我们今天所要坚持的先进文化的前进方向。没有文化产业这样具体的文化生产形态和传播方式，人民群众日益增长的精神文化需求就失去了具体途径。因此，不能把先进文化前进方向的历史必然要求与文化产业的发展、市场经济和市场机制简单地对立起来，割裂开来。文化产业与先进文化的前进方向之间并不存在必然的对立关系，相反，在今天，由于先进文化的前进方向只有在文化产业具体的市场运动形态中才能得到生动的大众化的实现，因此，离开文化产业的当代运动来谈论先进文化的前进方向，就缺乏了一种现实性基础。

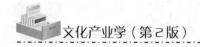

中共十六大在当代中国文化产业政策发展史上是一个里程碑，十七大和十八大继承并发展了中共十六大关于“积极发展文化事业和文化产业”的政策思想与政策理论，并且在这个基础上对由此而涉及的影响中国文化产业发展的投融资政策、文化与科技相融合政策、支持文化创意与设计服务政策和文化贸易政策都做了新的拓展。中共十七届六中全会提出了“建设社会主义文化强国”的战略目标，建设现代文化产业体系和现代文化市场体系成为实现这一战略目标的重要政策，从而成为指导中国文化产业政策走向的重要内容。

## 第二节　文化产业政策的结构与内容

文化产业政策的运动是由其运动形态和导致运动的内在力量决定的。文化产业政策的运动形态通过其结构表现出来，而造成其生命运动的力量则是它的内容。内容既是产业运动客观规律的反映，又是产业发展主观需求见之于客观的表现。内容是推动文化产业政策的内在动力，结构是动力运动的表现形式。

### 一、文化产业政策的结构

文化产业政策是一个完整的过程系统，它的内容涉及文化产业的各个方面，并且由此而形成了它的结构。例如，从我国国家统计局关于文化产业的分类标准出发，文化产业政策结构分别由核心文化产业政策、相关文化产业政策和有关文化产业政策组成。如果再根据各个不同的大类来分析，文化产业政策的结构还可以深入到各个具体的文化产业门类。而从目前我国学术界、产业界和政府文化产业主管部门约定俗成的认识和我国文化产业政策工作的重点来看，相关文化产业部门的文化产业政策在现实的文化产业运动和管理中都还没有被认为是严格意义上的文化产业政策，现阶段我国文化产业政策制定的主要内容也还不包括相关文化产业部门这一块，有关的产业政策仍然延续着原有的产业政策关系。这也是中国文化产业政策在国家统计局关于文化产业统计指标体系出台后面临的新情况。这将是一个比较长的政策磨合、过渡和衔接期。因此，我们对文化产业政策结构的分析，不能完全从文化产业行业出发，而应把文化产业作为一个整体性的对象，综合研究文化产业政策的结构构成和运动形态。从产业经济学关于产业政策研究的成果来看，一个完整的产业政策体系一般由五大政策组成：产业结构政策、产业组织

政策、产业地区政策、产业技术政策、本国产业与国际产业关系政策。

文化产业政策既与一般产业政策相联系，又不同于一般产业政策。由于文化直接涉及一个国家和民族生存的个性化问题，而文化产业对于一个国家的影响又不是一般的商品经济对商品经济的影响，而是以商品经济的形式对于人的精神世界的影响，也就是对于人的生存的个性化影响，因此，世界各国都对文化产业的市场准入制定不同的政策。关于服务贸易的乌拉圭回合谈判没有把文化产品和服务的国际贸易列为自由贸易范畴，而是采取“文化例外”的政策主张，它所体现的就是文化产业政策多样化的精神。因此，从这个意义上来说，虽然世界贸易组织章程和国际服务贸易总协定已经有了一个成员方普遍遵守的产业政策系统，但是，各国之间的文化产业政策也还存在着很大的差异，由此而形成的文化产业政策也是不一样的。因此，文化产业政策的研究所面对的问题也就比一般意义上的产业政策更加复杂。

中国的文化产业是在进入21世纪后才真正进入国家政策层面发展起来的。因此，不仅文化产业体系发展不完善，而且整个文化产业政策系统的完整建构也还在一个进行的过程之中。因此，关于文化产业政策及其结构的研究，一方面要参考一般产业经济学关于产业政策研究的成果，同时又要从文化产业，特别是中国文化产业政策运动的实际出发来作出属于文化政策学范畴的文化产业政策的回答。

结合目前中国文化产业的发展及其政策运动，同时对应国际社会关于文化产业政策运动的普遍情况，文化产业结构的内容构成除了一般产业政策的五大组成之外，还包括文化产业准入政策、文化产业发展政策、营利性和非营利性文化产业政策等。由于目前我国还不存在特别的文化产业地区政策，区域文化产业发展也还属于文化产业发展政策的一个重要方面，产业技术政策可以归入到产业发展政策之中，因此，我们关于文化产业政策的结构主要包括文化产业结构政策、文化产业组织政策、文化产业准入政策、文化产业发展政策、营利性和非营利性文化产业政策、本国文化产业与国际文化产业关系政策。国家文化安全政策是一个包括文化产业安全在内的国家文化政策，是关于文化产业的国家宏观文化政策。可以包括上述六个方面，因而可以单列。这样，我们就可以尝试给出一个文化产业政策的结构：国家文化总政策是整个国家文化战略思想和战略实施的基础，国家文化安全政策是它的重要保障系统和目标系统；文化产业政策是它的市场实现方式的政策系统，反映了政策主体关于文化产业发展与目标的全部追求；文化产业结构政策、文化产业组织政策、文化产业准入政策、文化产业发展政策、营利性和非营利性文化产业政策、本国文化产业与国际文化产业政策构成了它的基本内容结构。

## 二、文化产业政策的内容

### （一）文化产业结构政策

文化产业结构的现状与变动是多种因素共同作用的结果。其中，既有许多文化经济方面的因素，如文化资源禀赋、文化生产的技术水平状况、人均可供支配的收入水平等，还有许多非文化经济的因素，如国家的社会文化制度、不同的文化传统和文化消费趋向等，都是影响一个国家和地区文化产业结构运动的重要因素。然而在所有影响文化产业结构变动的因素中，我们可以把它归纳为两大系统，一个是市场系统，另一个是政府系统。前者是自然调节，具有无政府主义特点；后者是人为安排，具有有计划的特征。无政府主义的结果是文化产业结构运动在市场经济的作用下，由于不能解决和提供公共文化物品问题，会导致一个国家和地区文化产业畸形发展，造成文化发展的严重的不公平，同时，信息不对称的存在必然构成文化市场竞争的非公正性，对文化资源过度的掠夺性开发，造成文化产业发展和增长的不可持续，进而影响整个社会系统的有序运行。在现代世界体系下，世界文化市场的形成，已经使得任何文化产业封闭式发展成为不可能。经济全球化所带来的文化市场的开放、多边文化贸易体制的形成和全球资源配置的能力差异必然导致不同国家间的文化产业竞争。然而，不同国家和地区的文化产业结构存在的巨大差异，以及经济发展水平和收入提高速度存在的悬殊对比，都使得仅依靠市场机制的作用已无法解决文化产业结构合理化问题和高度化问题。而历史发展的实际情况是，通过政府制定和实施文化产业结构政策，改变文化资源配置格局，是克服市场配置中的无政府主义的有效机制。所谓文化产业结构政策，就是指那些文化产业政策主体制定的有意识地影响和改变现存文化产业结构格局、优化文化产业结构、提高文化资源配置效率、促进文化经济增长的产业政策系统。

文化产业结构政策是为了解决文化产业结构问题，即为了解决文化资源配置问题而产生的。文化产业结构问题的结构性规定了文化产业结构政策的内容结构。文化产业结构问题主要存在于两个方面：一是各文化产业之间的协调问题，主要指在特定的技术和经济条件下的各文化产业之间的均衡发展；二是文化产业结构的升级或结构优化问题。文化产业结构某种程度上是文化生产力结构的表现，如何选择那些能够带动文化产业持续发展的行业，通过政策手段促使其在国民经济中的比例上升，从而使整个文化产业发展进入到一个更高的阶段，是任何一个国家或地区发展文化产业都必须面临的任务。衡量一个国家或地区文化产业的综合竞争力的重要标准，就是它能够在多大的程度上，根据文化产业增长和发展的规律，适时地推进文化产业结构演进。因此，制定和实施文化

产业结构政策的目的和作用主要体现在三个方面：一是纠正文化产业发展偏差，促进各文化产业协调发展；二是培育和支持对国家文化建设和文化经济发展意义重大的文化产业，促进产业结构成长和实现产业结构升级；三是缩小文化资源分配差距，促进社会文化公平。文化产业结构政策内容也正是在这样的基础上构成的。

1. 新兴文化产业政策

新兴文化产业也称幼稚产业，是相对于成熟产业而言的一种新的产业形态。根据关贸总协定的例外条款的原则，幼稚产业可以作为合法的保护对象。由于新兴文化具有一般幼稚产业的主要特征，即它的新生性、成本递减趋势、一定的外部经济性、潜在的动态比较优势、民族经济发展潜在支柱性和幼稚性质在存续时间上的暂时性，[①]因而也是国际上大多数国家文化产业结构政策主要的政策对象和内容之一。

2. 文化主导产业政策

根据美国经济学家罗斯托的理论，主导产业是指在产业结构系统的运动中起引导和带头作用，并决定该产业结构系统的未来发展方向和模式的产业。它的一个最本质的特点就是在实现自身持续的经济增长率的同时，还对辅助增长部门和派生增长部门产生影响，并且最终带动整个经济的发展。主导产业并不一定就是支柱产业，支柱产业强调的是在国民经济中的比重，而主导产业突出的是能够对一个产业系统带来产业结构革命，具有较高的发展速度和较强的扩散效应，具有较强的吸收和消化创新成果的能力。所谓文化主导产业政策就是国家关于发展文化主导产业和文化主导产业发展的政策。它是产业结构政策系统中的主导方面和关键部位。发展文化主导产业政策是国家着眼于未来整个文化产业发展的态势和文化产业结构高度化的要求而制定的扶植和培育政策，它的前提是在对整个文化产业发展趋势的科学分析和判断的基础上，对可能成为主导文化产业的那些行业做出战略性规划和安排，为文化企业和文化产业结构的调整给出明确的政策导向和营造良好的政策环境。文化主导产业发展政策是指已经具有明确的主导产业身份，为了进一步推动文化主导产业的更大发展效应和整个经济结构的战略性调整而制定和实施的产业政策。2000 年以来，我国先后出台的关于推进影视产业数字化和大力发展动漫游戏产业，推动信息产业和文化产业的结合等政策都属于这一类。文化主导产业相比较于其他产业形态的主导产业而言，它的一个最大的特点就是高附加值和产业的高关联度。高附加值决定了它作为战略投资对象的高风险、高利润和高传播力，能够迅速地提升产业的能级；高关联度构成了它对其他产业部门的拉动与创新，在实现产业增值的同时扩展了产业生长形态的空间，不断满足产业增值的要求。影视产业数字化和动漫游戏产业

---

① 刘吉发. 产业政策学[M]. 北京：经济管理出版社，2004：51-52.

不仅满足了自身产业升级的要求，而且它们所带来的整个影视产业和动漫产业的革命在给整个文化产业带来变革的同时，还将对整个国家的国民经济和社会发展带来深刻的转变。韩国关于文化产业振兴政策的出台，在改变了韩国文化产业生态结构的同时，也改变了韩国的经济增长结构就是一个典型的案例。文化产业园区和国家文化产业基地的建设也都是文化产业主导产业政策实施的结果。在这里需要注意的是，国家关于文化主导产业的认定和政策与地方关于文化主导产业的认定和政策是不一样的。地方更多的是侧重于从本地的区位优势、要素禀赋和原有的产业基础出发，而国家则更主要的是从整个国际文化产业发展的整体趋势看问题。因此，同样是文化主导产业政策，中央政策和地方政策在内容上也存在差异。但是，一般来说，中央关于文化主导产业的政策也适用于地方文化主导产业的政策，好的地方文化主导产业政策也会成为中央文化主导产业政策的一个来源。

3. 支柱产业与战略产业政策

支柱产业是指在国民经济中占有较高比重的产业。战略是一个坐标系统，分为纵向与横向两个领域。纵向是对自身的超越，横向是对既定的利益格局的挑战。纵向的超越也是对一种力量平衡结构的破坏，这种破坏是出于自身战略利益的考虑而做出的对原有利益格局的调整，这种调整是对区域整个国民经济和社会发展战略的调整，是文化产业成为实现区域经济战略性调整的重要的带动力量，从而通过这种整个国民经济产业结构比例的调整，改变区域国民经济增长方式和资源配置格局，提高产业的发展，改善社会就业结构与资源消耗结构，推动社会文明增长方式的整体性提高。横向超越是对既定的关系型利益格局平衡结构的破坏，它的一个最大特点就是挑战其他主体的既得利益和由此而形成的力量秩序，尤其是在一定的历史时期所形成的霸权地位。这就必然形成战略竞争和新的战略合作。在这个过程中，合作与反合作、竞争与反竞争、垄断与反垄断、遏制与反遏制等都会成为一种新的战术手段而被广泛应用。所以任何一项战略的制定，都会引起战略反应，由于这种战略反应是以战略利益为前提的，因此，任何战略必然导致另一方的反战略，使彼此之间客观上形成战略敌人关系，这就是战略困境。如何在制定战略过程中最大限度地克服由此而造成的战略困境所形成的新一轮的竞争关系，即降低战略成本和提高战略边际效应，是当今战略研究中面临的一个重大问题。所谓战略产业政策，就是要通过对国家和地区文化产业的系统筛选，根据国家和地区战略发展的整体利益需要特别强调发展和推进某种文化产业，并使之具有国内和国际竞争力而制定的产业政策。

### （二）文化产业组织政策

文化产业组织政策是政府以立法形式制定文化市场规则，调节文化产业组织，规范

文化企业的市场行为，以期获得最大的市场绩效的文化产业政策系统。它的目标是通过对文化市场结构的调整，改变或矫正不合理的文化市场结构，有利于保持合理、健康的文化市场结构；同时通过对主体文化市场行为的调节，禁止和限制一切妨碍文化市场的公平竞争的市场行为，鼓励与规范文化市场竞争秩序，进而通过对文化市场结构的调整和文化市场行为的规范，改善不合理的文化资源配置，提高市场运作效率。尤其是在发展文化产业的过程中如何正确对待和处理公益性文化事业，以及在对文化资源的开发和利用的过程中如何确保国有和全民的文化资源的保值与增值等，当单靠市场机制的调节难以解决这些问题的时候，就需要通过文化产业组织政策直接干预和调节文化市场行为，利用各种政策杠杆引导企业行为，促进市场结构运动朝着有利于同步发展公益性文化事业的方向发展，制止对文化资源的掠夺性开发，确保文化产业的可持续发展。

文化产业组织政策大致可以分为文化产业组织行为调整政策和文化产业组织结构优化政策。文化产业组织行为调整政策包括文化产业反垄断政策和促进文化产业有效竞争政策；文化产业组织结构优化政策主要包括文化企业兼并与合并政策和中小文化企业政策。

1. 文化产业反垄断政策

垄断是指对生产和市场的控制及对竞争的限制的一种经济现象和经济行为。由于垄断限制公平竞争，破坏价格在合理配置资源方面的有效作用，损害消费者权益，阻碍企业技术进步和降低经济效率，因此，世界上大多数实行市场经济体制的国家都把反垄断政策作为产业组织的重要内容。反垄断政策主要是从干预市场结构和干预企业行为两个方面进行的。在市场经济条件下，导致市场垄断的主要原因是卖方市场集中度、产品差别化和进入障碍，因此，政府干预市场结构、抑制垄断的相应措施主要是降低卖方集中度或制止集中度的上升，降低进入障碍或制止其上升以及降低产品差别化程度等。文化领域里的反垄断是一般经济和市场领域里的反垄断的延伸。因此，反垄断政策的一般原则也同样适用于文化产业。

中国是长期实行计划经济体制的国家，国家垄断曾经是它的主要特征。在实现从计划经济向市场经济体制转变的过程中，我国现阶段在文化市场领域的行政性垄断特别突出。文化领域的行政性垄断是计划经济时代的产物。它是指政府行政权力对文化市场和文化产业实行排他性限制，以求得超经济利益的获取和独占。它是文化体制转型过程中市场力量加行政权力形成的特殊垄断，是国家通过文化行政手段来控制整个社会的文化生产和流通的一种特殊的垄断形式。这种垄断形式产生与形成于国家对于文化产业意识形态属性的特别理解而采取的一种制度性措施。这种垄断在计划经济条件下表现为国家垄断和全民所有，在其他资本形态不被许可进入文化产品的生产和流通领域，以及国家对文化产品的生产也像对待物质产品的生产和流通一样实行统购统销的时候，垄断并不能给哪一个行业或文化企业带来特别的利润。但是，随着文化体制改革的深入，当原来的条块分割和行业壁垒演变成一种利益格局的时候，对这种利益格局实行人为的行政保护，利用国家行政权力实行部门保护和地方保护，设置各种进入障碍实行文化市场和文化产业的部门封锁与地方割据，原来的国家垄断变成了地方或部门的垄断，利益主体的转移必然导致问题性质的转化。文化产业和文化市场领域里的反垄断也就成为维护文化市场秩序、公众文化权利和捍卫国家文化利益的必然选择，因而也就成为我国当前和今后相当长的一个历史时期内文化市场和文化产业领域里反垄断的主要任务和我国反垄断政策的重要内容之一。在我国文化体制改革和文化市场开放的过程中几经出现国内文化市场经济性垄断现象与国际文化产品和文化资本垄断现象开始滋生的时候，制定具有中国特色的文化市场领域的反垄断政策，放宽文化市场结构，规范文化企业行为，在我国文化产业组织政策的制定中就显得特别重要。

2. 促进文化产业有效竞争政策

促进有效竞争政策也称反不正当竞争政策，既是一项基本的产业组织政策，也是文化产业组织政策的基本内容。这不仅是因为文化产品生产与流通有着与其他商品共同的市场经济运动特征，而且因为有效的竞争是确保文化产品生产与文化市场繁荣的重要保证。文化存在的价值在于文化的多样性。文化的多样性是文化繁荣发展的前提，而文化多样性的本质是以自由创造为依据。尊重文化的多样性，就是尊重各种不同的文化具有的自由发展的权利。在文化发展中，任何以一种文化取代所有文化的文化霸权主义和任何形式的垄断都会严重妨碍文化多样性的自由发展和自由竞争。文化产业和文化市场是文化多样性的存在方式和表现方式，文化产品的生产和流通不仅通过市场生动地反映了文化多样性需求对于文化产品生产的多样性选择，而且正是这种多样的文化消费需求不断地推动着文化市场的发育和文化产业的生长，从而保证了文化多样性的生态需求。

因此，从理论上讲，任何形式的完全垄断和过度竞争都不利于产业组织的合理化和提高市场绩效。这就需要政府在对文化产业和文化市场的管理中，制定规范竞争的文化产业政策，抑制过度竞争和不公平竞争等低效竞争。在中国现阶段的文化产业发展过程中，既要鼓励中小文化企业积极发展文化产业，又要克服与防止这一领域的过度竞争所造成的文化产品的重复生产、文化项目的重复建设和重复引进，以及由此而造成的文化生产能力过剩和有效文化资本的严重浪费，同时打击和抑制通过欺骗与采取不正当手段的竞争，特别是垄断性文化产品交易行为和文化产品中的虚假广告。促进有效竞争政策就是要建立起包括推进文化企业兼并和集中，组织规模生产体系和企业行为规范的市场竞争秩序。

建立规范的文化产业和文化市场竞争秩序，主要包括建立规范的价格竞争秩序和非

价格竞争秩序两个方面。建立规范的价格竞争秩序，就是针对在整个文化市场和文化产业的演化过程中，一些所谓“夕阳产业”或“衰退产业”由于生产能力长期过剩，为了生存采取变相压价和破坏性价格竞争策略而造成的整个产业的技术进步和创新能力更新停滞、文化企业面临破产和倒闭进而导致文化资源严重浪费的情况，政府采取文化产业组织政策进行干预的行为。这一产业政策的内容一般包括三个方面：第一，采取文化产业援助政策，即制定文化生产要素转移措施，减少衰退产业在各方面的退出障碍，使衰退产业的文化资源有序、顺利地转移出来，得到有效的配置和使用；第二，通过制定和实施产业技术政策，推动衰退产业技术进步使其产品得以更新换代，增加市场需求，提高市场竞争力，激发企业活力；第三，对降价进行必要限制，有时甚至规定最低限价。我国在推进文化体制改革和部署国家文化产业战略格局的过程中，大力发展动漫产业，实现从“美术片”向“动漫产业”进行战略性转移的过程中所推出的一系列产业政策就是属于这一类。非价格竞争在文化产品里主要表现为过度包装和过度广告。一段时期内的少儿读物和所谓礼品书及电视等传媒关于短信竞猜广告所诱发的非价格竞争，不仅造成了资源的巨大浪费，而且它所造成的危害往往会比价格竞争更厉害，甚至还会危及国家文化产业安全。因此，抑制非价格竞争和界定非价格竞争的合理界限，也就成为我国文化产业组织政策制定的一项重要内容。

3. 文化企业兼并与合并政策

兼并是指两个或两个以上的文化企业中，由一个文化企业通过购买方式吞并和接管其他企业，从而取得后者的全部资产的控制权，以扩大本企业的竞争能力和生产能力的一种资本营运行为。合并是指两家或两家以上的独立的文化企业组合成为一个新的独立的文化经济实体的行为。通过兼并与合并实现企业资本扩张，提高企业的整体性文化生产能力和文化竞争能力，获取规模经济效益，是现代文化产业发展的两种主要形式。我国自 20 世纪 90 年代后随着文化体制改革的深入而出现的由政府主导的文化企业“集团化”改革，就是国家根据发展了的国际文化产业力量格局的战略性变动，而对本国文化产业组织实施重大重组的文化产业组织政策。在长期的计划经济体制下，我国的文化企业形态基本上呈现出一种小而全、多而散、整体竞争力不强的状况。这种状况对于中国加入世界贸易组织之后，积极参与全球市场竞争是极为不利的。因此，要克服我国文化产业整体实力不强、竞争力弱的被动局面，就必须在文化产业组织政策的层面上实行政策创新，通过文化产业政策推动文化产业组织创新。文化企业的兼并与合并不仅有利于推动文化资产存量的流动，使文化生产要素向优势文化企业集中，通过优化组合来提高产业组织化程度，而且有利于促进衰退产业的收缩和新兴文化产业的壮大，优化产业结构，进而通过产业结构的整体性优化来提高国家文化产业的整体性竞争能力。从市场经济国家文化产业发展的实践来看，政府鼓励和促进文化企业兼并与合并的文化产业组织政策主要有通过强有力的经济手段促进兼并，通过行政手段实施兼并政策和通过法律手段实施兼并。在现阶段，我国文化企业兼并以政府行政主导为主，市场配置为辅。这是与我国处于社会转型期的文化制度改革相一致的，同时也是现阶段我国文化市场机制还很不健全的一个必然结果。政府鼓励文化企业实行跨地区、跨行业、跨媒体文化企业的重组与并购，是现阶段我国文化产业组织政策中关于文化企业兼并与合并的重要内容之一。但是，从我国建立社会主义市场经济体制的改革目标来说，政府应该逐步淡化在文化企业兼并与合并中的主导性作用，通过建立和健全完善的市场机制，让市场在文化企业的兼并与合并中发挥资源配置的基础性作用，应当通过建构科学与完善的文化企业兼并与合并的政策与法律体系和制度来实现政府的主导作用，而不是直接干预文化企业的兼并与合并行为。要防止在文化企业的兼并与合并的过程中，出现新的企业寡头和产业垄断。

**（三）文化产业准入政策**

准入，即是指市场准入。它的本来意义是指一个国家允许外国商品或服务供应者进入本国市场所建立起来的制度体系。关税、进口数量限制、进口许可证、开业许可等是国家控制准入程度、保护本国市场和就业者的主要手段与制度标志。它是一个国家主权的重要组成部分之一。随着整个社会的发展、涉及的国家安全领域的增多，以及国家实行不同经济制度所带来的要求的不同，准入有时候并不仅仅是关于涉外的准入，而且也包括本国内部的准入限制，是一个包括内外两个方面准入内容的制度体系。所谓文化产业准入，就是指国家关于允许境内外文化投资者和文化商品与文化服务供应商进入本国文化市场的准入制度。在现阶段，中国文化产业的准入政策主要是关于文化产业的行业准入。在计划经济体制下，我国绝大多数的文化产业都实行国家专营政策，不仅非国有资本不能进入文化产业领域，而且国有资本也不能进入文化产业从事文化产业的经营。国家整体战略的转移和改革开放的深入，必然导致中国文化产业准入政策的变动。中国加入世界贸易组织和文化体制改革的深入，中国文化产业战略性发展的需求和产业扩张的需求，都提出了对原有文化市场准入政策和制度进行变革的要求。文化娱乐市场的逐步放开和文化产品零售市场的逐步放开，为文化生产领域的资本准入多元化和投资主体的多元化创造了条件。除了国家明令禁止的，凡是允许外资进入的，首先允许内资进入。2005年，中国专门发布了《国务院关于非公有资本进入文化产业的若干决定》（国发〔2005〕10号），是我国关于文化产业准入政策改革的第一次系统阐述，标志着我国文化产业准入政策进入了一个新的制度创新时期。

这一决定所包括的文化产业准入政策有：鼓励和支持非公有资本进入文艺表演团体、演出场所、博物馆和展览馆、互联网上网服务营业场所、艺术家与培训、文化艺术中介、旅游文化服务、文化娱乐、艺术品经营、动漫和网络游戏、广告、电影电视剧制作发行、广播影视技术开发运用、电影院和电影院线、农村电影放映、书报刊分销、音像制品分销、包装装潢印刷品印刷等；鼓励和支持非公有资本从事文化产品和文化服务出口业务；鼓励和支持非公有资本参与文艺表演团体、演出场所等国有文化单位的公司制改建，非公有资本可以控股；允许非公有资本进入出版物印刷、可录类光盘生产、只读类光盘复制等文化行业和领域；非公有资本可以投资参股包括出版物印刷、发行，新闻出版单位的广告、发行，广播电台和电视台的音乐、科技、体育、娱乐方面的节目制作，电影制作、发行与放映在内的国有文化企业；非公有资本还可以建设和经营有线电视接入网，参与有线电视接收端数字改造，等等。与此同时，对于投资参股国有文化企业的比例，这一决定也作了相应的规定，规定了非公有资本不得进入的领域和相关的不得实施的投资行为。

### （四）营利性与非营利性文化产业政策

营利性和非营利性是现阶段文化企业运动的两种主要组织形式。从产业经济学角度看，文化市场基本上可分为三类，即公共产品类市场、半公共产品类市场和非公共产品类市场。与此相对应，文化生产单位一般有三种类型，即政府文化生产机构、经营性非营利组织和股份有限公司。政府文化生产机构，一般附属于政府某个部门，没有独立主体地位，其文化产品是为社会公益事业服务的，大都免费派送或者实行政府采购。经营性非营利文化组织，是现阶段比较普遍的企业形态，如大学出版社、代表国家水准的艺术表演团体、博物馆等。这类文化组织也有采取公司制形态的，如报业集团、出版集团等，只是其出版的内容更多偏重于新闻传播、文化宣传和学术积累，政府给予免缴所得税的优惠政策，同时也规定其公司利润不得用于股东分红，而必须继续用于发展文化事业。股份有限公司是发达国家文化企业的主流形态，世界九大文化产业集团都是上市公司。这类文化企业的市场销售占世界文化市场的3/4左右。这是现代文化产业存在的三种生态学状况。也就是说，从文化产业存在的空间存在状态来说，这三种文化企业形态也是我国未来文化产业企业存在的形态，但主要集中在经营性营利组织和经营性非营利组织。我国在文化体制改革过程中对于党报、广播电视和代表国家水准的文艺院团等实行不同于其他文化企业的管理体制，把那些经营性文化组织实行转企改制，并采取不同的文化产业政策，就是我国所实施的营利性和非营利性文化产业政策。从我国正在进行的文化体制改革所推行的公司制改造来看，未来我国的文化企业类型选择主要是有限责任

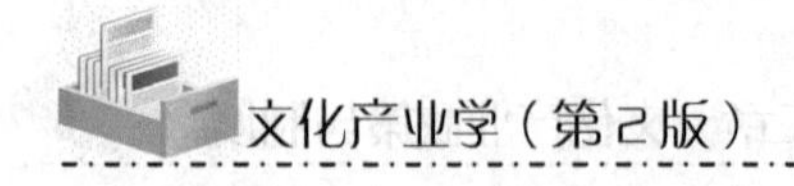


公司和经营性非营利企业两大类。

### （五）文化产业发展政策

文化产业发展政策主要包括文化产业布局政策和文化产业技术政策两大类。所谓文化产业布局政策首先是指文化产业在整个国民经济和社会发展中的地位与作用政策，对文化产业在整个国民经济和社会发展中的地位与作用有一个明确的定位，从而在规划国民经济和社会发展整体战略的过程中，给予文化产业发展以恰当的地位及在整个国民经济和社会发展中所占的比例。把文化产业发展和整个国家与地区的国民经济和社会发展结合起来，把文化产业发展和文化发展结合起来，然后在这个基础上，具体部署和实施文化产业形态的空间安排与空间转移。例如，我国关于国家电影基地的部署，关于国家动漫基地和出版基地的布局等，都是在文化分工明确之后所作出的国家文化产业发展政策的具体落实。所谓文化产业技术政策，是指国家指导文化产业升级换代的技术发展和技术进步政策，如关于国家数字电视化政策、关于高清晰度标准等。文化产业技术政策旨在通过技术进步、技术革新，促进文化高新技术产业的形成，推动产业的发展，提高本国文化产业在国际上的竞争力和综合实力。

### （六）本国文化产业与国际文化产业关系政策

本国文化产业与国际文化产业关系政策，主要包括文化贸易、国际文化竞争和参与国际文化分工政策等。在加入世界贸易组织之后，这一政策的核心内容就是保持本国文化产业政策与世贸组织原则的一体化，在多边贸易体制的框架内参与世界文化市场竞争，在推动本国文化产业发展的同时推进国际文化新秩序的建立，把积极参与国际文化产业分工与合作作为制定本国文化产业政策的基本指导思想之一。

## 三、经济全球化背景下文化产业政策选择

经济全球化是当今世界各国制定本国发展战略和政策的最主要的国际背景和依据。经济全球化进程不仅影响着世界经济的进程和走向，而且也影响着世界文化力量格局结构的变动与世界文化发展的走向。从全球化的角度出发思考和制定本国文化产业政策，推进文化多样性发展，是当今世界文化发展的大趋势，是世界各国制定文化产业政策的总体倾向，也是我们思考中国文化产业政策选择的重要立足点。

### （一）国家文化安全预警政策

由于文化本身已经成为国家利益构成中的一个重要组成部分，文化综合国力日渐成

为国家间利益均衡的一个重要参数和力量，对文化进而整个文化产业、文化市场的开发、控制、垄断和利用，文化“渗透”和“反渗透”、“入侵”和“反入侵”，正成为全球化背景下国家间利益争夺的重要内容。如何有效地维护和保障本国民族文化传统和文化产业的生存与发展，防止国家文化的被侵蚀和殖民化，同时又不妨碍扩大对外文化贸易，从国际资本、技术和文化市场上获得中国文化产业发展所需要的资金、技术和市场份额，也就成为全球化背景下中国文化产业发展的重要课题，构成了中国国家文化安全的一个重要内容。建立积极的国家文化安全预警系统，实行文化市场与文化产业的适度准入原则，应当成为中国在这一问题上的又一重要的战略选择。

经济上的支配性力量衍生出文化权势，也即文化上的霸权主义和强权政治，这是全球化的一个特点。当这种支配性力量随着资本和技术的全球性流动而进入一个主权国家的主导性经济领域的时候，由此而衍生出的文化权势随之也会以各种经济的和文化的形式对这个国家的文化市场进行渗透，并从而使之成为一种潜在的干涉性力量。这种力量一旦成为实现国家霸权主义和强权政治的需要，就会迅速转变为一种现实的力量，由手段而变成目的。20 世纪 90 年代，美国政府几次利用知识产权问题挥舞贸易报复“大棒”向中国政府施压，一个重要的企图就是把知识产权问题政治化，并以此为借口实现其文化商品和文化产业强行进入中国文化市场，打压中国刚刚起步的文化产业的目的。同时，由于文化有着为政治和经济所无法代替的改造人的精神面貌、塑造人的灵魂世界的力量，因此，当一种文化经济力量及其产品形态深刻地体现了这种经济力量的产生与形成所承载的价值观念和伦理道德的时候，这种力量及其产品形态就会成为一种文化力量的象征性存在，而成为其主体用来输出文化观念、价值主张和伦理道德的战略武器，从而不仅在经济上控制，而且从文化上和精神层面上实现对一个主权国家的完全占领。而这正是美国借助于全球化，利用它发达的文化工业和传媒业来实现的以美国价值为主导的“文化全球化”。这对于任何一个民族国家的文化主权和文化存在来说都是一种现实的威胁，从而也就现实地构成了更深层次的国家文化安全问题。正是由于全球化，进而“文化全球化”在产业形态和精神形态两个层面上构成了对一个主权国家文化存在和发展的现实威胁，因此，世界上许多国家和国家集团，甚至包括西方发达国家集团内部也为了各自国家的民族文化利益，纷纷采取文化保护主义政策和建立防范机制。法国为抵制和限制美国文化娱乐产品在法国的销售、传播，保护法国文化产业，规定法国的电视和广播节目至少有 40%的时间要使用法语，硬性规定其全国 4500 家影院所放映的影片中，好莱坞影片最多只能占 1/4；加拿大于 1995 年将美国“乡村音乐电视台”逐出加拿大后，为保护本国的期刊业，又在 1999 年开始实施 C-55 号法案。该法案规定，加拿大企业不得在加拿大发行的外国期刊上做广告，否则将被处高额罚款，通过切断美国期刊杂志在加拿大的财源将其置于死地，从而达到保护本国文化产业的目的。法国、加拿大乃至整个欧盟尚且能够看到文化是一个“涉及我们的特性、价值和差异的至关重要的问题”，并且为了保护自己文化产业的需要而通过立法制定文化保护的政策系统，更何况像中国这样一个在文化上与西方主流国家之间存在着巨大差异的国家，难道可以在文化上不设防吗?然而，问题恰恰是，在一种急于实现经济上和文化上“脱贫致富”，实现“现代化”参与“全球化”的美丽愿望下，再加上对“冷战”意识形态所导致的不良文化生态状况的反拨，把西方的成功看作是中国实现现代化的唯一参照，文化识别和鉴别系统的弱化导致了文化鉴定戒备的解除，国家文化产业和民族文化意识的空前淡化直接导致了当下中国文化产业发展所面临的危机的发生。新殖民主义文化倾向对上游产业的结构性影响，已经对中国文化产业的民族化构成了严重的威胁。早在1983年，邓小平就已针对这种文化威胁所可能造成的危害提出“属于文化领域的东西，一定要用马克思主义对它的思想内容和表现方式进行分析、鉴别和批判”，告诫“如果我们不及时注意和采取措施加以制止，而任其自由泛滥”，“后果就可能非常严重”，“关系到党和国家的命运和前途”。结合他后来提出的要防止“左”和警惕“右”的主张，实际上是邓小平在提出建设有中国特色的社会主义的同时，也提出了关于思想文化领域里的国家文化安全问题及其防范的识别系统和预警系统的建立问题。邓小平这一卓越的战略思考和思想资源没有得到应有的重视和运用。

东南亚金融危机的爆发给人们带来了深刻教训，那就是缺乏健全的安全防范机制和预警系统是导致危机发生的一个重要因素。经济安全是如此，文化安全也是如此。面对带有明显新殖民主义特征，以西方文化为主导的“文化全球化”的挑战，以及我们已经和正在付出的文化代价，如果中国在文化产业发展方面还不能建立起一个积极的、健全的国家文化安全预警系统，那么一些发展中国家的民族文化产业在全球化的浪潮下被美国文化产品淹没的悲剧，就可能在中国重演。建立国家文化安全预警系统，就是要在对中国文化产业基本国情广泛调查分析的基础上，建立起全球化背景下的中国文化产业发展的安全“红线”，尤其是它的早期报警系统。通过对国际文化市场文化商品的流动趋势及其以各种渠道影响和进入我国文化市场所可能对我国文化产业、文化市场发展构成的威胁，特别是可能对我国文化产业发展构成灾难性后果的不良趋势进行分析，能够及时而准确地作出预告性和警示性反应，启动相应的国家机制，运用法律的、行政的、市场的和经济的及其他文化安全管理手段，对那些可能危及中国国家文化安全和文化产业发展的文化因素与文化力量进行鉴定和识别。对于符合中国国家文化利益和有助于中国文化产业发展的，表示认同，给予支持；对不符合甚至严重侵害和违背中国国家文化利益，对民族文化产业发展构成严重威胁的，则坚决予以拒绝，并给予打击和破坏，从而

把可能对中国文化及其产业发展造成生存与发展危机的因素和力量牢牢控制在安全警戒的红线之下。音像制品在中国的走私，在中国政府的不断打击下越来越泛滥，这很值得我们深思。这就需要在国家文化发展战略的层面上，构筑起国家文化安全管理系统和预警中心，组织专门机构和人员负责对可能危及国家文化安全的方面进行深入细致的观察、分析和研究。任何一种形式的文化安全危机的爆发，都有一个经由孕育、发展到扩大的过程。通过监测这个过程，就可以为日常的文化监管指明目标和监管切入点。因此，建立科学的早期预警与监测模型和完备的预警制度与应急方案，就是要把国家文化安全作为国家安全的一项重要内容纳入法制化轨道，从而通过建立完整、高效的国家文化安全体制，完善的文化商品进口管理制度和文化产业发展与文化市场运作监督机制，文化产业投资安全风险评估与风险管理的技术体系，以及文化生态环境的监测系统与标准，以确保把参与“全球化”过程中可能对中国文化和中国文化产业发展构成的危险性和危害性降低到一个可容纳的量的限度内，最大限度地保护民族文化产业发展所需要的良好的生态环境。全球化是对能力不足或没有规范管理和缺乏预警机制的政府的威胁。中国政府应当对此给予足够的重视。因为对于像中国这样一个发展中的大国来说，一旦国家文化安全受到威胁而导致主权受损，产业受害就不是简单地调整文化政策所能解决的。因此，中国政府必须始终掌握保证国家文化安全和产业发展的主动权，建立国家文化安全预警系统则是一项重要的保障。

全球化是又一次全面的国际大分工。作为它的一个结果和在文化领域的反映，“文化全球化”是一次深刻的全球性文化资源的再分配和全球性文化市场与文化产业的重组。全球文化形态和文化产业形态都将因此而发生革命性变化。对这一发展趋势的把握程度和参与性程度，不仅在很大程度上决定了一个国家在未来世界文化市场体系和国际文化贸易中所占的地位和具有的分量，而且还决定了一个国家在文化全球化过程中究竟握有多大的主动权，从而最大限度地维护国家文化安全。由于跨国文化金融资本和商品的全球性流动在某种程度上确实存在着超国家能力并具有弱化国家文化主权的特征，因此，对于一个主权国家来说，参与全球化确实意味着国家文化权力、主权和利益的某种让渡。而一个国家究竟能在多大的程度上开放文化市场，把原来属于自己的那一部分权力和权利让出来，则完全取决于对全球化和市场经济在本国实现程度的战略性把握和规定。在当今世界上，任何一个国家企图通过不参与国际经济文化活动，不参与全球化进程而获得自身的完全发展是不可能的。一个闭关自守的国家，不可能有国家经济和文化的真正强大，也不可能拥有真正的文化安全。尤其像中国这样一个经济与文化都还比较落后，都还需要国际资本、技术和市场来壮大自己，需要用世界先进文明来推动自己文化及其产业发展的国家，置身于全球化之外显然不是中国应有的文化态度和发展战略选择。在这方面，历史的教训是深刻的。建立国家文化安全预警系统，并不是要搞文化关门主义，而是要从国家和民族的根本文化利益出发，本着有所为有所不为的原则，根据中国文化产业发展的需要，实行文化市场和文化产业的适度准入。在政府牢牢掌握国家文化主权的前提下，有选择、有步骤、积极、适度地引进国际文化金融资本和输入文化商品，以满足中国文化产业发展、结构调整和日益增长的人民文化消费的需要。通过建立健全的文化法律体系，根据关贸总协定及 WTO 有关文化投资自由化的原则，从中国文化产业发展需要的实际出发，适当放开文化产业和文化市场经营权，使各种国际文化金融资本和跨国文化集团，在中国境内、在中国宪法和法律规定的范围内，从事文化产业的合法经营。这样既可以引进国外文化产业经营方面先进的管理技术，同时又可以通过引进竞争机制来推动中国文化体制改革和加快中国文化产业现代化步伐。在这个过程中，可以放开的，就不要管得太死；可以让渡的一部分文化权利，也应当以一种平等的文化视野、开阔的文化胸襟和自信的文化控制力建立起“双赢”机制。当然，适度准入不仅是一个空间概念，同时也是一个时间原则。适度准入，一定要同循序渐进相结合，即所谓“成熟一个发展一个”，不搞一刀切。适度准入原则是一个重大的国家文化产业发展战略和政策选择问题，其具体的运作机制、程序和标准的内容还需要许多专门的研究。然而，作为一个有机整体，有所为有所不为则必然导出适度准入政策和机制，这是建立积极的国家文化安全系统和文化产业发展战略所不可或缺的。

### （二）公共力量构筑国家文化安全政策

全球化给主权国家文化及其产业形态带来的生存与发展的威胁，在维护国家利益的普遍要求高涨的过程中，是很容易激发民族主义情绪的，尤其是当西方发达国家集团及其跨国公司，或是以其为主导性力量的国际组织，作为一种异己的超国家力量对主权国家文化进行干预和渗透，对文化产业发展进行挤压和对文化决策权进行控制，以及对主权国家文化主权进行居高临下的制约，从而使得主权国家对本国文化市场调控无力、对文化主权的行使陷入困境的时候，民族主义作为一种极具动员力量的意识形态，确实是可以成为某种文化政治力量而对国家文化发展战略选择，对国家文化安全的政策取向产生和发挥很大影响与作用的。在一定的环境和条件下，民族主义确实是维护和保障国家文化安全的重要政策选择和抵制外来文化入侵的重要力量。然而，民族主义是把双刃剑，它可以是一种强大的爱国主义力量和文化意识形态，但狭隘的民族主义也会把一个国家引向灾难。在经济全球化已经成为一种世界趋势的情形下，任何一个国家企图从狭隘的民族主义出发，关起门来发展自己的文化是不可能的。这并不仅仅因为高科技所带来的现代传播手段已经可以把世界上任何一种文化传播到世界最偏远的角落，并且对那些古

老的、民族的传统文化的繁衍产生深刻的影响，从而使得任何文化封闭成为不可能，更重要的是因为信息高速公路和网络技术的飞速发展正在从根本上改变人类社会生产力的构成和创造财富的手段。“谁掌握了信息，控制了网络，谁就将拥有整个世界”，托夫勒的预言正在深刻地转变为一种国际权力转移的现实力量和存在。信息获取能力的高下，正越来越成为衡量现代国家社会发展水平的重要尺度。文化无论从精神层面还是从产业形态层面，都将最集中地反映出一个国家一个民族对信息的获取、反应和控制的能力及其所达到的深度和广度。倘若不能在一个较高的层面上，即与现代高新技术发展同步的层面上推进文化及其产业化的发展，要想从真正的意义上实现维护国家文化安全的目的是很困难的。军事战略上的制胜原理告诉我们，保存自己的最好办法是消灭敌人。因此，在“文化全球化”的背景下，要在根本上达到维护中国国家文化安全的目的，而又不造成对当代中国国家文化生存与发展的伤害，就必须进行文化产业政策方面的战略性调整，在实行文化产业及市场适度准入原则的同时，推进文化产业的民营化战略，主动出击国际文化市场，开展全面的国际文化贸易，积极参与世界文化市场竞争，从而在“积极的民族主义”引导下，把对国家文化安全的维护纳入到一种广阔的、充满活力和竞争的文化产业体系中，在积极的文化进攻中获得国家文化安全的积极防御。

文化产业是反映现代社会文明进步程度的一种文化生存形态，它不仅是一个国家一切原创性精神产品生产、流通、消费实现物质化、规模化、市场化、现代化的重要手段和载体，而且也是现代社会物质财富创造的重要来源，是现代国民经济的支柱产业。在美国，仅 1993 年以文化产业为核心的版权业产值就达 2386 亿美元，占 GDP 的 3.7%；德国贝塔斯曼集团 1997—1998 年度的营业额为 257 亿马克，其中图书出版及俱乐部的营业额达 73 亿马克；艺术品经营业在英国拥有 170 亿欧元的产业规模，与汽车工业并驾齐驱，英国旅游业收入的 27%来自艺术。然而，和发达国家相比，中国的文化产业还很弱小，在国民经济中还属于没有被得到充分开发的产业。以 1996 年为例，文化艺术业增加值为 211.8 亿元人民币，在第三产业增加值中所占比例仅为 1.04%，在 GDP 中所占的比例就更小了。中国是一个文化资源大国，五千多年文明史所积累下来的丰厚的文化资源，使中国具备在世界范围内发展文化产业的独特优势。但是，在过去很长的一段时间里，我们没有将其看作是一种宝贵的社会经济资源，而仅仅从民族优秀文化艺术遗产的保护与继承的层面上，以办事业的方式对其进行开发和利用。这就使得今天的中国仍处在既是一个文化资源大国，又是一个文化产业小国的状况。这不仅与中国所具有的文化资源条件极不相称，而且正是由于这种文化产业的小国地位，才在当今文化生存与发展的许多方面，无论是价值理念、学术话语还是产业形态，都受到了来自美国文化为首的西方文化产业大国的“文化帝国主义”和“文化霸权主义”的全面入侵，西方文化以产业形态对中国的殖民化构成了现实的中国国家文化安全问题。落后是要挨打的，在全球化环境下，这不仅仅是指政治、经济、军事和科技上的意义，而且也是文化上的，尤其是集中体现了现代经济和科学技术相结合的文化产业更是如此。文化产业的发达程度，直接反映了一个国家文化创造与文化传播的现代化程度。没有一个和强大的经济增长与政治稳定相适应的文化产业体系，要想获得精神文化对经济和政治提供的智力支持是不可能的。因此，要从根本上摆脱在文化产业方面被动挨打的艰难处境，就必须从整个国家战略的高度，实行国家产业政策的战略性调整，制定国家文化产业战略，在构筑经济文化一体化的国民财富创造新体制中，构建中国的文化产业体系，并进而形成足以抗衡西方文化及其商品形态大举入侵中国市场的力量，达到维护国家文化安全的目的。这就需要我们的政策思想和政策理念来一个大的更新，要突破仅仅把文化看作是意识形态领域阶级斗争重要阵地的消极的文化防御观（这种观念至今仍然是制约中国文化产业发展的严重障碍），丰富对“文化是综合国力的重要标志”的新鲜认识，要把对文化产业政策的战略性调整看作是具体完成和实现这种“重要标志”的重要举措，从而使文化不仅成为中国本世纪经济发展的一个新的增长点，而且也成为维护国家安全的新的防卫体系和防卫力量。

文化产业是一个以精神产品的生产、交换和消费为主要特征的产业系统，是一个涵盖包括文化艺术业、新闻出版业、广播电视业、电影业、音像制品业、娱乐业、版权业和演出业在内的庞大体系。实施国家文化产业战略，在这样一个庞大而又复杂的体系中构筑国家文化安全的万里长城，仅有国办文化产业这一股力量是不够的，尤其是面临中国加入 WTO 后在文化产业的市场准入方面将要承担的巨大市场压力并对中国民族文化产业构成的严重威胁和冲击的时候，单凭政府的力量已无法解决长期困扰中国文化产业发展所需的资金、技术、人力和管理不足的问题，因此，要真正在推进现代化进程中做到中国文化生存和发展的长治久安并维护必不可少的良性生态环境，就必须借助于民营的力量，制定和实施文化产业民营化的发展战略。把过去较长时期里一直认为只有国家才能承担的责任和提供的服务转移给社会的民营的力量去完成，从而通过“藏宝于民”的文化策略，通过完善以文化投资主体多元化为核心的文化产业政策体系，以及相应的文化投资体制改革，构筑国家文化安全的“民兵方阵”。这里的一个关键的问题就是，在国内文化市场准入方面，要允许非文化系统的法人主体，如财团、企业集团、基金会等，经营包括报业、图书出版业、电视业等在内的文化核心产业。虽然在文化娱乐业、艺术品经营业、书报刊零售业、音像制品业和演出业等产业范围已经实行了不同程度的民营准入，但在文化产业的核心部位却仍然有待进一步放开。在这些领域，国家面临的挑战和压力也是最大的，这可以从世界上一些跨国的文化集团纷纷在北京设立其办事机构和投资公司这一举措上看出。无论是华纳兄弟公司、索尼公司、贝塔斯曼，还是默多

克的新闻集团，它们都不是单纯为文化交流而来的。充满无穷魅力和商机的庞大的中国市场，是全球最后一块有待开垦的处女地，谁都想在这里占一席之地。实施文化产业民营化战略，并不是要实行文化产业私有化，而是要在文化核心产业实行投资主体多元化、社会化和公共化，以公共的文化力量来构筑国家文化安全体系。毫无疑问，在这个过程中，国家当然要始终保持对文化的控制权力。民营化并不意味着可以取代国家文化垄断，并不意味着可以将纯粹的商业利益追求置于社会与文化效益之上。在中国，国有文化企业在整个文化产业中依然占据主导地位，是维护国家文化安全的主力军。“在政府发挥的传统性作用之外，民营文化产业在促进文化艺术发展中的作用”是世界文化产业发展共同面对的课题，中共十五大关于非公有制经济在社会主义初级阶段中国经济制度构成中的地位和作用的政策性阐述，正在成为我们认识和实施非公资本进入文化产业的重要理论依据。

### （三）推进国家文化创新能力建设政策

全球化而导致的世界范围的经济和文化竞争领域的不断前移，使得创新意识和创新能力日益成为一个国家能否在这场世界竞争中掌握主动权的关键性因素，成为一个国家综合国力和国际竞争力的关键性因素。尤其是当美国在实施文化霸权主义的同时实施知识霸权主义，通过对知识的垄断，特别是利用其在网络技术方面的优势，将其创新的网络标准推广为全球标准，通过因特网向世界全方位、全时空、全天候地倾销其价值标准、意识形态和社会文化，迫使相对落后的发展中国家在创新能力方面形成对它的依赖，并借助于此而进一步侵蚀、消解一个国家和民族的创新能力的时候，创新能力安全便构成了国家文化安全全部内容的核心。因此，提高全民族的文化创新能力，全面推进中国国家文化创新能力系统的建设，完善国家知识产权保护体系，也就自然地成为中国构筑和规划 21 世纪文化发展战略和国家文化安全战略的必然选择。

文化乃国脉之所系，是一个国家一个民族全部智慧与文明的集中体现，是维系一个国家和民族的精神纽带。文化兴，则国家兴；文化衰，则国家衰。兴衰之间，全在创新与否。创新是民族进步的灵魂。没有创新能力的民族，必然是一个愚昧和落后的民族，而愚昧和落后是不可能使一个民族屹立于世界民族之林的。因此，江泽民曾经明确提出：“我们必须把增强民族创新能力提到关系中华民族兴衰存亡的高度来认识。”创新能力安全，就是这样一个直接关系到国家和中华民族文化兴衰存亡的国家文化安全指标、国家文化安全的核心概念。全面推进国家文化创新能力系统的建设，是构筑这样的文化安全体系的根本保证。

理论储备不足，文化创新能力不强，是制约中国文化发展和从内部构成中国国家文

化安全问题的一个主要因素，而且也正是这样的不足和不强，成为“文化帝国主义”在全球化的背景下实施文化“入侵”和文化“殖民化”的一个重要且危险的接口。在中国的对外文化贸易过程中，在国际版权贸易方面之所以会出现如前所述的巨大的贸易逆差，一个重要的原因就是这些年来我们确实鲜有称得上“创新”并引起世界关注的理论成果和艺术作品问世。亨廷顿提出了“文明的冲突”理论，而中国的思想理论界却没有对“冷战”结束后世界格局的变化表现出和达到一个大国应有的理论思维高度，这就是一个最鲜明的对照。相反，大量引进的各种西方文化，如学说、思潮和大片，又无不影响和制约了中国文化界的原创能力的焕发。这就使我们在文化创新的源头出现了一种能力转移，本来的文化创造变成对西方文化话语系统和价值观念的主动复制与传播。言必称现代主义和后现代主义，已经成为中国文化界的一种新的思想僵化和文化僵化，正是这种新的思想僵化和文化僵化造成了当下中国文化原创能力的深层弱化，使中国文化的现代化失去了文化原创的应有动力，也才导致和构成了“文化殖民主义”现象在中国的现实存在。这种现实存在所构成的文化威胁，普遍地存在于从观念形态到产业形态的各个文化层面。在这样一种文化生态状况下所产生的一切文化产品——精神的、物化的——又怎能在国际文化市场拥有竞争力和市场份额？又怎样能满足国人日益增长的文化消费需求而使他们自觉抵制“西方大片”的文化诱惑？又怎样在国人精神生活的深处形成强大的文化凝聚力而从根本上构筑起国家文化安全的万里长城？这是一种足以使一个国家和民族垮掉的文化危机。正如堡垒是最容易从内部被攻破的，国家文化安全的大坝是最容易从人的思想和灵魂深处被松动和摧毁的。因此，要全面构筑国家文化安全体系，推进国家文化创新能力建设，就必须首先着眼于思想观念的转变、更新和理论的创造，克服对于西方现代文化的能力依赖，立足于中华民族五千年文明所承传下来的丰富的思想文化资源，在总结近百年来中华学人创造的全部文化成果的基础上，融合世界一切优秀的文明成果，以独立之精神、自由之思想创造属于当代中华文化的新概念、新理论和新艺术，建立新国学，全面寻回对中华民族文化创新能力的自信。只有在元理论的意义上获得关于思想、观念和理论与艺术创作系统的全部的创新能力的拥有，才能为21世纪的中国文化发展战略和为中华文化的全面创新能力提供从思维方式概念系统到理论形态的全面支持，也才能从文化产业的原创源头为中国文化和文化产业的发展提供激情和灵感，提供中国文化发展所需要文化净化力、文化同化力和文化抵御力，提供一个中华民族进步和生生不息所需要的精神家园，以卓越的、无可替代的文化艺术产品参与文化全球化竞争。语言是思维的物质外壳。一个只会运用别人构造的话语系统进行思维，而不能创造自己独立的概念系统和艺术感觉系统去进行对文化的发现和创造的民族，是永远不可能实现对他者文化的创造性超越的，更何况在全球化的背景下，面对来自西方文化霸权主义的全面渗

透和挑战，我们更不能在文化的原创源头放松对自己文化创新能力的建设。因此，只有在文化的原创源头获得能力创新的全面建设，才能为中国文化产业的发展提供全面的资源支持，为中国文化重现“轴心时代”和重振汉唐雄风提供本原意义上的安全保障。

作为构筑国家文化安全的一种根本性战略选择，国家文化创新能力系统建设是一个全民族的国家文化建设工程，它以对个人文化创新能力的关注为核心，以对群体文化创新能力的提高为宗旨，聚焦于国家整体创新能力体系的建立与完善。因此，要从根本上全面实现对文化创新能力的提高，克服对西方文化的能力依赖，就必须在中国的思想文化界、学术界和艺术界积极倡导“独立之精神，自由之思想”的文化创新的理想境界，健全和完善知识产权保护体系，广开言路，在宪法和法律所赋予的言论自由的范围内鼓励人们在文化领域进行大胆的科学探索，尊重一切严肃的原创成果，建立严格的对侵犯言论自由和知识产权的惩罚措施，维护公民在精神文化原创领域的合法权益，撤销各种违反文化民主、文化平等和超国民待遇的文化政策和文化法规，加大国家对文化创新能力系统建设的政策投入，制定以政府为主实现国家文化创新能力系统建设而必需的面向全球文化竞争的文化政策和产业政策，建立各级政府特别是意识形态管理部门和文化学术界之间，公共部门和文化人、学者个人之间的伙伴关系，以共同推进国家文化创新能力系统建设所必需的思想、观念和理论的探索创新。在这个过程中，政府既是国家文化政策和发展战略的制定者，同时也是国家文化创新能力系统建设的组织者和合作者。当然，国家文化创新能力系统的建设不仅强调文化成果的原创性，而且同样关注文化原创成果的传播与扩散，关注它的产业化。只有这样，面向21世纪的中国文化在全球化的背景下不仅可以获得它独立自主的全新发展，而且也只有在这样的发展中才能获得中国国家文化安全的全面保障。

### （四）构建中国文化产业发展低碳模式政策

低碳时代将是一个新国际战略的调试期。对于中国文化产业的发展而言，其刚好对应的是在基本完成文化体制改革的基本任务和基本目标之后的“文化产业发展调试期”。所有在文化体制改革中建立起来的新体制和新机制，能否如改革目标所确立的那样正常运行，并且有效地推进整个新文化制度的建构，这对未来中国整体发展具有特别重大的战略意义。这里不仅一般地涉及文化体制改革本身的成败得失问题，而且还会给中国未来整个发展战略目标的实现带来深刻影响，包括政治、经济、社会、文化等一系列战略性问题。因此，未来中国“文化产业发展调试期”如何安排就显得尤其重要。

环境造成的重大灾害是人类社会面临的最紧迫的生存危机问题。世界正因此走向低碳经济时代。人与自然关系的改写，将在人与社会的关系中建立起新的道德高地。低碳问题将不再仅仅是经济和政治问题，而且也是社会和文化问题，成为衡量未来社会与国家文明程度的新的道德标准。因此，低碳也将成为一种战略和战略武器，成为一种话语权，成为必然的公共政策选择。世界秩序和力量格局将因低碳问题而重构。一般来说，文化产业属于低碳经济范畴，属于低碳产业。然而，无论就国际社会所建立的一系列有关文化产业的制度性标准，还是从我国近十年来在文化产业发展过程中所遭遇到的对自然和人文资源的乱砍滥伐及所造成的社会文化污染来看，文化产业也有“低碳”和“高碳”之分，所以“节能减排”不仅仅是转变经济发展方式的问题，而且也是转变文化产业发展方式的问题。

文化产业属于低碳产业范畴。文化产业在当代中国的战略性崛起，是被作为转变经济发展方式而被提出来的。然而，文化产业在今天的中国也有一个转变增长方式和转变发展方式的时代命题，也有一个低碳发展的问题。“云南现象”之所以值得人们关注，一个在今天看来更为重要的原因就是在文化产业发展的历史进程中，恪守资源节约型和环境友好型的文化产业发展理念，建构文化产业低碳发展的两型模式。文化产业不是消耗文化资源的机器，而应当是文化资源再生的工作母机。历史民族文化资源是稀缺性文化资源，有的甚至是不可再生性资源。保护文化多样性就像保护生物物种多样性一样，必须确保它的物种传承所必需的资源和环境条件。在这里，保护文化多样性和保护生物多样性具有高度的同一性。文化产业发展要为中华民族文化资源的“基因库”不断提供可再生的物种资源。在云南，无论是走在“茶马古道”上追寻昔日马帮的山间铃响，还是在“消失的地平线”上表达对玉龙雪山神圣的膜拜，人们无不可以看到云南在文化资源的有效开发中，把对资源和环境可能造成的破坏降低到一个可控制的安全红线之内。在文化资源的开发和文化产品的生产过程中，任何形式的破坏和乱砍滥伐在这里都被看作是一种文化犯罪。正是由于有了这一份坚守，民族文化的多样性才没有被销蚀在市场经济的原则中，文化产业发展的“云南现象”才具有了政治文化的审美价值。“云南现象”所展现的正是这样一条以建设文化生态文明为主导的文化产业发展之路。中国正在开始进入低碳经济时代，正处在历史上一个非常重要的时刻，低碳问题对一个尚未完成工业化发展目标的国家来说，是一个比信息化严重得多的挑战。作为世界上有着悠久历史的文明存在，伦理文明一直是中华文明的道德高地。“低碳”理所当然应该成为今天中国发展的道德文明准绳。因此，低碳问题，不仅是经济问题，而且是文化问题，是一个基于什么样的道德标准科学发展的问题，因而是一个生态文明问题。由于文化产业是人类文明发展的社会形态，低碳是它的本质特征之一，因而低碳问题也是文化产业发展战略问题。中国的未来在今天中国的手中，中国应当建立文化产业万元 GDP 能耗的“碳排放”标准，积极发展低碳文化产业，大力推进文化环保，在文化资源的开发中实现文化资源的持续积累，在文化经济的发展中实现文化产业发展方式和增长方式的战略性转

变，在资源成长型和环境健康型的建构过程中建构文化产业低碳发展的两型模式，应当成为“十二五”时期中国文化产业发展的战略选择。

资源在任何时候都是稀缺的。物质资源是如此，文化资源也是如此。因此，人类要满足自己的资源消费，就必须不断地推进资源再生。人类社会的文化资源不是取之不尽用之不竭的。人类社会之所以能够发展进化到今天，其中一个最重要的动力机制就是文化资源的不断再生。文化资源的创造性再生，是提高文化资源使用效率最有效的途径。创新是内生的，是人的一种内生需求，具有遗传性，同时也是文化资源再生最主要的生物学动力机制。一般来说，创新的发生一定是源于对某种资源枯竭的危机管理，这是因为当不创新就不可能继续获得人的、社会生存与发展的有效资源的时候，生存的本能性需求就成为激活创新基因的第一动力，只有创新才能再生仅仅依靠自然力量而无法再生的资源。这就是在人类社会发展的每一个重大历史关头，人类社会总能为自己贡献出属于全人类的自然科学家和社会科学家的原因。就这个意义上来说，创新既是资源分配和资源消耗程度的一个结果，同时也是努力寻求如何生产新的前沿产品以降低资源消耗、寻求替代资源和促进资源再生的结果。不幸的是，在今天有关中国文化产业发展战略的研究和政策中，关注比较多的是如何增加财政投入和提高文化产业增加值，却很少关注文化产业发展如何减少对文化资源消耗的影响，提高对文化资源的再生和利用效率。尤其是在城市对农村文化资源的消费问题上，城市化进程造成的对新农村文化建设所需要的文化资源消费补偿机制的缺失，正使得城乡文化资源消费遭遇到前所未有的不平等。工业反哺农业，城市反哺农村，文化产业在开发利用文化资源，特别是农村传统的不可移动的优质文化资源所获得的利润和资本积累的同时，应该反哺新农村文化建设和传统文化建设。“十二五”文化产业发展规划，应当建立起基于克服和消除文化资源消费不平等的文化资源补偿机制，创新资源使用文化，以维护中国文化产业发展所必不可少的文化生态系统安全。

### （五）建立以普惠性为主、以定向性为辅的文化产业政策体系

国际上推动文化产业发展有两种基本的政策选择模式：一种是以日本、韩国和我国台湾地区为代表的东亚型产业政策；另一种是以英美为代表的欧美型竞争政策。东亚模式比较注重于通过政府制定产业政策来推动文化产业的发展，而欧美模式则更强调通过维护市场竞争的竞争政策为文化产业发展提供一种制度环境。产业政策的好处是，当一国经济处于发展的早期时，政府容易通过对未来产业发展方向的把握来引导市场，从而避免企业由于投资风险过大且不易把握而遭遇损失，从这个意义上来说，产业政策具有一定的产业安全预警机制的作用。文化产业是一项高风险性产业，在一个文化市场尚未充分发育的情况下，由政府通过制定文化产业政策来引导文化产业投资和培育文化产业

市场，不失为防范文化产业安全的稳妥选择。尤其是像中国这么大的一个经济体在许多方面都还没有准备好的情况下加入世界贸易组织，参与国际文化市场竞争，接受全球化的挑战，如果不采取渐进式的文化产业发展政策，在发展过程中逐步消化加入世界贸易组织后给中国文化产业发展带来的安全风险，其危机是可想而知的。然而，同时也必须看到，由于文化产业有着为其他产业所没有的以内容的生产和提供为主要行为特征的发展规律，而人们的文化消费习性也并不像人们的物质消费那样具有可控的规律性，因此，就文化产业而言，对于文化产业发展方向的把握，政府并不比文化投资主体更具有信息上的优势。例如，中国动漫产业、网络游戏产业及创意产业集聚区的形成和发展，就都不在最初的政府关于文化产业发展的“十五”规划之中。

在中国，文化产业一方面还尚未走出它的早期发展阶段，另一方面又被界定为国家战略性产业。因此，战略性产业政策的选择和制定就成为一种重要的国家战略。在后危机时代的全球产业重组的过程中，中国文化产业转变发展方式，作为一种战略性产业的成长，特别需要政府创造和提供宽松的政策环境，特别是提供公平竞争的行业准入政策。当中国文化产业发展进入到一个国家战略性产业发展新阶段的时候，应优先实施普惠性而非定向性的文化产业政策。政策目标对文化产业发展的定位越高，越需要普惠性而非定向性的产业政策；同时定向性产业政策也需要确定合理的政策覆盖面。中国文化产业发展应逐步走出由政府特事特办的方式和倾斜式优惠的产业政策来支持个别行业的政策模式，实践证明，这样做的成本太大。定向性产业政策已经导致了企业对政府的不良博弈。中国需要制定普惠性的文化产业政策，逐步地从直接的、定向性的产业扶持政策、优惠政策向普惠性而非定向性的文化产业政策转变。从国家转变经济增长方式和经济发展方式的战略目标出发，实行定向性文化产业政策和普惠性文化产业政策的有机结合，并逐步建立以普惠性为主、以定向性为辅的文化产业政策体系。这就需要我们在文化产业发展方式和发展经验选择上，必须超越东亚经济体曾经成功实施的“产业振兴”的政策经验，寻求中国模式的创制。战略性产业更多的是从国际政治和国家安全的角度出发、界定的。文化产业作为我国的战略性产业必须具备国际竞争力和国家文化安全能力。因此，创建新的与国家战略性新兴产业这一目标定位相适应的文化产业政策，也就自然地成为我国文化产业能否实现转变发展方式的关键。

## 第三节　文化产业制度与政策创新

文化产业制度是文化产业发展重要的保障形态。文化产业制度的建构与创新既是一

个国家和地区文化经济发展到一定程度的产物，同时也与一个国家和地区文化制度及政治和经济制度发展的文明程度密切相关。文化产业制度发展的成熟性程度深刻地反映了一个国家和地区社会文明的成熟性程度。不同的文化产业制度不仅反映了不同国家文化的政治经济形态，而且还反映了这个国家的发展道路选择和国家发展的制度模式。文化产业制度在中国还是一个全新的命题。深入研究中国文化产业制度及其创新对于中国文化制度和文化政策的创新具有特别重要的战略价值和意义。

## 一、文化产业发展中的制度要素

制度是人类社会在演变和发展过程中为了实现人的利益的最大化而建立起来的共同遵守的一整套秩序和规则的总和。它以政策形态为表现方式，以法律形态为存在依据。所谓制度安排就是这一整套秩序和规则的具体体现。因此，对于人的社会行为具有普遍的约束力和强制性。根据新制度经济学理论，制度安排包括正式制度和非正式制度两种形态。宪法、法律和规定等是正式制度，价值、意识形态和习惯等是非正式制度。制度结构就产生于制度安排的整体系统之中，[①]包括政治制度、经济制度和文化制度。政治制度以国家理论为核心，经济制度以产权理论为核心，文化制度则以意识形态理论为核心。文化产业是一切社会文化关系的总和，以自己独特的方式深刻地反映着一定社会历史条件下的制度安排。正是这种制度安排，深刻地影响着文化产业的发展及其制度选择。

在现代国家条件下，政治制度是其他一切制度选择与制度安排的前提条件。一个国家的社会制度性质就是由政治制度决定的。由于任何国家的规则都是由政治上的统治者制定的，国家最终要对由此而产生的效率负责，因此，一定的国家理论作为一定政治制度存在的合法性依据总是反映这个国家统治者的根本政治利益的。在这里，最能集中体现一个国家的根本政治利益的是国家安全利益。人类对基本安全的需求是制度产生的内生需求，当这种需求表现为对国家文化安全的利益需求的时候，政治制度的权力安排形式与安排结构在文化产业的市场准入制度的设计上就表现为排他性安排。这种排他性安排表现在文化权利的安排上是不一样的。不同的社会主体拥有不同的文化权利，正是这种文化权利在制度上的差异性安排，影响和决定了文化产业制度的建构与文化产业的发展。

经济制度的基础是所有制问题，也就是产权制度。它是按照国家制度理论建构起来的经济运行体系。选择和采用什么样的经济制度实际上就是选择和采用什么样的交易方

---

[①] 林毅夫. 关于制度变迁的经济学理论：诱导性变迁与强制性变迁[C]. [美]J.R.科斯. 财产权利与制度变迁.上海：上海三联书店，1994：378.

式发展经济。这种选择不仅规定和影响了一般经济运动的形态和经济制度的建立，由于文化产业是以商品的存在方式来体现和实现自己的文化意义与文化机制的，因此，商品的存在方式和运动方式一般来说也是作为文化商品生产和流通的文化产业的存在方式和运动方式。经济制度作为一种国家制度安排，正是在这个过程中给文化产业的发展与产业制度的建立以深刻的影响。在相当长的一个时期，我国在文化领域里实行单一的国家办文化的制度就是在经济领域里实行公有制的反映。因而，在文化产业的制度安排上实施的也是计划经济体制而不是市场经济体制。由于社会主义市场经济体制改革目标的提出，建立以公有制为主体、多种所有制并存的经济制度，也就同时成为我国文化产业制度建构的重要制度选择。市场主体的多元化所形成的生产力构成结构的多样性成为我国文化产业发展的巨大动力。

文化产业制度是文化制度的重要表现形态和组织形态。一个国家和地区文化制度的建构除了它的政治制度外，决定一个国家和地区文化制度选择与安排的核心是它的意识形态及其理论体系。文化产业之所以在运动过程中不能完全遵循一般产业的运行规律，一个最根本的原因就是意识形态及其理论体系所构成的动力形态形成了它与其他产业运动不同的特殊规律。文化产业作为文化商品生产、消费和流通体系一个最大的也是最根本的特性，就是它是价值和意义的生产、消费与流通。关于价值和意义的生产、消费与流通直接与人们的生活方式和生存方式联系在一起，是人们的生活和生存方式的重要组成部分，而不同的人群之所以彼此相区别，就在于这种方式使它们具有了彼此身份识别的符号和标记。任何这样的差异性的模糊或者消除，都直接关系到人们作为文化存在的全部合法性。因此，当意识形态及其理论体系作为所有者一切的集中体现的时候，意识形态及其理论体系就成为文化制度构成中给予文化产业发展和制度建立影响最大的内生要素。

## 二、文化产业制度与文化产业增长

制度产生于人类存在与发展的内生需要。“人们在生产中不仅仅同自然界发生关系，他们如果不以一定的方式结合起来共同活动和互相交换其活动，便不能进行其生产。为了进行其生产，人们便发生一定的联系和关系；只有在这些社会联系社会关系的范围内，才会有他们对自然界的关系，才会有生产。”[①]物质生产是如此，精神生产也是如此。通过和利用由这种联系和关系所建立起来的秩序和组织形态来实现人们关于文化生产、流

[①] 马克思. 雇佣劳动与资本[C]. //马克思，恩格斯. 马克思恩格斯选集（第一卷）[M]. 北京：人民出版社，1972.

通与分配的组织，发展属人的人对于自然的整体性关系，也就自然地成为文化产业增长的重要因素。因此，文化产业制度的形成与发展是人类文明发展到一定阶段所产生的一种内生需求，当这种需求的历史必然性不能得到充分和有效的实现便不能促进人类文明的发展的时候，建立和发展文化产业制度也就成为人类社会发展的一种必然选择。诺斯认为："制度就是一种激励结构，一种激励制度。好的制度应该可以激励人们发挥他们的创造力，提高他们的生产效率，有效地运用高技术。"[①]在这里，"制度绩效"在文化产业制度建构与文化产业增长过程中具有特别重要的意义。

制度绩效是国民经济的增长效率。就文化产业制度建构和文化产业增长关系而言，它包括经济绩效和政治绩效两个方面的意义。根据制度变迁理论，制度绩效取决于交易费用。交易费用是新制度经济学的核心概念。诺斯认为："整治市场的效率问题是问题的关键。如果政治交易费用较低，且政治行为者有明确的模型来指导他们，其结果就是有效的产权，但是整治市场的高交易费用及行为者的主管偏好，往往导致产权无法诱导经济增长，组织也不能作为创造更有生产率的经济规则的激励。"[②]也就是说，在有效的制度设计和制度安排中，交易费用、制度费用和政治费用较低，经济绩效较高。我国之所以在一个时期内没有建立现代文化产业制度，一个重要的原因就是在交易方式的选择中选择了以计划而不是以市场的方式来发展文化和建设文化，有文化发展的概念而无文化产业的概念，更无文化产业制度和文化产业增长的概念。由于文化产业制度在我国文化建设与发展中长期缺位，政府承担了发展文化产业的主要责任，国有文化产权管理者作为一种代理人并没有充分的权能去经营国有文化资产，国有文化事业的治理模式导致了我国在文化发展过程中制度交易费用的高成本，造成了国有文化产权长期的低效率和无效率的增长。在这样一种制度安排中，文化产业不仅没有得到应有的增长和发展，甚至还出现了停滞和倒退的现象。是否建立文化产业制度和建立怎样的文化产业制度，对于我国文化的建设与发展和整个市场经济体制的建立都有着举足轻重的作用。在这里，"文化产业制度"就具有特别重要的意义。

长期以来，我们比较重视经济对发展文化和促进文化发展的重要性，比较忽视文化制度本身的建构对于文化建设和文化发展的重要性。强调增加财政投入对于文化经济增长的拉动，忽视了文化产业制度的建构对于整个文化经济增长进而整个经济增长的战略性决定作用。当现代文化经济的增长与发展已经具体体现为文化产业发展的时候，当不建立文化产业制度便不能实现文化经济的有效增长的时候，创建文化产业制度便成实现

[①] 诺斯的"制度国富论"[N]. 21世纪经济报道，2002-04-08（31）.

[②] [美]诺斯. 经济史中的结构与变迁[M]. 陈郁，罗华平译. 上海：上海三联书店，上海人民出版社，1994：17.

文化经济增长的决定性因素。“文化产业制度”的创建，正是新制度经济学中所着重强调的有效率的经济组织是经济增长的关键的基本原理。如果说在经济运行的整体系统中文化产业制度是经济增长的有效率的经济组织的话，那么，在实现文化经济的增长目标的时候就必须建立起“有效率的文化经济组织”。只有通过这样的制度安排，建立文化产业制度才能成为新经济增长的重要的制度力量，也能成为文化经济增长的内生变量。因此，通过文化体制改革，区分文化事业和文化产业两类不同性质的文化发展形态，大力发展文化产业，建立符合中国文化国情和世界潮流的文化产业制度，推进经济结构的战略性调整和增长方式的根本转变，实现文化经济增长方式的战略性转型，也就成为我国文化制度建设的重要选择。

## 三、文化体制改革与中国文化产业制度建构

文化产业制度是文化制度的一种构成形态与组织形态。不同社会制度条件下的文化产业组织形态和组织结构是不一样的。中国在 20 世纪 50 年代后曾长期实行计划经济条件下的文化产业事业管理制度。因此，在一个相当长的时间内，中国没有建立起比较完善的文化产业政策与实行文化产业管理的国家事业制度有着直接的关系。社会主义市场经济体制改革目标的提出和发展文化产业国家战略的提出，必然要改革与之不相适应的文化制度，建立具有中国特色的文化产业制度。文化体制改革正是这样一种文化产业制度的创新。

文化体制是一个国家关于文化与政治、经济关系的制度性体现和反映，集中体现了一个国家执政主体关于这三者关系的理论主张，以及在这种理论主张下建立起来的国家文化体制和政策系统。因此，要寻求文化体制改革在理论上的创新，首先必须对文化与政治、经济的关系有一个新的认识，建立新的关于三者之间关系的理论系统。文化是政治、经济的反映，同时又反作用于政治和经济。这是我们关于文化和政治经济关系的经典性理解，至今依然是我们认识三者关系的出发点。但是，这一经典表述是以“作为观念形态的文化”为前提的，其中没有讨论有关文化的事业和产业问题，也没有讨论关于文化的体制和机制问题。这就使得我国的文化体制改革所涉及的对象和范围远远超越了“作为观念形态的文化”这一理论限定，从而使得我们关于文化与政治、经济关系的当代性把握，进入了一个需要新的理论支撑和引导的文化区间。

文化体制改革是一场有别于经济体制改革的全新的国家制度改革。改革的重点是理顺文化事业与文化产业的关系，转变政府文化管理职能，建立新的国家文化管理体制。我国的文化体制改革广泛涉及文化生产、文化流通、文化组织、文化结构、文化分配、

文化权利等各个方面。既包括对文化事业和文化产业的区分，又包括对原有文化利益格局的调整；既包括对在计划经济体制下形成的制度性障碍的破除，又包括对原有文化经济格局的结构性调整与重组。公益性文化事业和经营性文化产业的提法，在我国文化建设与发展的整体性战略思路上，建立起了一个新的关于文化社会存在形态的政策性架构标准。这个标准不仅一般地涉及对原有的关于文化和政治经济关系的形态性结构，而且还涉及对文化广泛的社会功能的判断与调整。因为就这一划分的定位和取向来看，公益性和经营性在一定程度上与营利性和非营利性存在着对立性关系，市场取向是这一划分的价值标准。然而，由于文化体制本身又是政府关于文化管理意志的制度性体现，涉及政府对于社会文化资源的权威性分配的政治架构，因此，关于文化事业和产业的划分明显表现出国家文化管理意志和管理政策的制度性重大转型。由于这一制度性重大转移的背后还广泛涉及原有国家文化权力的转移和公民文化权利的实现，即各种社会力量更多地参与社会文化事务成为可能，从而使文化的多样性和文化主体的多元化共存，使得文化在很大程度上、在更高的层面上回归了它的原生态。也就是说，文化成为一个与政治和经济具有同样地位的主体。如果说这样一个标准还是关于我国文化体制改革的第一层次划分，主要还是属于政治层面的话，那么，如何在这样一个基础上对文化产业经营进行第二次划分，就会涉及诸如市场准入、国民待遇等有关文化经济政策、文化产业政策与法律的层面，涉及对文化行业的划分标准和对文化行业的市场规范。在这里，一般性地套用原有的经典性原理，已经难以解释中国文化体制改革这一文化变革的实践。

文化是综合国力的重要标志，本身就是社会构成的一个重要组成部分，是与政治文明、物质文明并列且有着同等重要性的社会精神文明的存在方式和表现形态，因而，同样是推动社会前进的动力。文化的创造性是人类进步的源泉，而文化是由创造性来界定的。没有文化，也就没有人类社会包括政治和经济的一切发展。恰如联合国教科文组织在一份关于《文化政策促进发展行动计划》所指出的那样：“发展可以最终以文化概念来定义，文化的繁荣是发展的最高目标。”因此，推进文化体制改革和最终实现文化体制改革目标，已经不仅仅是文化体制改革自身范围里的事了，而是关系到整个社会的发展模式和发展形态的重大的社会变革。在这样一个全新的社会与国家发展的改革背景下，中国的文化体制改革就必须建立起关于文化与政治、经济关系的全新理论，在新的发展了的时代背景下，给出关于文化与政治、经济的关系的全新理解，并且在这种理解及由这种理解所建立起来的理论的基础上，全面指导、规划和推进我国的文化体制的总体改革，只有这样我们才能把文化体制改革建立在一个新的合理性的基础之上，并且以此为一个新的出发点来制定和实施文化产业政策。

要寻求文化体制改革在改革理论上的重大突破，就必须建立新的社会主义文化建设与文化管理理论，为国家文化制度创新提供合法性依据。在相当长的一个时期里，意识形态领域里的阶级斗争理论，是我国文化管理的基本理论。国家文化管理的功能和职能设计，很大程度上就是建立在这一管理理论基础上的。用意识形态理论规定文化管理的主要任务和职能，曾经是我国文化管理的一个特点。但是，意识形态理论只能包括而不能代替文化管理理论，同样意识形态管理也不能代替文化管理。无论是文化建设形态还是文化发展道路，无论是公共文化管理还是文化产业管理，我国文化管理理论都面临着一个全面创新的任务。如果不能在国家文化管理目的、政府文化管理职能、公共文化管理和文化产业管理之间建立起科学边界，在文化建设与文化发展道路等根本理论问题上取得文化管理理论的突破，不能为我国全面的文化体制改革和制度创新建立全新的合法性依据，文化体制改革会因此而很难达到预期的目的。

我国文化体制中的深层次的问题是在长期的历史过程中积累起来的，这其中有的是“左”的理论和政策形成的制度性偏差造成的，有的是制度本身发展到一定历史阶段所提出来的自我发展的必然性要求以及与这种要求不相适应的制度性力量决定的。历史本身是有局限性的，即便是我们今天认为是非常成功的改革，从历史的发展观来看也还会有它的局限性。局限性也是历史发展的规律。这种局限性又是非等到事物的矛盾性充分展开而不会被发现的。一味地把什么都归结为一种错误倾向的结果，容易使我们在选择新的制度创新和理论创新时走向新的极端。当把问题放到制度发展运动本身的情势下来分析中国的文化体制改革，认识到这个改革本身所遇到的难点主要是由制度本身的局限性决定的，而制度选择本身的局限性又反映了我们关于这一制度理解上的与时俱进的必要性的时候，在设计新的文化体制改革路径选择和创建文化产业制度时候，我们就可以有一个比较理性的判断，克服各种各样的路径依赖。要创造出新的理论体系和制度体系，只有首先解决创造主体在思维方式和理论模式上的路径依赖，才是可能的。正如只有首先解决了体制性障碍，才能实现对于结构性矛盾的有效克服一样，只有获得了新的关于文化制度的理论创新，才有可能在文化产业制度创新上取得实践上成功的可能，在建立新的国家文化制度的同时，构建全新的国家文化产业结构和文化力量格局。文化体制改革的内容和方式是什么样的？是哪些政府职能发生转变？政府职能转变与原有文化制度结构改革关系究竟会出现哪些新的变化？政府职能转变后的文化体制是什么样的？文化体制改革从办文化向管文化转变，那么政府管文化的体制是否也有一个体制改革的问题？市场取向是不是文化体制改革的唯一取向？文化体制改革究竟是经济制度的还是文化制度的，是经济性的还是文化性的？改革后的文化产业还能够在多大程度上体现公共性？文化体制改革后政府的文化责任是什么？目前思路下进行的文化体制改革，能否从根本上解决我国文化发展和建设中的结构性矛盾和体制性障碍？这些问题却需要一一解答。文化体制改革，不只是要实现政府从办文化向管文化的职能转变这一项任务，而且应当包括政府如何管文化的改革，如文化审查制度、市场准入制度、行业管理制度（多头管理与分割管理）等，还应当包括怎样向公共文化管理转变。就我国文化管理体制和制度结构的实际效果而言，关于国家文化管理制度的改革才是最关键的改革，关于国家文化制度理论、文化法制理论和文化政策理论的创新在整个文化产业制度创新中具有特别重要的意义。

## 四、意识形态管理创新与中国文化产业制度建设

文化产业在中国的提出和发展具有制度建构的意义。这是因为在文化建设问题上，中国曾经把思想理论和意识形态建设当作社会主义文化建设的唯一途径，因此，虽然在事实上也存在着电影、出版、唱片等现代文化产业，但却并没有把它们作为产业来对待和经营。文化事业的性质界定使得所有这些产业形态都仅仅成为意识形态和阶级斗争的工具。文化产业在制度上的缺失，导致了长期以来我国社会主义文化建设途径和工具的单一性。片面的意识形态理解和管理，造成了我国文化产业长期以来不能作为制度范式获得建设与发展。社会主义市场经济体制改革目标的提出，必然提出文化体制改革的要求，而大力发展文化产业的提出正是在这样的一个制度创新过程中应运而生的。

在新制度经济学理论体系中，意识形态属于非正规的制度安排，不仅不同的意识形态对于经济增长有着不同的作用，而且不同的意识形态管理理论和管理制度对于经济增长有着更大的作用。意识形态的先进性与滞后性、凝聚性与分裂性，决定了意识形态对于经济的不同作用：鼓励创新或者压制创新；团结团队或者分裂团队；减少“搭便车”或者增加“搭便车”。有效的意识形态具有开放性、包容性和灵活性的特点。[①] 文化产业兼有商品经济和意识形态的双重属性。因此，对于文化产业来说，意识形态不仅不是非正规的制度安排，而且作为一项正规的制度安排，意识形态对于文化产业及其增长在某种程度上具有决定性的作用。

意识形态和意识形态管理是一个动态的过程系统。存在决定意识，同时又反作用于存在，由此而推动着人类社会的不断进步。这是意识形态运动的基本规律。因此，通过意识形态和借助于意识形态管理来实现社会的进步、国家的变革和经济的增长，也就成为一个国家和社会管理与制度安排的重要选择。意识形态及其管理作为一种制度性存在具有相对的稳定性。但是，当社会存在已经发生了根本性的变化，人们的社会意识已经

[①] 杨光斌. 制度的形式与国家的兴衰[M]. 北京：北京大学出版社，2005：25.

发生了深刻的革命的时候，意识形态管理能否适应和满足意识形态发展的需要，进而能否满足经济增长的需要，就已经不再是意识形态本身的问题了。由于意识对于存在的反作用，意识形态的理论建设对于社会发展具有直接的指导作用，当意识形态管理不能为意识形态革命和经济增长提供新的制度环境，意识形态创造不能为发展着的社会存在提供新的精神导引和理想模式的制度绩效的时候，意识形态就成为社会发展和经济增长的障碍。因此，通过发展文化产业，建立文化产业制度，实现在市场经济条件下意识形态管理方式的转变，建立社会主义意识形态管理的新机制，不仅实现了中国意识形态管理制度的创新，而且为意识形态制度和政策创新提供了全新的意识形态理论。文化产业作为一项重大的文化建设和文化发展政策的提出正是这样的理论创新和制度创新。

党管意识形态是我国的根本文化制度，而且也是必须长期坚持的原则。在社会主义市场经济条件下，当意识形态的内容和形式都已经发生了很大的结构上的变化，文化产业已经客观地成为意识形态的重要存在形态、传播路径和国际竞争的重要载体的时候，党管意识形态的理论和制度与发展有中国特色社会主义文化之间就必须建立起新的理论和实践关系。这个理论和实践关系的基本支点就是，把大力发展文化事业和文化产业作为中国新的意识形态和文化制度来建设。意识形态及其管理必须有助于社会主义文化事业的发展和国际文化竞争力的提高。在中国，必须坚持马克思主义在意识形态领域里的指导地位不动摇，这是坚持社会主义文化制度根本的意识形态保证。但是，当马克思主义在意识形态领域里的主导地位需要以一种全新的时代方式获得生动的体现和落实的时候，文化产业在中国的发展就成为坚持马克思主义在意识形态领域里的主导地位的重要创新和制度选择。这不仅是因为马克思主义在本质上是科学的，更主要的是马克思主义在本质上是不断创新和发展的。根据国际国内发展了的意识形态变化的实际，适时地提出发展文化产业，推进文化体制改革，通过文化体制改革来实行意识形态建设，在实践已经发生了事实上的巨大变化的时候，实行重大的意识形态理论创新和管理创新，这不仅推进了我国文化制度的巨大创新，而且正是这样的意识形态作为一种制度的创新，为中国文化产业的增长奠定了理论和制度基础。如果我们不能在这样带有根本性的重大理论问题上与时俱进，发展有中国特色的党管意识形态的国家意识形态理论，那么我们就很有可能因为缺乏新的发展了的马克思主义的意识形态理论而使我们的文化建设与文化发展陷入困境。因此，转变党管意识形态的执政方式也就成为文化体制改革的重要理论前提，成为发展文化产业重要的政策创新和制度创新，成为文化产业增长的最重要的动力机制。

党政企不分，是长期以来形成的我国文化领导体制的突出弊端。这种弊端造成了长期以来我国在文化建设上的制度交易成本过大而制度绩效过低。巨大的制度投入与产出

效率的背反极大地影响了我国文化生产力的增长。因此，要克服长期以来困扰我国文化发展和文化增长的结构性矛盾和体制性障碍，解决在文化领域的制度交易成本过高而国有文化产权绩效低下的弊端，就必须对我国文化体制进行根本性的制度改革。通过文化体制改革，实现党政分开、政企分开，管办分离、文化事业和文化产业分开，从而通过这种改革建立起新的文化制度和文化管理体制。政府要从对文化的微观管理向宏观管理转变，是要实现在社会主义市场经济条件下的社会文化资源的崭新的配置方式，进而在这样一个全新的基础上实现和体现党管意识形态的执政意志和文化宗旨，实现从党管意识形态向党重在抓主流意识形态建设的战略性转变。通过主流意识形态理论的创造性建设，来影响舆论导向和塑造文化形象，提高党管意识形态的执政能力和执政效率。把党关于整个国家文化管理的理论转移到重在主流意识形态的建设与创新方面上来，从而使我们的意识形态管理理论和管理思维摆脱在计划经济时期所形成的文化管理模式和工作思路及由此而出现的制度依赖。通过理论创新来带动文化创新，通过理论创新来主导制度创新，通过理论创新来推动执政方式创新，提高执政能力和执政艺术。通过政府依法行政建立起国家的公共文化管理制度和文化产业制度；党管方针政策，通过司法程序把党的意志变成政府行为，通过政府行为体现党的主张和党的文化执政宗旨；政府依法行政，依法管理一切文化事业；企业在法律和法规允许的范围里合法经营。因此，文化体制改革的目的是要从根本上使我们党对文化的领导更加符合市场经济条件下社会主义文化建设的规律，提高党的文化执政能力，而不是相反。那种以为文化体制改革可以弱化党对意识形态的领导的想法是错误的。党的文化意志通过法律程序贯彻到政府行为之中。在这个过程中，党应该有足够的文化理论能力为国家关于文化发展与管理的方针政策提供全部的合理性依据和合法性基础。只有这样，党管意识形态的文化原则在我国的文化制度中才可以得到有效的贯彻落实，才可以使政府有足量的空间依法行政。因此，建立起对意识形态管理理念的全新认识，将直接决定文化体制改革和文化产业制度设计的政策创新程度与制度创新程度。

## 五、文化产业与新文化生产关系创建

文化体制是文化生产关系的制度反映，反映了社会与国家、公民与政府之间在文化利益分配和文化权利上的一种关系。在新中国成立初期我国文化生产力还较弱的时候，政府充分发挥社会主义集中力量办大事的优势，迅速建立起了新型的文化生产关系。这种文化生产关系是同我国实行的计划经济体制相一致的，是我国政治权力关系和经济生产关系的文化反映，同时也正是这种文化生产关系的确立，极大地解放了社会的文化生产力，从而使得我国的文化生产力在一段较短的时间里获得了较大的发展，为社会主义制度的初步建立发挥了不可取代的重要作用。但是，这种文化生产关系由于长期以来没有随着文化生产力发展的需要而与时俱进，特别是在我国进入了改革开放的新的历史阶段，确立了建立社会主义市场经济体制的改革目标之后，体现这种文化生产关系的文化体制改革严重滞后于经济体制改革，这就使得原来先进的文化生产关系发生了历史性的转变，成为先进的文化生产力发展的体制性障碍。落后的文化生产关系与先进的文化生产力的发展要求不相适应，必然提出生产关系变革的历史性要求。发展文化产业，建立文化产业制度就是文化生产关系变革的历史性要求。

文化产业是一种文化生产力，同时也是一种文化生产关系。市场经济和计划经济反映的是两种有着很大区别的社会生产关系，两种完全不同的资源配置方式和制度形态。计划经济强调政府在资源配置方面的主导性作用，市场经济突出的是市场在资源配置方面的基础性作用。资源配置的力量和主体的不同，反映了占有资源的社会生产关系的不同。因此，当我国开始进入全面建设社会主义市场经济体制发展阶段的时候，现存的文化生产关系就不能反映和满足先进的文化生产力发展所提出来的对于重建文化生产关系的要求。文化生产关系已经成为先进的文化生产力发展的体制性障碍和结构性矛盾。当不改革现存的文化生产关系，创建新的文化生产关系，便不能促进先进文化生产力的发展的时候，新的文化生产关系的创建——文化产业和文化产业制度的创建，也就成为文化体制改革主要矛盾的主要方面。因此，文化体制改革，就是要改革与先进的社会文化生产力不相适应的那一部分落后的文化生产关系。由于文化生产关系在现代中国主要体现在文化制度、文化体制和对文化资源再分配的权力结构上，因此，文化体制改革也就是要改革与社会主义市场经济不相适应的文化制度、文化体制和对文化资源再分配的权力结构。一个重要的标准，就是以构建和谐社会为目标，以切实维护和保障公民文化权利为核心，解放文化生产力，全面推进国家文化制度创新。创建具有中国特色的文化产业制度正是在这样的一个历史发展时期提出来的。因此，文化产业制度在中国的创建具有解放文化生产力和重建文化生产关系的重大战略意义。而文化产业政策的制定和产业政策体系的建构也就逻辑地成为它的重要内容之一。这是我国文化体制改革的重大国家战略的目标。在这里，所谓转变政府职能，即从办文化向管文化转变。这里的关键不是政府还要不要办文化，而是办哪些文化，放手哪些文化。也就是说，政府不是像过去那样把一切都包办下来办文化，尤其是市场经营性那一部分。除了事关国家文化安全的那一部分文化政府必须牢牢控制在自己手里之外（这也是国际惯例），其他部分都应该由社会去办。因此，改革与先进的文化生产力不相适应的文化生产关系，也就是要改革与先进的文化生产力发展所提出来的社会与国家、公民与政府在文化资源配置、文化利益

分配和文化权力分配方面的关系，从而通过这一关系的改变，最大限度地解放文化生产力，克服文化生产力的发展与人民群众日益增长的精神文化需求不相适应之间的矛盾。

曾经在一段很长的时间里，我们比较强调和关注文化的意识形态问题。文化的意识形态问题成为束缚我国文化生产力发展的一种巨大的观念力量和思想力量，成为一种妨碍先进的文化生产力发展的意识形态。在讨论文化体制改革和大力发展文化事业与文化产业的时候，之所以一致性地提出要转变观念，其实就是要解放文化生产力，就是因为大家都看到了思想观念的落后已经成为一种在社会主义市场经济条件下发展文化事业和文化产业的阻碍力成为一种在我们的意识深处长期以来困扰文化事业发展的力量。在某种程度上，恰恰是这种力量严重束缚了文化生产力，并且形成了长期以来一直没有解决的落后的文化生产力与人民群众日益增长的精神文化需求之间的不相适应的矛盾。因此，在这里，关于文化的意识形态问题上的观念变革和思想解放就具有解放文化生产力的意义。这个文化生产力不是哪个单位、哪个人的文化生产力，而是我们这个国家的、全民族的、全体人民的整体的文化生产力。只有文化生产力解放了，蕴藏在人民群众中的积极的文化创造力爆发出来了，我们的文化产业发展也才有了活水源头，我们才有可能产生创意产业，发展内容产业。文化的内容是人的文化创造的结晶和产物。文化生产力不解放，每个人的创造力不能得到最大程度的发挥，就没有内容。没有内容产品的大量提供，日益增长的人民群众的精神文化需求就无法得到满足。

文化体制改革和文化产业制度创新是一次全面涉及我国政治、经济和社会各方利益关系的全面改革与创新。它不仅对内将要改变原有的文化利益格局，调整各种文化利益关系，对外还会涉及中国加入世界贸易组织时在开放文化市场方面的各项承诺的兑现，建立起一种新的涉外文化体制和机制。从这个意义上说，文化体制改革在维护国家文化主权方面，在实现国家文化制度重建的同时，需要建立新的完备的文化法制体系和文化法律机制。转变政府文化管理职能，既是我国文化体制改革的重点，也是重建我国文化法制体系、实现文化上的依法治国和建构国家文化安全新的保障系统的重要制度性改革。在这样一个事关国家文化安全和国家文化制度重建的问题上，一刻都不能没有它在法律上的合法性。因此，关于文化体制改革和文化产业制度创建所涉及的一系列法律问题，都必须给出文化法学理论的解答。如果不能在根本的文化法制理论和文化政策理论上有一个大的建设，那么不仅我们关于文化建设大的宏观战略选择难以进入到实践的层面，而且有关发展文化产业的制度设计如跨地区、跨行业和跨媒体经营也很难真正在改革中得到有效的实现，地方保护主义和行业壁垒也很难得到真正的克服。相反，随着中国加入世界贸易组织后文化市场的不断扩大与开放，真正跨地区、跨行业和跨媒体经营的市场主体倒很可能是境外文化产业资本。文化体制改革的预期由于文化产业制度创新不到位而无法实现。理论决定制度，制度决定体制，体制决定发展模式。先进文化生产力需要有法制的促进与保护。只有建立在法制的牢固基础上的改革与创新，改革的全部成果才能有效地成为推动文化发展和文化产业发展的动力。一个法制国家制度建立的合法性标志，就是它的健全的国家法律制度。文化产业和文化产业制度在中国还刚刚开始起步，文化产业政策的创新与体系建构将随着中国文化产业的发展和制度建设而不断走向成熟与完善。

## 本章小结

文化产业政策是文化政策的一部分，文化产业政策是政府根据文化和国民经济发展的要求，以及一定时期内文化产业发展的现状和变动趋势，以市场机制为基础，规划、引导和干预文化产业形成和发展的文化主张体系。文化产业政策与文化经济政策又有着非常密切的联系。文化经济政策包括财政与税收政策，文化产业政策主要涉及市场准入和产业结构与发展政策。

文化产业政策不仅具有一般产业政策都有的宏观经济战略导向，而且还包括国家文化发展宏观战略导向。文化产业发展涉及国家文化主权和国家文化安全。政治的、经济的、文化的、社会的、意识形态的甚至是生态环境的等都会影响文化产业政策的协调发展和有序运动。

文化产业政策的运动是由其运动形态和导致运动的内在力量决定的。文化产业政策的运动形态通过其结构表现出来，而造成其生命运动的力量则是它的内容。内容既是产业运动客观规律的反映，又是产业发展主观需求见之于客观的表现。内容是推动文化产业政策的内在动力，结构是动力运动的表现形式。

经济全球化是当今世界各国制定本国发展战略和政策的最主要的国际背景和依据。经济全球化进程不仅一般地影响着世界经济的进程和走向，而且也影响着世界文化力量格局结构的变动与世界文化发展的走向。从全球化的角度出发思考和制定本国文化产业政策，推进文化多样性发展，是当今世界文化发展的大趋势，也是世界各国制定文化产业政策的总体倾向，更是我们思考中国文化产业政策选择的重要立足点。

文化体制是一个国家关于文化与政治、经济关系的制度性体现和反映，集中体现了一个国家执政主体关于这三者关系的理论主张，以及在这种理论主张下建立起来的国家文化体制和政策系统。因此，要寻求文化体制改革在理论上的创新，首先必须对文化与政治、经济的关系有一个新的认识，建立新的三者之间关系的理论系统。文化是政治、

经济的反映，同时又反作用于政治和经济。这是我们关于文化和政治经济关系的经典性理解，至今依然是我们认识三者关系的出发点。

意识形态属于非正规的制度安排，不仅不同的意识形态对于经济增长有着不同的作用，而且不同的意识形态管理论和管理制度对于经济增长有着更大的作用。意识形态的先进性与滞后性、凝聚性与分裂性，决定了意识形态对于经济的不同作用：鼓励创新或者压制创新；团结团队或者分裂团队；减少“搭便车”或者增加“搭便车”。有效的意识形态具有开放性、包容性和灵活性的特点。[①] 文化产业兼有商品经济和意识形态的双重属性。因此，对于文化产业来说，意识形态不仅不是非正规的制度安排，而且作为一项正规的制度安排，意识形态对于文化产业及其增长在某种程度上具有决定性的作用。

文化产业制度是文化制度的一种构成形态与组织形态。不同社会制度条件下的文化产业组织形态和组织结构是不一样的。一个国家和地区文化制度的建构除了它的政治制度外，决定一个国家和地区文化制度选择和安排的核心是它的意识形态及其理论体系。文化产业之所以在运动过程中不能完全遵循一般产业的运行规律，一个最根本的原因就是意识形态及其理论体系所构成的动力形态形成了它与其他产业运动不同的特殊规律。当意识形态及其理论体系作为所有者的一切集中体现的时候，意识形态及其理论体系就成为文化制度构成中给予文化产业发展和制度建立影响最大的内生要素。

文化产业制度是文化产业发展重要的保障形态。文化产业制度的建构与创新既是一个国家和地区文化经济发展到一定程度的产物，同时也与一个国家和地区文化制度及政治和经济制度发展的文明程度密切相关。文化产业制度发展的成熟性程度深刻地反映了一个国家和地区社会文明的成熟性程度。不同的文化产业制度不仅反映了不同国家文化的政治经济形态，而且也反映了这个国家的发展道路选择和国家发展的制度模式。

## 思考题

1．什么是文化产业政策？怎样理解文化产业政策与文化政策的关系？
2．怎样认识经济全球化背景下中国文化产业政策运动的新特点？
3．中国文化产业政策面临的主要挑战与问题是什么？
4．文化体制与文化产业制度的关系是什么？
5．如何认识中国文化体制改革与文化产业制度建设的关系？

---

① 杨光斌. 制度的形式与国家的兴衰[M]. 北京：北京大学出版社，2005.

## 参考书目

1．中共中央关于深化文化体制改革、推动社会主义文化大发展大繁荣若干重大问题的决定[N]. 新华网，2011-10-25.

2．李长春. 文化强国之路——文化体制改革的探索与实践[M]. 北京：人民出版社，2013.

3．胡惠林. 文化政策学[M]. 北京：清华大学出版社，2015.

4．胡惠林. 我国文化产业政策文献研究综述[M]. 上海：上海人民出版社，2010.

# 后记

本书第 1 版为“普通高等教育‘十一五’国家级规划教材”，2005 年由高等教育出版社出版，已重印多次，印数超过万册，被许多学校用作文化产业管理专业指定教材。本版为第 2 版，纳入清华大学出版社的“‘十二五’普通高等院校文化产业管理系列规划教材”出版计划修订出版。十年过去了，文化产业形势已经发生了很大的变化。原来教材中有的内容显然已经不再适合发展了的文化产业实际，尤其是中国文化产业发展的实际。根据发展了的实际对原有教材中的内容进行修订，这也是教材建设应有的科学态度。

与第 1 版相比，本版除了对各章做了必要的增删修改之外，增加了“文化产品与文化产业”这一章，把原来的“中国入世与文化产业”这一章重写，改成“文化产业与文化贸易”。

“文化产品”研究应该成为文化产业学研究的核心。整个文化产业的发展演变及其制度建设都是围绕着“文化产品”这一核心展开的。没有文化产品就没有文化产业。国际文化贸易就是关于“文化产品与服务”的贸易。没有文化产品也就没有文化贸易。学界已经开始了关于国际文化贸易的研究，而关于“文化产品”的研究则非常缺乏，这是导致中国文化产业学术研究至今没有走出“政策性对策研究”困境的重要原因之一。法兰克福学派一开始就把批判的立足点聚焦于文化产品——艺术品——是很深刻的。后来的人们没有沿着这条道路走下去，也许与人们太过绕开法兰克福学派的批判性有关，使得我们在研究文化产业发展的运动规律的时候，把文化产业发展的核心命题——文化产品——给遗忘了。结果，我们比较多地研究了文化产业发展的外部关系，把对文化产业的经济属性作为研究的重点，把 GDP 作为文化产业发展是否成功的标准，这是造成和导致我国文化产业核心竞争力的形成始终与人们和国家所期望的相去甚远的重要原因。在经历了一阵对“创意产业园区”的冲动之后，又把“文化金融”作为中国文化产业发展的重点加以提倡，这就更加远离了文化产业的本质和发展文化产业的本质。这是对中国文化产业发展的严重误导（不过，这里也发现了一个非常值得注意的现象，这一类学者所在的单位基本上都没有文化产业管理专业，也不从事文化产业管理专业教学，科学意义上的文化产业管理专业的学科建设所要求的严谨的学术研究因而也就不在他们的视野之内，取而代之的便是不断地远离文化产业学科建设的本体而从事表面上看来是文化产业的研究。这是在中国文化产业学术研究中值得关注的一个现象，构成了中国文化产业研究的另一种倾向）。

不能聚焦于以“文化产品”为核心，就不可能有中国文化产业的核心竞争力，就不可能提升国家文化软实力。好莱坞的成功不是它的金融资本，而是它的文化产品——电影。没有好莱坞的电影就没有好莱坞！中国当然需要金融支持发展文化产业，但只有当金融资本转化成文化资本的时候，才能最终发展文化产业。我们必须倡导文化产业内容本位，研究文化产业发展的内部关系，这才是最后推动文化产业运动发展的根本动力，能够使我们的文化产业研究在基本原理上缺乏足够的学术理论这一方面取得突破。趁此次修改的机会，我把对这一问题的初步研究与认识呈现出来，就是希望能够推动关于这一问题的研究，进而推进整个文化产业学的基本原理研究，继而希望在学界的共同努力之下取得关于中国文化产业学的创造性成果，从而拥有属于文化产业学和文化产业学科建设的基础理论与核心理论，为整个文化产业学的学科建设与学理研究提供一个分析工具，就像所有成熟的学科一样。

文化产业是一种不断迅速变化和发展的社会政治、经济、文化现象。在整个长达 21 世纪的人类社会发展历程中，还没有哪一种社会的经济文化现象像文化产业这样引起全球的关注，成为全球化进程中国际社会竞争最重要的领域之一。创意产业、文化创意产业、文化产业、文化立国、创意设计之都、创意产业城市、创意国家等，不一而足。世界各国在进入 21 世纪以来这短短的 15 年时间里出台的鼓励与支持文化产业发展的政策性文件，比以往加起来的总和还要多。文化产业正在成为改变人类社会面貌的重要力量，当然也成了学术研究和学科建设的全新领域与重要对象。然而，与文化产业发展的实践相比，关于它的学科建设远远地落后于它的发展的需要。这就为整个中国文化产业的学术研究提供和创造了一个前途无限广阔的发展空间。

文化产业科学作为文化可持续发展的现代理论基础，在国家文化战略需求上有着充分的驱动力。要探讨中国文化产业发展对全球文化环境系统的影响，不仅宏观文化产业的环境研究必须面向全球，关于文化资源和文化能源的研究也应该建立起全球的视野。面临着文化产业“全球战略”和建立文化产品“全球供应体系”的挑战，原有的关于文化产业发展的战略取向仅仅局限在“走出去”是远远不够的。文化产业系统是一个全球系统，关于它的基础研究必须着眼于整个文化产品的运动。我们不仅在实践上要“走出

去”，在理论科学上也要走出去，直接参与国际学术竞争，同时通过国内的辐射效应来推动整个文化产业科学扩大眼界。在国内研究中有全球意识，在参与国际合作和国际竞争中也要有自己的本国目标。中国要进入并建立起属于自己的文化产业科学研究的核心圈，而不只是追随国外的发展走向，就必须分析中国特有的文化生态条件和历史文化传统，根据实际的研究能力和科学积累，选择有突破前景的重大理论与实践课题，建立既有本国特色又与国际学术界保持良好的对话机制的长期性的大型研究计划。关于文化产业学基础理论的研究应该成为整个计划的核心。

以文化产品为核心建构文化产业学理论体系对本书的写作来说具有颠覆性，而对于整个文化产业学术研究和学科建构来说具有创新性。从这个意义上说，本书离开这一目标还有很长的路要走，这也就意味着我还要继续在这条路上走下去，和大家一起努力。

本书在出版过程中得到了清华大学出版社编辑的大力协助，在此深表谢意。限于我们的水平，书中难免有疏漏和不当之处，敬请广大读者批评指正。

胡惠林

2015 年 2 月 18 日谨记于上海